# 浴火重生

传说中有一种神鸟，当它翱翔的翅膀不能承载生命之重、渐入式微时，便会选择往生。经历烈火后，重新开始更绚丽的历程。东北老工业基地就是这样涅槃后浴火重生。

徐 剑◎著

北方联合出版传媒（集团）股份有限公司

万卷出版公司

沈阳·2012

ⓒ 徐剑 2012

图书在版编目（CIP）数据

浴火重生 / 徐剑 著 . —沈阳：万卷出版公司，2012. 4
ISBN 978-7-5470-1846-0

Ⅰ. ①浴⋯ Ⅱ. ①徐⋯ Ⅲ. ①报告文学 – 中国 – 当代 Ⅳ. ① I25

中国版本图书馆 CIP 数据核字（2012）第 074799 号

总 策 划：李英健 郎玉成 尹 岩 秦 红 王会鹏
出版发行：北方联合出版传媒（集团）股份有限公司
　　　　　万卷出版公司
　　　　　（地址：沈阳市和平区十一纬路29号 邮编：110003）
印 刷 者：辽宁星海彩色印刷有限公司
经 销 者：全国新华书店
幅面尺寸：170mm×240mm
字　　数：363千字
印　　张：23.5
印　　数：1—30000册
出版时间：2012年4月第1版
印刷时间：2012年4月第1次印刷
责任编辑：李英健 李 坪 孙郡阳
装帧设计：刘萍萍 子 木
版式设计：刘萍萍 万晓春
责任校对：于凤华等
ISBN 978-7-5470-1846-0
定　　价：32.00元

联系电话：024-23284090
传　　真：024-23284521
E－mail：vpc_tougao@163.com
网　　址：http://www.chinavpc.com

# 目　　录

**天　坛**　　祭天，其实就是古人对苍穹的一种敬畏。苍天在上，苍生在上。伫立在天坛之上，眺望九天。其实在九天之上，还横亘着一重天，那就是黎民百姓。

山河入梦：龙兴之地

地 坛 　祭地，就是祈求这片大地风调雨顺，年年丰登，惠泽众生；祝祷生活在这个桑梓之乡的百姓富足安康。因为这天这地，构成了万里江山。

## 第四章 "共和国长子"之殇

## 第五章 天堂沉没

## 第六章 炼狱门

山河入梦：柳条边墙

社 稷 　黄帝当初制社祭五土，制稷于五土之中。这就是最早的"社稷"的说法。为的是祈求五土之中，长出谷粒，让老百姓有吃有穿。从这个意义上说，江山虽固，莫忘食为天。社稷之大，莫忘民为本。

## 第七章 风水轮流转

山河入梦：闯关东之旅

| 月　坛 | 望月,祭月,寄托了中华民族无限的希望和梦想。有梦想的地方,苦难便不成其为苦难;有梦想的地方,地狱就不成其为地狱。 |
|---|---|

山河入梦：白山黑水

| 人　间 | 人间是什么,是炊烟袅袅,是雄鸡报晓,是狗吠闾巷,是扉门半掩,是落雪和风沙掩埋的最后一个脚印。是一个亲人刚刚下葬,翌日太阳升起,又有一个婴儿呱呱落地。 |
|---|---|

**日　坛**　东隅，日出之地；桑榆，日入之地。一如这片大荒上鹊然而起的太阳鸟一样，奔日而去，闯柳条边墙而行，其实就是寻找一次浴火重生的涅槃。

# 神道｜引子——东北"双红"淡出国人视线

我对东北老工业基地的认识，是从寻常百姓的生活开始的。

20世纪80年代末期，妻子与女儿从故乡昆明随军进了北京。因路途迢迢，只带了铺盖卷，便入住长安街旁的一座军队大院，蛰居在一幢筒子楼里，开始寄寓京城，却无故乡可归依的日子。当时，锅碗瓢盆都没有，只好临时凑了凑，吃饭的碗是路经长沙时，湖南日报社一位阿姨送的。而那口压力锅，则是后勤部的一位老战友通过军需部门买来的。提在手里，沉甸甸的。我一看，是沈阳制造的红双喜压力锅。

红红火火，欢欢喜喜，红双喜吉祥图案，就这样终结了我们分居两地的牛郎织女生活，帮助我们过起了小日子。油盐酱醋茶中，竟然也会"双红"临门。那天傍晚炒第一道菜时，我站在过道上看妻子的厨艺。将要起锅时，她突然对我说，把桌上的味精递给我。

我跨进屋里，拿起一袋味精，定睛一看，袋子上印着红梅标志，是沈阳味精厂出品。以后，我发现夫人买得最多的是红梅味精，有时一买就是一袋一斤装的，足够一年用了。

这又不能当饭吃，我说，咋一次买这么多啊？

妻子掩口一笑，说，是不能当饭吃，可是每天炒菜都少不了，怕它一夜之间涨价，所以多买点儿，一次把一年的买够了。

呵呵。我笑了，又摇了摇头。

妻子说，你笑什么，老百姓居家过小日子嘛，就是少不了锅碗瓢盆、油盐酱醋味精花椒。

于是，日复一日，年复一年，沈阳制造的红双喜压力锅、红梅味精

一直陪伴着我们。

　　一梦人间温婉。弹指之间，便在京畿大地万家灯火处，经历了一个长长的生命轮回。不知不觉中，已经到了2000年。我因享受师职待遇，分到了两套单元房，虽然加在一起只有100多平方米，还是精心装修，厨房用具须重新购买。那口与我们朝夕相处了13年的红双喜压力锅实在太旧了，只好舍弃，送给了装修的工人师傅，他们喜欢得不得了。可是等搬迁新居后，再到市场上寻找红双喜压力锅时，它已经无处寻觅，不知道什么时候从中国市场上消失了，取代它的是一种叫苏泊尔的压力锅。

　　然而，我对红双喜的质量情有独钟，毕竟用13年了。对出自老工业基地的品牌更是深信不疑，非"红双喜"不买，甚至请人到沈阳乃至东北去找寻，却始终未见踪影。于是，家里宁愿不用压力锅，也不再买别的品牌。

　　随后，一直使用多年的红梅味精，也渐渐从我家的厨房里消失了。后来做饭时，发现妻子和女儿买回来的是另一种品牌的味精。

　　痛失"双红"，我不知究竟何故。它们怎么会双双淡出国人的视野？我有些不解，却又始终找不到答案。

　　2011年9月28日，我应邀到沈阳采访东北老工业基地。

　　那天下午，从铁西区委宣传部采访结束后，宣传部特意派办公室主任赵九魁陪同我去工人新村采访。我们登上商务车，驶出铁西区委大院，往动迁后的工人新村劳模楼驶去。

　　赵九魁也是工人出身，20世纪80年代中专毕业后，分配到一家工厂当了一名装配工，因为喜欢舞文弄墨，颇受厂长青睐，很快被委以重任。厂长是一位有远见之人，很快给他转了干部，调到厂宣传科，写些宣传报道和官样文章。到20世纪90年代中期工厂形势紧张时，他已经完成了鲤鱼跃龙门，进入街道社区工作，一步步擢升到铁西区委宣传部，逃过了那场"共和国长子"所遭遇的命运之劫。

　　那个秋天，沈阳城阳光普照，如金的碎片漫撒在大地上。极目远眺，一片秋色渐浓的金黄。秋风所至，天幕上几乎不留一丝痕迹。在驶往铁西区工人新村的大道上，我偶尔提及当年寻找的红双喜压力锅和红梅味精时，不免喟然感叹。赵九魁一听，兴致突然来了，说红双喜压力锅的厂址在离这儿不远的沈河区，不过，如今已是人去厂空，改作他用了。

为何？他们搬迁到新厂了吗？

厂子早黄了！

工人呢？还能找得到吗？

和我一起从中专学校毕业进厂的同学，可能还能找到一两个人。

好啊！抽个时间，找来我与他们聊聊。

可以。不过要大碗喝酒啊！也许醉了，他们才愿忆起那段不堪回首的往事。

嗯！我点了点头，说，当然要舍命陪工人老大哥了。不过，"红双喜"这么好的品牌最终还是倒了，究竟是什么原因呢？

首先是适应不了市场。南方的企业反应太快，居民家庭有什么需要和喜好，他们就会制造什么样的产品。而"红双喜"则是几十年一个老面孔，吸引不了年轻的家庭主妇。

可是他们有最好的设计专利啊！安全，可靠。我感叹道，这可是核心技术。

厂里的总工被人家挖走了，所有的专利和核心技术就全没了。

赵九魁谈起"红双喜"倒闭的内幕：当时，红双喜生产厂家已经不景气了，正常开工资都很困难。这时，南方一家做压力锅的公司找到"红双喜"的总工程师，愿出高薪诚聘，唯一的条件就是"孔雀东南飞"，并许以车子和房子，再加上20万元的年薪。

那位总工程师痛苦了许多日子，一直不敢答应南方这家公司。可是他正处在上养父母、下抚妻儿的中年。面对兄弟姐妹纷纷下岗，铁西区的街道成了下岗街，被人称为"穷鬼街"；目睹一些姐妹无可奈何，只好由丈夫用自行车驮着到光荣街站街招客的惨状，怅然不已。当初读大学，他就冲着这座人间天堂来的。走进天堂，娶妻生子，在工人村拥有一套40平方米的住房。曾经红红火火的好日子，让铁西区的许多工人艳羡不已。然而这一切光荣与梦想，皆化成了冬天吹过荒原上的大烟泡，一阵

风掠过，便被吹得无影无踪。

辉煌梦想已经寂灭，前途黯然。他最后回眸让自己功成名就的企业，深深作一揖说，对不起厂里的师傅和师兄师姐们了，恕我背叛，既然公家单位救不了我们，我唯有自救了。这位工程师将牙关一咬，吐出一个字：走！

决然南下，"孔雀东南飞"！20万元的年薪，谁不动心啊？

果然，红双喜厂的总工到了南方那家做压力锅的公司后，将"红双喜"的材料、工艺和压模技术统统用上了，使出浑身解数，为那家工厂制造出了中国甚至是世界上最先进的压力锅。随着这家公司的压力锅风靡全国，红双喜压力锅厂的倒闭就越来越近了。

没有办法啊！单位出了"甫志高"，一个"叛徒"砸碎了"红双喜"厂子所有人的饭碗。车上，陪同人员感叹道。

唉呀！话不能这么说。赵九魁道，水往低处流，人往高处走啊。人们过日子，都是芝麻开花节节高啊！那位工程师，也是无奈之举。

也是。我随口附和道，终于解开了我买不到红双喜压力锅之谜。那红梅味精呢，又是咋整的？

红梅味精还在啊！赵九魁说道。

是吗？咋在北京市场上买不到了？

那是因为销售市场萎缩，只有在东北还有人认。

咋会萎缩啊？不是很红火吗？

一言难尽啊。赵九魁仰天长叹，从20世纪50年代初到现在的老厂，退休工人太多，厂子背的包袱越来越重，终于让最后一根"稻草"将一峰"大骆驼"压倒了。

那为何这个品牌还活下来了呢？

当年厂里停薪留职下海的一位工人成了巨富，斥资买下了他曾经工作的工厂和品牌。

说话间，商务车已经驶入了工人新村的路口，而关于红双喜压力锅、红梅味精淡出国人视线的故事，也画上了一个句号。

驾车的师傅不知道工人新村该往哪里走，停下来找人问路。

　　我也跳下车来，站在一条街道的入口处张望，张望那一段远逝的岁月，张望曾经创造了一个个中国奇迹和神话的东北大地。

　　车子重新开动，向着工人新村驶去，向着曾经的天堂驶去。我由此驶入了一条历史的隧道和时空……

# 天坛

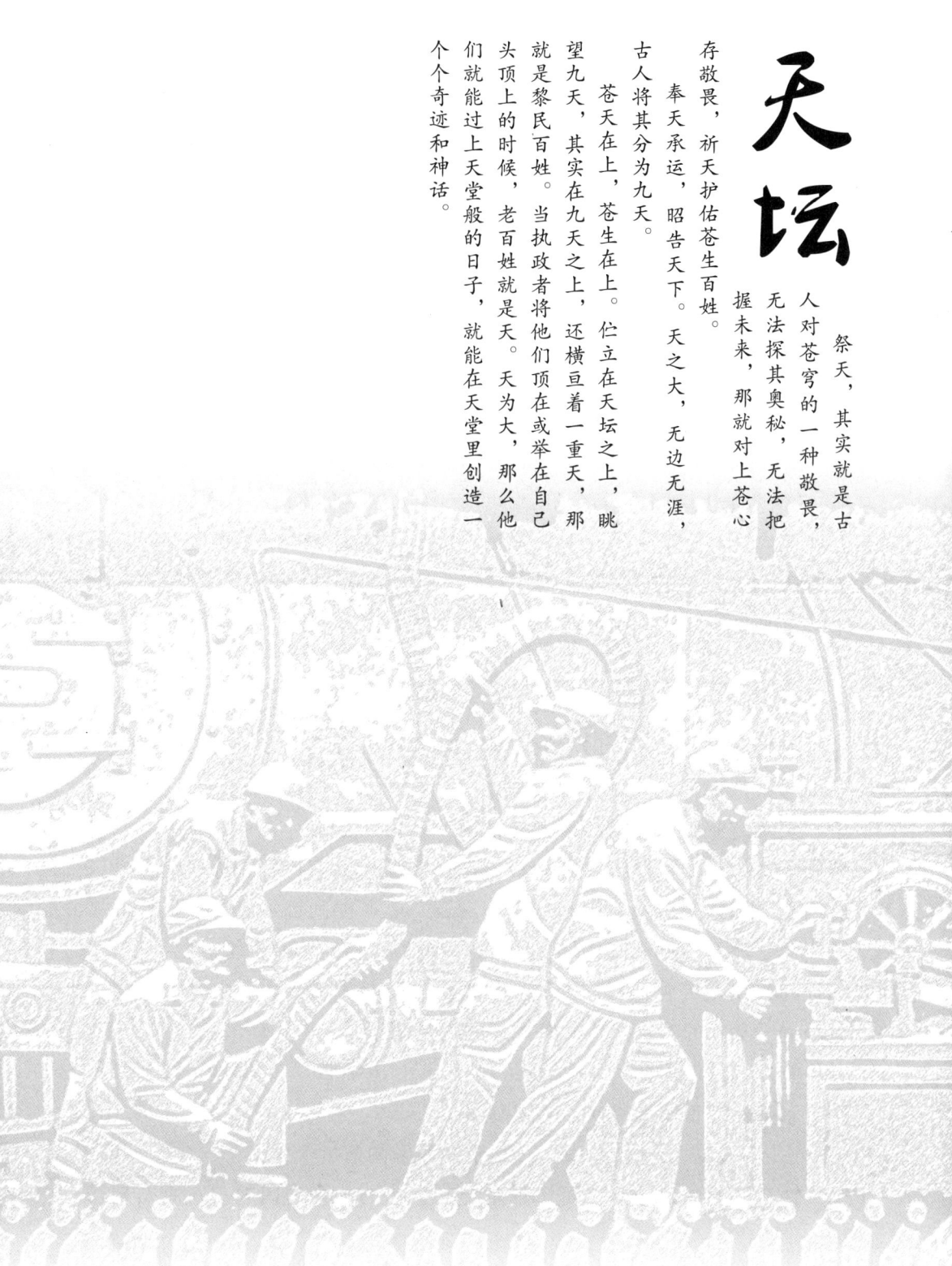

祭天，其实就是古人对苍穹的一种敬畏，人对苍穹的一种敬畏，无法探其奥秘，无法把握未来，那就对上苍心存敬畏，祈天护佑苍生百姓。奉天承运，昭告天下。天之大，无边无涯，古人将其分为九天。

苍天在上，苍生在上。伫立在天坛之上，眺望九天，其实在九天之上，还横亘着一重天，那就是黎民百姓。当执政者将他们顶在或举在自己头顶上的时候，老百姓就是天。天为大，那么他们就能过上天堂般的日子，就能在天堂里创造一个个奇迹和神话。

# 第一章｜铁西——中国"鲁尔"

## 1. 鲁尔，曾经是德国的一个制造基地

"铁西是中国的鲁尔。"在沈阳第一次听到这个说法，我有点儿尴尬，不知道"鲁尔"在何地。但凭感觉，似乎与德国有关，又不便多问，以免露怯。

当晚回到家里，我上网搜索，才恍然大悟，原来鲁尔是德国的一个地区，由 11 座城市和 4 个区组成，在德国的历史上举足轻重。远在第一次世界大战、第二次世界大战中，支撑德意志帝国军队横扫欧洲的物资装备，大多出自鲁尔区的制造基地。许多年过去了，它一直是德国的一个标志。然而，风水轮流转，到了 20 世纪五六十年代，由于石油的竞争，煤炭产业迅速衰落，紧接着钢铁产业也衰落了，鲁尔区经历了从繁荣到衰落的痛苦历程，从辉煌坠入谷底，且整个衰落期整整持续了 20 年。对当时的德国乃至整个欧洲都影响深远。以前提到鲁尔，大家都觉得那是一个好地方，创造了德国工业的许多神话。可是在 20 世纪五六十年代，一提起鲁尔，等同于遍地失业人员，工人阶级生活在水深火热之中，一条流淌着臭水的黑水河。一段辉煌的大幕落下了。

但是，做事认真、理性的日耳曼民族经历了 20 年的发展，终于将那个黑水河治理得清澈见底、碧波荡漾。

德国鲁尔，仿佛就是中国沈阳市铁西区的前世今生。

铁西区的昨日今天，可以说是德国鲁尔的一个中国版。它原本是在伪"满洲国"时代发展起来的一个老工业制造基地，最早是张作霖父子的兵工厂。九一八事变后，日本关东军侵占东北，于是，开拓团从日本列岛漂洋过海，在这一块龙兴之地上进行城市设计、发展工业。淘到了第一桶金的日立、三菱重工、住友等诸多株式会社，仅靠一两千万日元，便展开了在白山黑水间最初的掠夺和压榨，在东北第一代产业工人的血汗和累累白骨之上，建立了他们的白金帝国；并将东北的大豆、高粱，还有乌金一样的煤炭，源源不断地运往日本。

经历十多年的发展，伪"满洲国"的铁西区已粗具工业规模。到抗战落幕时，国民党政府接管了这片重工业制造基地，开始为打内战生产钢铁，造枪、造炮。

好景不长。中国人民解放军的十万大军悄然出关，在白山黑水之间，与国民党的军队展开喋血鏖战。

先是四战四平，围困长春，然后攻打锦州，抗日年代中国远征军的悍将们纷纷败于四野大军手下，人民解放军夺取了整个东北。作为重要的工业支撑，枪支钢炮源源不断地输向平津和淮海战场，新中国的曙光已经冉冉升起。

历经百年屈辱，中华民族第一次仰起高贵的头颅，新中国开始了热火朝天的工业建设。于是，在铁西区，在这个被称为中国"鲁尔"的地方，350 多个新中国的"第一"横空出世，一个个东北神话和奇迹在这片古老而又年轻的土地上诞生。

铁西，中国的"鲁尔"，果然当之无愧。先后有多位老一辈国家领导人前来视察，在国人的记忆中，镌刻着不可磨灭的诗篇。

然而到了 20 世纪 80 年代，随着中国工业向市场经济转轨的速度加快，包袱沉重的大国企，优势不再。有不少万人大厂，还没有开跑，就已经倒下了；还有的刚跑了几步，便气喘吁吁，步履蹒跚，只好中途退场。能坚持跑到终点的，寥若晨星。

到了 20 世纪 90 年代，与当年德国鲁尔如出一辙，其下岗和倒闭的惨状，似乎是一种命运的复制。而时光进入 2004 年，老工业基地振兴的改造历程和最后的结局，又让中国铁西再次与如今的德国鲁尔比肩。

铁西，鲁尔。

中国，德国。

两个东西方的伟大优秀民族，迂回百载，走过了一条命运并行又几度重合的历程，印证人类工业发展的伟大梦想与辉煌。

沈阳铁西，曾经是一部让许多中国人热血激荡的英雄神话与史诗。

## 2. 一门父子兵与一座铁西城

尹忠福已经 80 岁了。

2011 年仲秋过后的一天上午，沈阳城郭万里无云、阳光灿烂，一抹秋阳泻进铁西工人新村社区的会议室。几位耄耋老人中尹忠福端坐于前，腰板硬朗，一头霜染的白发梳理得一丝不乱。他讲起了铁西区这个中国"鲁尔"的前世今生，犹如翻开一部已经褪色的神话，让我颇为惊叹：这位不知文学叙述为何物的老人，居然从个人视角、家庭叙事的角度，巧妙地向我谈起了一门父子兵与一座工厂、一家人、一个制造基地的故事，恰似一部《天方夜谭》。细细想来，简直就是一个时代宿命的投影，中国"鲁尔"——铁西，一座城与几代人的命运，令人扼腕长叹，歔欷不已。

时空跨越了 60 余载。历史画卷展现的是一个激情年代，与今日之中国、当下之铁西，是完全不同的一道风景……

沈阳城门打开了，中国人民解放军第四野战军的部队鱼贯而入。老百姓系着大红绸子，扭着大秧歌，唱着二人转，迎接解放军进城，迎接一个新时代的诞生。

在喧天的锣鼓声中，第四野战军的年轻排长尹忠全，挎着盒子枪，扶鞍下马，走进了当时国民党政府经营的玻璃器皿厂。仰首望着高高的大烟囱、林立的厂房，感叹道，好大一个工厂啊！从今天起，它就被人民解放军接管了。不管过去是日伪的，还是国民党政府的，从今天起，它永远属于人民啦！

第二天，一块披着红绸的大招牌在鞭炮声中挂出来了，玻璃器皿厂正式更名为"第四野战军后勤部玻璃仪器厂"。

　　仍然穿着那套褪色的黄军装,可尹忠全摇身一变,年轻的排长铸剑为"锤",被任命为车间主任。那个多雪的冬天,他发现,一如刚刚从战争废墟里走出来的新中国一样,铁西区其实也是百废待兴、百业待举。

　　尹忠全站在铁西美人松一样高大的烟囱下,仿佛幸运地站在了和平树下。可是,当他朝沈阳火车站眺望时,铁道的专列线上,一列列志愿军的军列,正滚滚而来,又朝着鸭绿江飞驰而去,列车车厢里,就坐着他的父亲和弟弟。

　　尹忠全的老家在吉林省东丰县农村,解放战争的大幕刚刚拉开时,因为他和爸爸、小弟弟先后从军,老家就只有母亲和二弟尹忠福了。

　　那时,朝鲜战场激战犹酣,在家里陪母亲的尹忠福,目睹父亲和弟弟坐着志愿军的军列远去,想象着他们雄赳赳气昂昂地跨过鸭绿江,在朝鲜雪原上,一把炒面一把雪地与武装到牙齿的美国大兵喋血而战时,他也很想和父亲、哥哥和弟弟一样,也想戴上大红花,成为一名光荣的战士。可是当他去报名时,因家里已经出了三名军人,父子两个去朝鲜保家卫国,尹忠福未能如愿。父亲是连队的司务长,专门在朝鲜负责连队的伙食。小弟弟则在部队里当了通信员,激战汉江一线,抵挡美国人的进攻。这些优秀的中华儿女,最可爱的人,为了新中国,为了刚分到土地的父老乡亲们,更为北国江南的老屋里倚门相望的老母亲,等着丈夫平安归来的年轻妻子们,在流血牺牲。尹忠福成为一名战士的光荣梦想破灭了。看到村里一个个年轻小伙子戴着大红花,在锣鼓声中踏上了列车,他羡慕极了。当村子里重又恢复往日的寂静时,他怅然不已。

　　这时,大哥从沈阳城里写信来了,说整个沈阳城都在进行工业建设,铁西区工厂林立,机会很多,你带着老母亲来吧,我给你找个工作。

　　于是,"当最可爱的人"的梦想破灭后,做新中国第一代产业工人的希望却升腾起来了!

　　1953年的春天,尹忠福带着老母亲风尘仆仆地到了沈阳城里的铁西区,投靠哥哥。这时,尹忠全已经从车间主任擢升为处长了,带领工人你追我赶,不断创造新的奇迹和神话。尹忠福带着老母亲跨入沈阳城门时,恰好是新中国第一个五年计划出台,一个大工业时代即将降临。玻

璃仪器厂大量招工，远水楼台也得月，何况是近水楼台，尹忠福自然被招进厂当了一名工人。

后来，尹忠全凭着人民解放军年轻排长的优势，在这家军队后勤玻璃仪器厂里，一路顺风顺水，从车间主任干到支部书记，直至副厂长、厂长。有哥哥的光环罩着，尹忠福也一路被擢升重用，从一名普通工人干起，之后当了车间主任，继而支部书记，最后在总务科长的位置上退休。

没有当成一名好兵，尹忠福就想当好工人。那是工人阶级吃香的年代。工农商学兵，悠悠万事，唯工人最大。特别是在中国"鲁尔"铁西区，获得了新生的工业制造基地，正在一片战争的废墟上，创造着一个个工业的奇迹。为了赢得那场与美国大兵喋血雪野的远东之战，更为了新中国的各行各业所需要的玻璃化验设备，玻璃仪器厂更名为"东北玻璃仪器厂"，很快蹿升为行业的老大，所有的医学、化验产品都由此生产。

尹忠福说，20世纪50年代的中国，是一个奇迹不断发生的年代。铁西区的工人们真正成了企业的主人，你追我赶，创造了新中国的许多个"第一"。

当时玻璃仪器厂最早做出了中国石英玻璃新产品。石英玻璃，价格如黄金一样，堪称一寸石英一寸金。

这么贵啊！我惊叹道。我只知道一寸田黄一寸金，可是却没有听说过一寸石英一寸金。石英究竟能做什么？

它是一种硬度大、耐高温的玻璃，是生产重要化验仪器的材料，当时没有几个国家能制造的。尹忠福说道，我们的玻璃仪器厂却创造了这个奇迹，让许多国家惊叹不已。

那是一个创造神话的年代。石英玻璃当时全国独此一家，成了铁西重要的新产品之一。曾几何时，东北玻璃仪器厂成了沈阳一家价值极高的企业。

一门父子兵，工业齐上阵。后来，停战协议签字了，抗美援朝战争落幕，父亲和弟弟也跟着威武之师班师回国。父子俩来投靠已经在沈阳军区后勤部玻璃仪器厂当了处长和工人的两个儿子，与家人团聚。

你的父亲和弟弟也到了玻璃仪器厂吗？

尹忠福摇头道，父亲因为是部队的司务长出身，到工人村一站当了开票员。

"一站"是什么？

是粮店。尹忠福说道，曾经出了好几个劳模，这个单位一直是全国粮食系统学习的榜样、典型啊！

弟弟呢，复员到什么单位？

沈阳风动厂，做门卫工作，属于保卫部门。

就是现在的鼓风机厂吗？

是啊！尹忠福感叹地说，那时的工人阶级真是天下第一大。1954年哥哥尹忠全已经是厂里的处长，一家在肇工南街80号工人村50栋二单元，分到了两套房子。当时社会上流行的"楼上楼下，电灯电话"是共产主义社会的重要标志。尹家父亲和三个儿子纷纷住进了新盖起来的工人村，一套48平方米和一套37.8平方米的房子，哥哥一家选了那套37.8平方米的房子，而将48平方米那套大房子，留给与父母住在一起的尹忠福。

什么叫一步登天？尹忠福感叹道，那时住进工人村的房子，就是一步登天。好风凭借力，送我上天堂。住在天堂村里，什么都方便，1957年还通了摩电。乘着摩电上下班，成了那个时代工人阶级的一道风景。

摩电是什么？我还是第一次听说。

东北话，就是有轨电车啊。尹忠福介绍道。那年，他的母亲回到吉林东丰县的老家，住了一段日子。一直在农村生活的大舅问母亲，妹子，都说你们住的铁西区工人村是天堂，那天堂有什么好啊？

楼上楼下，电灯电话，就是共产主义天堂了。住的是砖瓦高楼，摩电通到楼下，烧的是煤气，再也不用高粱秆子烧火炕了。

然而，这一切对于从未走出过乡村的大舅来说，仍然是一个陌生的世界。

住了一段日子后，母亲带着姥姥和大舅从东北农村乘汽车，换火车，坐着摩电，风尘仆仆地来了，住进肇工南街80号的工人村。到了傍晚烧饭时，姥姥对母亲说，闺女啊，烧火做饭的灶房在哪里啊？咋整的，

不见柴火呀！

不烧柴，烧气。

姥姥不信，从床上爬了起来，与母亲一起进厨房，只见里边没有了砖砌的灶台，连柴火也不见。问道，闺女，你这是烧哪门子火啊？咋连玉米棒子、高粱秆子都不见啊？

母亲告诉姥姥，现在烧煤气了，不用这些东西，就一根火柴点着便可以烧饭了。

说着，母亲拿起火柴，擦着了，然后拧开开关。嘭的一声，一团火焰燃烧起来。吓得姥姥大惊失色，后退半步，惊呼道，鬼火！鬼火！闺女，家里咋燃起鬼火来了？

母亲掩口笑着说，妈，这不是鬼火，是做饭烧的煤气。

煤气？气也可以烧啊？姥姥惊叹道，这真是变了一个世道了，红红火火的日子，连气都可烧火了。

母亲笑了。无法与姥姥解释得清楚。

暮色降临，天空渐渐暗淡下来，房间里也开始暗了下来。大舅站起来去上厕所，里边黑糊糊的，他扭头问母亲：大妹子，茅房里咋没点个豆油灯啊？

母亲对大舅说，现在早就不点豆油灯了，你拉一下门旁边那根线。

大舅拽住灯线，一拉，只见厕所棚顶上的电灯蓦地亮了。大舅瞪了电灯一眼，看了半晌，然后才关起门来出恭。末了，他站起身来，再拉了一下，这下竟然拉的是水箱上的线。水一冲，轰隆隆地响，吓得大舅提着裤子便跑，进了屋里还气喘吁吁地说，吓死我了！这城里连茅房里都是稀奇古怪的东西。

呵呵！母亲看着大舅笑得捧腹。

姥姥和大舅第一次进城，进铁西的工人村，也是中国的第一村，闹了不少笑话。

以后，每到秋天，收获山货后，大舅都要带着土特产来到沈阳铁西区。从小站上车，农村人进城不要钱，可以坐摩电到铁西，就在工人村里摆摊。将山货卖了后，再住上一段日子，然后才回老家去。回老家后，对乡亲们说，我大妹子这辈子修得好福气啊，住到天堂里去了，那疙瘩才是共产主义哩！

一门父子兵，光荣与梦想皆在铁西。

尹忠福在哥哥的羽翼下，从一名普通工人迅速成长为工段长、车间主任。他说，那是一个工人阶级领导一切的年代，每到"五一"和"十一"，工人们都要组队参加彩车游行，从铁西区浩浩荡荡地开进市府广场，那自豪感飞扬在昂首挺胸的雄姿和铿锵的步履里。

那是一个昂扬向上的年代。一些去不了市府广场游行的工人，找到尹忠福评理，要求给一个解释：为啥别人能去，自己不能去？

呵呵！一家工厂只能派出那么多人啊。尹忠福笑着解释道，不能全厂工人都上街啊。

尹忠福在天堂里成家立业。1954年，他与东北姑娘王桂珍在厂里举行了集体婚礼，四对新人一起，先拜毛主席，再拜领导和工友。工厂给每对新人送了"双喜"搪瓷盆，这个在天堂工人村过小日子的脸盆，一直陪伴着这个家庭。

翌年，大女儿尹春荣呱呱落地。1958年，王桂珍到离家半个小时车程的塑料板厂上班，后来，几乎是一年生一个孩子，一连给尹家生下了五朵金花，直到1968年生了老六——儿子尹春承时，这个天堂村的繁衍故事，才暂时告一段落。


## 3．伪满时期的一段老皇历

天空浮着一片摧城的阴霾，冷风横吹，历史的烟云涌来。

吃过早餐后，我们从下榻的酒店驱车前往沈阳档案馆。穿过沈阳经纬纵横的街道，约莫上午9时，车子在档案馆大门前停下。我们成了沈阳档案馆的第一批查阅者，为的是再次对铁西区做一次案头功课。

在小桌前坐定后，我列出一大堆书单，有"沈飞"、第一机床厂、中捷厂、鼓风机厂、北方重工和冶炼厂等当年大工厂的厂志和铁西区文史资料。在等待管理员送书时，我站起来在阅览室里转悠，中间四方形的

柱子上，贴着不少老照片，多是清朝末年和民国时期的奉天照片。这是日俄战争之前，一位法国医生拍摄的。市里同志说，后来，他的后人将这些照片赠给了沈阳档案馆。城郭依稀，碉楼城墙犹在，怀远门高耸，气吞辽东，飞檐翘角，雄镇八方，文庙和文德坊尽现眼前，高高的城墙厚重。让人莫不感叹当时已经式微的大清王朝，虽摆出一副帝国之姿，却仍然在龙兴之地输得这么惨。

还有一些老照片是日本人和沙俄时期的摄影家拍的。有沈阳的第一座火车站，第一条有轨车线路，由骏马牵拉着，奔驰在大街上。在引车卖浆者云集的集贸市场，则伫立着一群穿着摩登的妓女。城门之下，熙来攘往，不仅有中国人，还有俄国人、日本人和德国人。可见百年前的沈阳，也是一座开放的城市。

只是这段历史，距离现在，已经隔着百年的时空。

在奉天城内的照片前，我驻足良久。那是张大帅执掌东三省的年代，这里已有张氏的造兵厂了。当年张作霖与直军大战，枪炮皆系这里生产；后来，张家父子欲成立空军航校，也选中了这里城西一隅。

从老照片里，我仿佛已经触摸到了铁西区外壳之下的体温。

最有趣的是第一辆摩电，居然不是蒸汽机车或者电力驱动，而是由四匹白马牵引。姜文拍摄的电影《让子弹飞》中，有一幕场景像极了这张老照片，不禁让人想象这其中的创意也许并非空穴来风呢。

20分钟过后，沈阳档案馆的工作人员推了一车史志、厂志出来。我一部部地翻阅。于是，在那个云低城阔、秋风四起的上午，我翻开了一部已经褪色的老皇历。

伪"满洲国"时期的天时地利，注定铁西区会成为一片工业区。

抄阅了一组组枯燥的数据，从那些坚硬冰冷的史志行文中，我寻找不到活动在这个历史大舞台上的人气和温度。显然，这注定是已经死去的历史，我只能在档案馆里触摸。那活着的人呢？我一直在苦苦寻找。

2012年的三月天，就是在学习雷锋的那个日子里。一场春雪过后，我终于寻找到了一位熟悉伪满时期工厂生活的活化石。

88岁的老人李立水犹如一座石尊，坐在我的面前。他像摆龙门阵或东北人唠嗑儿一样，给我翻开了一段伪满时期的老皇历。

13岁那年，李立水跟着村里人，从老家河北省衡水县南小营村闯关东来找父亲。那时，他的父亲在奉天伪"满洲机械株式会社"当电工。

你知道"株式"是什么意思吗？老人口齿清楚，耳聪目明，向我提问。

我摇头说，只知道是日本人常叫的一个企业名称。

国营啊！李立水老人说道。

"株式"是国营？我还是第一次听说。

李立水立即操一口流利的日语，叽里咕噜地向我解释道。而叫铁工所和铸造所的，才是小日本的私营企业。

中捷机床厂在日伪时期就是造机床的吗？我突然对眼前这位老人感兴趣了，觉得自己面对的是一卷活化石般的历史，他会将伪"满洲国"时期的工厂现状向我讲述清楚的。

当然是机床制造厂了。李立水混浊的眼睛忽然一亮，像探照灯一样，照亮历史的隧道。他目光炯炯地看着我，说，是造现代化机床的厂家，做闷罐式机床。

闷罐机床？我还是第一次听说，有些不解。

就是看不见皮带轮的机床，那是用美国进口的池背机床生产的啊，主要销往东北地区。它的刀具精确度很好，在当时的工厂里，中国工程师只负责技术，而管人的课长则是日本人。

你13岁上班，就是在中捷厂前身的伪"满洲机械株式会社"？

不是。是在黎明兵工厂，它是张大帅的造兵厂。日本人来了，就改成了奉天造兵所株式会社，我父亲在那里当电工。因为父亲打了一个日本人的小孩，令小日本厂长很愤怒：中国人敢打日本小孩，就一直在找他。他便悄悄跑到了伪"满洲机械株式会社"当电工，日本厂长看找不到老子，就找儿子李立水算账，打了在日本社长家当仆役的李立水一个嘴巴。

后来，有工友找到李立水的父亲说，快把儿子弄走吧！小日本找不到你，会迫害你儿子的。于是，父亲在一个月黑风高的夜晚，暗地里将13岁的儿子带出造兵所，带到伪"满洲机械株式会社"当电工。

1943年，母亲带着弟弟从老家赶来了，父亲租了一间地主家的房子，

只有 18 平方米。小屋前有一片菜地，旁边是座寺庙，城边人家死了人，入殓之后，棺材就放在这个地方。

李立水说，新中国成立后，我父亲用 300 元向地主家的侄子买了这间小屋，后来，我用这间小屋换了现在锦绣花园一套 55 平方米的房子。

伪满时期，你一天挣多少钱？我问道。

我一天挣 4 角钱，父亲一天挣 6 角。当时两个大烧饼 1 角钱。88 岁的老人记忆力惊人，说起往事，历历在目，让我讶异不已。

李立水说，1943 年时，日本人还没有露出衰败之相。供应给伪"满洲国"的中国老百姓只有高粱米、玉米面，不能吃大米。

为什么？

因为东北大米要装船运到日本，中国人如果吃了大米，就会被判为经济犯。

然而，等到 1945 年鬼子投降前后，日本人也吃起高粱米了，再也吃不上大米了。

那中国人吃什么？

橡子面啊！

什么叫橡子面？

就是用柞树上的种子——橡子磨成面的东西，吃过后连大便都拉不出来，要用手抠。

日本人投降了，抗日战争落下了帷幕。可是在很长一段时间里，不见国民党的接收大员来。直至 1946 年，国民党东北长官公署行营接收大部队来了。当时接管伪"满洲机械株式会社"的是国民党的一位少将，叫徐庆鑫。他将这个厂更名为联勤司令部运输署汽车保养营。主要为打内战的国民党军队造六〇炮和冲锋枪，后来又修理军队的汽车。当时，李立水的父亲被授予技术上士，已经 18 岁的李立水，则被授衔为技术中士，只穿军装，不戴军衔。

随着辽沈战役落幕，此时中捷厂前身的国民党兵工厂已经换到了第二任厂长刘奎斗，他是一个地方官僚。当时的通货膨胀十分严重。经历过国民党的关金和金圆券，背一麻袋纸币才能买一袋白面。沈阳解放前夕，李立水父子已经两个月没开支。10 月 31 日是一个星期天，他们与工友一起去找刘厂长要钱，刘厂长说次日早晨付，说星期一上班就叫会计到银行取钱。

第二天，太阳照常升起。当工友们来到厂长家的小楼前时，才发现刘奎斗已经坐着飞机逃之夭夭了，留下一座人去楼空的工厂。而沈阳城里却炮声隆隆，巨大的轰鸣声震耳欲聋，解放军已经攻进了沈阳城，还有一个师的国民党军队在抵抗。到了晚上，炮声、枪声渐次稀疏下来，直到最后，化为一片寂静，再也不见火光冲天的半边天红了。

翌日早晨 4 点多钟，李家的小院突然响起一阵敲门声。已经是 11 月 2 日拂晓了，一位解放军声音温柔地喊道，老乡，借一个水桶。父亲被吓着了，不敢起来。唯有李立水跃身起床，打开了门，只见一位解放军站在门口说，老乡，借水桶、梯子和扫把。

李立水见解放军一脸和蔼，知道他们不会伤害老百姓，也不会抓壮丁，便把水桶和扫把递给他，说，自己家没有梯子。

解放军躬身说声"谢谢"，然后转身离去。

第二天清晨，李立水真切记得天才蒙蒙亮，院子突然有刷刷刷的扫地声音，趁着天边一抹曙色，李立水透过门缝看到解放军在扫院子的情景。

仁义之师啊！早晨起来，父亲一看门前扫得干干净净，惊叹道，这才是为老百姓谋利益的人民军队啊！

上午，工人们纷纷围到解放军那里，发现他们非常友善，没有国民党军队抢枪托打老百姓的情景，天地之间凸显一种军民一家亲的和谐。

到了 11 月 5 日，工厂大门口贴出来一个公告，让职工们拿着国民党发的证来报到。李立水和父亲往工厂走去，看到解放军借桶挑水是喂马，借梯子则是横着放倒，放草料给马吃。看着一匹匹东洋大马，工人们兴奋不已，觉得一个新的时代来临了。

李立水说，他非常清楚中捷厂的前身，解放军接管之后的第一任厂长叫黄维模，他带了一位工程师来。党委书记叫谢江伟。黄的老婆万莉比他小十几岁到 20 岁，漂亮大方，说一口标准的哈尔滨话。她想洗脸时茫然四顾，说，找不到水，没法洗啊。

李立水连忙给她打了水，端送到了跟前。

谢谢你！小兄弟，你告诉我水井在哪里，我自己来打水啊。

那亲切之状，没有一点儿官太太之气。

他们是从哈尔滨方向来的。黄维模只干了一年多，1949年便随大军南下，到南下工作团任职了。第二任厂长刘斌，开始了中捷厂的创业历史。

李立水后来才得知，因为有一位共产党的地下党员在厂里长期观察，觉得他可靠，便推荐他到电气股属下机床厂管生产。

李立水侃侃而谈，毋庸说，他就是这座沈阳城屈指可数的活化石。

那天晚上，回到下榻的酒店，我翻阅采访笔记，李立水不仅熟悉中捷厂前身的工厂历史，就连铁西区那些大型工厂伪满时期的前世今生，他也如数家珍。于是，循着他口述历史的指引，将第一次到沈阳档案馆的手记打开，溯一个个地理坐标而上，一段早已经被风雪漂白的历史，浮现在我的眼前。

东北老工业基地最早起源于绿林出身的张作霖的麾下。铁西区的第一座工厂，始于20世纪20年代。第一次直奉战争落幕，张作霖兵败如山倒，撤回沈阳，途经山海关，他回眸一看，仰天一声长啸，说，老子回到奉天，要开矿山，建炼钢厂，造枪造炮，再打回北京城，报仇雪耻。

张作霖回到沈阳，在一些外国人的支持下，建了奉天矿山机械厂、奉天军械厂和奉天造币厂。但是造枪和迫击炮需要的材料是本溪钢厂生产，仍被日本人垄断，不得不仰赖于德国的克虏伯进口钢铁来制造兵器，直至30年代中期，杨宇霆在沈阳东关创建大亨铁工厂，这种状况才有所改观。

因为有了自己的兵工厂，张作霖一下跃到了那个时代的巅峰，大量的先进兵器制造了出来，装备军队。前度张郎重入关，张作霖果然攻陷燕赵，打赢了第二次直奉战争，遂占领了北京、天津城，直至他回到奉天，在皇姑屯被炸死。随着伪满政权的建立，大日本帝国将东北视为"日本的生命线"。1932年，发表了《经济建设纲要》，大批的日本株式会社瞄准了沈阳铁西这块风水宝地，倚仗占领者的特权，开始在伪"满洲国"圈地建厂，也正式翻开了铁西工业基地建设的历史性一幕。

在那些已经褪色的卷宗和厂志中，我看到今天已誉满全球的几家日本株式会社：三菱、住友、日立机械等，它们当年就是在铁西这块土地上开始淘第一桶金的。

太平洋战争爆发后，日本岛国的生产资源已经濒临枯竭，身处沈阳的兵工厂纷纷被绑上日本战车。三菱铁工机械厂被征用去造坦克，战后被国民党政府接收；新中国成立时，成了第一机床厂。

住友机械铁工厂被征召做军工产品；新中国成立后，则成了沈阳重型机械厂。

后来的铁西区八大工厂，皆有过伪"满洲国"时期的烙印。

沈阳冶炼厂前身为日伪时期的伪"满洲矿业开发株式会社"奉天金属制炼所。

机床集团的第一机床厂前身为伪满时期的三菱机器株式会社。

我未进入老工业基地采访前，在并不知情的情况下，被安排与中国文坛上一位重量级非虚构作家PK，当时我写提纲时，谋划四个四世同堂的家庭，祖爷爷是在日伪时期的株式会社做工的人，爷爷辈是新中国的第一代产业工人，爸爸经历了知青岁月，而孙子则应该是受过大学教育的现代产业工人。

可是，直到我2011年秋天进入采访时，像大海捞针一样筛选，始终也未能物色到四世同堂的产业工人家庭。

然而，令人惊喜的是，当我翻完伪"满洲国"时期的那卷老皇历时，一个个贯穿全书的三代、四代工人家庭渐渐浮出了水面。

## 4. "共和国长子"扛起一国江山

石尚文与几位耄耋老人一起走进工人村街道办事处。

那天，一间会议室里一下子走进一群七老八十的全国劳模，有男有女，个个鹤发童颜。放眼看去，并不大的会议室里飘来了一片白云，他们的笑容亦如白云一样纯净。

我采访喜欢单兵教练，一个一个地谈。一下子来了六七个大伯大娘，

让我有点儿应接不暇。

然而，既来之，则安之。都是老人了，我不能说你们先出去，我跟石老劳模谈，这样会让老人觉得这个作家不恭不敬。

石尚文老人说，他是1951年进入沈阳机床厂的，当时他只有小学文化。来考试时，发现那天从农村来了2000多人，就录取180人，竞争激烈。好在村里已经有两位技工在第一机床厂了，石尚文就投靠他们。因为有人介绍，加上他读过高小，文化还行，考试成绩名列前茅，便从2000多位农村来的青年中脱颖而出，被第一机床厂录取了。他觉得很幸运，从学徒工开始干起。

当时，机床厂的设备多是伪满时期遗留下来的，车床是破皮带的，属于档次比较低的一种。

即使这样，与铁西区众多的厂家一样，在中国"鲁尔"制造基地，第一机床厂身处"共和国长子"的队伍中，将泱泱大国的江山扛在肩上。当时，与东北黑土地一江之隔的朝鲜，抗美援朝的硝烟未尽，激战犹酣，需要大量的枪炮。而此时，石尚文和他的师傅整天加班加点，为的是能将加工出来的炮管，一车又一车地运到加农炮厂和其他兵工厂。

那时，石尚文觉得进了铁西区的工厂，等于上了天堂。当时技工实行八级制，他还是学徒时，就是40、45分，一个月就30元的工资。

18岁那年，石尚文结婚了。妻子叫左淑芳，那年只有17岁。结婚的新房就分在了工人村附近，虽然只是斗室，可也是一个温馨的小巢啊！

1956年，石尚文已经是四级工了，工资升至54元，在当时堪称高薪家庭。也就在那一年，他当了劳模。他说那一年可是三喜临门。

我问石老：哪三喜啊？

秋天的太阳光下，石尚文手掐指头算道，第一喜是到北京参加全国劳模和英模群英会，开了一个月的会。先是第三机械工业部的劳模，后来又是全国劳模，群英荟萃北京城。当时的中央七大常委毛刘周朱陈林邓，除林彪之外，都出来接见全国英模代表，可谓享尽荣耀。他至今还保留着那张照片。

第二喜呢？

回来后，老婆给我生了一个大胖儿子！那是我家大儿子。

光荣榜题名时，我感叹道，又喜得贵子。确实是人间第二喜！还有第三喜吗？

有啊！第三喜，加了一级工资。涨了9元，由54元涨到了63元。而且还住进了工人村的单元房里，有38平方米，当时算是高干房了。

高工资啊！快赶上当时的县太爷了。

是啊！那才叫工人阶级领导一切嘛。工农商学兵，三教九流，像你这样的知识分子，反倒成了臭老九，并不吃香，唯有工人最大。石老如是说，一股自豪感溢于言表。

东北工业基地正当年，自然成了共和国的长子，撑起一半江山，撑起共和国的天空，自然有着别人无法比肩的荣耀和成功。

我问石尚文，您当年凭什么技术和事迹当了全国劳模？

我是魁首啊！石尚文仿佛还沉浸在那个远去的年代，说，自己车工技术全厂拔尖啊！与其他工人相比，有文化上的优势，新中国成立之初，高小毕业，读了六年书来当工人。在工人兄弟圈里，也是凤毛麟角。三年出徒，1954年便当上厂劳模。那是一个激情年代，工人个个争先恐后学文化，上工人夜校，先读初中，再读高中，文化的提升，无疑为新中国第一代产业工人插上了奋飞的翅膀。石尚文所在的第一机床厂，位列全国三家大机床厂之首，一些车、铣、刨床，都是从当时的苏联和东欧国家进口的。石尚文年轻，脑子转得快，很快便掌握了这些设备的操作技术。年纪轻轻的，便扛起了大梁。专门负责车光桥的轴，有6米多长，中间夹了许多附件。天天加班加点，不分白天和黑夜，一次次刷新了部里乃至全国的纪录，捷报频传。石尚文与当时鞍钢的劳模王崇伦一起，参加了全国车工刀具革新大会。

群英会归来，铁西区的工人村已经仰首于沈阳城中。当时，专为国家级和部级劳模建了劳模楼，石尚文幸运地搬到单元房里，与厂长等干部同住一楼，从中可以窥到工人老大哥在那个年代的地位和荣耀。

石尚文和妻子在这幢劳模楼里，生下了五个孩子——三个儿子和两个女儿，一家人的命运和荣辱沉浮，皆与铁西这块地、这家工厂联结在

一起了。

关敬安那天与石尚文坐在一起，两位老人都已经80岁了。当年都在北二马路上班，年轻时互不认识。石尚文那时在第一机床厂，成名太早，如日中天，关敬安却在一门之隔的沈阳电缆厂。

那时的北二马路多家大国企云集，有全国最大的电缆厂，还有全国最大的沈阳冶炼厂，以及颇负盛名的机床一厂、机床三厂、沈阳鼓风机厂、气压机厂和沈阳高压开关厂等。每天早晨上班或者傍晚下班，朝阳大道，斜阳城郭，那滚滚的自行车潮，在北二马路形成了一条人的河流，汹涌澎湃地流向沈阳城的大街小巷。

关敬安就是这条长河中的一朵浪花。他是1951年从凤城调到沈阳电缆厂的。那时，新中国第一批156项工业建设项目刚刚启动，沈阳电缆厂原本只是日伪时期的一个电缆厂，规模不大，却独此一家，而被列入新中国的改建和改造项目。关敬安进工厂后，先是当钳工，干了两年多，改造已经将近尾声了，他又被调到鞍山的变压器和高压开关厂，支援那里的建设。五年之后，带着妻子和孩子们回到了北二马路的沈阳电缆厂。漫步工厂，经过五年多的改建和改造，电缆厂早已今非昔比，成了中国电缆厂方阵里的老大。制造的电缆为当时全国技术含量最高的，多用在空军战机上。因此，在北二马路成了第一流的厂家，订单滚滚而来，应接不暇。

关敬安虽然出身雇农，家贫如洗，没读过几天书，但是到电缆厂工作后，却找了一位地主家庭出身的千金小姐。在那个阶级斗争天天讲年年讲的时代，娶一个地主家的女儿，多少影响了他的进步。可是他却看到了时代的进步，工厂的奇迹，一次次刷新新中国的纪录，一回回喜报频传。工人兄弟们游行欢呼，走过沈阳城的大衢闾巷，沈阳电缆厂的名字，也一次次地出现在中央和辽宁省的党报上，让工人们欣欣鼓舞。

什么叫你追我赶，什么叫热火朝天？关敬安老人沉浸在当时的岁月里说，这样的词只适合描述50年代，当时北二马路的大型工厂，每家都有撒手锏，互相比着干，结果制造出了许多个新中国的"第一"，领跑全国工业厂家。

机床一将挂在天安门城楼上的国徽加工出来了。

沈阳水压机厂生产出了新中国的第一台水压机。

而沈阳冶炼厂炼出了新中国的第一炉黄金。

……

新中国的 N 个"第一",昭示了铁西区作为"共和国长子"的牢固地位。在整个新中国成立后的前 17 年间,它为年轻的共和国奉献了一个又一个的"第一",扛起了新中国的乾坤、一代江山。

比之石尚文,关敬安成名尚晚,他是 1964 年才成为劳模的。

你是什么级别的劳模?

沈阳市的。

当年也住上工人村的劳模楼了吧?

当然住上了,37.8 平方米。

家里几个孩子?

三个。关敬安说,老大生于 1958 年,是个男孩。老二也是男孩,最小的一个是女孩。三个人长大之后,都在电缆厂,结果"厂兴我荣,厂衰我亡"。

一家人就这样与工厂一并浮沉毁誉,这个小家的命运与人生故事容后再述。


## 5. 铁西地标,三根大烟囱高耸云端

沈阳城有一个地标,纵使远在新民等地,也可以看得到,那就是沈阳冶炼厂的三根大烟囱。它高耸于蓝天白云之间,当轻烟冉冉地浮成一片云时,说明工厂正在做电解铜,或者金银铅锌的提炼和生产。

那天在工人新村的社区里,我想找一位冶炼厂的工人谈谈,工人新村社区赵书记说,社区副书记和她丈夫都是冶炼厂的,可以帮着联系联系。

过了一会儿,她进来对我说,可以下午采访我们社区的副书记两口子,还找到了一个金银冶炼车间的工段长。

　　我听了很兴奋，终于可以为沈阳冶炼厂这家大国企浓墨重彩地写一笔了。

　　那天上午，我再度采访董文杰女士。她小时候家与工人村有几站地之隔，是从小一心向往天堂，等嫁进天堂，却最终与其一起沉浮，她的故事很有反讽意味。我们一直谈到下午1点，那个社区的会议室里没有暖气，好在我穿了一件户外滑雪服，可略挡风寒。而陪我的同志是沈阳人，周日经常爬野山，腿已经冻得受不了，看我谈到12点40分，还没有结束的迹象，只好将腿跷高，交叉重叠，期望暖和一点。

　　这天沈阳晴空万里，可温度却在零下十几摄氏度，当太阳的钟盘指到1点的方位上时，我才对董文杰大姐说了一声"谢谢"，然后，留了一张名片，请她去吃饭。

　　董文杰是个性情中人。上次到沈阳采访时，她告诉我说，在最困难的时候，她下岗了，身体被查出长了一个子宫肌瘤，快有鸡蛋大了。需要做手术，却没有钱，还是她同父异母的小妹帮她垫上的。

　　听说我们要请她吃饭，她摇头道，我应尽地主之谊，我现在有钱了！她小心翼翼地从自己胸前的兜里掏出来几张百元人民币，看上去也就是三四张，她的脸上却洋溢着笑容，太阳般的灿烂。

　　这一刻，我的心里咯噔一下，鼻子一酸，我连忙仰起头，生怕她看到我眼睛里的泪光。

　　那天，董大姐终于没有上我们的车，没有与我们一起去吃火锅。

　　真的有点饿了！下午1点半，我们终于坐在铁西区一家火锅店里，饱餐了一顿。

　　狼吞虎咽，解决完肚子的问题时，已经两点半了。当时我有点困，司机驾车送我去工人新村里赵书记负责的社区。步入屋里，约谈的三个人一个也没到，站着聊了一会儿，仍不见人来，我便出门，到商务车里一梦周公。

　　躺在靠椅上，刚迷迷糊糊的，也许梦见桃花了，可是冰天雪地的大东北此时只有雪花，未开桃花；抑或梦见翠花了……突然，一声鸣响，车门开了，我骤然醒来，只见司机站在门前说，那个被约采访的人已经到了。

一位个子不高的男士，他就是冶炼厂金银车间的工长。

师傅贵姓？我站着展开采访。

别贵姓！一口酒气朝我喷来，你干什么的？

他是我们请来的军队作家徐老师。陪同人员介绍道。

我不管什么作家，你找我做什么？

想找你来了解一下沈阳冶炼厂倒闭前后的事情。

这不能谈！我家富农出身，谈对了，没有人说；谈不对，那要出大问题的。

他看来抵触情绪挺大，不愿意接受采访。我问道，你今年多大岁数？
1957年的。

大我一岁嘛！我故意逗他，有几个孩子？

你逗我吧？我们是一代人，能够生两个吗？

我尴尬一笑，然后又切入主题：师傅，你们工厂黄了是什么时候？

你知道我们工厂什么时候开始黄的？

1997年开始不行了吧，是1999年破产的。我故意将时间搅成一锅粥。

错！他摇了摇头道，是2000年8月8日。他有点嗔怒，觉得我没有说清楚。也许这一天对他和自己的家庭来说，是地狱之门轰然打开的时间。他反过来问我，沈阳冶炼厂可是小日本建的厂啊！你知道哪一年建的？

1939年吧？我继续搅局，想拉住他谈话的兴趣。

又错了！他摇头道，小日本建厂是1936年，那个最高的大烟囱就是他们那时候建造的。

只有一根烟囱是他们建造的，50年代又建了一根烟囱，另一根是我们1974年为电解铅锌建造的。我答道。

他突然眼睛一睐睁。

坐下来聊一聊吧。你现在哪里打工？

在一家学校里扫地。他摇摇头说，我是一个平民，能谈什么啊？没有人会关注我们的命运，你去找厂长谈。我不能接受你的采访。

言毕，他转身离去，一点儿也不含糊。

望着他远去的背影，痛失一位可以讲出精彩故事的底层工人。

登车返程，见我有点儿遗憾，陪同人员说，那我给你联系一下我姐姐，说着，他拨通了姐姐的电话，告诉姐姐想找一找沈阳冶炼厂的人谈谈，请姐姐推荐几位人员。

他的姐姐是沈阳冶炼厂的干部，2000 年之前提前退休了。她说，过一会儿给联系电话。

果然，5 分钟后，电话打来了，叫他带我去艳粉街找一位孟庆珍大姐谈谈。

于是，我们驾车往艳粉街驶去。

右拐，我终于看到艳粉街小学。再右拐，车子在一条阳光普照的街道上夏然停下。然后，朝一个门面走去，里边的人正在装电控柜。我们穿行而入，爬上楼梯，一位个子不高的女性朝我们走过来了，保养得气色不错，她就是孟庆珍。落座之后，这位 1970 年从东北工学院毕业的老大学生，如数家珍地向我们介绍了当时新中国第一冶炼厂的一些地标般的数据和故事。

在那个激情的钢铁年代，沈阳冶炼厂堪称新中国有色金属的老大。那时，国家银行存硬通货的金银，皆在这里冶炼，其炼金的总量，占了共和国的四分之一，达到了 10 吨多，而白银则有 180 多吨。

孟庆珍说，那时，生产都是国家计划调拨，金银矿石都是从全国各地调来的，而冶炼出的金银，再由国家收入国库。他们厂是沈阳城里几家创利大户之一。

但是污染很厉害啊……孟庆珍话锋一转，说，那个金银车间污染伤害身体。在那里工作的工人干一个月，就要到沈阳或者新民的厂子疗养院住上一个月，吃大肉、吃猪血、喝啤酒，尽可能地将吸入身体里的重金属元素排泄出来。然后再去上班。

有一次采访，我听到这样一个说法，当时很震惊——说在这个车间工作的工人，有的其实连自己的名字都不会写。

我将这句话向孟庆珍求证。她点头道，确实如此！因为这些工作要求工人身体特别棒，只能从乡下特招。除了能在那个车间干活外，工人其他的什么也不会。但是他们的结局却很惨，不少人因为重金属中毒而英年早逝。

什么病？我问。

癌症居多。

天啊！原来新中国工业的光荣与梦想，也是以第一代产业工人的牺牲为代价的。

铜冶炼车间的污染最大。三个大烟囱之一，第一个就是日本人在1936年之后建造的。它一生产，整个铁西区乃至整个沈阳城都深受其害。

孟庆珍说，铜冶炼，在冬天的时候，只要刮北风，那滚滚的烟尘便会落下，一直吹到三四公里外的艳粉街。而到了夏天，吹南风，如果上午在工厂里的单身宿舍楼前晾晒白衬衣，晚上回来就会发现变成了黄色。

在整个 20 世纪 50 年代，沈阳冶炼厂的大烟囱只有两根，70 年代进行改造，又建设了一根，加在一起，三根烟囱高耸入云，成了铁西区这个中国"鲁尔"制造东北神话的重要地标。

# 第二章 | 光荣与梦想

## 1. 与郝建秀同一辈分的女劳模

杨玉兰老人那天在劳模活动室介绍自己的情况时，刚说了几句，我便蹿出一个念头：终于逮到一条"大鱼"了。几天的采访，所有受访的对象，几乎都是被区里、工厂和社区精心挑选和安排的。

我遂当即终止她参与集体采访，决定单独到她家里采访。便要了杨玉兰家里的联系电话，她站起身来，说要回去做饭了，晚上还得带领大伙儿跳健身操，提前走了。临出门时，她告诉我们，明天下午，孩子们都回家来过国庆节。我们决定明天下午到她家采访她和孩子一家。

9月30日，整座沈阳城都沉醉在过节的气氛里。与父母不在一起住的孩子们都纷纷回家，与过春节无二。10月1日，俨然就像过大年初一，将一个"十一"长假过成了大年，唯有快乐的东北人能够做到。

然而，当天去"沈飞"采访，回来时天色已晚，无法与她的孩子们见面，只好将见面时间改到10月1日上午。

那天秋阳正浓，天空无云，犹如被海水洗濯过一样的蓝。我们驱车进了劳模楼后，刚跨出车门，只见不远处，一位老人提着一袋水果，蹒跚而来，一看正是杨玉兰。

杨玉兰住在劳模楼二单元的一层，有70多平方米。现在她与小儿子住在一起。我们跟着走进屋里，与去过的多个工人家庭相比，这个家里多少有点现代气息，显然是经过一番打扮装点的。据说几个月前国务院主要领导来看劳模，杨玉兰被安排为慰问的第二家。可是，看完第一家后，国务院主要领导突然改变了主意，不愿按照省里安排的程序走，蓦然掉头，进了另一栋小楼，敲开另外一家的门，让激动万分的在家里等待的杨玉兰落寞不已，怅然了好些日子，留下无尽遗憾。

那天上午，杨玉兰找出一部褪色的英雄榜，有浓浓的霉味，纸张全都发黄了。这是当年全国纺织系统群英的照片、个人简历及成就。我在上面很快发现了她年轻时的照片，美丽清新，一看就是那个远逝年代的影子。往下翻时，我还有一个意外的发现，那部发黄的光荣榜上，第一页是赵梦桃，第三页居然是杨玉兰，郝建秀的照片还排在她后边。我问道：你认识赵梦桃和郝建秀？

认识啊！我们在一起出席过全国首届群英会，交流过经验。说着，杨玉兰翻出了当年与郝建秀的合影照片。

凝视着这张合影，青春靓丽的身影投射到时代的底版上，不同的命运和人生，竟然有如此清晰的反差。

杨玉兰祖籍山东安丘，父亲那辈挑着箩筐，推着独轮车，闯关东到了营口。可那个年头是民国年代闯关东最后的一批，他没有能够像众多闯关东的人一样，越过柳边墙，获得良田几畴，到春天迎风一撒种子，谷子、高粱和玉米就会疯长，吃不完的粮食装满了仓，而是到营口卖水度日，几乎是一种赤贫的生活。

在杨玉兰的记忆中，童年是她人生中最黑暗的一页。许多年来，她都不愿触及这段往事，至今营口市博物馆依然放着她六七岁时与母亲一起外出要饭的竹筐。她记得每到冬天，东北大地雪盖冰封，大官塘寺院的水塘结冰了。家里拉水的生意中断了，唯有跟着父母去要饭，没有饭吃的时候，她亲眼看到过两个弟弟，还有爷爷奶奶饿死的惨烈一幕。8岁那年，黑山来了一辆大车，装着粮食，父亲想把女儿换成粮食，与那户人家要五斗半粮食，对方只给五斗。讨价还价中，母亲的舐犊之情油然而生，说这不是将玉兰往火坑里边推吗？但还是哄她说，玉兰，你跟着这户人家去姥姥家里，走一条活命路吧！

杨玉兰一个激灵，记得母亲说过，自己4岁时就没有了母亲，哪有

姥姥可言，何处可寻活命？分明是要将她送人换粮糊口，于是，她一溜烟跑了，才躲过一劫。

有一年除夕，杨玉兰跟着母亲好不容易要到一些黑豆和面，一家人围在一个瓦盆砂锅面前，等食物煮熟了，好吃一顿饱饭过年。突然砂锅烧裂了，食物与汤水溅了一地，过年的饭没有着落了。母亲绝望地冲出门去，朝着大官塘寺院哭号：老天爷啊！死又不让人死，活又不让人活，这日子咋过啊？哭后母亲站起身来，走到大官塘寺院大树下，将绳子搭上去，结了一个扣，想上吊一死了之。这时，父亲看见门上的绳子不见了，找来了，说，孩子她娘，你走了，我带着几个孩子咋活啊？将妻子救了下来。

求死不得。母亲将上吊的绳子一扔，长叹一声：好死不如赖活着。上天不要我，那就继续遭罪吧！

1948年，营口解放前夕。杨玉兰看到一个傻子游荡过街道，仰首高歌，在预言什么，似乎又像在疯唱"捡洋落，发洋财，一颗子弹回不来"。又有民谣四起：光绪在营口，捡个馒头喂狗。过了一个长夜，傻子的声音与枪炮声寂静下来，解放军进城了。父母从地主家分了许多大豆饼，全家人掰着豆饼，就着凉水吃。从那时起，再也不用担心饿肚子了，因为来了共产党、解放军。

一天早晨，营口第五纺织厂的大门口突然贴出布告，要招收女工。邻居的女孩们奔走相告。杨玉兰那年才15岁，个子也不高，她跟着邻居家的大姐姐吴凤玲、孙素珍去了。体检的时候，个子太矮，只好踮起脚尖，才够了高度。

几天后，工厂大门前贴出录取名单，杨玉兰榜上有名。一家人欣喜若狂。

1950年3月14日，是杨玉兰一生中永志不忘的日子。母亲给她穿了一件大棉袄，因为是早晨3点20分上班，是拂晓前的黑暗，爸爸背着她，与蓝玉梅、孔泉玲一起去的。走过九道弯，过了公鸡楼，上班的汽笛一响，等在门口的姐妹们一拥而进。

沐浴着新中国清晨的朝阳，走进中国纺织女工的队伍，15岁的杨玉兰觉得一步进入天堂。她珍惜这个新时代赐予她的生命的春天。伸出织女之手，巧夺天工，锦织天下。一个月挣 19 分，可拿 9 元钱。哥哥这时也参加了工作，也拿 9 元钱。一家人一个月有 18 元的收入，可以过小日子了。

那是一个创造东北神话的年代，刚刚 15 岁的杨玉兰心灵手巧，不是织女，却胜于天上织女。短短半年间，她创造了细纱挡车工的一个个厂纪录和营口市纪录。

进厂之时，杨玉兰只操作细纱车间的一个龙档，一面有 216 个锭子。不到三个月时间，她居然能操作一个龙档 432 个锭子。

老工人惊呼：这小丫头心灵手巧，是可造之才，她还能看得多！

果然，头半年，杨玉兰操作了两个龙档 864 个锭子。

当她一年学徒未满，操作 1296 个锭子时，工厂敲锣打鼓，将红旗与奖状送到她家里。

年轻的新中国朝气蓬勃，犹如八九点钟的太阳，升起于世界的东方。到处都是热火朝天建设社会主义的场面和情景，每天都有捷报传来，纪录一次次被刷新。东北无论重工、轻工，都是全国的行业老大，在轻纺领域也不能落后啊！

杨玉兰一经上手，便显示出织女天赋。她创造了二指卡头法最新纪录，开始一分钟最多能接五六个头，随后提升到了七八个，再往后提高到了 18 头，最后一分钟的卡头接法，能达到了 26 个。

后来，她发明了双手扫除法，两只手换纱锭。再后来，又发明了宝塔式换纱法，从大到小地换。以杨玉兰当时创造的利润，换算成粮食，她一年可以给国家上交 3400 吨的粮食。

如此业绩，让人啧啧称道。

1951 年，杨玉兰被评为厂劳模、市劳模。

红遍神州的"郝建秀工作法"在东北大地的纺织厂推广，杨玉兰作为推广小组组长，从厂里、市里，一直赛到了省里和东北局，层层参加比武打擂。杨玉兰脱颖而出，成了辽宁省和东北地区的挡车工能手，成绩无人能及。

1952年，杨玉兰被评为省劳模。

1953年，她成了东北局的劳模，并被推荐为全国劳模。

她第一次戴上大红花，坐着列车上京城，参加全国劳模群英会。她代表东北一方，与倾慕已久的郝建秀一起，跻身群英之列，她与郝建秀的合影，刊登在《人民日报》上。国庆观礼时，见到十大元帅，其殊荣与影响，名冠京城。

那年10月，参加全国工会代表大会从北京归来，她被选入由贺龙元帅率领的第三次赴朝慰问团，在安东（今丹东）学习了一个多月，然后跨过鸭绿江，到朝鲜慰问志愿军战士。给官兵们作报告，介绍自己是怎样成为劳模的，谈第一个五年计划实施期间，国家欣欣向荣的发展形势。

玉兰初放，香飘东北大地，乃至朝鲜战场，引来了无数的爱慕者，大多是人民志愿军军官。

那时，有好多年轻的军官给我写信。杨玉兰饱经沧桑的脸上，绽开玉兰般灿烂的笑容。

真的？我有点儿好奇。

嗯！杨玉兰顺手找出一本老照片集，翻到后边，半寸或者一寸的照片，贴得密密麻麻，有三四页之多，都是清一色的年轻军官，个个年轻英俊，每人的肩上扛着少尉、中尉乃至上尉的军衔。

啊！我翻阅着，不免惊诧，当年有这么多好小伙子向你求爱啊？

当然啦！杨玉兰老人说，他们写来了热情洋溢的信，说要与我交朋友，有的甚至直截了当地向我求婚。

那个年代，找一位军官是许多姑娘的最佳选择。

是啊！我喜欢解放军，后来，就是找了一位军医。而这个人就是与杨玉兰同在一个赴朝慰问团中的潘道才。

出席第一次全国群英会，给杨玉兰带来了无尽的荣光，她作为劳模被送到青岛纺织学院，学了三年。1958年大专毕业，依旧回到辽宁营口的东北第五纺织厂，仍然当她的挡车工。不过，她最终成就了一段姻缘，在众多的爱慕者和追求者中，杨玉兰与空军雷达团军医潘道才相识、相爱了。

那是一个理想主义与英雄主义同在的年代，江山家国，英雄劳模，成了那个时代最让人羡慕的标志。

杨玉兰虽然是东北神话的创造者之一，却没有住上沈阳铁西的劳模楼，她一直住在营口市里，过着分居两地的生活。1961年大女儿呱呱落地。1968年生了二女儿。1970年生了儿子。又两年后，生下小女儿，她才随军到了沈阳，调进沈阳水泵厂。然而，不到十年时间，那座创造了东北奇迹和神话的天堂，开始沉落了。

进了天堂的杨玉兰一家人，经历了天堂的浮升与沉落。

一座城与一个劳模家庭的浮升沉落，让人扼腕长叹。

## 2. 新中国的 N 个 "第一"

一个光荣与梦想的年代，穿过历史的烟雨，朝我们走来。

年轻的新中国，让人想起了少年之中国，总是希望与梦想同在，奇迹与神话一起诞生。尤其是东北老工业基地，它就是在一片战争的废墟上建立起来的共和国的"总装备部"。作为新中国工业制造的基地，不仅为了支援刚跨过鸭绿江的志愿军，更为了支撑新中国一个个重大建设工程。

铁西"共和国长子"地位的确立，是因为它是大型国企最集中的地方。数以百计的大型国企，产生了一个个的新中国第一。

其中，新中国第一枚国徽，就是由中国机床行业的铸造厂——第一机床厂铸造完成的。

这是东北大地创造的第一个"第一"。

这枚国徽是由古建筑学家梁思成、林徽因夫妇和张仃等八人在多个方案的基础上联袂设计完成的！ 1950年挂到了天安门城楼上。那麦穗和齿轮都是一笔一笔画出来的，对于铸造工厂的工艺有特别的要求，开始，我曾误认为这应该是沈阳铸造厂铸造的。

可是那天在机床集团，孙纯君副总说起第一机床厂创造新中国许多个第一时，说第一个中华人民共和国的国徽就是他们机床一厂铸造的，我顿时愣住了，说，不会吧？我在沈阳铁西区采访时，有人说是沈阳铸

造厂铸造的呀?

原来我也是这样认为的。觉得机床一厂不可能搞铸造啊。可是新中国60周年时,为了弄清国徽到底是谁家铸造的,有关部门将当时参与国徽铸造的老人们召集在一起,与沈阳铸造厂一起讨论时,当年参加铸造的老人们都说,不是沈阳铸造厂搞的,而是机床一铸造车间主持完成的。因为那是铝合金的,而不是铸铁的。

是这样啊!我终于弄清楚东北老工业基地的"第一"了,终于弄清楚新中国的首个"第一"了。

那时,叶剑英元帅的大儿子叶选平在沈阳第一机械厂担任第二车间副主任、主任,1954年至1960年,他调任沈阳第一机床厂副厂长兼总工程师,最后,从厂长的位置上调离。

那天,我回到下榻的酒店,翻阅沈阳铁西区的老照片,发现沈阳第一炉钢水也是在铁西区诞生的,但不是出自钢铁厂,而是出自沈阳重型机械厂。它是在1949年11月4日,在新中国成立一个月零五天时出的第一炉钢水。

1952年12月16日,沈阳重型机械厂又成功试制了共和国的第一台5吨蒸汽两用锻锤。12月24日的《沈阳日报》头条发布新闻——"新中国的第一台五吨蒸汽锤试制成功"。1954年,国家邮电部发行特种邮票,画面上就是这台蒸汽锤的图案。

这些辉煌的故事,无疑显现了东北老工业基地的魅力。

奇迹不断发生,一个个捷报传到北京中南海。

同样,沈阳拖拉机厂,在共和国十周年献礼前夕的1958年4月30日,试制成功了中国第一辆18马力的蒸汽拖拉机,被命名为"创造号"。

创造生活,创造一个时代,创造一个个神话,可见"创造"是那个年代"创新"的代名词。

就是在这个年代里,北二马路上的工厂一家比着一家地创造东北神话。沈阳变压器厂1952年试制成功了中国第一台3000千瓦水轮发电机;同年8月,又成功制造了中国第一台69千伏的高压多油断路器。

沈阳电车厂也在这种大背景下,制造出了沈阳市的第一台无轨电车。

一花独放不是春，创新引来铁西春满园。

在这个中国"鲁尔"，沈阳衡器厂制造出了新中国第一台 100 吨、可以给火车称重量的轨道秤，被称为"中国第一秤"。

而就在 1950 年大年三十的晚上，沈阳橡胶厂在十分简陋的车间和困难的条件下，制造出了我国最早的战斗机轮胎，也堪称新中国"第一"。

但是，沈阳铁西的真正地标性建筑，仍然是沈阳冶炼厂的三根大烟囱。第一根堪称亚洲最高的烟囱之一，高 122 米，地基直径 20 米，建于 1938 年，为日伪时期所建，为铜大烟囱，是电解铜车间配套的。第二根烟囱 120 米高，基础直径缩小了，只有 18 米，建筑于 1958 年 7 月，为铅大烟囱，是电解铅锌车间配套的。第三根则比较晚，建于 1974 年 9月，高 100 米，称为尾气烟囱。

在铁西区，那个光荣与梦想同在、理想与英雄共生的年代，他们创造了新中国的诸多"第一"。

等我登高远望，伫立于长白山之巅，俯瞰整个东北大地，共和国的 N 个"第一"，成为当年东北人民引以为豪的骄傲和荣耀。

1956 年 7 月 13 日，第一辆解放牌大卡车从长春第一汽车制造厂的生产线上开了下来，开始了装备新中国的征程。

两年后，在"大跃进"轰轰烈烈之际，中国的第一辆东风牌小轿车制造出来了，堪称新中国的第一辆轿车。也就在那一年，共和国的第一辆高级轿车大红旗下线。

当红旗牌敞篷车一次次驶过长安街，载着共和国的三代领袖检阅中国人民解放军的方阵时，大红旗成了中国人一个时代的记忆和标志。

而齐齐哈尔的"一重"被周恩来总理称为"国宝"。

那是个让人憧憬的年代啊！如今，我们只能在沈阳铸造博物馆和工人村生活展馆里，触摸到那个时代的温度和心跳。

一个仍旧让我们景仰和激昂的年代啊！

### 3. "北上""南下"，只因支援新中国大工业

已经穿上此行最厚的衣服了，还是没能抵挡住扑面而来的凛冽的寒风。

走出十字旋转门，我禁不住打了个哆嗦，赶紧钻进停在酒店外的车里。这天上午，是去位于铁西新区的沈阳机床股份有限公司。车子在宽宽窄窄的街道上穿行，我透过车窗似有目的又似无目的地闲看，心里悄悄揣测，创造过"东北神话"的机床厂，将有什么样的故事……

在沈阳机床股份有限公司厂区门口，意外地看到许多一串红。它们正兀自开得浓烈、艳丽。心底涌起一股暖意，除了欣慰，还是欣慰。企业负责宣传的黎部长、杨副部长热情地接待了我们，分别安排了机床一、机床二、机床三厂的人接受采访。

在一间设施简单的会议室坐定后，机床中捷厂的王部长很快打电话叫来三位身着统一工装的员工。乍一看，我还以为他们是一个家庭的，一问方知，中年男子叫高庆江，年轻女孩是他的女儿高瑞阳；中年女工叫邓孜利，和高庆江是一个单位的同事。

浓眉大眼的高庆江十分健谈，他是公司的服务标兵，部装二车间的电气工人。中午饭后，我们在车间里随处闲逛，在宣传展板上看到了贴在"企业五大标兵光荣榜"上的高庆江的工作照。高庆江还激动地指给一旁的女儿高瑞阳看，我赶紧端起相机拍摄下了父女两代机床人那感人的一瞬。

高庆江身形高大、声如洪钟，采访几乎不用怎么提问与引导，他有备而来，侃侃而谈，肢体语言始终流露着身处企业的自豪感和荣誉感。无论父辈走南闯北的艰苦创业，还是自己亲历的企业低谷时期，他都表现出了对企业强烈的热爱和忠诚，令我意外，并且感动。

套用"官二代"、"富二代"这样的称谓，高庆江属于"机床二代"，因为他的父亲曾是机床厂的一名装配工人。高庆江的五个兄弟姊妹中，有四个是机床人，有三对夫妻同为机床人，有两个姊妹的后代已经成长为新一代机床人。高庆江的女儿和女婿也是机床人。高庆江的女儿和他一样，也是一名装配工。

一家人与一座机床厂。我由采访高庆江，继而结识了他的女儿，进而采访了他的父亲，因为历史仍然停留在那段已经远逝的辉煌岁月。毋庸置疑，关于机床一创造的东北神话，必须从高庆江的父辈乃至祖辈写起。道理很简单，今天从昨天走来，没有老机床人的艰苦创业，就不会有机床厂的后来和现在。我便决定先写高庆江的父亲。

2011 年 11 月 5 日下午，在高庆江那宽敞明亮、装饰时尚的家中，我们见到了他的父亲。虽然室内温度并不低，但老人穿着一件蓝黑色的棉袄。墙上挂着高瑞阳刚拍没多久的婚纱照。

一个人，无论曾经怎样辉煌或者艰难，只要收梢完满，能够和家人一起幸福地安享晚年，就是人生之大幸。

高庆江的父亲是幸福的。已经 82 岁的老人，眼不花，耳不聋，面色红润，神清气爽，短短的、花白的头发。不说话时，总是一副笑眯眯的样子。说话时，脸上洋溢着幸福的笑容，人也长得很喜相。老人的话匣子一打开，就激动不已，声音洪亮，神采飞扬，父子两人的神情像极了。

那些陈年往事的点点滴滴：他们举家"北迁"七年、"南迁"八年的始末，几十年人生的变迁，定然经过了许多波折和坎坷，可是老人在讲述那些依然留存于记忆深处的经历时，脸上的表情没有痛苦、没有忧伤、没有幽怨、更没有愤懑。那种安然的、满足的笑容，给我留下了极其深刻的印象。数月后，当我回忆东北之行的采访时，首先在脑海中浮现的就是老人家微笑的脸。

我实际上就是沈阳第一机床厂的！

一开口，老人就乐呵呵地对我们如是说，不经意露出嘴里几颗依然顽强坚守着的牙齿。一看，就是和儿子高庆江一样的健谈、乐观、开朗。

过了几年，我就调到了齐齐哈尔第一机床厂。

那咱家在沈阳不是待得挺好的吗？为啥要到齐齐哈尔去呢？坐在父亲对面的高庆江忍不住插嘴问道。

因为原来想工厂全搬……这是当时的背景。

那为啥要搬走呢？高庆江又问。

这不是因为打仗吗！陷入回忆中的老人接着又说，也是为了安全。

那里安全？

那当然，北方比较安全，齐齐哈尔比沈阳可是要安全得多了。

那为啥不往南边搬呢？非要往齐齐哈尔搬呢？

在之前的采访中一直侃侃而谈的高庆江，这时已经不自觉地担当起了一位采访者的角色，提问并引导父亲追忆往事，追忆东北老工业基地的创业史。

这是国家的事儿，当时搬的也不是咱们一个厂子。

那为啥一定要往齐齐哈尔搬呢？

因为齐齐哈尔比较稳定。

那往南边搬不更稳定吗？看来对于老机床人当年的往事，儿子的好奇程度绝对不亚于我们。

往南边搬人家是……呵呵，领导说了算嘛。那不是因为朝鲜打仗嘛！就这样呢，搬到了齐齐哈尔第一机床厂。

齐齐哈尔有两个机床厂。俺们当时去的人，有的去了第一机床厂，有的去了第二机床厂。俺去了第一机床厂。俺们这"北迁"，一扎就是七年。多了两口人。你大姐和你二姐都是在齐齐哈尔生的。你妈怀着你，咱又到了武汉……

老人顿了顿，对一脸认真听着的高庆江说道。

高庆江似乎有点儿不好意思，脸色微微有些发红。毕竟，当着客人的面，还有妻子、女儿在跟前，父亲讲述自己出生前的那些家事。

我当时心里偷偷揣摩，这位热爱工作更热爱生活的东北汉子，原来也会有害羞的时候啊！

那我哥是搁哪儿出生的呢？高庆江浓黑的眉毛微微蹙了一下。

你大哥啊？你算嘛……

老人念叨了一阵子，还是没有完全讲明白高庆江的哥哥到底是在哪儿出生的。毕竟岁月沧桑，各种人事在记忆中叠加，多多少少还是影响了老人的一些记忆。

父亲嘴里还在念叨着高庆江哥哥的出生地时，高庆江低声告诉我们说，我哥是 1956 年出生的，一定也是在齐齐哈尔出生的。

呵呵。我乐了。

咱这既不是考试，也不是查档案，更何况你父亲都 80 多岁的人了。好在，说着说着，老人又补充了一句：老三，你管他叫哥哥呢！也是在齐齐哈尔出生的。

高庆江脸上的表情顿时放松下来，转向我们说，还是有点儿记不住了！

后来，沈阳第一机床厂全部动迁的计划又有所变化——不搬了。

因为当时的中国和邻邦苏联老大哥的关系发生了一些微妙的变化，出于安全考虑不搬了。老人又调到武汉重型机床厂工作，在那里待了八年。举家迁往武汉的第一年，高庆江出生了。又隔了三年，妹妹出生了。其实这就是东北老工业基地的输血方式，支援新建的机床企业，有时是一个车间，有时是一个厂的整体搬迁。

一方水土养一方人。老人回忆在武汉工作的情况时谈到，全家人对那里的环境都不是太适应，自己的手气和脚气就是在那里得的。尤其夏天，酷热难耐，北方人到那里简直无法忍受。高庆江的母亲患有风湿性关节炎，而武汉的湿热天气更加重了她的病痛。每到犯病时，母亲的手脚关节疼痛难忍。严重时，甚至行走都有困难，更不用说工作和生活了。万般无奈之下，1966 年，他们又举家迁回沈阳。

高庆江一家老小在"南迁"八年后，又回到沈阳的原因，说小了，是因为家人不适应武汉的气候环境；说大了，沈阳、东北终究是咱的家乡，故土难离啊！

高庆江生于九省通衢之地，反倒喜欢上江南的温婉，站在黄鹤楼上，可以看到蓝蓝的天空，还有大江东去的宏阔，可是到东北以后，越往北走越觉得天黑，还是重工业基地污染大；在武汉时吃的是细粮，回到沈阳后吃的却多是玉米面；虽然那个年代普遍物资匮乏，但在武汉时，物资还是相对比较丰富的。

可是别处的风景再怎样好、收入再怎样高，用他父亲的话说"那不是咱家的地儿"。虽然那时候工作调动也是一件挺费劲的事儿，可是父

亲还是在阔别家乡15年后，带着一家老小重新回到了沈阳。

离开武汉前，高庆江的父亲已经干到了装配车间总工长的位置上，那时算八级工，是最高级别的了，属于总装。而高庆江现在干的，是部装。都属于装配，但工种有所不同。

老人再调回沈阳时，面临着多种选择。沈阳的工厂特别多，到底应该到哪个厂子呢？刚开始，老人还是想再回到沈阳第一机床厂。但是已经生了五个儿女的老人又考虑了儿女们上学等诸多因素，觉得第一机床厂上下班太远，不够方便，打算挑个近点儿的。可是，近点儿的选哪个厂子呢？老人一度又犯难了。

当时，老人处在三四十岁那个年龄段，正是年富力强之时，吃苦耐劳，工作经验又丰富，进哪个厂子都是可以的。但老人经过再三考虑，还是选择中捷厂作为自己人生的又一个起点。后来，在那里一直干到二儿子高庆江顶班后才离开。

到中捷厂工作了两年，他就被晋升为安全检查科科长。

多年后，老人在向我们讲述自己晋升为科长前后的那段人生经历时，声调立时抬高了许多，兴奋之情溢于言表，还伴随着一些手势和动作。毫无疑问，那是他人生的辉煌时期，也是他此生最引以为豪之时。

俺们当时镗床、摇臂钻床，还有那啥床的都装，嘿！那可是越干越大……大钻床那家伙，老高啦！俺们有镗床车间、摇臂钻床车间，3号车间是大修车间。

……

忆往昔，峥嵘岁月稠。老人高兴得呵呵直笑。

那你在机床一厂时的情况呢？

机床一厂主要生产的是车床，中捷机床厂主要生产的是摇臂钻床，机床一厂和中捷机床厂生产的不是同一类产品。T-68是普通镗床，T-61一生产就几百台几百台的……后来我当安全检查科长那会儿，生产得越来越多，装好的机床那家伙，老高哦！沉浸于美好回忆中的老人眉飞色舞，喜形于色。其间，甚至有那么一会儿因为过于激动，说话都有些结巴。记忆里的许多东西都急着想要告诉我们，许多话儿都急着想要说出来，但是心里越着急，反而越说不出来了。

高庆江说，小时候，很少见到父亲。因为一大早他还在熟睡时，父亲就已经出门了。父亲很晚回到家中时，年幼的他往往已经睡着了。东北的冬季漫长且寒冷，高庆江记得外出的父亲总是穿着一双翻毛皮鞋，戴着厚厚的帽子，包裹得严严实实的。不用猜就知道，那个形象一定和那个年代许多电影中的工人老大哥形象别无二致。

一位耄耋之年的老人看到自己家乡发生巨变，那种由衷的自豪感简直无以言表。

那是打造国家5A（老人念：5阿）级景区！

老人激动地讲述了"北迁"之前和"南迁"之后回到沈阳，亲眼看到和感受到的变化，还有沈阳今天的巨变。中捷厂当时还在一个小胡同里。刚开始，厂子周围都是铁丝网，后来才修建的围墙。中捷厂有四个车间，一车间、二车间、三车间、大型车间，当时一个月就能生产一二百台机床……

俺们那时候厂里贴大字报怎么说知道不？"工厂走到哪里头，俺们跟到哪里头。"这就是1950年到1951年的背景，言外之意就是工厂要搬。后来，厂子就开始动迁了。

你那时候为啥进了机床厂呢？高庆江替我们询问父亲。

我那时候在农村，咋能知道机床厂？

那你那时候咋不去当兵呢？为啥选择进工厂呢？咋就到了机床厂了呢？高庆江又问。

俺们那时候不是不当兵嘛，那时候稳定哪！

哦！那时候已经解放了。

俺们家是沈阳新民的。俺们同村的几个人一起来的沈阳，从报纸上看到招工的消息就去了。去了以后呢，人家说已经招完了。俺们就说，那不行！俺们这一路辛辛苦苦地来啦，咋办呢？

俺们从新民大老远地跑来了，难道就这样又跑回去啊？让俺们考一下吧！后来，就在第一机床厂考的，俺们几个就都考上了。

老人告诉我们说，1948年，他在新民农村的家中成婚。1951年，

考进沈阳第一机床厂。从此，就开始了一名东北老工业基地产业工人的生涯。由于家境贫寒，上到小学四年级就辍学了。工作以后，又在齐齐哈尔业余中学断断续续学了四五年。当时从上班的地方到学校的路很远，为了获取更多的知识，所有困难他都克服了。东北那样寒冷的天气，加之已经是有家有口的人了，老人当年一定吃了许多常人难以想象的苦头，经受了人生的许多磨砺，才一步步走了过来。

1951年，他们家从沈阳搬到齐齐哈尔。

1957年，又从齐齐哈尔搬到武汉。

1965年，搬回沈阳。

1990年，老人正式退休。

刚到齐齐哈尔时呢，咱家是一贫如洗。只有一床被子、一床褥子，几件锅碗瓢盆，其他的啥也没有。

在齐齐哈尔待的那七年呢？

那七年也是！吃饭的碗架柜和桌子都是自个儿拿木板钉的，连一件像样儿的家具也没有……

那在武汉呢？父亲还没有说完，高庆江又忍不住问道。

到武汉后，咱家就分到了一个宿舍！老人微微一笑，看上去很满足的样子。

有床吗？

有啦！那武汉的床是活床……

哦，那段我记得哩！高庆江接过父亲的话茬说道。

那时候咱家有一个座钟，还是三五牌的呢！还有一个戏匣子（收音机）。咱家从武汉回到沈阳后，这个三五牌的钟还有。

家里还有一辆自行车，一个手电筒。我还有一块手表，一个皮包。父亲补充道。

……

退休前，老人是车间主任。作为企业曾经的一名高级技术人员，享受着副厂级的工资待遇，月退休金为200元钱。退休前每月104元的工资，他拿了许多年。收入许多年来其实变化并不太大，但是家里的住房变化大。当初进中捷厂时，先在独身的小房子里住着。没多久，厂子盖了稍好一些的火炕楼。盖好以后，他家就从独身楼搬到了火炕楼。后来，火炕被扒掉装成暖气，但是楼还在。

高庆江说，主要为了这个火炕楼他家才到了中捷厂。因为母亲的腿不好，而这种住房对她的腿有好处。在火炕楼住了十年后，他们分到了一个小套楼房。在小套楼房住了十年后，他们又分到一套两室一厅51平方米的楼房。而现在，全家人住的是建筑面积为92平方米，有地热、宽敞明亮、装饰一新的楼房。用高庆江父亲的话说，就是"一步登天了"！

夕阳西下，天色渐晚，我们结束对老人的采访后离开高庆江家，下楼后无意间一回头，竟然发现老人站在窗边正在微笑着向我们挥手。余晖斜斜地照耀在窗户玻璃上，把老人照得很暖、很暖……

## 4. 六大常委视察"沈飞"

1958年2月13日，对于"沈飞"年轻姑娘萧淑芳来说，是一个悲喜交加的日子。

尽管时光已流逝整整54载，一头银发的萧淑芳，很难让人与一个蝴蝶一样轻灵飞翔的姑娘联系在一起，可是那天发生的一幕又一幕，她至今仍记忆犹新。

那天早晨，阴了数天的天空突然晴好起来，漫天飞舞的瑞雪停歇了。一轮朝阳从杨树梢上升起，犹如一个大红灯笼，挂在沈阳城郭之上。红彤彤的，并没有多少热度，可是它却静静地照耀在雪原，掩映着北陵，也温暖着"沈飞"的数万名工人。

萧淑芳那天走出集体宿舍的楼口，看了看小黑板上的天气预报，沈阳的气温仍在零下20摄氏度以下，可是她知道今天全体"沈飞"人的血都是沸腾的，将为一位东方伟人而激荡。

萧淑芳踩着积雪往厂区走去，沿路看过去，姐妹们的脸上都洋溢着那个时代新中国阳光般清新的笑容，而今天又多了一份激动和期冀，大家正在等待一个怦然心动的时刻。

还没有走到 34 车间，萧淑芳看到总装车间门口，已经警戒森严，一条线将总装车间与别的车间隔开。其实昨天厂长已经通知了，有中央重要领导同志来厂里视察，就看 34 号总装车间。全厂人员行动，扫雪清马路。总装车间清理打扫了一天，要求工人、职工各就各位，站在自己的位置上，该干什么干什么，领导若提问就回答问题，坚决杜绝围观、簇拥，不要影响厂子的形象。

尽管那天萧淑芳并不知道是哪位中央领导来厂视察，可是同事们悄悄地传，是伟大领袖毛主席！

能见到毛主席，可是人世间最最幸福的事情啊！萧淑芳曾经梦里几度，朝思暮想几回了。

于是，那天她早早就离开宿舍，去了工厂。站到自己的工作岗位上，等待那幸福一刻的降临。

等啊等，却还是不见毛主席坐的轿车出现，萧淑芳看了看表，已经是下午 3 点钟了。

终于，一辆老式吉姆车，从辽宁宾馆开了出来，朝"沈飞"方向驶过来，驶向新中国历史上的一段传奇。

这传奇和神话就是仿造在朝鲜战场创造了米格走廊的米格 -15 的歼 -5 飞机。

抗美援朝大幕拉开时，中国的空军还是一只雏鹰。无法面对美国 F-86 军刀战斗机机群。美国人经常凭借空军优势，对赴朝的志愿军部队进行大规模的轰炸，给刚从解放战争中走来的中国人民志愿军造成很大的伤亡。于是，部队只好采用昼伏夜出的战略，白天隐蔽，晚上出征，而且还不让打灯光，这样造成不少司机车翻深谷，照样让部队大量减员。

自从苏联航空兵进入中国本土参战之后，美国大兵的这种空军优势渐渐被改变。米格 -15 的优势，渐渐将美国空军的 F-86 军刀战斗机比下去，在整个抗美援朝战斗中，中国年轻的空军打下了 330 多架美军飞机，苏联飞行员打下了 1309 架美式飞机，形成了一道坚不可摧的空中米格走廊。当然，中苏飞行员同样也付出了惨重的代价，中方阵亡 116 名飞行员，苏联飞行员则更多，达到 120 名，并长眠在中国这片古老而神奇的热土上。

米格 -15 声名鹊起，皆因为在抗美援朝战场上的米格走廊，胜了美军的飞机半代。于是，按照中苏 156 项新技术协议，它的制造流水线，搬到了中国沈阳北陵的沈阳飞机制造厂，从 20 世纪 50 年代初引进歼 -5 飞机生产线后，沈阳飞机制造厂便开始了仿制。那是一种近似于今天山寨版的制造，因此有了一架架银鹰离巢而出，成了中国空军的主力战机，引得毛泽东主席兴趣盎然。他要看看在沈阳北陵不远的地方，这座现代化的飞机制造厂到底是什么样子。

中国的国产飞机歼 -6 成功翱翔蓝天，毛泽东甚为高兴，表示一定要到"沈飞"看看。

"沈飞"全厂职工盼了许多年后，终于迎来了伟大领袖毛泽东主席。

那天，黑色的吉姆车轧得马路的积雪咔嚓咔嚓地响。伴随着交响乐般的声音，一代东方伟人坐的轿车在飞机总装车间门口戛然停下。伟岸的身躯从车里跨出来，俨然山一般巍然。于是，站在车间门口欢迎的人们激动地狂呼，毛主席万岁！毛主席万岁！

萧淑芳听着厂门口的欢呼声，谛听历史的脚步已经在车间门口响起，她有点眩晕。她家在大连农村，家穷，新中国成立后才开始上学，1956 年从大连考入沈阳 22 技校，学了一年就毕业了，分配到沈阳飞机制造厂，在总装车间工作。她做梦也没有想到，会见到毛主席。

头一天"沈飞"党委书记王其恭就交代过，中央领导同志过来，不要抬头望，该做什么就做什么。然而，刚才门外的"毛主席万岁"的口号声，早已让她热血激荡了。她多么想昂起头来，看毛主席一眼，但，最终她还是没敢看。

伟大领袖的身影从她的工装位置前走过，走到了刚组装好的歼 -6 飞机前，机舱盖打开了。戴着毛呢帽子、穿着黑色呢子大衣的毛泽东，悦然登上飞机舷梯，俯看机舱，留下了一代伟人的巍然身影。就在那一瞬间，萧淑芳仰起头来，在一二百米远的地方看到了伟大领袖，一泓激动的泪水潸然而下。

在她到"沈飞"之前的那一年，中央七大常委中的刘少奇和邓小平

来沈阳视察过"沈飞"，或许正是因为他们回去向毛主席汇报，才促成了毛泽东的东北之行。

往事历历，眼帘被泪水模糊，萧淑芳拭去激动之泪。当天傍晚，回到集体宿舍的萧淑芳突然接到家里发来的电报，父亲就在毛泽东视察"沈飞"的时候，溘然去世了。乐极生悲，她晚上又蒙着被子大哭一场，那悲恸的哭声，令石狮子听了也落泪。

然而，当时沈阳飞机制造厂的歼-6飞机仍然不过关，出厂一年，结果连续三年返厂修理，这件事情惊动了中央军委。朱德总司令和贺龙元帅陪同苏联部长会议主席伏罗希洛夫来视察。朱德总司令陪着伏罗希洛夫走了之后，贺龙元帅来了。他穿着中山装，戴着礼帽，拄着拐杖来了。坐在萧淑芳身边讲故事的马俊生副总工艺师回忆道，当时贺龙元帅到了机库，登上歼-6飞机，站在机翼上，用拐杖敲打着机翼，画了一道线，瞪着眼睛说，一切两段，400多架飞机返厂维修，国家拿着钱，你们搞什么？

那激烈的话语，确实刺痛了当时刚从北航分来的马俊生的心，也让萧淑芳等年轻人坐立不安。

然而，查找歼-6飞机问题的进展缓慢。马俊生、萧淑芳记得，因为迟迟解决不了问题，周恩来总理和邓颖超专门来沈阳飞机制造厂视察。既是来打板子的，也是来鼓劲的。

已经垂垂老矣的萧淑芳和马俊生当年正年轻，两个人都是1956年前后从北航和22技校进入总装车间的。在他们的记忆中，那个日子是1962年6月13日。沈阳城里的天空是晴朗的，厂里组织职工站在门口夹道欢迎，鲜花笑脸，锣鼓喧天，然而细心的人发现，也许因为刚刚经历了三年自然灾害，日理万机，操心甚重，周总理英俊的脸庞没有一丝笑容。

那天上午，萧淑芳没有站在欢迎的队伍里，而是在车间里生产。她记得10点钟时，总理在"沈飞"党委书记王其恭和厂长的陪同下，走进了37车间。当时，萧淑芳正在加工歼-6战机的亮架，那是机翼上的骨干。总理走过来。萧淑芳在相视的瞬间，居然去看总理的美胡须了，总理问她，今年多大了？到"沈飞"之前，是哪个学校毕业的？这时，萧淑芳已经激动得嘴唇打战，无法回答。

别紧张嘛！总理忧心忡忡的脸上终于露出一缕笑容。如太阳穿云一样，晴天了。看到萧淑芳这么紧张，伫立一旁的厂长替她回答了总理的问话。

随后，总理又问车间里的安检是专职的还是兼职的，胆小的萧淑芳哪敢回答。就瞪着周恩来总理看，直到总理和邓颖超的身影渐渐远去。

那天马俊生在跑文件，听说总理来了，进了34车间。车间主任说，马俊生，你别跑了，那里有一个工位，你就顶上去吧。总理问什么，你就答什么。

马俊生点了点头，那时虽然刚进厂五六年，但是对于歼-6飞机存在的问题，还是知晓一些。毛主席视察过后，"沈飞"生产了100架歼-6战机，却返修了三载，症结就是质量问题。歼-6战机的尾翼出现抖动，不能飞了。推力和阻力平衡，升力和阻力平衡，而尾翼是管飞机升降的，尾翼抖动是不会升起来的。

周恩来就冲着歼-6的问题而来。他一改平日的温文尔雅，说，困难时候，全国人民都勒紧裤腰带，支持国防工业，你们做了百架飞机，成了废品，让人心痛啊！

陪同视察的厂长和党委书记无语，尴尬地向总理作检讨，说正在查找问题。

这时总理的鞋带突然开了。

王其恭俯身说，总理，我帮你系上。

不用！周恩来摆了摆手，我自己来。说着，总理躬身系上鞋带。步行至门口时，门口站了许多人。

总理问，这是做什么的？

王其恭说，这么多人等着看总理啊！

看我干什么？总理有点嗔怒，摇了摇头说，现在关键要看你们的，看你们能不能在歼-6飞机上力挽狂澜，挽回颓势。王其恭同志啊，全国人民困难时期花那么多钱来搞军工生产，结果生产一年，返修三年，

你们能心安吗？

总理，我们的工作没有做好，辜负了党中央和全国人民的一片苦心。王其恭连忙检讨道。

在场的人都听到了总理那严厉的问责之声。其实周恩来也知道他们有难言之隐，毕竟新中国的航空技术和工业储备太薄弱了，可是他们是共和国的长子啊！国家和民族的危险时刻，他们就得仰起头颅，挺直腰杆，扛起年轻共和国的江山啊。

总理走了。是在一种怅然的氛围中引憾而去。

知耻而后勇，哀兵必胜。"沈飞"的干部职工憋了一股劲儿，上下齐心，群策群力，集体攻关，最终解决了尾翼抖动问题；在操纵系统上，解决了助推器之间不协调的问题。

马俊生作为"沈飞"的副总工艺师，深谙歼-6、歼-7系列飞机的发展历程，他说，没有一型飞机像歼-6这样，牵动着中南海的神经。致使中央领导和军委的老帅们这样密集莅临"沈飞"视察，鼓劲打气，帮助工厂解决实际问题。中央七大常委来了六人，对于一家企业来说，堪称空前绝后。

20世纪五六十年代的中国工人阶级总是在创造神话和奇迹。萧淑芳说，"沈飞"的工人兄弟不辜负毛主席、周总理、少奇同志、小平同志和朱德总司令、贺龙元帅的厚爱、厚望，最终成功地解决了问题。国产歼-6战斗机可谓生产量最大，装备部队最多，是中国唯一参加过实战的机型。出口巴基斯坦后，受到该国空军将士的好评。在两次印巴战争中，打下印度的许多先进飞机，其性能和质量堪称一绝，有"空军霸王花"之称，代表了那个时代米格系列飞机的最高水平。

# 5. 咱们工人有力量

一个新兴工业基地的崛起，对世代在白山黑水间耕作的农民来说，无疑带来了一次往城市迁徙的机会和希望。

1950年春天，王春香只有15岁，在锦州农村跟着做乡间木匠的父亲当学徒。一天，家里破天荒地收到一封从沈阳寄来的信，父亲将信递给王春香说，找村里的识字先生来，念给我听听，谁写来的？

王春香找来识字先生，人家惊诧道，说是孩子他叔写来的。

不会吧！父亲从炕上一跃而起，骇然道，孩子他叔叔自伪满时期被抓壮丁之后，就从人间蒸发了。村里出去的人都说他死于兵荒马乱。连婶子都守不住，另嫁他人了。现在咋又从哪个旮旯里冒出来啦？

孩子叔叔活着哩！千真万确。他在信上说，现在发达了，如今在沈阳解放军的炮兵里当大官哩。识字先生指了指信中的文字。

真的？他叔叔进了沈阳，还当了大官？

嗯。识字先生道，叔叔专门负责将大炮运到朝鲜去，他写信来说让春香去沈阳，说国家在展开大规模的工业建设，沈阳城的铁西那一带，工厂在大量招人呢。

去吧！在乡间走南闯北的父亲，毕竟是有见识之人。他让王春香去投靠叔叔，到沈阳城工厂里做事。

当晚，娘摊煎饼，准备衣物盘缠，送儿子次日早晨上路。

翌日清晨，太阳照样升起，一抹朝霞洒在乡间道上，道两旁玉米青苗长至膝高，炊烟袅袅，几声鸡鸣狗吠过后，王春香最后一眼看看生于斯长于斯的土地，朝着黑土大道阔步走去。

父亲送他到了长途汽车站，最后分手之时，拍了拍儿子的肩膀，叮嘱道，到了工厂要好好儿跟着师傅学，你要勤快些，学好了手艺才是真本事！

这是一位乡间木匠对于儿子要走进另一种新生活的嘱托和期冀。

王春香从锦州风尘仆仆地赶到沈阳，在一家军队仓库，找到了叔叔。

去沈阳四机厂当学徒吧！叔叔看了看15岁的侄子，介绍他到了坐落在铁西北四马路的四机厂，即沈阳鼓风机厂的前身。

王春香到工厂里走了一圈，多少有点儿失望，这哪是一座现代化的工厂啊！原本是日本人扔下的一家破烂厂，新中国成立前沦为国民党军队的养马场。

沈阳解放了，这座养马场被命名为沈阳四机厂。此时只有工人不到

四五百人，生产矿山用的轱辘马。王春香跟着进车间转了一圈，只有七台皮带机床，一个大吊挂，带了十几个皮带，而烧煤的车间则是一片乌烟瘴气。

师傅宋福玉与他同岁，步出车间大门，师傅问他，是不是有些失望。

不！王春香摇了摇头，说，与乡下比，这里像天堂一样。

为什么？

有饱饭吃啊！王春香说，还有电灯电话、洋房高楼，这不是共产主义天堂吧？

呵呵！师傅笑了，说，铁西区，就是天堂啊。别看我们现在这样，面包会有的，土豆会有的，现代化的机床也会有的。不错，我们现在才几百人，将来会像北二马路的大厂一样，成为几千人、上万人的大厂。

一座废弃工厂与一代充满理想和激情的工人。那天，宋福玉给王春香画了一个饼，一幅天堂般的图画。

王春香留下来，跟着与自己同岁的宋福玉当学徒，先学钳工，后当车工，一个季度一考，晚上读夜校，扫盲，那时厂里在九马路盖了好几栋宿舍楼。

凭着年纪小，脑子活，加上又扫盲学了文化，王春香跟着师傅，手里不离钢钳和卡尺。第一个季度考试，便考了二级工。到了第二季度再考，便是三级工，出徒了。他车的轱辘马轴承，成了免检产品。以后就一起三班倒，小小的年纪，顶了大梁。一个月挣38分，可以换25元的工资。

进工厂的第一个春节，回锦州过年，王春香买了一双球鞋，没有给父母买什么东西，就带了工厂发的两瓶啤酒，父亲一喝，口感不好，说这是马尿，摔到一边去了。

姐姐一看父亲不高兴，连忙叫他出去，说我打好了两瓶烧酒，带给爸爸。过年的大鱼大肉，你张罗吧。

王春香当时手里有钱，进到城里的锦州水产公司，买了鸡鸭鱼肉回来，一家人欢欢喜喜过大年。

鱼肉的飘香弥漫在村子里。王家过上了好日子，村子里的父老乡亲们羡慕死了，说，春香了不得啊！年纪小小的，挣那么多钱。了不起，有出息！

王春香走在村里，挺胸昂首，骄傲得很。

年过完了，该返回沈阳工厂了，村里的年轻人都跑来了，说，春香，带我们走吧！我们跟你进城去当工人，过天堂般的日子。

乡亲们，我说了不算啊！王春香摇了摇头，说，这档事情，得领导决定，如果厂里要人，我一定想着乡亲们。

其实，他那一批一下子招进去 30 多人，就王春香年龄最小，进步也最快。他出徒，很快当上了师傅，带新人。

1952 年年末，厂里要调一批人去支援别的厂子，王春香的名字也在其中。大卡车开来了，调走的人都在厂房外边站成一行。师傅宋福玉舍不得他走，王春香也舍不得离开四机厂，他总记得师傅给他描述的那个天堂的图景，期待着四机厂的光荣与梦想。

要不走，除非躲起来。师傅宋福玉给他出了一个主意。

躲在哪里呢？

工具箱里啊！师傅指了指。

可是钥匙在车间的宋调度手里啊。

这好说！宋调度叫宋福增，是宋福玉的哥哥。

宋福玉找到哥哥说，王春香不愿调离工厂，我也舍不得他走。

哪咋整啊？

找个犄角旮旯躲起来，车走了再出来。

空空荡荡的大车间，到哪里躲呢？

工具箱。

好主意！宋福增将裤带上的钥匙解下来，打开工具箱，让瘦小的王春香钻了进去。

站成一排的队伍正在车间大门口点名，叫到谁，谁就上卡车。

王春香！人事科长点到他的名字了。

没有人回应。工友们站在行列里扭头寻找，说，刚才还见他的身影啊，咋站队就不见啦？

王春香在不在？人事科长又喊了几遍。

队列中仍无人应答。

这咋整啊？

念下一个吧！车上有人等，车下还站着一排人呢。厂长挥手交代道，他来了再说。

终于，大卡车绝尘而去，人们最终未见到王春香的身影。

出来吧！你现在安全了。等一切都风平浪静之后，师傅和宋调度打开了工具箱盖。

王春香一跃而出，当年名不见经传的 16 岁工人就这样留了下来，一个全国劳模的苗子被沈阳鼓风机厂留了下来。

那一年年底，他给家里寄了 300 元。这在当时的乡下，简直就是一个天文数字。父亲用这笔巨款买了一块地和青苗，可是合作化时，被划为公家之地。父亲来信哭诉这一切，王春香向工友借了 100 元，再给家里邮去，以补贴家用。

1953 年，随着中苏新技术协议尘埃落定，156 项技术援建的项目一部分落户沈阳，其中就有鼓风机项目。并不起眼的沈阳四机厂被指定制造鼓风机。苏联的鼓风机制造设备和技术运至北四马路，沈阳四机厂随即进行了大规模的改造，到了 1955 年五六月份，苏联专家纷纷进至铁西区。而刚刚十七八岁的王春香在师傅宋福玉的精心指导下，此时已经声名鹊起。工具科科长边延年是伪满时期的老工人出身，当了转子车间主任，他干活要求特别严，是继宋福玉之后，王春香成长道路上的另一位师傅。对于这个后起之秀，边延年悉心培养，每个环节都严格要求。一条皮带带动老式机床，经常挂不上去。王春香发明了两根皮带，用上后，一次不慎手划出了血，工会说这是事故，不让用。边师傅坚持原则，不松口。可是效率超过了一倍啊！傍晚等边师傅一走，他就放开手开干，一天能加工六七十根杆，最终厂里认可了他的发明。

王春香受到了鼓舞，后来几乎每接到一项加工部件，他晚上都会辗转反侧，想想第二天该用什么刀具，然后设计 N 个方案。第二天正式上刀具时，他加工的部件，总是比别人的更精、更好。

数月之后，苏联专家来了，带着 D1100 鼓风机主轴的加工工艺和刀具，但高度保密，中国工人几乎没有机会接近，即使工厂的工程师和技术人员也要在操作红线外边观看。那时，王春香太年轻，根本没有资格靠近。那套机床和加工刀具，大凡开机加工之时，都由苏联专家看着，而平时则有保卫部门警卫。苏联专家放言，在苏联大地上，这个 D1100 部件，谁能加工，就可以获得列宁勋章。

王春香一听，分外激动。他觉得苏联专家若不保守，教他三个月，他照样出师，拿下这个 D1100 加工件的项目。

可惜直至 1958 年苏联专家撤离，沈阳四机厂都没有造出一台鼓风机。此时，一股西伯利亚政治寒流袭来，到了 1959 年之后，中苏关系彻底破裂，原先援建鼓风机的协议被撕毁，图纸被带走了。

咱们工人有力量。面对苏联老大哥的不义之举，中国工人异常气愤。王春香沉浸在那个远逝的时代回忆之中，他说，中苏关系破裂之后，从工厂到局里、市里和省里，都成立了技协，组织协调攻关。此时，已经被评为厂劳模、市劳模的王春香自然挑起了大梁。要造出一台争气的鼓风机，必须用机床加工 D700 和 D1100 的主轴，前者是单轴，而后者是双轴，王春香加工过前者，却没有干过后者，过去也只是听苏联专家说过。

厂技术处安处长将他找了去，问道，王师傅，你能加工 D1100 主轴吗？

没干过，但我想试试。

好！新中国工人当有此胆量，明知山有虎，偏向虎山行。安处长是军人出身，雷厉风行，豪爽刚烈，他拍了拍王春香的肩膀，说，你如果车成功了，苏联人说的列宁勋章我给不了，但可以建议厂里报全国劳模。

王春香眼前一亮，他从安处长的鼓励目光中，寻找到了信任和力量。回到车间，他打开机床，上刀具，开始琢磨加工 D1100 主轴。几天后，终于一举成功。

从那之后，厂里所有鼓风机的大轴承，都交由王春香加工。他车得又快又好，几乎无废品。厂里每个月都有计划，他经常加班加点在车间，半个月完成一个月的活儿，一个月完成两个月的工时。

新中国成立 10 周年国庆大阅兵随着金风悄然而至。那一年，王春香被评为全国劳模，不仅出席了全国群英会，而且登上了天安门观礼台，

看大阅兵的队伍通过天安门城楼，接受毛泽东、刘少奇、周恩来、朱德等第一代党和国家领导人的检阅。

随后，辽宁省劳模代表团出访苏联和东欧国家，王春香作为团员，跟着当时辽宁省大名鼎鼎的尉凤英、王崇伦等一起，去了苏联、波兰、捷克斯洛伐克、东德和罗马尼亚等华沙条约集团国家。

外访归来，王春香不仅成了厂里的名人，还收获了一份爱情。锦州城里的姑娘顾桂兰，个子高挑、婀娜多姿、文雅贤淑，祖上是账房先生。女承父业，被保送到锦州化工学校学会计。一位天仙一般的美女降落校园，惹得好多苏联专家追这位中国美娇娘，可是她却不为所动。在一次辽宁劳模的报告会上，看上了同是锦州人的王春香，结下了秦晋之好。

时隔许多年后，当王春香的女儿王英杰，成了沈阳鼓风机厂技术革新的"五朵金花"之一，问起母亲，为何当年老外追她都不嫁，非看上连小学文化都没有的父亲时，母亲粲然一笑，依然像当年一样温婉，说，当年就看上你爸爸可靠，既是党员，又有技术，还是先进人物。

呵呵！这就是那个英雄主义时代的价值取向和择偶标准。女儿揶揄妈妈道。

英雄美人，江山家国，这似乎是一个永恒不变的主题。

1960年，中国人自己生产的第一台压缩机在沈阳横空出世。这时，沈阳四机厂已更名为沈阳扇风机厂，三年之后，正式改名为沈阳鼓风机厂，工人达到了5000多人，一个新的工业时代在王春香心中实现了。

他看到当初同岁的宋师傅给他勾勒的美丽图画，而今已变成了现实。

## 6. 一个钢铁世家与一个激情年代

走出鞍钢安排的采访家庭时，我多少有些惆怅。一如这位炼钢炉前工段长单薄的身板一样，他的年轻与阅历，甚至他的简单，很难将鞍钢这部厚重的历史，串成故事，铸成华章。

能不能再给安排一两个钢铁工人家庭谈谈？我对鞍钢党委宣传部张副部长恳求道。

吃过饭后，跟着我们听了一个多小时的采访，或许觉得军旅作家一身正气，不至于坏事。于是，他安排刘副处长，领我们到炼铁高炉找炉长、书记和工友们谈谈。

终于可以与一线炼铁工人访谈了，我难掩一脸喜气。

由刘副处长导引，商务车在新一号高炉前戛然而止。过去伪满时期留下的老一号高炉仍在，但已经成为离旧址不远处的实物模型了。"新一号高炉是我们中国人自己建造的。"刘副处长介绍道。

步入高炉前的操作平台，高炉前早已经不见少时看过的钢铁工人站在炉前，捅炉子、倒铁水的情景。技术人员坐在炉前一间落地玻璃透亮的操作室内，一大排计算机控制台，前方高悬两三排显示器，各个炉口、风口，甚至炉内火焰，乃至观测数据，尽现于屏幕上，一目了然。显然我们熟悉的那个钢铁年代已经远去了。

然而，我们此时却想回到从前，回到那个激情燃烧的火红年代。

一号高炉炉长赵德胜满足了我寻找的愿望。刚开始，他一直默默地坐在一旁，听高炉党支部书记贺亮讲他和父亲当年在教育局宿舍，如何艳羡当一名鞍钢工人，他的父亲如何从一位教授最终梦想成真，步入钢铁时代，被一股铁流裹挟的浮沉人生。

贺亮叙述之际，我不时看赵德胜几眼，他长得高大壮实，憨如铁炉，是我想象中的那种炼铁炉前钢铁工人的形象。然而，赵德胜一张口，我便认识到其发达的四肢只是表象，他是东北大学冶炼系的大学生，大学毕业后，就到鞍钢当了炼铁工人。

我家祖孙都是鞍钢工人！赵德胜一一历数，从爷爷开始，父亲、二叔、三叔、老叔都是清一色的鞍钢工人。而传至赵德胜，则已经祖孙三代，一门鞍钢世家，心中都流淌着那个曾经的钢铁时代的激情和豪迈。

听爷爷讲过的故事。赵德胜谈起了离他已经非常遥远的钢铁年代。

鞍钢的历史已经有百年。1909年，一群日本工程师挟着日俄战争的胜利之威，悄然潜入白山黑水之间，在大清国的龙兴之地非法探矿，发现鞍山一带有铁矿。

那是一片风水宝地，地下藏有大量铁矿宝藏。

嗅觉灵敏的日本企业家蜂拥而来，然而这毕竟是大清王朝的禁地。过去一道柳条边墙，将闯关东的鲁、冀、豫诸省芸芸众生，皆隔在禁苑圈外。虽然此时的大清王朝已经式微，大厦将倾，然而谁也不敢贸然在龙兴之地随便动土。最后征得朝廷批准，日本的满铁鞍山制铁所以私人的名义与中国朝廷合作，1916 年组建中日合办振兴铁矿无限公司，但是实际操控权仍然在日本人手里。

日本人早已觊觎这块黑土地了。1931 年九一八事变，日本人在东北大地得手之后，鞍山振兴铁矿完全落入日本人的手里。后来，由 1937 年成立的昭和制钢所接管，变成南满铁道株式会社控制。昭和制钢所年产 80 万吨钢，支撑了日本在大东亚乃至太平洋的战争机器。直到美国人发动太平洋战争，在对东京大轰炸的同时，美军战机也对鞍山进行了轰炸，还炸坏了不少钢铁生产设备。

东北光复后，国民党接收大员在鞍钢只经营了一年半，没有流出一滴铁水。鞍钢因国共内战而两度易手，1948 年 2 月 19 日鞍山解放，鞍钢回到了人民手中。国民党经营时在鞍钢任职的日本技术顾问濑尾喜代三当时说，共产党要将鞍钢恢复生产是不可能的，他们既无人才，又无设备，鞍钢只能种高粱，中国人无法建设现代化的大工业。

日本专家的话未免有些武断了。从中共东北局派来的监理柴树藩拍案而起。鞍钢生产牵动着西柏坡的神经，毛主席致电东北局，要求鞍钢恢复生产。现在第一位的是设备问题，第二位是人才队伍问题。设备被苏联红军拆卸走了，也有被工人抬回家去的。苏联人拆走的，我们要不回来了，但是工人兄弟们拿走的，可以动员他们交回来。他们深受日本帝国主义奴役，又遭受资本家的剥削和压榨，现在鞍钢真正回到了人民的手中，他们可以挺直腰杆当家做主了。至于人才，东北局已经向党中央、毛主席打报告，以东北局为主，动员全国的干部支援鞍钢。还有那些日伪时期留下来的日本钢铁专家、国民党从海外引进留学欧美的中国钢铁技术专家和工程师，都是宝啊！只要他们愿意留下来，我们热烈欢迎。

有容乃大。年轻的执政者们以一种罕见的自信和从容，包容和延揽了伪满时期和国民党时期的钢铁技术权威。

杨树棠留下来了。

李松堂留下来了。

二人皆是世家子弟，出身富贵人家，留学欧美，是祖国光复之后回国屈指可数的钢铁专家。

好！站在了人民的一边，就是拥护和支持新中国。柴树藩击节而叹，说，这是爱国行动啊！他立即给东北局打报告，留用杨树棠、李松堂，负责生产技术工作。

见二人站出来后，那些满心顾虑的伪满时期的工程师、技术人员纷纷留了下来。

甚至包括那个预言共产党人只能在鞍钢种高粱的濑尾喜代三也留在了中国。

那是一个年轻的执政者振臂一呼，响应者云集的理想主义年代。穿着浅黄褐色军装的解放军干部走遍一个个棚户区的小径，挨家挨户地动员工人兄弟交出捡走的设备。老英雄孟泰站出来了，他组织了一批年轻人参加护厂队，主动献出了自己捡回去的设备。

看孟泰师傅一马当先，赵德胜的爷爷赵守昌也不甘落后，献出了自己捡回去的设备、零配件，并跟着孟泰组织的队伍，到荒郊野外，棚户区中，四处搜寻那些藏在萋萋野草中、被白雪掩埋的设备和配件。

这时，隐藏下来的国民党特务和残兵伺机而动，预谋炸掉鞍钢的设备，让进城的共产党生产不了鞍钢的第一炉铁水。老英雄孟泰挺身而出，为国分忧，将行李搬到炼铁的高炉前，伴炉而眠，不分昼夜，修旧利废，恢复第二号高炉。

赵德胜的爷爷也在铁合金厂主动配合，与年轻的工友们一起为新中国的第一炉铁水出炉做准备。

1949 年 6 月 26 日，鞍钢二号高炉点火。6 月 27 日，新中国的第一炉铁水滚滚而出，红遍东北天空。

濑尾喜代三的预言破灭了。他连声惊叹，中国人，站起来的中国人啊，了不得！

然而，鞍钢当时采用的毕竟是日伪时期的炼铁和炼钢技术，显然是

落伍了。

刚从战争废墟中站立起来的中国实施第一个五年计划，中苏第一期技术援助协议156项，当时三项落户鞍钢。为了扶持这个共和国的长子，中央组织部从全国抽调了500多名军队和地方干部进鞍钢，于是有了"五百罗汉进鞍钢"之说。

而这三项新技术协议中，包括7号高炉、大型轧钢厂、无缝钢管厂，都是1953年建成的，号称"鞍钢历史的三大工程"。投产之时，毛泽东主席颇为高兴，特意发了贺电，说，欣闻鞍钢"三大工程"落成，这是中国工业战线的大事，是新中国的伟大创举，表示热烈的祝贺。

在整个"一五"和"二五"期间，鞍钢的钢产量占了全国的一半以上，扛起了共和国的半壁江山。

在20世纪50年代，鞍钢创造了一个个东北的神话，英雄辈出，影响了一个时代。

1958年，雷锋从湖南望城县政府的通信员，加盟到了支援鞍钢的建设大军中。他原名叫雷振兴，先到了鞍钢化工总厂，后来又到了鞍钢弓长岭的一座矿山，建立焦化厂。他在鞍钢待了三年，然后更名为"雷锋"，从这里当兵去了沈阳军区的抚顺汽车团，当了一名驾驶兵。然而，鞍钢三年工人阶级的生活，无疑拓展了他的胸襟和视野，影响和覆盖了他后来的生活和工作，乃至观念，并与鞍钢结下了一段不解之缘。

老英雄孟泰在60年代，是名声仅逊于雷锋的全国知名的英雄劳模，他十几次受到毛泽东主席的接见。

建国60周年，评选感动中国的"双百人物"时，鞍钢有两个人物入选，一个是雷锋，一个则是老英雄孟泰，他们堪称代表了鞍钢的精神。

在那个激情燃烧的年代，鞍钢又走出了另一位风云人物，被称为走在时间前边的人——王崇伦，他改进了万能工具胎，一年时间完成了四年一个月零十七天的工作量，被毛泽东称为"青年的榜样"。劳模出身的王崇伦后来官至哈尔滨市委书记、全国总工会副主席。

随着60年代中苏蜜月期的结束，苏联撕毁合同，撤走专家。这对鞍钢的技改，无疑影响很大。然而，他们却创造了"两参一改三结合"经验，就是干部参加劳动，工人参加管理，改革不合理的规章制度，工人群众、领导干部和技术人员三结合。这"两参一改三结合"的鞍钢经验，由当时鞍山市委写成调查报告，寄给中央领导同志。很快呈到了毛泽东的书案上，伟大领袖读过之后甚为高兴。在1960年3月22日子夜，伏案写下了613个字的批文，表扬了鞍钢的做法并称之为"鞍钢宪法"。

"鞍钢宪法"作为当时一个时尚的名词，曾经一度享誉神州，家喻户晓。其实它是新中国开始告别苏联的工业管理模式，发动城乡经济技术革命的一道先声，一面旗帜。

就在那个激情燃烧的年代，赵德胜的爸爸赵恩成从空军地勤复员归来。他本是被选飞的青年学子，所有体检和审查都合格了，可是审查三代的关系时，却发现姑奶奶那边家里是地主出身，只好从天上落到地上。到空军地勤当了三年兵，退伍后到铁合金厂，在工人阶级的队伍里开始了自己的生活。

二叔赵恩宽参加"上山下乡"，后从大西北宁夏归来，进入鞍钢钢绳厂当了一名普通工人。

三叔赵恩森同样结束知青生活，进了鞍钢铁厂一工区，干了一辈子。

姑姑在盘锦度过了自己的青春年华，回到鞍钢在原燃料处工作到退休。

老叔当兵复员后与其姐姐一样，进了鞍钢原燃料处，鞍钢改制后进入鞍钢生活协力中心从事保障工作，当一个大时代的风暴来临时，他们与这艘中国钢铁的航母，经历了一场命运的沉浮。

# 第三章｜天堂新村——工人村

## 1. 中国几点钟？天堂就是一天天建成的

孙文启睁大眼睛，在看铁西的建设与发展。

那年他已经20岁了，坐在铁西拖拉机厂夜校扫盲班的教室里，看着老师刚刚在黑板上写的一个成语：日新月异。

从前年春天走进铁西区的工厂，工人村的变化无处不是天翻地覆、日新月异。

于是，当天晚上在夜校扫盲班的造句作业本上，孙文启写下了一个句子：铁西工人村的变化日新月异。

老师批改作业时，用红笔给他打了一个5分，大加称赞。

毫无疑问，当时孙文启这位普通扫盲工人的眼睛看到的，正是一种东北速度，也是中国速度。

孙文启是1951年2月17日踏着春节的鞭炮声，走进沈阳拖拉机厂的。那个初春时节，他刚好20岁。20岁的年华，似乎所有光荣与梦想的种子，都在新中国这个瑞雪飘飘的早春埋下了。

太阳每天照常升起，照在这片残雪未尽的雪原上，也抚摩这片沈阳西边烟囱林立的城郭。每天早晨，孙文启骑着自行车出门时，仰首望天，他惊叹铁西的发展和变化，一如早晨七八点钟的太阳，喷薄欲出，朝气蓬勃。

跃身上车，骑车往北二马路行驶时，一路机声隆隆，放眼看去，偌大的一片区域，成了一个大建筑工地。当时，工人村第一期建筑 79 栋三层楼红砖闷顶楼正在不分昼夜地抢工期。

1951 年冬季刚刚过去，板结的东北大地上封冰未退，一边的抗美援朝战争拉开了序幕，一边沈阳市委在铁西区建设占地 73 万平方米的工人村，也在一片白雪覆盖的黑土地上破土动工。

那天上午，时任沈阳市委书记、市长朱其文，副市长焦若愚和铁西区委书记，驱车来到铁西区的工人村工地视察，铁西区工人村的小区设计图景展示在眼前。

市委书记笑着对铁西区委书记说，你可是在造一座天堂啊！143 栋房子，占地 73 万平方米，可以容纳几万户的工人家庭啊，新中国独此一家。

焦若愚说，我们打天下，坐江山，就是为了给老百姓造一座天堂。今天搞社会主义建设新中国，就是为了实现将来的共产主义，那是人类的大同啊。没有压迫剥削，按需所取，那才是一座真正的天堂啊！

一幅美丽的蓝图就是在那个时候，就在那片东北大地上的雪野上落下了浓墨重彩的一笔。

朝云暮雪，日出日落，孙文启每天骑车从工人村穿越时，这里每天都有奇迹和神话。

工人村的第一期工程，几乎是苏联工人村住宅区的翻版。一下子建了 79 栋红砖三层的筒子楼，成单元建制，但两家人共用一个厨房和厕所，没有阳台，却有内走廊。

孙文启所在的沈阳拖拉机厂，与北二马路的几个大厂子沈阳机床一厂、沈阳机床三厂、沈阳鼓风机厂、沈阳冶炼厂、沈阳气压机厂和沈阳高压开关厂等每家大厂多是三至四栋楼房，孙文启的家也在其中。

我当时惊叹地说，那可是劳模和专家领导住的天堂之村，你年纪轻轻的，咋能住上单元房啊？

孙文启说，1953 年，车间要找一位工会主席人选，而且要年轻的，能够为大家服务的。拖拉机厂的领导考虑再三，觉得他是一个热心肠的年轻人，精力旺盛，干劲过人，因此，就想让他当工会主席。

辞不掉，又推不了。最后，23 岁的孙文启在 1953 年 10 月，成为拖

拉机厂车间工会主席。他也终于圆了自己的洞房花烛梦，与铁西一位女工结为秦晋之好。洞房就在工人村里，单位给了一个单间，两家共用一个厨房和厕所。晚上，客人散尽时，小两口仍怀疑自己在梦中，有了一种天堂里生活的幸福感和成就感。

你妻子也是厂里的吗？我问了一句。

不是。是机床三厂的。孙文启说，只是工厂都在铁西区。

结婚前认识？

不认识。孙文启说，他的老家和妻子的老家，只隔着一条太子河。我在河北，她在河南，一条大河宽又宽，两岸稻香，三春杨柳，只是两个年轻人不曾隔河相望。然而，缘分天注定，经过家乡人的介绍，他们相识了，相爱了，而这时身为钳工的孙文启，被召到抗美援朝前线，专为中国人民志愿军修理军用卡车。为炸不烂轰不断的钢铁运输线，献上了自己的青春年华，等凯旋之时，一份天缘成熟了。他和妻子在"十一"国庆节那天喜结良缘。

天堂就是一天天建成的。沈阳拖拉机厂就是在几年间迅速崛起，成了1万多人的大工厂，但是他们生产的不是铁牛履带式拖拉机，而是农业机械播种机，生产出来的产品都是国家统一调拨和分配。

婚后的第二年，孙文启和妻子商量后便将老家的父母接过来同住。他们的房子是工人村59栋，与妻子机床三厂的宿舍楼56栋、57栋和58栋，仅有一墙之隔，然而离上班之地还是远了一些。两年后，大女儿呱呱落地，取名孙芳娥。随后是老二孙俪、老三孙静。1960年最困难的时候因为生活在天堂村里，不至于挨饿，有自己一个月50多元的工资，再加上妻子的工资，足够养活一家三朵金花了。

已经有三个女儿了，独缺一个儿子。女孩当家，真的让父母为难了。

时光荏苒。第二期工人村于1954年续建，共13栋。1957年，又建了51栋。至此，143栋筒子楼全部落成，红砖红瓦，总占地面积73万平方米，建筑面积达40万平方米，成了当时新中国最为庞大的建筑群落。

孙文启的大女儿孙芳娥说，当时的工人村让她的同学艳羡不已。放眼庭院里，楼南是绿化带，由小榆树圈围广场和人行道，在小广场的西边，也就是 55 栋的南边，是儿童活动场所，有滑梯、秋千、跷跷板。那时家庭作业少，小伙伴们放了学要么到小广场踢球，要么到活动场玩耍，每天如此，不亦乐乎。尽管时光已过去了许多年，但他们仍对工人村情有独钟，每每对家人谈起时，涌上心头的，总有一种怀旧的心绪。

这是年轻共和国最早，也是最大的一座以工人的名义命名的工人居住区、聚集区。到了 20 世纪 70 年代，这里仍然辉煌犹在，光荣犹存，是沈阳市首批向外国人开放的一个窗口。

各国政要纷纷来这里参观，据说，那时的工人村是全国首家，在全国还是样板，常有国外的代表团来参观。小区设施堪称一流，冬天有暖气，做饭有煤气，这在当时还不发达的中国首屈一指。

第一批入住工人村的是一些什么人？

厂级领导、劳动模范、高级知识分子和高级技术工人。

你属于领导吗？

孙文启摇头道，是高级技术工人。

家里都有三大件吗？我想起那个时代的收音机、自行车和缝纫机。

那是六七十年代的标志。孙文启答道。

我明白了。

后来，我有机会光顾作为博物馆和工人家庭标本的工人村，这是铁西区改造后，沈阳市委特意留下的文化遗存，在原住宅加固并保持原貌的基础上，本着"修旧如旧"的文物保护原则，修建成由 7 栋苏式建筑围合而成的"工人村生活馆"，恢复了当时的"大合作社"、粮站、邮局、抗大小学、幼儿园等原貌，其中复原了不同年代 13 户典型家庭真实的生活场景。

漫步其间，我看到了时任厂长叶选平住过的单元房。触摸到了那个年代辉煌与光荣的余热和体温。

然而，穿行在这 7 栋已经成为"天堂"标本的单元房，我看到陈设简陋的厨房里，有水泥灶台、木菜板、用锯拉开的葫芦做成的水瓢、高粱秸秆制成的水缸盖儿、烧开水用的铝制尖嘴壶等，房间里不过是三屉桌、双人木床、老式收音机等生活用品。

浴火重生

纵使这样，工人村生活馆的房子，比起那些沈阳市日伪时期的遗存平房与棚户，堪称"天堂"之村。

驱车回到酒店的路上，我已经感到，铁西天堂，就是这样建成的。

此时，是新中国几点钟？

斯时的新中国，才只有 8 岁。少年新中国啊！

## 2. 只缘嫁进工人村

李金凤是 1962 年"五一"节当上新娘的。

这位个子高挑的东北姑娘，特意秀了一回 60 年代的中国时装。穿了件粉红色的花缎子高领衣，衬出长颈，外边套了一件对襟的紫色上衣，是襻花扣的。一条灰色的料子裤，将两条秀腿衬托得笔直修长。

丈夫杨连广的在沈阳铸造厂当会计的姑父为他们举办了热闹的婚礼。

也许因为新中国刚从三年自然灾害的天劫中走出来，无论工人家庭还是农民家庭，都没有大操大办婚礼的实力。所以，姑父为他们定了一个原则，举办革命化的婚礼，不请客，只给工友们发水果糖和苹果。而这些糖和水果是厂里分的，那时的福利确实令人羡慕。

李金凤的丈夫杨连广比她小两岁，是一位东北帅哥，头发鬈鬈的，一头金发，初次见面，还会让人误以为他是没落白俄贵族后代。那天，当新郎和新娘挽着胳膊走到宾客们面前时，所有人都惊讶地说，什么叫天造一对，这才是真正的天作之合啊！

新郎杨连广是多才多艺之人，有夜莺般的歌喉。在婚礼上，有人提议让新郎新娘唱一首歌。

好！杨连广一点儿也不怯场，新娘多少还是有点害羞，两个人低头一商量，说给大家献上一首蒙古族民歌吧，《蓝蓝的天上白云飘》。

好！掌声顿时响了起来。

新郎、新娘站在一起，引吭高歌"蓝蓝的天上白云飘，白云下边马儿跑……"

男女对唱，一曲天籁飘过，让许多宾客听醉了，在他们看来，凡是美满的姻缘，般配的就是久长的，夫唱妻随的就能相伴到永远。

仪式很简单，发过糖和苹果之后，新郎新娘就回到了工人村的家里。丈夫的姑姑专门包了一个红包，是给李金凤的进门钱。那一年，李金凤从幼师毕业三年了，分在沈阳铸造厂幼儿园，刚工作时拿 23 元的工资，这时已经涨到了 30.5 元，比丈夫拿得多。

在离工人村生活馆不远的一个社区里，已经 74 岁的李金凤说起他们恋爱的故事，不无遗憾地说，她与丈夫恋爱时，只见过几次面，没有压过马路。婚后，怀上大儿子了，才坐在他的自行车后座，让他带着，到工人村的电影院看了一场电影《碧海丹心》。当时在黑糊糊的电影院里，将头靠在丈夫的肩上，一种从未有过的幸福感和安全感从心头涌起来。

你们当年的新房在工人村吗？我问了李金凤一句。

当然在啊！说到此，李金凤的脸上洋溢着一种自豪感，是一间朝南的 12 平方米的小屋。

那天晚上，在工人村的香巢里他们度过了新婚之夜。

红烛罗帐，疑在梦中。当早晨的太阳照在婚床上时，李金凤才觉得，自己真的生活在天堂的工人村里了。

李金凤从小跟着哥嫂长大，家住在大南街，那是有钱人家盖的小平房，出租给工人住的。一间再小不过的房子了，逼仄得让人无法形容，开门就是炕，住着哥嫂和四个孩子，加上李金凤是七个人。拥挤不堪，睡觉的时候，一个挤一个，东西都放在墙上的横板上，就担心掉下来。

那时哥哥在高压开关厂上班。到了 1959 年才在三十一中学对门分了房子，终于结束了在小平房里的生活。

李金凤当年很争气。初中毕业后，考上了沈阳幼师学校。三载寒窗，学成归来，被分到沈阳铸造厂幼儿园当老师。可以住集体宿舍了，她才脱离苦海，可以不与侄儿侄女和哥嫂挤在一个大炕上，也少了许多尴尬。

杨连广的姑父和姑姑在沈阳铸造厂工作。1952 年，第一期工人村的房子竣工时，沈阳铸造厂作为万人大厂，一下子分到两栋，即靠南边的第 84 栋和第 85 栋。当时姑父家八口人，刚进住时，领导动员要党员干部带头，因为房租比较高，一般人家交不起，有的干部家庭还不想住进

去。比如当时铸造厂的总工李兴根，就只要了一间小屋。当然里边有煤气和暖气，楼上楼下，有电灯，还有电话。可是，苦于当时要养家糊口，李总工也不敢要大房子，只好住进了一套36平方米的小屋。

李金凤觉得很幸运。丈夫的姑姑有先见之明，要了一套48.76平方米的大房子。

第二天早晨起来打扫卫生时，李金凤将婆家的房子好好看了看，这个大房子一共三间房，有一间24平方米的大屋，两间12平方米的小屋。她和丈夫有了一个温暖的香巢，在东北角上，可以见到早晨的第一缕阳光，他们可以在这里生儿育女了。

沈阳铸造厂分到的楼房，每栋楼能进住30户人家，两栋楼住了60户人家，共500人。后来，又盖了四五栋楼。

李金凤是幸运的。她虽然在铸造厂上班，但按工龄本住不进工人村，只因嫁进工人村，圆了她的"天堂梦"。衔泥筑巢，筑起了一个温暖的小家，生下了一双儿子。1963年，大儿子杨敬国呱呱落地。随后，又得了二儿子杨敬民。

与姑父家一起生活了五年。1967年，姑父带着学生去了大西北，一家去了三线，像众多的东北工人兄弟一样，因支援三线，最终客死他乡，再没有回到东北故里。

天堂工人村，成了梦中遥远的眺望。

## 3．一双少女明眸觇舰天堂工人村

董文杰是1950年出生在铁西区的。

时隔多年后，她仍然有点儿遗憾：自己的命不好，未能出生在天堂的工人村里，而是在离工人村不远，要走半个小时路程的保工街。父亲在红旗农机厂当科长，母亲则在第八医院当助产大夫。那段从保工街到工人村之间的路程，不长不短，就是30分钟，却让她从少女时代到成为新娘，整整跑了30年。

天堂的印象，深深地烙印在她少女时代的记忆中。第一期、第二期工人村楼房相继建起来了，完全按照当时流行的苏联民舍的建筑模式。三层楼高，每个门洞一个单元，坐北朝南，东西两翼展开而建，围成一个个院子。建了许多唯有儿童游乐场才有的设施，有水磨石浇筑的滑梯，沿着梯子爬上去，然后沿着弯道滑下来，这些吸引了许多女孩子到铁西区工人村玩，那是她们最开心的时刻。

那时，铁西区的孩子并没有多少好去处。一天，一些小女孩说起了悄悄话：有一个地方最好玩了。

董文杰说，在哪里？是不是沈阳动物园啊。爸爸妈妈答应我们好几回了，可是一次也没有去过。

远在天边，近在眼前。小伙伴们故弄玄虚。

天边太远了，跑远了找不到回家的路，爸爸妈妈知道了会生气的。董文杰胆怯地说，还是去眼前吧。它在哪里啊？

走吧！去了就知道。

于是，一群小姑娘像从树梢飞下来的小鸟，唧唧喳喳地朝着铁西的工人村飞去。到了几十栋红砖瓦的三层楼相拥的花园里，穿过冬青和小榆树相拥的林间小径，只见一座儿童乐园惊现在孩子的视野里。她们立刻像一只只蝴蝶一样，翩然而起，朝着花木间一只大象造型的滑梯蜂拥而去。只见那只"大象"高高的，好像还在驰骋。那是许多女孩子最开心的时候。还有荡千秋的铁链子挂着的小船。夏天的时候，一个女孩坐在里面，一个女孩双脚踩在框边上，手拽着铁链，然后荡起来。裙摆随风飘荡，像一只只蝴蝶一样，在空中飞来飞去。

董文杰开始有点儿胆怯，站在滑梯前，看着小伙伴们沿着梯子爬上来，然后沿着弯道滑下去，落在楼梯之下的地上，脸上笑成了花朵。

文杰，上来啊！一位站在"大象"背上的同伴，向她招手。

我不敢！害怕。

不用害怕，好玩哩。上来吧！

董文杰的一只小手扶着栏杆，战战兢兢地登着水泥台阶，爬了上去。站在"大象"背上，伸出头朝前一看，水磨石浇筑的滑梯上，一个勇敢的小姑娘首先坐下来，将背带连衣裙一拉，往下一跃，"刷"的一声，朝

下滑去。环绕而下之间，是一阵阵欢声笑语的惊叫和快乐。

第一个勇敢者滑下去了，第二个滑下去了，轮到董文杰时，她竟然觉得有点眩晕，不敢朝前走了。但是此时已经没有回头路，看着前边的小姑娘滑下去，她却想往后逃，被后面那个小朋友堵住，坐在了"大象"的肩上。开始几秒还有点犹豫，然后一推就滑下去了，她吓得惊叫起来，可是落到地上时，却感觉到好玩极了！

那天下午，董文杰和小伙伴们在大象滑梯前，排着队，滑了一次又一次。直到太阳偏向，落到西边的树林里去了，她们才像倦鸟归林一样，又唧唧喳喳地朝家里奔去。

后来，董文杰的老姨住进了工人村，就在儿童游乐场的后边，推门开窗就可以看到这些供孩子们玩乐的东西。

那是她的少女时代最幸福的时光。每天中午，下课铃声一响，背着书包的董文杰便会与小伙伴们疯了似的朝着工人村的公园里跑过去。继续玩大象滑梯，随后又去玩荡秋千，那是一个铁架悬着两根铁链拽着的小兜，董文杰坐在铁兜里，两只小脚放了下来，双手攀着铁链，双脚用力一蹬便荡了起来，越荡越高，脚下的冬青和小榆树丛成了小矮人国，公园也成了白雪公主的天地。而她的连衣裙摆随风飘荡，像一只蝴蝶在空中飞舞。

那个年代，董文杰最艳羡生活在铁西工人村里的男孩女孩了，觉得他们才是天堂里的白马王子和白雪公主。

晚霞消失的时候，该背着书包回家了。在铁西工人村小花园里的水泥石桌和石凳上，她们已经写完了一天的作业。回家吃过饭就可以幸福地睡觉了。

于是，一群小伙伴唱着《让我们荡起双桨》，跳着，蹦着，穿过工人村的林间小径，朝家里走去。

要是能住进工人村，该有多好啊！一个念头在少女的心中萌生。与她家住的地方相比，位于铁西心脏的工人村一带是最繁华的。商店林立，粮站、菜站比比皆是，摩电一直通到楼下，烧的是煤气，医院、幼儿园应有尽有，邮局、电影院也在其中。在幼小的董文杰看来，这里才是真正的天堂，就是老师和校长一次次提到的共产主义社会。因此，她和小伙伴们最艳羡的去处，就是工人村。

这时，下班的自行车一辆接一辆回来了。看着有人排队，董文杰从门口伸头一看，原来是一个粮站。一位风风火火、干脆利落的服务员，穿着白大褂，戴着白帽子，齐耳的短发从帽檐下露出来。好漂亮的阿姨啊！董文杰站在门口，看她用铁瓢挖面挖米，手脚利落，她觉得这个阿姨真漂亮，如果给她做女儿，也许是最幸福了！

冥冥之中的一个念头，却一念成真，时隔20多年后，这个阿姨竟然成了她的婆婆。此乃后话。

董文杰的家在沈阳拖拉机厂宿舍，有一天，董文杰跟着在医院当助产士的妈妈去工人村看在机电学院当老师的老姨谢都兰。从她家去工人村，坐摩电要经过三十六中学、保工街、卫工街、肇工街四站地，姨父在外地。那时她最惬意的事情，就是住在姨妈家了。回来的路上，凝望着工人村在视线中渐渐远去，她不无遗憾地说，我们哪一天能住进工人村就好了。

妈妈摇了摇头说，住工人村的都是几万人大厂的工人，你爸爸这农机厂的职工，只能住在工人村宿舍的外围了。

那怎么才能住进工人村呢？

你长大了，技校或者大学毕业了，分到冶炼厂、拖拉机厂或者机床厂、铸造厂，就有希望在工人村分到宿舍了。

那如果分不到这些大厂呢？

那就找个在工人村住的男孩子嫁了。

妈妈此话一出，情窦初开的董文杰脸刷的一下红了，打了妈妈的背一下：妈，你说啥呢？

呵呵！傻丫头，男大当婚，女大当嫁，总会有这一天的。

我还小呢！

整个学生时代，董文杰虽然在铁西三十六中学读书，可是她的同学和女友，大都是住在工人村的，她喜欢和她们一起玩儿，到她们家做客，到铁西工人村的电影院看电影。在她的记忆中，自己就应该属于这里。

一个天堂，那个让一座沈阳城，让一个大东北，全中国羡慕向往的工人村，梦幻般地浮起，成了一座天堂，成了少女董文杰心中最美的地标。

虽然她只能站在天堂的门槛上遥望，可是她坚信，总有一天，她会款款地走进去，成为天堂工人村里的一员。

一个少女就这样以一双纯净的明眸，在窥视和觊觎着梦中的天堂。

或许她永远也不会想到，误入天堂梦已残，进入天堂的时候，正是一个美丽的梦幻破灭之时。

这是董文杰后来的故事。

# 山河入梦：龙兴之地

　　大清帝国的第一轮太阳，在东北莽原上升起时，是一个吉祥的日子。

　　我在许多典籍中，都读到了相似的记载，只是正史的文字，几乎没有情感的色彩，温度都在冰点上下。而阎崇年之流的说书人，又过于煽情。于是，我只好钻进了《清史稿》。还有一个叫孟森的老人，据说是前清的秀才，在民国任过职，后来为清史著书立说，颇有史胆和史识，给我很多启发。按其指引，我将这段历史的脉络，理得比较清晰，廓清了许多野史的成分。

　　那是清太宗天聪十年四月，越十有一日乙酉，黎明。太宗皇太极龙袍加身，率诸贝勒大臣祭告天地，建国号曰大清，改元崇德，是年为崇德元年，改其族女真为满洲。

　　而此前，清太祖努尔哈赤于万历四十四年正月初一（1616 年 2 月 17 日）建立大金，史称后金，登极称汗，年号天命，以赫图阿拉（今辽宁新宾）为都城，其族为女真。

　　追本溯源，其族源可上溯至先秦的肃慎（古时肃慎与女真本同音），两汉的抑娄（邑娄），魏晋南北朝的勿吉，隋唐的靺鞨，唐末恢复其本名女真。究其发迹于北方而言，实为一再称王称帝。

　　女真既为清王朝之先祖固定种族，早在唐代时便已建立渤海国，有五京，十五府，六十二州，堪为海东盛国。不但疆域建置可观，自公元698 年其粟末靺鞨首领大祚荣建立靺鞨国，自号为震国王。713 年，唐玄宗册封大祚荣为渤海郡王，自此其政权以渤海为号，直至 926 年为辽所灭，共传国十五世，历时 229 年，故亦可谓根深蒂固之国。此族虽暂委身于辽，然而元气尚存，犹能自保其种，致使辽之契丹不足以同化，女

真亦不自混于他族，终乘辽之衰而兴，至金一代有正史位置。之所以说一再为帝王，是故元能灭金，却不能灭女真之种，仅仅只驱策返还女真东北故地，仍不能辖其种人，有五万户之设。其中斡朵里万户就是后世建州女真，即清太祖努尔哈赤所属之部。大清始祖爱新觉罗·布库里雍顺，居长白山之东，俄漠惠之野鄂多理城，即自此始为斡朵里万户职之女真部酋长，元代首任斡朵里万户府万户，故推其为始祖。根据史料记载，斡朵里为金帝室之后，其余图们江流域女真，即建州全部女真，尚为金之平民，迤北之兀狄哈女真在金也是同种而非他族，然清可视为金后之近属。金与渤海发迹的地方皆在女真南部，接壤高丽。清又承金，后逐鹿中原，一代史学家孟森感叹道："其种族之强固，千年之间，三为大国，愈扩愈大。"

1626年，怀着宁远兵败的无尽愤懑，昆都仑汗（译为汉语是：覆育列国英明汗）带着他逐鹿中原的梦溘然长逝。

清太祖努尔哈赤（汉语意：野猪皮）于明世宗嘉靖三十八年（1559）出生于建州左卫苏克素护部赫图阿拉城（后改为兴京，今辽宁省抚顺市新宾满族自治县）的一个满洲奴隶主塔克世的家中，属建州女真部落。建州女真是女真各部中较为优秀之一部，初因居渤海政权时建州，故称建州女真。自从元代设立五万户时，建州之名必然已经存在，元亡而附于明廷。明朝就用其部落名授予土官卫职——建州卫。追溯努尔哈赤的先祖亦非等闲之辈，自六世祖童猛哥帖木儿，先袭万户后归大明授予建州左卫指挥，又因其姑姊妹中有入明宫侍君为妃嫔者，内宠荫庇，继而升至都督，清实录称其为都督孟特穆，追尊其为兴祖直皇帝。

然而至大明成化年间，建州三卫势力日趋坐大。明廷恐祸乱起，数次诱杀博弈，建州女真丧近一千二百人，数百堡垒摧毁殆尽，诸部日趋衰落。因此尽管努尔哈赤的祖父觉昌安、父亲塔克世后来也相继承袭了建州左卫指挥之职，亦不免家室凋零。联姻是最好的维系部族的方式，当时女真最强者属王杲，觉昌安让四子塔克世娶了王杲的女儿额穆齐，生努尔哈赤及其胞弟舒尔哈齐，又将其长子之女许配王杲的长子阿台。后额穆齐病逝，塔克世又娶女真另一大首领王台之女为继室。然王杲与王台素有不共戴天之仇，觉昌安、塔克世父子与王台走得很近，常常一起充当明朝大军的马前卒，清剿对大明三心二意的女真人。

努尔哈赤的童年是不幸的。11岁丧母，父亲的继福晋对他刻薄寡恩，关系很不好。他在童年不能像别的孩子那样玩耍，很小的时候就到山里头挖人参、摘松子、拾蘑菇、采木耳，一直在劳动。那个时候女真文已经失传了，满文又没有创立，所以努尔哈赤没有上过学，也没有念过书。稍大一点儿，因为后母不容他，他是老大，19岁就分家自己过日子了。

当时辽东一代敢于与明朝对抗的是王杲。王杲被剿灭以后，他的儿子阿台继续与明朝离心离德，李成梁于万历十一年二月指挥围剿阿台时，发生了对明朝生死攸关的事情。

阿台所在山寨的寨内军事设施及人数等情报都是努尔哈赤祖父和父亲提供的，并且父子二人充当向导。但随后事情发生了变化，李成梁这次带领的军队并没有像以往一样攻无不克，反而是对山寨久攻不下。李成梁进退两难，如果就此撤退，不但是宣布此次军事行动失败，更重要的是给敌人以鼓励的信息。焦急中李成梁埋怨觉昌安父子俩情报不明，以致轻敌准备不足。父子俩自然忐忑不安，自告奋勇到寨内劝降，李成梁也在劝降条件上开了价码，声明如果山寨投降，除了主要酋长，其他人一律赦免。

父子俩进得寨内，果然说动寨民，杀死酋长，开门纳降。但李成梁进得山寨，怒从心头起，恶向胆边生，抛弃前言，挥军血洗山寨，全寨杀无赦。

历史记载，努尔哈赤的祖父和父亲在这次血洗中被误杀。其实按照常理，打开寨门和向明军军官汇报的人中应该有觉昌安父子俩，他们的态度和身份明军一清二楚，绝不存在误杀。合理的推理或者是李成梁食言后，父子俩激烈抗议所致，或者是李成梁不想将这次招降的过程泄露，要斩草除根。

历史上没有详述觉昌安被杀前的出行是否带着努尔哈赤，这年努尔哈赤25岁，但屠杀完山寨后，李成梁同努尔哈赤见了面。努尔哈赤抱住李成梁的马腿，要求与祖父和父亲同死。

历史在此又来了个转折，李成梁没有杀努尔哈赤，而是将他任命为贴身警卫。

明廷对此次误杀表示歉意，慰问努尔哈赤，让他任建州左卫指挥使，赏30匹马，又赠30道敕书。努尔哈赤当时羽翼不丰，只好压抑悲愤，接受了朝廷的封赏赔偿。

是年（万历十一年，1583）五月，努尔哈赤以十三副遗甲起兵，率先攻取图伦城，杀引明兵围攻阿台的图伦城主尼堪外兰，即其杀父仇人。至此拉开了他长达30年统一女真诸部的序幕。

女真有三大系：建州女真、海西女真（叶赫）、野人女真三大部，皆辖属于大明奴儿干都司。

统一女真和叫板大明王朝的过程中，努尔哈赤经历了三大战役，有点像后来的新中国定都北京前的三大战役。

第一个战役是万历二十一年（1593），古勒山之战。努尔哈赤只是建州一个小部落的首领，却要起兵生事，一统女真，众人皆不服。扈伦四部：叶赫、哈达、辉发、乌拉等首领贝勒组成联军来攻打努尔哈赤。可是他以寡敌众，以逸待劳，取得古勒山大战的全胜，从此威名远扬，奠定了努尔哈赤在整个女真人中的汗王地位。

第二个战役是著名的萨尔浒大战。努尔哈赤坐大了，打下抚顺之后，震动大明的万历皇帝，已经很少上朝的万历龙颜大怒，决定犁庭扫穴，一举歼之。明军以杨镐为统帅，号称47万大军，兵分四路，分进合击，要一举吞掉赫图阿拉，消灭努尔哈赤。在大敌压境之时，努尔哈赤沉着应战。完全是后来毛泽东概括总结的战法，集中优势兵力，各个击破。而努尔哈赤有句打仗名言："任你几路来，我只一路去。"三月初一，吃掉明军西路，初二又打破明军的北路，初三调整，初四又吃掉明军的东路，初五明军的南路望风而逃，溃不成军。建州的百年基业，从此一仗定江山。所以后来乾隆说，萨尔浒这一战是"王基开"，奠定了清朝的基础。

第三大战役为沈辽大战，努尔哈赤取得萨尔浒大战胜利之后，兵进辽河流域，剑指沈阳和辽阳。沈阳城高池深，防御坚固，可是努尔哈赤率军里应外合，9天之间，连下两城，将沈阳、辽阳两座重镇攫取在手。

标志着大明王朝在东北的统治从此终结。

天命十一年（丙寅　明天启六年，1626）正月，努尔哈赤统兵攻明宁远城，遭受起兵以来唯一的败仗，负重伤而归。到了这年夏天，努尔哈赤至清河温泉沐养，伤重未愈。八月，努尔哈赤病逝，享年68岁。25岁起兵，到68岁故去，一生金戈铁马44载，为龙兴之地的最终崛起，奠定了王业之基。

这年九月，皇太极于沈阳故宫崇政殿即位，改年号为天聪元年。

# 地坛

《诗》曰：「维桑维梓，必恭敬止。」

祖父植桑梓以遗其子孙，子孙思其祖泽，不忍剪伐。

桑梓之地，便是芸芸众生的故园。

古往今来，无论盛世，还是乱世，行王道者，必然敬畏自己脚下的这片桑梓之乡。祭地，就是祈求这片大地风调雨顺，年年丰登，惠泽众生；祝祷生活在这个桑梓之乡的百姓富足安康。因为这天这地，构成了万里江山。

老百姓是天，老百姓是地。敬畏苍生，敬畏大地，千古亦然。

# 第四章 | "共和国长子"之殇

## 1. 第一峰倒下的骆驼

已经记不得是第几次递调离报告了。

刘学将那张轻飘飘的纸放到车队队长办公桌上时，队长连看都懒得看一眼。将纸一把抓过去，揉成一团，扔到纸篓里，然后才抬头对他说，刘学，你咋整的？这么不懂事啊！你手摸良心想想，电车公司哪点对不起你了？兄弟，领导待你不薄啊，一直将你作为培养对象，为何非要走呢？

队长，我已经说过一千次一万回啦。刘学恳切地道，电车公司是对我不错，可是我分不到房子啊。儿子都要上学了，还一家人挤在父母的房子里，我三个兄弟要结婚的啊。调到冶炼厂，我就能分到房子了。

队长亦摇头说，这事你说了不算，我说了也不算，电车公司经理也不会放你走啊！

刘学痛苦地闭上眼睛，悻悻然步出车队队长的办公室。眺望沈阳的城郭，铁西那三根大烟囱，仿佛在向他招手呢。他是冶炼厂的子弟，父亲是冶炼厂的工程师，母亲是大夫，一家人都在沈阳冶炼厂工作。他中学毕业后下乡，然后当兵，1977年退伍回到铁西，一心想当一名警察，家里也有亲戚在警界当领导。可是，那几年，政法口就没有向复转军人敞开大门。刘学在家等了三载，终未能如愿，不得已进了电车公司。刚开始是做售票员，后来，电车公司领导觉得一个年轻小伙子，既是复员军人，又是共产党员，政治素质和个人条件这样好，孺子可教，是可造之才，想重点培养，让他担当大任，学了驾驶。刘学果然不负重望，技术出色，很快上路，连年被评为先进，并成了电车公司的重点培养对象。

然而，自打1980年结婚后，随着儿子的呱呱落地，家庭问题与矛盾不断凸显。他的爱人杨秀云也是冶炼厂的后代，父母是这里的老工人。她从东北电力学校毕业后，分到辽宁电厂，1978年，从电力系统调进了沈阳冶炼厂。

杨秀云调进沈阳冶炼厂后，分在科技处。虽然她也是冶炼厂的子女，但是因为是女工，工厂有明确规定，房子只能分给男方。

刘学是家里的老大，下边还有三个兄弟。他结婚后，住在父母家，将父母和三个兄弟挤在了一个屋里。兄弟三个的床，一个叠一个，叠了三层，像列车的硬卧一样，兄弟三个分上、中、下而眠，与父母的床只隔了一层布帘。

刘学和杨秀云很想搬出去，有自己的小家，过自己的日子，好让已经开始恋爱的弟弟们有结婚的房子。

然而，刘学一次次向车队和公司提出调到冶炼厂的申请，一次次被驳回。电车公司领导甚至说，刘学，你就死了那颗心吧，好好儿在电车公司干，前程似锦。

刘学摇了摇头，无可奈何，但是他按捺不住了，决定破釜沉舟，做一次抗争。他甚至将自己的驾驶证都撕了，可是公司还不想放他走。

到了1987年，刘学因为三班倒，回家休息不好，驾车时事故频出。那一年，光行车事故就发生了20起，每次发生这种车辆刮碰事故，都由自己出庭去解决，公司不管。因为勤奋学习，刘学熟知法律条文，屡讼不败。

也许因为晚上睡不好，经常出现驾车时恍惚之状，有一次，在十字路口，刘学竟然驾着车往一根电线杆冲了过去，将水泥电杆撞倒了，砸在电车上，幸运的是没有伤到乘客。

这个事故让电车公司的领导极为震惊，刘学心不在焉，心已经飞到冶炼厂了，身仍在电车公司。强扭的瓜不甜，强留下来也许会酿出更大的事故，放他走吧！

办手续那天，车队队长十分不解，说刘学，本来我这个位置都是为你留的。也许某一天，电车公司经理的位置也是你的，可是你却要飞了。凤凰落到鸡窝里，落到一个中毒的地方，咋整的？我怎么也想不通。

队长，我也是为生活所迫，没有办法，想拥有一个小家啊。

但愿你是登天堂，而不是下地狱！

进天堂！天堂！刘学喃喃自语。

一语成谶。电车公司的队长一句喟然感叹，最终预见了刘学一家人后来的人生与命运。

刘学终于等到了调动这一天。1987年，他调到了父母、岳父母所在的沈阳冶炼厂，与爱人杨秀云团聚。分到了最艰苦的铅冶炼车间和金银冶炼车间，负责电工维修。工资果然翻倍提升，从一个月39元，涨到了80多元，加上奖金和卫生劳保费，一个月到手的有100多元。第二年，刘学与杨秀云在艳粉街附近分到了一套43平方米的单元房，终于圆梦，结束与父母在一起生活了七年的拥挤不堪的岁月，过上了自己的小日子。

那个年代，冶炼厂的收入和福利确实令整个铁西区的工人羡慕，当沈阳市区的工人一个月平均才能拿35元工资时，调到冶炼厂的刘学已经拿到了150多元，可是他却默默地付出着生命的代价。

铅冶炼车间有100多米高的大烟囱，人们可以看到飘浮的白烟盘旋于铁西区上空。其实，有一种轻烟更危险，更具杀伤力，那就是肉眼看不见的尘埃，它会从人体的毛孔里吸入。在高温30多摄氏度的车间里，工人们干得大汗淋漓，毛孔张开，吸入身体的毒素会更大。刘学负责车间电路的维修，有时车间的电线被高温烤断了，他就要去寻找断路的点。扒开墙上落下的一两厘米厚的铅尘，那些看不见的、弥漫在空气中的粉尘早已通过暴露的皮肤毛孔吸入体内。

刘学的妈妈是医生，她告诉儿子，就是戴着三层口罩，也无法抵挡铅中毒。果然不久，刘学体检时，他血液中的铅含量已经到了六针，即铅中毒了，需要到沈阳或者新民的冶炼厂疗养院疗养。开始刘学很向往，觉得能够疗养是一种享受。排铅的过程，却是历经磨难，每半个月往血管里注射一种针剂，注射过后，大鱼大肉地吃上半个月，再注射一次。

其实排铅的同时将身体里一些健康的细胞也排走了，一个人显得病恹恹的。

疗养一次过后，刘学受不了，他蓦地觉得这是一种生命之劫。于是，再遇到体检时，他就让妻子杨秀云代替自己去检查，妻子虽然在科技处，血液仍然带铅，她悄然瞒着医生代夫检查，查出了是三针，处于带铅状态，可不必去疗养。

纵使身上已经铅中毒，那年在沈阳市组织的大国企电工比赛中，刘学和老弟刘伟以厂里电工技能竞赛的第一名和第三名的身份参赛，在3万多名电工竞赛中脱颖而出，拿到了团体第三名，轰动全厂。在全厂表彰大会上，厂长给了刘家兄弟一笔奖金，并称"打虎还要亲兄弟"，刘家兄弟给冶炼厂争了光。

刘学从此干得风生水起。可是，好景不长，仅仅是五六年的好光景，沈阳冶炼厂的危机便开始浮现了。

首先凸现的是数字的变化，每个月工资条上的数字在锐减。20世纪90年代初，一线工人的奖金可以发到50～100多元，而且逢年过节，一车车的苹果、大米，一桶桶的食用油，甚至白菜、大葱拉进厂里，发给工人。可是到了1994年后，这种盛景不再。奖金的数字开始逐月减少，由40元、30元在往下递减，到1997年时，一个月只能发20元，甚至10元。

再就是身边的工友一天天地在消失，因为减员增效，工厂在大量裁员，先是一些有能耐的员工停薪留职走了，再就是放假，或者待岗，还有的提前退休了。

刘学感到自己调入冶炼厂不容易，不能轻易放弃，要与这艘国企大船一起沉浮。然而，厂里的一些混乱现象，也令他忧心忡忡，不知这艘大船还能行走多远。

接下来工厂发生几幕诡异的情景，触目惊心，令刘学至今难忘。由于市场放开后，沈阳冶炼厂的原料供应链发生了很大变化，由过去的国家统一调拨，变成了市场上采购，结果供货的渠道既多且乱，竟有数百家之多，厂领导的七大姑八大姨，甚至老婆孩子都参与其中。于是，便

出现了内鬼与外边供应商沆瀣一气，有的原料化验员主动做内应，有的供应商将铁矿石在金或者金银里边浸泡一下，矿石表面看上去有金有银的，实际上只一个表层，里边全是铁。还有的一大车金矿石、银矿石、铅锌矿石运进厂里时，负责检验的人员早已经被人家的金银收买了，只按对方的暗示和提示，在几个特殊的部位找出来化验，那必然是含有真金白银的。然而，等电耗费了，电解液耗用了不少，可是最终提炼出来的金银铜铅锌量特别少，尽是一堆破烂铁渣。而有的厂领导还不让说，捂着盖着。最后，问题越捂越大，上级频频过问，请公安局介入，才抓了几个，判了刑。

刘学开始坐卧不安。因为他目睹了工厂内部管理的混乱，有的职工不再视厂为家，开始偷拿工厂里值钱的东西。有的用中午吃饭的饭盒，将含有金子的泥沙装满一饭盒，晚上下班时，悄然带出厂门。有的将导电的铜杆折断，插在身上，用大衣掩盖着，带出厂去卖掉。一公斤导电管当时可以卖 30 元。有一天，一位职工往厂大门口走的时候，步履沉重，跟跄蹒跚，到了球场上时便走不动了，坐在那里，引起了保卫部门的注意，带着保安走过来检查，叫这位工人脱下大衣，眼前的一幕顿时让围过来的人们惊呆了——那个工人腰上插满了一个个导电管。因为拿得太多，沉甸甸的，终于走不动了。

痛心疾首，却无力回天。他只是一个普通的工人，最残酷的是，他眼睁睁看着这艘大船朝着一座冰山撞去，岌岌可危，一点点地下沉。国家调拨到沈阳冶炼厂的金银铜铅锌越来越少了，只能代人加工电解金银铜铅，收取一点可怜的加工费，沈阳冶炼厂也不再是沈阳市利税大户了。

然而，瘦死的骆驼比马大，毕竟沈阳冶炼厂曾经是中国冶金界的长子，是产品免检企业。尽管到了 1998 年，企业已经式微，呈现出一片衰落之兆，仍然有丹东矿山企业送有色和稀有金属的矿产来给沈阳冶炼厂。站在一旁的刘学不免愕然，问送矿石的司机，兄弟，什么时候了，你们还敢向我们厂送原料，不怕收不回钱吗？

咋会啊？沈阳冶炼厂是金字招牌，大国企，咋会差钱啊！

刘学苦涩地笑了，他们还真的差钱了。确实，在破产前夕，沈阳冶炼厂还真借着50年来积攒起来的信誉，向有的矿山企业"骗"来了一车车有色金属矿石，却最终无力偿还，陷入三角债和倒闭的窘境。

历经多次挣扎和自救，沈阳冶炼厂这峰巨大的骆驼终于倒下了。

刘学亲眼看着它重重地摔倒在地，终于没有能够挣扎着再度站立起来。

1999年，结婚19载，刚45岁的妻子杨秀云病退回家，在一个上养老下养小的年龄段，开始了个人自救和挣扎。

2000年8月8日，千禧之年一个非常吉祥发财的日子，新中国50年冶金行业的大哥大——沈阳冶炼厂破产了。

许多员工被遣散或者安置，刘学幸运地留了下来。葫芦岛锌冶公司买下了沈阳冶炼厂的车间设备，作为被收留人员，刘学跟着干了一年多。从1936年日伪时期就开始积累的金渣、银渣、铜铅锌渣，其中藏有镉和铝。于是，锌冶公司掘地三尺，六大车间开足马力，对废渣废料，甚至遗留在墙壁窗台和犄角旮旯里的跌落物进行铝电解、铜电解、锌电解。刘学依然干他的本行——电工。那一年，是他在沈阳冶炼厂工作的第13年，拿到最多的，一个月的工资开到了1000多元。

可是好景不长，仅仅一年时间，锌冶公司对沈阳冶炼厂的设备大卸八块，该运的运走，该卖的废铜烂铁变卖掉。刘学的冶炼厂岁月落幕了。

他与沈阳冶炼厂一样退出时代和命运的舞台。


## 2. 往事不堪回首月明中

裘立全觉得很幸运，当了三年兵后，被分到了沈阳重型机械厂。这是全国颇负盛名的一家国营大厂，是重工业的排头兵，与黑龙江的"一重"、绵阳的"二重"有一拼。

进了沈阳重型机械厂的"金工车间"，其实就是一个金属加工大车间，有千人之众，主要生产铸造件，如矿山、水压、破碎、挤压机等大型机械，等于是一个大分厂了。

选择进大型国企，是裘立全一家人的凤愿。他出身在沈阳城里的饮

食世家，父亲是沈阳市饮食公司的经理，母亲供职于陶然居，弟弟是鹿鸣春的一级厨师，而妹妹则是一级面点师。裘立全从部队回来后，父亲说，别进饮食行业，裘家人的目光要放远一点，不要让我来罩着你们，一荣俱荣，一损俱损。

裘立全谨遵父命，没进饮食公司，而被分到了沈阳铁西区大名鼎鼎的重型机械厂。

好啊！听到儿子进了沈阳重型机械厂，父亲极为满意，说，这是大国企，安全稳定，今生今世就交给它了吧。儿啊，要好好儿干！

裘立全点了点头，算是对父亲的承诺。

那是一个工人阶级吃香的年代。裘立全是复员兵，人不到30岁，又是党员，有这样背景的人在重型厂并不多见。于是，他成了厂里的重点培养对象，工会改选时进工会班子，党委改选时进党委班子。一路顺风顺水，很快成了党委委员和团总支书记，是沈阳重型机械厂的半脱产干部。那个年月是青年突击队大放光彩的时代，他带着小青年们组织学习班、读书班，工作加班加点。那时，裘立全英姿勃发，干的是机修工作，而机修是厂里比较好的工种。有句土话说，车工王八铣工龟，钳工老爷坐着吹。而组织青年突击队加班时，当时厂里没有钱发奖金，他请工段长们吃顿饭，就将问题解决了。后来厂里只要有活动，都会去找裘立全，让他来组织。

那时裘立全的工资也只有39.6元，他交给母亲39元，然后，2角钱交党费，2角钱交会费，自己兜里只留2角钱。

厂里一直想送裘立全去读工农兵大学，第一次准备送他到东北工学院，可是他担心自己只有初中文化，读不下来，只好放弃了。后来，又让他去读鞍山钢铁学院，他还是不敢去。

日子一天天地过去。

男大当婚，女大当嫁。到了1977年夏天，裘立全该谈恋爱了。有一天，车间主任戴天举理发，看到裘立全，问道，你处对象没有啊？

裘立全说，没有啊。其实原来车间里有一个厂花，长得挺漂亮，工会主席觉得他们挺合适，车间主任戴天举说，不要注重长相，主要看家庭。

他让工会主席一了解，这女孩的父母是铁西电工机械厂的，侧面一了解，觉得姑娘的思想不过关，只好叫裘立全作罢。

戴主任说，楼下的小丛不是很好吗，我去帮你问问。

于是，戴天举理完发下楼去问小丛，你处对象没有？

没有啊！小丛答道。

楼上的小裘挺好！就这么定了。戴主任说。

裘立全窃笑，小丛也会意而笑，其实他们早已经认识了。他们先后进厂，只是不在一个车间里。后来搞对象时今晚谁先下班，就到厂门口等着。没有进过公园，只是一起看过一部《红孩子》电影。逛过一次商场，没有上过饭店，即便路遇同事们，大家也看不出来他们在搞对象。

结婚的新房是工厂技工学校实习厂的一个仓库改建的，只有 10 平方米。不是砖瓦房，而是板加灰，是当年日本人盖的工棚屋。冬去春来，夏热冬冷，外边下大雨，屋里下小雨；外面不下雨，屋里也滴答。

婚宴就在家里偷偷办了几桌，两个人甚至连合影照都没有在一起拍过。后来，只好将两个人的单人照片找人洗在一起，谁知刚好洗反了，两个人的头像一个脸朝左，一个脸朝右。多年后，当裘立全和我们说起这件事时，逗得大家哈哈大笑。

那是一个工人阶级当家做主的年代，纵使住在这样的小屋里，裘立全也觉得是最幸福的。他所在的沈阳重型机械厂归一机部管理，全厂员工达到 1.5 万人。结婚时，他的工资只有 39.6 元，到了 1983 年，涨到 43 元。

裘立全 1975 年以工代干，1978 年正式转为干部，继而当上工段长。爱人在质检处工作。他从来没有对自己的衣食父母——沈阳重型机械厂的前途发生过些许怀疑。

然而风水轮流转。到了 1994 年，当了车间工会主席的裘立全不经意之间发现了一个残酷的现实：开支没有号，干活没手套，洗手没肥皂。这个现象意味着创造过许多奇迹和辉煌的重型机械厂已经危机四伏了。如果企业开支，生产就投入不了；如果要投入生产，开支就得延后，矛盾重重。

此一时，彼一时也。沈阳重型机械厂本是一机部的骄子啊，一时间，在计划经济的链条断裂后，他们只有纵身一跃，在市场经济的大海里学习游泳。

1996年，裘立全被任命为第三分厂的党委书记，上任伊始，面临的第一件难事，就是先买煤，还是先开支。

当然是先买煤了。裘立全拍板说，先不要开支，把过冬的煤买下来，可以节省几千万元。

厂长摇头说，我要开支，工人的钱一天也不能拖，很多家庭就等着这个月的工资支配一家老小的生活费，一分也不能少。

裘立全不解地说，现在不买煤，厂里靠什么炼钢？

厂长说，烧煤气啊！

那消耗不是更大吗？

可是，裘立全最终还是拧不过厂长，在企业里是厂长说了算，而非党委书记。每次开支的时候，第三分厂开着大客车去银行取钱，让北二马路上那些工厂的弟兄们羡慕死了。

裘立全摇了摇头，他认为这只是暂时的荣光。北方寒流横吹，沈阳重型机械厂的严冬降临了。到了1997年，工厂的日子越来越不好过。

我只干了一年半的党委书记，裘立全说，欠了工人一年的工资，工厂也欠我8000多元。这时的三分厂比总厂还要困难，到了开支的日子，一群退休的老大妈来厂里要工资，刚开始裘立全说尽好话，对那些大妈说，我是妈妈的儿子，哪有儿子不孝敬妈妈的？现在企业有困难，请妈妈们体谅体谅，我们不差钱啊！

第一次沟通交流，大妈们个个通情达理：既然企业有困难，我们再等一段时间。

又是一个来月过去了，到了下个月开支的时候，沈阳重型机械厂三分厂仍然拿不出钱。

退休的大妈大叔们可不是好糊弄的。他们又来了，厂长叫裘立全去做说服工作。

裘立全一看大妈们，连声叫：妈妈好！

裘书记，别嘴上抹蜜了！那些大妈们脸一拉说，以后你别再叫妈了，我们当不起啊！现在妈的家里已经揭不开锅了。

在三分厂当党委书记的一年半时间里，只开支了四五次。倒是车间承包还能月月开部分工资，而三分厂机关的30多人却开不上工资。最困难的时候，开不到工资的工人们将总厂的大门围堵了，几百人将总厂围了一个水泄不通，不让领导出入，最后只得请保卫和公安出面进行疏导，遣散围堵的群众。

怎一个"钱"字了得，所愁的仍然是那位孔方兄。其实裘立全也非常清楚，老百姓的期望值就是那区区二三百元钱，可是工厂却拿不出来。

三分厂的日子越来越过不下去，要卖掉，卖给的对象是一位个体户，俨然是一副蛇吞大象的感觉。这是一种零买断，大部分剩余的人员要自谋生路。

三分厂召开职代会，裘立全站在台上，茫然四顾，一地哀鸿，处处愁容。工人们自然舍不得依靠了大半生的工厂就这样倒下去，完全是一次重摔。可是这时三分厂仅欠保险费就3000多万元，而总厂欠了1个多亿。三角债缠绕拖累其间，把有的厂子都给拖黄了，开原法院的法警跑来了，将设备给封了。

裘立全挥了挥手，嘱咐工人：将设备上的封条撕了，继续干活。

法院执行庭长带着法警，提着电棍进来了，扬言：谁敢撕设备上的封条，就抓谁！

请你出去！裘立全指着执行庭长说，别以为你带着电棍进来就可以耀武扬威，在这里行不通。我说一句话，你就出不去！

你们没有搞错吧？执行庭长说，你们欠钱啊，欠钱押物，千古亦然，何况你差了人家几千万元。

欠钱是事实。裘立全点头道，法官大人，你想想，本来就差钱了，再封了设备，那不更还不上了吗？

那你说怎么办？执行庭长问道。

启开封条，明天再谈判还钱事宜。

好！听党委书记的。执行庭长朝法警挥了挥手，全撕了，让他们干活。

第二天谈判时，裘立全对法院的庭长说，你们大老远地跑一趟，也不能空着手回去，否则无法交代。我这厂里什么值钱的东西都没有了，思来想去，没有别的，就只有我坐的这台桑塔纳车了，你们可以开走。

执行庭长说，还有别的吗？

裘立全苦涩地一笑，说厂里能拿得动的，你可以尽管拿。

执行庭长无可奈何，说，大国企啊，穷得叮当响，我们能拿什么啊。

执行庭长和法警驾着桑塔纳绝尘而去。

三分厂最终被卖了。卖的时候，厂长瞒着裘立全，什么也没有跟他说，避开了他。1500名兄弟无家可归了。厂子成了一个空壳，领导班子解散了。裘立全又到四分厂干了半年书记，那个1300人的厂子也面临着倒闭和分拆的命运。重建了一个新厂子，与一个集团下属的三产企业联建，其实就是与一个私人老板合作，机器设备搬到抚顺去。四分厂职代会代表拉到那里去开会。一位管集体企业的副总与大家在抚顺监狱憋了一天，到了表决的时候，人家将裘立全叫走了，不想让他参加，怕他将这档买卖搅黄了。

后来，裘立全知道这档事情的始末，打电话将那位副总臭骂了一顿，说你这是祸厂殃民，迟早有一天会后悔的。

然而当时除了卖，再无良策。

轮到裘立全的命运被拿捏的时候了，那位私企老板让他写一份保证书。

裘立全摇了摇头，推开放在他面前的纸和笔，说我不能写。

老板大惑不解，说裘书记，你不能太自尊了，放心吧，我们会供着你的。

算了吧！哪有一家私企养一位共产党书记的，白吃饭？

劳动服务公司经理问裘立全，老裘，你到底去，还是不去？

不去！裘立全斩钉截铁地说，我回总厂。

让你到一分厂去当书记。

坚决不干！除非让我当厂长。裘立全说，企业的党委书记哪是人啊！简直就是做地下工作的，两个分厂破产，我连点儿代表工人兄弟说话的权利都没有，裴立全，没有权力啊！老爸给我的这个名字没有起好哟。

裴立全回到沈阳重型机械厂总厂当了老干部处处长。

惨败而归。终于将自己的衣食饭碗丢了，不是裴立全想丢，而是市场经济再没有给他们活过来的机会。他满腹惆怅，觉得有点儿无颜面对父亲了，如一位全军覆没、无处可归的残兵败将，悻悻然回归家中。

我的饭碗砸了。裴立全对父亲说，没有与工厂一起同进退、共存亡。早知现在，何必当初，那时还不如留在饮食行业。

父亲笑了，说二轻和国营的服务业倒闭得更早。你弟弟趁着与小鬼子合资鹿鸣春饭店东渡日本，后来单干，活下来了。你妈妈命好，在饭店还没有倒，退休了。你妹妹呢，自己跑出来，最先下海学会了游泳。你安安全全地在大国企干了20多年了，知足吧！

那我儿子怎么办？裴立全长叹道，原想跟我一起进沈阳重型机械厂呢，这回好了，再没有去处了。

去日本，投靠他叔叔吧。儿子裴丛武是1978年出生的，机械中专学校毕业，原想跟老父亲在沈阳重型机械厂干下去，这回两个分厂都黄了，几年招不来一名大学生。他眼看着没有什么前途，便想按照父亲和爷爷之托，漂洋过海，去投靠在日本开饭店的叔叔。

弟弟从日本回国探亲，裴立全对他说，你将大侄子带过去吧。

为啥？

他在这里的工厂找不到合适的工作了。

弟弟点点头说，去可以，但是不能住我们家。

为什么？丛武可是你的亲侄子啊。

我家太窄。弟弟说道。

裴立全发现弟弟在日本待久了，完全是日本人的生活方式和观念，亲情很淡漠。

裴立全站起身来，拂袖而去。他知道弟弟在日本比他们一家过得好，光房产就价值几千万元，可是，偶尔回沈阳，才给两位老人几百块钱，并不多给。

回到自己的小家，裴立全对儿子说，你有能耐，就在外边干个体，

没有能耐，就投奔共产党吧。

果然，裘丛武像爸爸当年一样，先在重型机械厂任职，又去合资厂干了三年多，最终还是躲不过企业倒闭的命运。

这是裘立全在 20 世纪 90 年代最大的一个败笔。

总要给儿子找一个工作啊。后来，他找了一位老朋友，给儿子安置在了与矿山机械合并后的一个工厂里，当了一名调度。

## 3.　逃过一劫之谜

当铁西区的大型国企处于风雨飘摇之中时，唯有沈阳鼓风机厂是幸运的，它逃过了那场百万产业工人所经历的命运大劫难。

这天下午，一场春雪过后，沈阳城郭玉树银花，雾凇初现。坐在车里望着道路两旁，浮现出一片祥瑞之气。那场震动沈阳铁西的倒闭和下岗浪潮，早已在岁岁年年的白雪覆盖中，寂然成尘，沦为旧事。

在沈阳鼓风机厂的会议室里，董事长苏永强说起那场"共和国长子"经历的命运之殇，自豪之情溢于言表。他说，纵使在最困难的年代，鼓风机厂从未发生过不开支的事件，唯一的缺憾就是晚发了十几天工资，险些酿成一场风波。

那是一个仲夏时节，苏永强赴美国访问，与世界著名的工业巨头 GE 公司谈技术引进事宜。人刚落到美利坚，在单位主持工作的总工马将发的越洋电话就打过来了，请示说，苏总，下半年生产的料，要投进去，总会计师那边一时凑不了这么多钱，可否将全厂职工 14 号的开支延至月底？

行啊！苏永强不假思索便答应了。

谁知马将发将这个决定一宣布，马上炸锅了。犹如一股大洋彼岸的巨浪横吹九州，立即在沈阳鼓风机厂的 1.5 万名员工心中形成狂澜：不给职工开支，算什么厂长？

一周之后，苏永强结束访问后回国。进厂上班的那天，面对的不是窃窃私语，而是一片抗议声浪。

苏永强听了有些不高兴，不就是晚发几天工资嘛。晚上回家，不悦之情浮现在脸上。

妻子见他一直阴着脸，问他发生了什么事情，千万别将公家的事情带回家里来啊！

你说能让人不憋屈吗？苏永强将一肚子的烦恼倒了出来。

呵呵！妻子一笑，问道，永强，你真觉得委屈吗？

是啊！苏永强答道，我这也是为工厂的未来着想啊。

要是换了我，比他们骂你还要狠。你们当官的一个月不开支可以过得去，咱老百姓月中、月底就等着那点儿钱，交孩子上学的钱，爹娘看病的钱，还邻居朋友的钱。你这么一拖，将人家的事情和信誉都拖黄了，职工不骂你，骂谁？没有堵在大门口不让你下班，就是够好的哩！

有道理啊！妻子一点拨，苏永强恍然大悟。老百姓是天，老百姓是地，要永远供奉着啊。他突然释怀了，操起电话，拨通了总会计师田红星家的电话，交代道：明天去银行取钱，给全厂职工开支。

厂长，不是说好了月底开支吗？

一天也不能拖！明天就将银行里的钱取回来开支。

得开着大轿车去取啊。

你抱着机关枪都行，我只要明天下班前将工资发到工人的手里。

有气魄啊！我惊叹道。

老百姓的事，就没有小事。苏永强感慨地说。

然而，我却有一个疑问，当时沈阳乃至东北的制造业都是一片凋零，下岗如潮，为何"沈鼓"一枝独秀，还能开得出工资？

得感谢周恩来总理啊！

哦？到了下岗时候，周总理已经走了 15 年了，这与他老人家有何相干，难道余威还在？

他去世前订下的百年大计——技改啊。

总理之泽惠及今天。

当然喽！苏永强讲起了一段已经褪色的往事。

20 世纪 70 年代的中国，种粮是第一要务，化肥成了紧俏物资。因此，

到了 1975 年，国务院决定上马 13 套大型的化工设备，年产 30 万吨的合成氨和 50 万吨的尿素。当时全国几乎每个县都上过小化肥厂，年产仅在万吨之间，产量低，能耗大，技术落后，污染尤其厉害。尽管那时国力不支，经济濒临崩溃的边缘，可是国家仍然决定利用有限的外汇，进口国外最先进的装置、设备，提升中国的石化装备水平。

可供中国进口最现代化的化工制造设备的，有美国的克拉克、意大利的新比隆。

此时病入膏肓的周恩来总理抱病接见了访华的意大利总理，双方一拍即合，将当时世界最先进的炼油和石化装置应用的压缩机技术，采取贸易许可证的方式，卖给中国的企业。

这是一种大型离心压缩机技术，能够落地中国的厂家只有三个，即沈阳、上海和陕西三家鼓风机厂。上鼓是做通风机的，陕鼓是由沈阳鼓风机厂援建的，技术和条件皆不成熟。机械工业部考察再三，最终决定，花落沈阳鼓风机厂。国家为此投资 1000 万美元。

毫无疑问，在当时的中国，这是一个天文数字。因为一年外汇额度才有几亿美元，能够用 1000 万美元引进大型石化成套设备，可是当年中国工业发展的一个超级梦想。

谈判尘埃落定，大型石化设备分成离心机、汽轮机和燃气机三个子项目，分别落户在沈阳鼓风机厂、杭州汽轮机厂和南京燃气机厂。引进 30 万吨合成氨和 48 万吨尿素研制技术，使中国的石化装备缩短与世界先进水平的差距。

毕业于上海交大的马将发老总，当时只是沈阳鼓风机厂技术科的普通技术员，与科长徐炳显一起参与了技术谈判和培训计划安排。1976 年年初，他们与 30 多位技术人员一起飞赴意大利佛罗伦萨的新比隆公司，进行为期一年的技术学习和培训。

那是一个中国国门尚未向世界打开的年代。对于赴意大利学习的技术人员要查遍祖宗三代，政治上要求特别可靠，而马将发的家在革命老区赣州，家里三代都是雇农，又是靠国家和人民给的助学金读完高中和大学的，自然顺利过关。他到那里不仅自己刻苦学习和工作，而且带着技术人员一起学习，这些人员大都是他在工厂721大学教过的学生。他们要学的东西，再不是过去低档次的风机技术，而是已经达到了离心压缩机世界最高水平的二元流技术。他知道风机基础理论大家都差不多，但在尖端技术和实践上尚有差距，特别是结构和工艺，这方面恰恰是中国工人应该以意大利为师的地方，马将发将人员分成工艺加工、实验和铸造等工种，展开了全方位的学习和实践。

人未归国，一封从中国驻意大利使馆来的信寄到了机械工业部，信中称，沈阳鼓风机厂花了国家这么大一笔美元，却什么技术也没有学到手。

此言一出，机械工业部一片哗然。一个海外工作组从天而降，到佛罗伦萨的新比隆公司来调查。结果意方反映，中国的工人很刻苦，技术掌握得很快，尤其是那位工程师出身的马将发学得最好。

机械工业部领导一看调查报告，长舒一口气，说选沈阳鼓风机厂没有错啊，到底是"共和国长子"的诞生之地，东北老工业基地的工人有觉悟，给中国人撑面子啊！

学成归来，已经是1978年的春天了。沈阳鼓风机厂拿到了世界一流的鼓风机制造装备和技术。马将发算了一下，此次引进技术和加工设备花去了人民币1亿多元，将近1000万美元。仅凭此一跃，"沈鼓"站到了全球石化制造商的制高点上。

然而，对于与世界隔绝了30年的中国重型装备制造基地而言，将全球最先进的制造设备引进厂，却面临着一个漫长的消化吸收和再创新过程。沈阳鼓风机厂似乎很早就抓住了这个企业发展的命门，他们没有躺在引进的设备和技术上吃老本，而是不断吸收消化、创新。到了1980年，第一台样机开始试制，两年之后，"沈鼓"为浙江镇海年产52万吨尿素装置研制了国产化首台二氧化碳离心压缩机，这是"沈鼓"在引进新比隆技术后研制的第一台大型尿素装置的国产化离心压缩机。当生产线安装完毕，开始出化肥时，机械工业部的领导都很惊讶。

随后，全国的炼油厂纷纷订货，应接不暇，一台设备价值最高达到了200万～300万元之间，堪称天文数字了。

批量生产之后，马将发参与了第一家用户浙江镇海的设备安装和试车。随后，他出任沈阳鼓风机厂总工程师，制订了一个新的技术改造计划，引进新比隆的十多项技术，以确保十年之内不落后。同时，他们与清华大学、西安交大合作，在新比隆技术的基础上创新开发，始终占领着20世纪八九十年代的国际风机技术制高点。

20世纪八九十年代，是中国石化炼油产业的井喷期，从国外进口了大量设备，而国产的离心压缩机技术也日臻成熟。全国炼油厂订货多多，沈阳鼓风机厂开足马力，工人加班加点，仍然供不应求。

这些先进制造设备与技术的引进、消化、创新，无疑为"沈鼓"20世纪90年代的闯市场、避让下岗之潮的涌来，提供了一个安全的港湾。

苏永强是1997年11月接替刘玄厂长，坐上沈阳鼓风机厂第一把交椅的，为"沈鼓"60年间的第三任厂长。

当时，刚过不惑之年的苏永强站在办公楼上，俯瞰北二马路上，下岗工人如潮，要工资和待遇，甚至有的厂子不让厂长出大门，而沈阳鼓风机厂却风景这边独好。铁西区里的大国企也都对沈阳鼓风机厂投来羡慕的目光。并有话传出，说沈阳鼓风机厂一年赢利3000万元，三年3亿元，就是三年不干活也够吃了。

苏永强问总会计师田红星，你账上有1亿元吗？我可是要买第二年投产的材料。

田红星摇头，别说1个亿，就是1000万，我也拿不出来。

你算一算，账上到底有多少钱？

不算不知道，一算吓一跳。数天之后，总会计师田红星的审计和结算出来了，那年亏了1000多万元。

不会吧？刘玄厂长在沈阳鼓风机厂经营了一二十年，创造了许多辉煌，特别是引进新比隆技术，引领了一个离心时代的到来。然而他的粗犷型管理，也留下了亏损的祸根。

苏永强将总会计师的统计数据摆在了刘玄老厂长跟前。

刘玄神情默然。

然而，在全厂职工大会上，苏永强仍然宣布沈阳鼓风机厂赢利近千万元。

刘玄老厂长喟然长叹，永强嘴下留情啊。

可是上任伊始的苏永强却做了两件令人不可思议的事情，第一件事情：集资，干部一人2000元，职工一人1000元，厂级干部2万。他亲自上前线，给大家讲明道理。现在集资是为了明年的生产更好地投料，为了将来工人和工厂的日子更好过。1万多人的大厂，谁都明白这个理儿。于是，第二天钱就凑齐了，共1860万元，立即购买第二年的生产投料。

第二件事情，进行“双增双节”，增长、增收，节能、节耗，他到鼓风机厂的库房里看过，有许多可以挖潜的地方。他将各个车间的一把手叫来，砸出了一个数字：全厂降低成本6800万元。

几个车间一把手个个瞠目结舌。

天方夜谭吧？这又不是“大跃进”时代。大伙儿纷纷摇头道。

我知道你们能办得到。苏永强说，大国企就像一块海绵，怎样挤都能挤出水来，再干，也能挤出几滴水来的。

过来签字吧！每个车间降低成本1000万元。他招了招手，叫车间主任进来签协议书。

前面几位车间主任爽快地签了，可是有两三位一把手一算，完不成指标，站在门口不肯进来。苏永强对已经签了字的车间主任说，你出去告诉他们，最后五分钟，倒计时，如果不进来签字，那就换位置。谁不干，谁下！

此话一出，果然有震慑力，两位车间主任看了看签字后扬长而去的同事，自己也不能太㞞啊！终于鼓足勇气走进来了，握着千钧重的笔，落下了自己的名字。

这样就对了嘛！只有逼上绝路，才能置之死地而后生。苏永强嘿嘿地笑了。

1998年是最困难的一年，苏永强算过了，如果不降低成本，就要亏损8500万元。他没有敢告诉全厂工人，总会计师田红星那里已经没有钱了，他出差都是自己垫钱。

但是有一天，总工马将发走进苏永强的办公室，说，苏总，我们厂

里离心压缩机的生产，经过 1995 年那次技改，从制造装备到技术，与国外制造商，都站在一个起跑线，但有一个方面我们仍有差距。

哪个地方有差距？

控制系统。马将发说，固体力学的 1 万多转，离心很大。1995 年那次技改，花了 10 万美元改进了硬件，可是软件方面也需要改善，画一个元件要五六个小时。可以买美国力学公司的软件，一个小时就画好了。

需要多少钱？

3 万多美元吧。

买！虽说现在企业日子不好过，但就是从牙缝里挤也要搞技改。

马将发默默地点点头，眼睛里露出些许欣赏的目光。少帅苏永强果然继承了刘玄的技改风格，纵使砸锅卖铁，也要抢占技术的制高点。

1998 年"双增双节"下来，沈阳鼓风机厂果然节约下了 6800 万元，扭亏为盈。

沈阳鼓风机厂最困难的时刻终于挺过来了。

时光荏苒，新世纪在望。到了 1999 年 12 月 26 日，离跨入千禧之年仅差四天，但是苏永强却高兴不起来。头一天晚上下班前，总会计师田红星找来了，说苏总，年关将至，780 万元的税款和 330 万元的工资还没有着落啊。

大庆不是还欠我们几千万吗？

催款的人去蹲了两个月，一分钱也未拿回来，得请苏总亲自出马了。

那天凌晨 5 点钟，苏永强便坐车上路了。一路冰雪，茫茫大荒，千村城郭皆在一张巨大的宣纸铺盖之下。苏永强无心赏景，因为他自小就熟悉冬天里白山黑水的景致，一种萧瑟感涌上心头。

傍晚时分，斜阳已经落到大庆钻井塔的塔架上了，如一个红彤彤的灯笼一样，悬挂于地平线的尽头。驱车 600 余公里，苏永强跨出车门，四处扫了一眼，走进大庆办公楼。大庆方面很热情，让集团一位副总经理出面接待。苏永强说明来意。

那位副总经理一愣，说苏总，所有的钱都分完了，大家在等着过年。

得给我 1500 万元。苏永强说，你这个钱不解决，我也回不了家过年。

大庆领导对于沈阳鼓风机厂的老板很尊重。那位副总连忙操起电话，给一位分厂厂长打电话，说你给准备 1500 万元吧。

对方急了，说 1500 万元早已经分出去，钱都有主了。

沈阳鼓风机厂的苏总来要钱，优先满足他。大庆集团副总的语气，几乎是不可商量的。

搁下电话，集团副总说，苏总，你去分厂拿钱吧。

苏永强去了那家分厂，找到老总，大家都是多年的朋友。两个人讨价还价，那位分厂厂长说，1000 万元。

苏总摇头说，1300 万元，少了我也无法过年。

磨了半天，最后两个人商定，先拿走 1000 万元。

分厂厂长将财务科长叫了进来，是一位中年女士，分厂厂长吩咐，给苏总电汇 1000 万元过去。

厂长，没有钱啦。那位女科长坚决不给，说，钱都分给别人了，还是你定的啊。

那位分厂厂长说，老板有令，先给苏总。

明白。女科长不再说话，要了电汇地址。

苏总，请你吃饭。分厂厂长邀请道，集团副总亲自作陪。

苏永强点头称谢。

饭前，1000 万元电汇的条子拿过来了，苏总看了，心里一块石头落了地。那天，与大庆的厂家领导喝大酒，喝得眼睛里直冒金花。


## 4. 轮回之咒，电大教授入鞍钢

在鞍钢的一号炼铁炉前，贺亮书记坐在我的对面，听完了我的来意后，他立即知道我需要什么样的故事了。

我不是钢铁世家出身。贺亮先作了自我介绍，不像我们赵德胜炉长，四代在鞍钢。

那你是什么世家？

世家不敢称，贺亮说，是教师之家。

　　贺亮的家住在鞍山市教育局的宿舍里，他在那里与一群教授和中学老师们的孩子一起成长。那时他的父亲贺永林是辽宁电视大学驻鞍山校区的一位教授。20 世纪 80 年代的中国，电大也是硬牌子，能考上它的人并不多。他母亲夏延琴则是鞍山第五中学的老师。父母都毕业于东北师范大学。因为有了教授头衔，贺永林多少有点居高临下的优越感，觉得夫人不如他。家有三个儿女，爸爸始终是家里的一号首长。

　　那时家里吃高粱米多，偶尔有大米饭，贺亮和兄妹们都吃不上，妈妈毫不犹豫地给了丈夫。

　　爸爸一边吃白米饭，一边感慨：如果我能进鞍钢，就可以让你们兄妹和我一样，天天吃大米饭了。

　　爸爸这句话就像钢水一样流淌，铸镶进了贺亮的天空，让他一生难忘。他说，等大学毕业了，再好的地方也不去，一定要选择鞍钢。

　　一个教师之家的梦想种子就这样种下了。

　　虽然 20 世纪 80 年代初，电大教授也是有地位的人，可是在贺永林眼里，教授不如炼钢的，造导弹的不如卖茶蛋的。他向往鞍钢，觉得学校待遇太差，与红红火火成天享受福利的鞍钢工人相比，简直是天壤之别。因此，能到鞍钢电大当一名教授，乃贺永林今生最大的幸事。

　　有梦的人是最幸福的。果然，有一天，鞍钢电大要一位教授，贺永林得知这个消息后，说，我去！于是，他毛遂自荐，获得了鞍钢教育机构一致通过。

　　贺亮的爸爸进鞍钢电大了。消息在鞍山教育局大院里传开了，令许多小伙伴对贺亮刮目相看，觉得他们家太让人羡慕了。

　　果然，贺永林教授一进鞍钢，贺家的生活便提高了。逢年过节，发的东西都是用小车拉来的，有大米，还有猪肉、苹果之类的东西，一袋袋的面粉也送到了贺家。

　　那时，贺家是整个教育局大院里最有身份和地位的人。

　　日光流年。不知不觉间，已经到了 20 世纪 90 年代，鞍钢此时风光不再。因为宝钢和武钢的崛起，这个中国钢铁工业的长子已经年老体衰了，正在走下坡路，鞍钢电大的日子也开始不好过。

按教授退休年龄，贺永林应该是 60 岁退休，要到 1996 年才能回家。可是 1993 年，他还差三年时，就被通知可以提前回家，唯一的待遇，就是按照当时鞍钢的政策，加两级半的工资。

那天晚上，父亲下班回来，召开家庭会议。他很民主地提出，是加两级半工资提前退，还是继续干下去？

贺亮首先发言，说爸爸身体这么好，才 57 岁，早早地回到家里，有点可惜了。再说成天在家里无事可干，会寂寞得病的。

母亲首肯儿子贺亮的意见。最后表决的结果是，一致同意，不要两级半的工资，而让贺教授继续在电大教书。

三年过后，鞍钢的日子越来越难过，大量减员。到了那年的年底，鞍钢出台了一项政策，1996 年 11 月 20 日之前退休，每月可以多给 300 元；而 12 月 1 日之后退休的，就没有这 300 元了。贺永林是 12 月出生的，于是，他退休回家时，就比人家少了 300 元。

贺亮说，父亲少了 300 元，心里很不平衡，回到家中说，我少了 300 元，就不抽烟了。贺亮说，这点钱你不要省，我们兄弟姐妹给你。然而父亲摇摇头说，我不用你们的。从退休回家的第二天起，贺永林果然将抽了几十年的烟戒了。

一个抽了几十年烟的人突然戒了之后，绝对不是一件好事情。贺亮发现，自从戒了烟后，父亲越来越沉默，话也越来越少了。然而当有的人因工资的事去沈阳和北京上访时，他虽然不去，却也会经费分摊，给予资助，为的是早日找回属于他们的那一份公平和正义的政策。

三载光阴，一千个日日夜夜在鞍钢人的身后渐行渐远。

千禧之年，鞍钢下了一个文件，说教授可以拿多少钱。贺亮按照父亲的要求，将文件拿回来念给他听，可是却惊诧地发现，教了一辈子书的父亲居然连乘法都不会算了，智力骤然退化。

家里的三个孩子中，贺亮的媳妇是医生。她不无忧虑地说，根据情况，爸爸可能患上了老年痴呆症。

不会吧！爸爸一直都在动脑，咋会得了老年痴呆症呢？贺亮不解。

然而检查的结果，却是一个让子女们难以接受的残酷现实：父亲患

的就是老年痴呆症。看着诊断书，全家人的心情沉重了。仰望着鞍山的天空，阳光灿烂，可是他们心灵的世界里却阴霾四起。

新世纪的十年间，孩子们带着贺永林看遍了沈阳和北京的许多大医院，病情没有丝毫改善，却越来越滑向了失忆。为了不让父亲走失，贺亮在父亲的衣兜里装了家里和每个子女的电话，遇到迷路，不认识回家的路，孩子们满鞍山城去找。他们发现，父亲走的多是他当年走过的马路，陌生之地，他从来也不走。

到了2009年，贺永林几乎连相濡以沫的夫人也不认识了。偶然清醒的时候，他会质问夫人，叫着她的名字说，夏延琴，你凭什么比我挣得多？你才是一个中学老师，我是教授啊，为何教授才2000元出头，你竟然拿到3000多元，多我一半啊？

母亲哭笑不得，很想告诉丈夫，你当年在鞍钢享尽了荣耀和辉煌，提前透支了后半生的工资，现在只是一种轮回。

轮回之咒，竟然这样罩在了贺永林教授的头上。然而，他的孩子们依然以进鞍钢为荣，贺亮的大哥从辽宁师范大学毕业后，到鞍山六中教书，而他的姐姐则在鞍钢设计院工作。当时贺家有一个企望，三个孩子中要有一个教师、一个医生和一个在商店里工作的。这样，吃喝看病，乃至孩子们的教育都不用发愁了。

贺亮从鞍钢科技大学毕业后，如愿以偿进了鞍钢，他的夫人是鞍钢医院的大夫，是真正意义上的"双钢家庭"。2000年，炼铁厂与烧结厂合并，成立了"四部一会"，即生产部、设备部、综合部和党委工作部，再加上工会，他在综合部做了副部长，整整干了七年时间。2007年，来到了新一号高炉，当了新一号高炉的党支部书记，与赵德胜搭班子，创造了一个个鞍钢炼铁的新纪录。

父亲贺永林在经历了十年之间的失忆后，在2012年龙年来临前，躺倒了。姐姐找了一个护工，与母亲和她一起侍候父亲。但是他在清醒的瞬间，总是愤愤不平地对妻子说，我是教授，你才是中学教师，为什么比我拿得多？

妻子摇头不已，怜悯之泪在眼帘涌动。

今年春节过后，原来鞍钢退休教师终于找回了那份工资，按规定，贺永林终于可以和自己的妻子拿得一样多。可是，这个政策落实的款项一直未到位，贺亮担心，已经风烛残年的父亲是不是还能等得到与母亲拿到一样退休金的日子？

但愿痴呆的老人，在那清醒的一瞬间，能够明白，已经找回了属于自己的待遇和荣耀。

轮回之咒，终于在一位老人风烛残年时，再次显现了。

悲哉，喜耶，又有几人知道！

# 第五章 | 天堂沉没

## 1. 尹家五朵金花与一艘国企大船的沉没

尹家有女初长成。

在那个还没开始实行计划生育的年代，尹忠福与妻子王桂珍生了七个儿女，六女一男，其中有一对双胞胎。后来双胞胎中一个女孩夭折，只剩了五朵金花和一个宝贝小儿子。

那天，在工人新村的社区办公室里，尹忠福娓娓道出了他和孩子们的故事，尹家如何随着一个企业兴衰，随着铁西工人阶级的光环与荣耀褪尽，坐在那一艘国企大船上，最终沉没。

五朵金花与一座工人新村，与铁西浮浮沉沉一样令人扼腕长叹。

尹家的第一朵金花叫尹春荣，生于 1955 年，受"文革"年代"读书无用论"的影响，没有读过几天书。后来，又投入到声势浩大的"上山下乡"运动，本来被分配到遥远的北大荒，幸好尹忠福此时已经当了领导，利用手中的权力，将她分到了离沈阳不远的于洪区翟家乡，在那里待了三年多。后来，沈阳玻璃仪器厂招工，就将她抽回来，像爸爸妈妈一样，成了铁西的一位产业工人。

二姑娘尹春凤于 1957 年的春天呱呱落地，高中毕业时，已经是 1975 年。无大学可读，最终被"上山下乡"的潮流带去了辽宁盘锦，那是一望无际的荒甸子、水泡子。到了冬天，大烟泡儿挟着雪花，北风那个吹啊！二姑娘为此流了不少眼泪，回到家里就哀求父亲，早一点儿让她回到城里。尹忠福觉得二姑娘是可造之才，有意锻炼她。两年之后，已经当上总厂总务科长的尹忠福，再一次显露了他的舐犊之情，将二女儿招到玻璃仪器厂的配件厂，坐办公室。后来，她果然不负厚望，就在标准技术科，从一个普通的检查员干起，直至标准科科长。

老三尹春华，在"大跃进"年代出生，从小在工人村的天堂里长大。虽然是拿着小板凳在工人村里上小学，但是她觉得在工人村里的少女时代是最幸福的。上午上课，下午学习小组活动，夏天可以跳橡皮筋，冬天挖雪洞、堆雪人。然而中学时却要到铁西工人村的马路上拾马粪、驴粪，有时早晨起来，大家追至马车后边去抢马粪，拾了好几年，这是学工学农的年代。她觉得那时工人村的生活是温馨的，跑到楼上同学家玩的时候，因为家里没有电话，到了吃饭的时候，只要家里人在水管上敲敲，便下楼吃饭。夏天的天气有点热，家家开着门，可谓是"夜不闭户，路不拾遗"。在老三的心中便有了一种感恩之心，感恩父母，妈妈吃高粱米，孩子却吃大米饭。

可是，老三尹春华最终也没能躲过两个姐姐下乡的命运。1977年，她初中毕业后，下乡到东陵的一个公社，就在现在的桃仙机场附近。因为父亲认识公社的领导，就将三女儿放在离沈阳最近的地方。1979年，尹春华随着大返城的潮流回到了铁西，仍然是在爸爸的呵护下，进玻璃仪器厂当工人。好在，她上学和下乡就爱背元素周期表，当化验室要招人时，她对元素周期表倒背如流，幸运地得到了在化验室工作的机会。

老四尹春英，是双胞胎活下来的姑娘，生于1962年。她不像三个姐姐下过乡，而是中学一毕业，先分到沈阳自行车厂，生产的是白山牌自行车。可是尹忠福觉得放在那里，总有停产倒闭的一天。于是，想办法将老四调到玻璃仪器厂看水泵。时隔多年，尹忠福感叹道，那可是一个俏活儿啊。

老六尹家五朵金花之末，可能是生于末季，自小患了小儿麻痹症。长大之后，进了玻璃仪器厂的福利厂上班，一家人上了沈阳玻璃仪器厂这艘大船，自然也要跟着它沉浮了。

尹忠福与夫人王淑珍生到第七个孩子时，已经是1968年了。终于得

到一个宝贝儿子，可以承继尹家的香火了。老来得子，喜欢得不得了，取名尹春承，含到嘴里怕化了，捧在手上怕摔了。儿子长大后，没有考上大学，尹忠福在自己退休前施展权力，重点保障。最后一次利用手中的权力，先招到造纸厂，干了半年多，然后找总厂的武装部长，送小儿子去当兵。服役三载，光荣退伍，分配到沈阳铁路局机务段，从此，与沈阳玻璃仪器厂脱离干系，是尹家子女唯一逃过一场命运大劫难的人。

在那个已经远逝的光荣年代，工人阶级领导一切。因此，当时手中握有一点权力的尹忠福，自然要使用那个年代所谓的资产阶级的"法权"，将家里的五朵金花统统纳入自己的工厂。甚至连五个姑爷也都一一从自行车厂和知青点上调进了玻璃仪器厂。一个家庭与一座工厂，三代工人子弟与铁西区，大风起兮，惊涛拍岸，在劫难逃，国企航母撞到了市场经济的冰山一角，将要沉没。尹忠福当年将自己子女都纳入沈阳玻璃仪器厂，焉知是祸是福？

1992 年，尹忠福退休了，享受的是处长级的待遇。而他的哥哥调到别的工厂，弟弟支援三线，去了西部天水，英年早逝。

离开工厂那天，尹忠福蓦然回首工作了 42 载的工厂，黑云摧城，风雪迷茫，一种不祥的预感涌上心头。他开始感到铁西大厂矿摇摇欲坠，不知孩子们还能不能像他一样，善始善终，全身而退。

这种预感很快被印证了。

就在尹忠福退休回家没有几天，在配件厂坐办公室的二姑娘春凤突然辞职不干了。

你不干了，做啥？尹老爷子问道。

下海！

下海，你不会游泳还不给海水淹没了。尹忠福不解，说，二丫头哟，你可是我老尹家工作最好的一个。成天待在办公室里，晒不着太阳，闻不到浓烟，又当了科长，咋整的？这工作说不要就不要了。

爸爸，你不知道吗，我们配件厂是国营带集体，早就不生产了。开支也不准时，与其坐在办公室里等死，不如自救。

自救？尹忠福脸一拉，没有了大工厂，没有了集体和领导支持，你咋自救法？

我和张海涛商量好了，到和平区西塔的朝鲜族聚居区开一个玻璃仪器商店，就搞批发。

张海涛是尹家的二姑爷，小自己的闺女三岁。尹忠福一直觉得老二春凤是乖乖女，过去家里做饭打扫卫生，甚至买粮管家，全都是她一个人揽了，是个说话不多的能干之人。可是现在脱离了工厂和集体，她能行吗？尹忠福不禁仰天长叹。

试试看吧！爸爸。我们总得找一条活路吧。

尹忠福默默地点点头。

一波未平，一波又起。

有一天，大女儿春荣和丈夫来家里看父亲。尹忠福一愣，问大女儿，春荣，现在是上班时间啊，你跑来家里窝着做什么？

爸爸，我退休了。

啥？尹忠福摇头道，女五十，男五十五退休，干部六十，这是国家法律规定的。你刚过四十，早呢！

工厂出台新政策了，可以提前退，我就赶上这趟车了。春荣欢呼雀跃地说，爸爸，与其一个月只拿半个月的工资，坐在那里等死，还不如先退了，再找点儿事情做。

这是咋整的？尹忠福朝着北二马路方向眺望，问天，亦在问自己。

一座工厂终结的日子一天天临近。就在一年之间，三女儿春华也下岗了。无可奈何，最后只好到铁西商业大厦去打工了。

突然之间，老四和老六所在的工厂已经三个月不开支，上万人的厂子不开支，工人家里吃什么啊？回到家里的子女们愁眉不展，尹忠福和老伴拿出自己的退休工资帮孩子们一把。

后来，尹忠福听说厂里决定将厂房卖掉发工资，顿时眼泪汪汪。毕竟这是他从十几岁到退休一直工作的地方啊，一砖一瓦，每座车间，每条生产线都有过他们这个家庭三代人的青春记忆。

然而，工厂还是没有卖出去，欠账太多，法院经过裁判，决定倒闭。那天全厂职工被召了回去，厂长拿着盖有法院公章的判决文书，告诉厂

里的职工，父老兄弟姐妹们，对不起，我们经营不善，适应不了市场的变化，资不抵债，沈阳玻璃仪器厂倒闭了！

如锥子锥心一样的痛，尹忠福老泪纵横，五朵金花掩面而泣。

工厂倒闭后的第一个春节，五朵金花带着丈夫和孩子们回娘家过年，看着几个孩子愁云满面，尹忠福挥了挥手说，开个家庭会议，我讲几句话吧。

五个女儿和姑爷，小儿子和媳妇围成一个圈，坐在爸爸和妈妈身边。尹忠福点了点头说，我知道你们的日子都不好过，到了这把年龄，都是上有老，下养小。好在，我和你妈都有退休工资，不要你们养，自然不会成为你们的累赘。六个亲家嘛，大多已经退休，钱少点，日子过得紧巴点儿，也不会伸手向你们要，你们就是一个养小。孩子上幼儿园，上学，要花钱，我和你妈能帮衬的就帮衬你们一把。你们看了市委书记在冰棍厂的讲话了吧？

孩子们点了点头说，报纸上都登了。

尹忠福掐着指头说，市委书记的两句话，我觉得很中听，就是"八仙过海，各显其能"。这是中国人的老话，至理名言啊。工厂倒闭了，孩子们下岗了，我们依靠了多年的工厂没啦，但是一个人躺在家里睡大觉，能行吗？不干工作能行吗？孩子们，我们得自救自立啊！你们大姐不错，她能讲会说善交际，退休之后，发挥自己的特长，现在参加保健品销售，干得风生水起。你们二姐下海早，两个人开了一个夫妻店，一个月能挣千八百块钱的，比工厂一个月50元钱强多了。还有三姐，下岗后不气馁，自己找工作，在铁西商业大厦做售货员，也有一口饭吃啊。

老爷子一席表扬话，说得五朵金花个个眼前放光。

妈妈看家里的气氛还是沉闷，就说，我给你们唱支歌吧，那是刚解放的时候，迎接解放军进城时唱的。母亲用二人转的腔调，引吭高歌一曲，神情又是那样的认真欢悦，将孩子们都逗笑了。

那年春节，虽然铁西区的工人村里一片死寂，可是尹家却是一片欢歌笑语。

## 2. 恋爱九载，嫁进天堂却已开始沉沦

董文杰那天有点儿喜不自禁。

她将自己的铺盖行李从知青点扛了出来，扔上辽宁省二建派来的大拖斗式卡车，然后拽住大车厢的侧面，脚蹬晃来晃去落下来的后车门，想一跃而上。这时，一只手朝她伸了过来，她抬头一看，一张英俊的、酷似新疆小伙子的面孔，正朝她伸出友谊之手。

谢谢！董文杰将左手伸了过去，车上的小伙子用力一拽，她跃了上去，然后蹲在大车厢后门边上，凝视着这座东北小村——新民县大柳屯公社苇子沟大队新立屯小队。

这个日子，让她刻骨铭心，1971 年 9 月 18 日。

9 月 18 日，那个难忘的日子，我离开铁西的家。董文杰从 1968 年 9 月 18 日上山下乡到这个穷乡僻壤时，就希冀大逃离。她不止一次登高远望，眺望铁西区那两个巨大的烟囱，期望早一天脱离苦海，走出地狱，进入天堂村，当一名工人。

这一天，姗姗来迟。

三年了，还算幸运，仍然是 9 月 18 日这一天，终于盼来省建筑第二公司招工。刚开始，她有点犹豫。从小在工人村长大，她最大的希望就是进北二马路那些大工厂，成为一名光荣的产业工人。然而，现在进省二建，注定就要做泥瓦工了，对于那个年代爱做梦的女孩子来说，多少有点残酷。可是，再怎么总比在乡村里待着强啊！

最终，她下定决心，只要能进城，泥瓦匠就泥瓦匠吧！若在铁西区当不了大国企的工人，那就到天堂村里寻一个工人嫁进去。

乡村、田野，还有当年大清帝国皇族的龙兴之地，皆在她的视线中渐行渐远。

你好！认识一下吧。刚才那个英俊的"新疆"小伙挤了过来，再次朝董文杰伸出友谊之手说，我叫孙启辉。

董文杰。

你是哪一年下乡的？

1968 年 9 月 18 日。

我也是那一天来的啊！咋整的，我们互相不认识啊。

啊！大柳屯公社 27 个生产大队，沈阳几千名知青，咋能都认识了？董文杰反问道，当知青前，你是哪个中学的？

三十六中。

我也是三十六中的。

你初几来下乡的？

初一。你呢？"新疆"小伙问董文杰。

我初三。

那是我学姐啦！两人一说年龄，董文杰比英俊小伙子大三岁。

那天，省二建公司从新民县大柳屯公社招了 200 多名男女青年，几辆大拖斗式卡车将他们拉到城里。自古道：百年修得同船渡，千年修得共枕眠。

董文杰与孙启辉今生有幸，在同一辆知青下乡返城的大卡车上有缘相识了。车至沈阳城郭，两根大烟囱越来越近，那在生命意识里涌动的天堂村情结也越来越浓。

当天报到过后，董文杰被分到二建的大型修理厂，孙启辉则被分在了机械运输站。虽然不在同一个单位，但是两家单位互有联系，机械坏了，也会退回到大型修理厂进行维修。那天，他们俩同坐一辆摩电回家，进入铁西区时，孙启辉提出要送董文杰回家。

我住红旗农机厂，你呢？

家在工人村。

好羡慕你们住在天堂里的，董文杰对这个小自己三岁的校友顿生好感。

欢迎你到我们家来玩。

哪一栋？

工人村粮店那栋楼的楼上。

啊！去过，去过。董文杰将对铁西工人村的好感和爱情，全都倾注到了这个长得有点像新疆小伙子的英俊青年孙启辉身上。

一场姐弟之恋，在那个并不时尚的年代悄然进行。然而，总有一天要见父母的。董文杰的父亲原是1937年从河北隆尧县入伍的老八路，17岁参加革命，在太行山上与日本鬼子拼过刺刀。一次战斗中，阵地被日本鬼子攻陷，他只好佯装战死，躺在死人堆里。日本人对着倒下的人仍然一人一刀地扎过来，在他的大腿上扎了一刀，方才离开。九死一生，终迎得抗战胜利。解放战争前夕，随林彪、罗荣桓十万人马出关，纵横于东北战场。辽沈战役落幕后，他又参加了平津战役。此时，他已经是威风凛凛的炮兵团长了。北平和平解放后，随着接管大员接管了北平城。后来，炮兵团长转业接管炮兵工厂，专门为抗美援朝战争中的志愿军制造炮弹。

东北是新中国的总装备部，而铁西区则成了制造业的重中之重。为了充实东北工业的领导和技术力量，董文杰的父亲到了五三厂当厂长。他文化不高，有着军人豪爽的性格。逢年过节，有经过工商业改造的资本家上门拜年，给董文杰和弟弟送压岁钱，甚至还将金贵的"万宝龙"金笔送给了董文杰的父亲。作为胜利者的董厂长没有当回事，而他与五三厂的党委书记又闹别扭。"三反"、"五反"运动席卷新中国每个角落，这是进城之后，领袖担心坐江山的年轻共产党人重蹈李自成的覆辙而发动的。运动狂飙般地荡涤每个执政者，厂党委书记挺身而出，揭发董厂长收受压岁钱和"万宝龙"金笔，立场不坚定。董"老虎"难逃一劫。

而这时，董厂长已经是沈阳市劳动局局长的人选，报批手续正在承办之中。

"老董，你是战争年代的功臣，认个错吧！"时任沈阳市市长焦若愚找他谈话，要他态度好点，做个检查。知耻者勇，知错者改了就是好同志嘛！

老子错在哪里了？这不过是礼尚往来，来而不往非礼也。董厂长自恃打江山之功，身上穿过许多枪眼，根本没有将焦市长的忠告放在眼里。这分明是煽阴风、告黑状，老子遭了小人的暗算，有人在老子背上捅刀子。

老董啊，你无可救药了。焦市长摇了摇头，重重地擂了一下桌子，

都什么时候了，你还在推三阻四！

　　焦若愚看董厂长拒绝反省，抵触领导给他台阶下，最终只好放弃，让他尝一尝在敌人的糖衣炮弹打击下毁灭的后果。

　　就在那天下午，沈阳市委宣布，打了一只大老虎，五三厂董厂长被拿下了，劳动改造两年。

　　一场劫难从天而降。当天晚上，身为厂劳资科副科长的母亲经不起这飞来的横祸，精神彻底崩溃，自杀而亡，扔下两岁的董文杰和仅有两个月大的弟弟。

　　转眼之间，董厂长家破人亡。他在劳改农场听到妻子自杀的消息，仰天长啸，那声音裂石穿空。

　　两年后，董文杰的父亲回来，被分到红旗农机厂。恢复党籍，当了一名小科长。之后，再婚，娶了一位助产士。继母对董文杰和弟弟视为己出，董文杰又有了一位妹妹，亲情融融。

　　然而，经历了一场炼狱之苦的老八路，确实被一波又一波的政治运动整怕了。他决不让儿女们再重蹈自己的命运和遭遇，对他们的前程甚至婚娶呵护备至，也多加干扰，意在让子女们平平安安地过一生。

　　因此，当董文杰试着将男朋友孙启辉带回家去见父母时，父亲的第一句话便是：他是什么家庭出身？

　　这一问将董文杰吓住了。

　　她不敢告诉父亲，男友孙启辉家是地主出身。他的父亲是国民党党员，二大伯曾经是国民党的一个将军。辽沈战役前，大伯当了国民党辽宁绥靖区的一名县长，沈阳解放后，大伯被流放到北大荒，大娘带着孩子无法跟着，只好痛心地与他离了婚。因为有一个逃到台湾去的二大伯，孙启辉家的日子并不好过。兄妹七个，包括姥爷、姥姥都住在一个单间里边，其拥挤之状可想而知。可是，女婿终有要见老泰山的一天啊！

　　当董文杰最终告诉父亲男朋友的家庭出身和复杂的社会关系时，父亲勃然大怒，我的女儿可是老八路的后代，咋能嫁给国民党接收大员和地主家的"孝子贤孙"啊？

　　爸爸对她的婚姻一票否决了。

人生无常。不只是董文杰，弟弟的爱情之苗也被霸道的爸爸一掌拍死了。

小弟不知道他们的生母自杀之谜，到了 20 世纪 70 年代，居然与当年整爸爸的五三厂党委书记的女儿谈上了恋爱。

爸爸一听就火了：你要敢娶他家的女儿进门，我就打断你的腿！

弟弟不解，说，爸爸为何不让我与她恋爱，她又不是你的敌人。

她的爸爸是我的敌人！董家老爷子一拍桌子，吼道，老子在战场上穿过多少个枪眼，都是正面迎上去的，不像他整人太阴，尽在后边捅黑刀子，逼得我家破人亡。

不会吧？弟弟说。

什么不会！你不要为他们保驾护航。小子，你知道吗？你才两个月大，我被他爸爸告得进劳改农场，你生母就在那天晚上自杀的，老董家家破人亡啊。

看着爸爸说得老泪纵横，弟弟扭头问姐姐，这些事是真的吗？

姐姐点点头说，那时我才两岁，这些事情都是后来继母说的。

也就在这一刻，董家弟弟觉得自己的爱情死亡了。他将背负着情殇走完有负于一个女子的一生。

那天过后，董文杰与孙启辉的爱情便进入地下，只能在中山公园里见面。她觉得一旦见光必然死，也不敢在爸爸面前再提起孙家的事情了。

爱与恨的故事，便在董家姐弟的血脉里流淌。

日子像筛糠一样，一天天地过去。董文杰与孙启辉谈了九年恋爱，不止一次地到工人村里的粮店，看过那位风风火火、成为劳模的未来婆婆，还有那位曾是国民党党员的未来公公。

可是，后来双方都不能再等了，便只好分手，各找各的另一半。然而，可能是对彼此的印象太深了，因此都照着彼此来找男女朋友，结果是高不成、低不就。

有一天，董文杰的表姐生孩子，而孙启辉的师母也生孩子。董文杰在医院的妇产科见到了孙启辉的师傅。

文杰，你过来。孙启辉的师傅向董文杰招了招手，结婚了吧？

没有，师傅。

名花有主了吗？

没有主啊！人家都嫌我是老姑娘，30岁了。

你不想知道启辉的事情吗？

想！董文杰问道，他结婚了吧！

还是光棍一条，师傅说，启辉念念不忘你啊。

真的吗？

当然是真的。他对我说，就喜欢文杰姐，她能让我安静下来。

听到此话，董文杰顿时感动得潸然泪下。

你们见见吧！

嗯！董文杰点点头，你告诉启辉老时间老地方，不见不散。

于是，这天黄昏，中山公园里的仲春之花开至荼蘼时，分离了几载的董文杰与孙启辉相见了，两人抱头而哭，说，走过千山万水，还是觉得你最合适我。

于是，当天晚上热吻后，两人就决定结婚。

回到家里，董文杰将结婚的想法告诉了继母。

继母说，这事好办，只要明天我将户口簿给你，你悄悄地领了结婚证，既成事实，你爸爸也拿你们没有办法了，最后只好认了。

谢谢妈妈！董文杰一直对这位继母充满感激。自从母亲死了之后，两岁的她和两个月大的弟弟都是这位继母一点点带大的，从来没有让他们受过半点儿委屈。

一切果如继母的安排实现了。

1980年8月24日，已经30岁的老姑娘董文杰与小他三岁的爱人孙启辉喜结良缘。那天，他们在工人村办了几桌菜，权且作为一对新人的请客婚宴。父亲看着女儿几乎成了大女、剩女，长叹一声，只好默认了这桩婚事。

梦想成真！一枕桃花梦将圆时，董文杰终于正大光明地嫁进了工人村。

那时，大姑姐在标准件厂，住在肇工街的小平房里。她帮着接了一个偏房给孙启辉和董文杰当新房，里边摆上煤炉和床，就再也放不下什么东西了。到了夏天，外边下大雨，里边就下小雨。在那里住了一两年后，他们住进了父母在工人村9栋211房间，48.78平方米的房子，从此有了一个温暖的小家。

然而，董文杰嫁进工人村，只享受了不到十年的时光，就发现天堂开始摇晃了。

1981年，儿子出生。那时，孙启辉给领导开车，公司老总说给他分配一套房子，是三楼，东西厢房。可是董文杰不愿意离开她从小就喜欢的工人村，决定不搬了。

仅仅过了不到十年的好日子，天堂沉没了。省二建公司越来越不景气，这时，已经在幼儿园当园长的董文杰也面临着下岗的命运。

## 3. 东湖集贸市场摆书摊的女劳模

杨玉兰今生今世的荣耀和幸福，似乎都提前消费了。

作为全国劳模，她从青岛纺织学院毕业后，与当年赴朝慰问团相识相爱的空军军医潘道才喜结良缘。

丈夫大她4岁，是江苏泗洪人，1947年入伍的老兵。新中国成立后，被送到军医大学读书，然后分到吉林柳河县的空军部队当了卫生队的大夫。

两人结婚后，一直过着牛郎织女的生活。杨玉兰在营口纺织厂上班，丈夫则在吉林，后来移防到沈阳工作。夫妇育下三女一男。那个年代，因为罩着"全国劳模"的光环，杨玉兰分到了和厂长一样大的房子，两室一厅，她将母亲请来和自己一起过。1961年，大女儿潘丽娟出生时，她一个月拿56元工资，而丈夫一个月76元，属于高薪家庭了。每月给双方的父母各寄20元，日子过得很宽裕。

1972年生下小儿子后，杨玉兰、潘道才夫妇膝下已有三女一男。沉重的家务和抚育孩子的重担，压在一个羸弱女人的肩上，让潘道才于心不忍。丈夫多次来信，让她随军，一家人团团圆圆在一起生活。要离开

生活了半辈子的营口第五纺织厂，举家迁徙到沈阳于洪区的空军场站，就意味她将褪去劳模光环，人生将黯然失色。

然而，对于一个家庭来说，正常的家庭生活于夫妇、于孩子都非常重要。尤其对于孩子，孩子们应该享有父爱与母爱啊！

走吧！杨玉兰终于下定决心随军，于洪区虽然是郊区，但也是在沈阳城下啊。

1972年，杨玉兰从营口第五纺织厂调到沈阳水泵厂。对于这样一位军嫂，又是响当当的全国劳模，从沈阳市工业局到总工会都十分重视，安排杨玉兰到沈阳水泵厂当了幼儿园园长。

那一年，杨玉兰已经37岁。她到水泵厂一看，幼儿园园长是个60岁的老头，一大堆孩子就挤在一个大屋子里，大小不分，哭闹成一片。

赶快分班吧。找来总务科，重新对幼儿园的屋子进行了砌隔，大班、中班和小班皆分出来了。半年下来，幼儿园治理得井然有序。

后来，工厂组织部觉得一位劳苦功高的全国劳模，又是轻纺学院毕业的大专生，放在幼儿园园长的位置上不妥，便将杨玉兰调到总务科，先当"庶务员"，后来当了福利员，工作相对轻松得多。

到了20世纪70年代末，丈夫潘道才从空军场站卫生队转业，到于洪区医院当了副院长，仍然是拿手术刀的外科主治大夫。

然而，上苍的赐予总是那般吝啬。杨玉兰与丈夫团聚的时光不到15年，一场灾难便降临这个家庭。

1989年5月，乍暖还寒。就在这个时候，丈夫突然患了阑尾炎，腹部隐隐作痛，杨玉兰劝丈夫做手术。

不必！潘道才摆摆手道，医道你不懂，就保守疗法吧，消炎后就会好的。

可是，疼痛了好几天后，潘道才的阑尾穿孔了，脓水流入腹腔，需要紧急做手术。

杨玉兰劝他，别在于洪区医院做，赶快转到市内医院吧。

玉兰，别大惊小怪的，这是小手术，我做过上千例，例例成功。潘道才对妻子说，就在于洪区医院做吧。

妻子不再坚持，毕竟丈夫是医生啊，他心里有底。

然而，事不凑巧，那天值班的大夫姓陶，是动物医生出身，经验并不丰富。而进行麻醉后，又出现麻药过敏，一个阑尾炎手术居然做了4个小时。严重渗血，后来失血过多，出现了贫血症，潘道才是B型血，医院的血库里又没有相同的血型，只好临时去找卖血的人。

血液输过一周后，潘道才感染了，浑身黄疸，变成了一个铜人。

赶快转院啊！杨玉兰哀求道。

可是医院院长不主张到外边治疗，说这样会影响于洪区医院的形象。

拖了一些日子，仍然不见好转。无可奈何之下，只好转院到了医科大学医院。治疗了一段时间后，黄疸状消除了，可是却传染了肝炎。

这是医疗事故啊！杨玉兰咽不下这口气。要去区卫生局和市卫生局反映，讨一个公道。

算了！算了。潘道才摇头道，得饶人处且饶人。你这样一闹，输血感染本来就是医疗事故，如果一旦成了铁证，陶医生就会降两级工资。而且医疗事故传开了，对于洪区医院有百害而无一利。再说，我的病也会慢慢好的。

潘道才息事宁人，却以生命作为了代价。不久，他患严重的肝腹水，浑身浮肿，只好送到东陵的肝病医院。最后肝衰竭而死，年仅57岁。

老潘，你死得好冤啊！杨玉兰呼天抢地的哭声，直冲云霄。悲恸过后，潘家的厄运和磨难从此拉开了帷幕。

大女儿1961年出生，在水泵厂的一个配件厂工作，属于大集体企业。二女儿1968年出生，1985年参加工作，也是水泵厂里的大集体工，收入并不高。二闺女进厂时，大女儿正在谈恋爱。

丈夫走后第三个年头，杨玉兰退休了。当时水泵厂的生产和经营形势开始有些严峻了，但还没有滑向低谷。作为全国57家主力厂家，当时他们还从外国引进水泵制造设备和技术。杨玉兰刚退休那年，还被返聘回去，到绘图室搞绘图，到沈阳理工大学去听课，跟年轻人一起学英语。咬不准国际音标，她就用中文记，那种不中不西的英语读出来就让人捧腹，可老师还是肯定了一位年近六旬的人"活到老，学到老"的境界。

　　然而，补差的工作很快由于经济形势急转直下而遭遇暴风雪，杨玉兰回家了。这时，在失去了丈夫不久，家里的另一位亲人又溘然逝去。1992 年的一个晚上，她的大姑爷，在他儿子刚刚出生四个月时，突然倒下了。

　　大姑爷刚去世一周，在金杯汽车厂做车工的二姑爷突然遭遇横祸，一根金属屑飞扬起来，直插到二姑爷的大腿上，当场便将大腿筋割断了，倒在血泊之中。一周内，两个姑爷一死一伤，一家四个女人，成天浸泡在泪水中，啜泣不止。

　　潘家的天空一夜之间坍塌了大半。厂里不少人也心生悲悯之情，觉得潘家这娘儿几个命真苦，三年之间，两死一伤。男人坚强的肩膀突然倾倒了，而一家的擎天之柱，唯有靠妈妈那羸弱的肩膀来支撑。

　　补差的工作结束了，杨玉兰最后一次从单位大门走出来时，恰好碰见水泵厂图书馆的熟人，说，杨师傅，我们那里有一些书和杂志要清理，你当破烂捡起卖了吧！

　　好啊！她知道图书馆的同事了解她家的困难和处境，连一丁点儿小事情也想着她呢。

　　那天傍晚，朝着丈夫留下的那套于洪区医院的家属楼走去，这里离东湖市场只有百米之远。只见一些小男孩围着一个摊子看小人书。杨玉兰突然有了一个念头：就在这里摆一个书摊吧，出租小画书和杂志。

　　第二天早晨起来，杨玉兰去了沈阳水泵厂图书馆，将那批处理的杂志和图书拉了回来，就在集贸市场的旁边，摆起了一个书摊，开始蹲在大门口租书和卖旧杂志、旧书。

　　突然跑出来一位老太太摆书摊，城管不依不饶。然而，杨玉兰也不多言，也不抗争，将自己当年的劳模证书和奖章放在书摊前，说了一句：大兄弟们，我这老太太也是被迫无奈，家里不幸遭遇飞来横祸，三年内死了两个至亲，大女儿下岗，大外孙嗷嗷待哺，二女儿也下岗，一家人的日子不好过了。还有两个上学的孩子，你说我咋办？只能摆个书摊，帮补他们一把啊！

　　老劳模摆书摊，一下子成了东湖市场的轰动性新闻，再者，他们家的际遇又这般悲惨。

城管沉默了，转身对同伴们说，走吧！这个老太太不容易，功高却甘愿做小生意。她头上罩了那么多光环，却做事这般低调，别惹她！

大娘，你摆吧！城管离开时抛下了一句话：以后我们再不管你啦！

谢谢！这叫我咋感谢你们啊！

谢你这些成了故纸和文物的劳模奖章、奖状吧！

……

杨玉兰终于有了一席之地，可以再创业。

说起这段往事，杨玉兰说，我这是给女儿们做个榜样。先蹚个路子。下岗没有什么可怕，再创业也能养活自己。

刚开始，一天就挣一元两元，后来多的时候，可以挣八元十元，一个月下来，也有二三百元的收入。在 20 世纪 90 年代中期，相当于普通工人一个月的收入了。

日子平淡无奇，却艰辛难熬。

已经退休的妈妈似乎有先见之明，她在为后来相继下岗的孩子们做一种示范。下岗并不可怕,可怕的是我们的心气没有了,什么也不想干了,就想等着国家来救济。

杨玉兰的书摊渐渐不景气了。市场周围的孩子们都长大了，人围得越来越少。再后来，她觉得要有新的发展和项目。思来想去，就做一台售货车吧，夏天卖冰糕，冬天卖水饺，烟卷糖茶也顺便搭着卖了。

这个创意好！博得全家的赞同，母亲也不能一天到晚就守一个书摊啊。

花了 2000 多元，杨玉兰买回了一台售货车，可以固定放在她家住的小区花园边上，毗邻一条马路，这样，冰糕、烟酒糖茶便可以一起出售。只是，自从有了这台固定的售货车，她的活动余地更少了。春夏秋冬，日出日落，夏天在大太阳下晒着，为的是挣那些买冰糕的孩子和喝啤酒、抽烟人的钱。而到了大冬天，北风呼啦啦地吹，吹得人的手脚都冻麻了。然而，老人还是伫立在风中、雪中，为的是能够给孩子们多挣几个钱。

于洪区与铁西区紧连在一起，有点唇亡齿寒的味道。20 世纪 90 年

代中后期，亚洲"金融风暴"登陆前后，一股国企倒闭潮，犹如多米诺骨牌效应一样，横扫沈阳和整个大东北。

潘家大姐和二姐刚过而立之年，便在这上养老、下养小的艰难时期，归入母亲的大军，开始了艰难的自救岁月。

1997年的一天，上班时间，大女儿潘丽娟和二女儿潘丽萍来看妈妈了，见她站在寒风中的售货车前，秋风瑟瑟，大风起兮，犹如风中的一支残烛。

母亲问，今天没有去上班？

再不会到工厂上班了。大女儿说。

母亲点点头，她知道孩子们迟早都会有这一天的。

全部减员。二女儿说，我和大姐全部买断，与工厂什么关系都没有了。

走！回家去。母亲早早关闭了售货车说，我给你们买肉包饺子吃。

两个女儿摇头说，妈，你就那点儿工资，还要管弟弟和妹妹呢。

妈妈笑着说，这个月挣得不少，快小一千块了。

两个女儿的眼前一亮。

晚上，饺子包好了，热气腾腾地端上来。母亲说，大丫头，二丫头，你们都有两只手，身体也比我好，下岗没有什么可怕的，老大找个钟点工做吧。老二孩子小，姑爷又有工伤，那就蒸馒头、花卷卖吧，苦点、累点，不会挣大钱，但也有小钱。

吃着妈妈做的水饺，两个女儿笑了。妈妈就是她们再就业的领路人啊！

# 第六章 | 炼狱门

## 1. 背运的魔咒形影相随

杨秀云的厄运与好运都从砌花池那天开始的。

沈阳冶炼厂倒闭前夕，杨秀云在总厂旗下一家电线厂做劳资工作。厂址已从铁西迁至大浦，总厂领导欲借铜冶炼的衍生产品，杀出一条血路来。

可是，杨秀云站在电线厂的办公楼前，唯见浮云翻卷，城郭遮掩，青山不现，她看不到冶炼厂的前途何在。一个月400元的工资，每月只能开一半，还经常开支不准时。电线厂搬出总厂后，基本上一天生产也没有搞过。眼看一个美好的愿望将成泡影。

那天上午，厂长让她带上几名工人搬砖砌花池。她觉得有点不算正事，不谋划生产来砌花池，本末倒置了。可闲着的人总得干活儿啊，何况厂长让她负责叫大家干。她躬身搬了七八块摞在一起的红砖，弯腰时突然闪了一下，她也没有在意，挣扎着将红砖搬了过去。接着，便开始扔砖，扔了一块，便听着"哗"的一声，她的脸顿时红到了脖子根，自己竟然尿裤子了，好生难堪啊！又不好意思与人讲，大浦离家也远，换裤子是不可能的，只好买了一块卫生巾垫起来。

到了中午，杨秀云觉得步履沉重，就像在腰间坠了一块铅一样，得扶着墙才能勉强工作，后来在撮泥时，一屁股坐下，再也没有爬起来。同事们将她送到沈阳市第八人民医院，被诊断为多发性腰椎脱落。

杨秀云此时唯有安心住院了。

她在住院期间，丈夫每天下午都来医院陪她，告诉她厂里的消息。每说一回，都让杨秀云失魂落魄。决定自己命运的政策下来了，女工45岁就可以提前退养了，给加2%的工资。

杨秀云听了，一咬牙说，病退吧，起码可以多得一些工资。

于是，1999年12月底，杨秀云办理了病退手续。

然而仅仅八个月后，沈阳冶炼厂正式宣布倒闭了。时间是2000年8月8日，堪称是铁西乃至大东北第一座擎天大厦轰隆一声倒地，其造成的震撼不亚于一场地震或海啸。

当时杨秀云的儿子正在读高中。她的娘家父母也是冶炼厂的老工人，姐弟三个，都是冶炼厂的工人，姐姐的婆家兄弟四个都在冶炼厂当工人。丈夫家则是哥儿四个都在冶炼厂上班。七大姑八大姨都在冶炼厂，抬头低头皆是亲戚，本来背靠大树好乘凉，可是这棵相依为命的大树轰然倒下，真不知逃往何方。

杨秀云在医院里躺不住了。回到家里小憩，寻思自己能够做点儿什么。有一天，工厂的同事陈普燕到她家，为她儿子收保险费，杨秀云问了一句，卖保险能挣到钱吗？

当然能挣到喽，就是辛苦一点。

我也想去。

正好有个机会，东湖市场九号楼搞保险培训。你去吧。

问好了时间、地点，第二天一大早，杨秀云的腰椎仍然强直，大病未愈，她让丈夫将自己抱上自行车，从铁西骑到于洪区的东湖市场。到了十字路口，遇到红灯，她不敢下来，因为一旦下了车，她便跨不上去了。骑了整整一个小时，终于骑到了东湖市场。见到陈普燕时，她哭了。

陈普燕不解，说，秀云，你哭啥啊？

杨秀云说，我下不了车啊！

这容易，我来帮你。

陈普燕将杨秀云抱下车。可是，杨秀云仍然泪水涟涟。

秀云，你今天咋整的？挺好的日子，这是新生活的开始啊，哭啥？

我无法开始新生活，那楼梯我爬不上去啊。

有电梯啊，不用你爬楼梯。

陈普燕这么一说，杨秀云才平静下来。

从那天开始，她便撑着没有完全愈合的腰椎，每天骑一个小时自行车，到东湖市场参加培训。一周后，便开始了她的卖保险生涯。仅半个月，竟签了1万元的保单。当时保费少，保险好，大单小单也容易签。到了保险涨价时，她签的这些保单水涨船高。有一个月，竟然三天三夜不睡觉，不梳洗不打扮，早出晚归地兑现保单。整天车上车下，一天挣好几千，平均一天可以挣2000多元。

晚上儿子下自习回来，看着妈妈大沓地数钞票时，感叹地说，要是天天这么挣，就好啦！

然而，幸运总是短暂的。任何事情都是一柄双刃剑。保险涨了，保费也跟着水涨船高。虽然起初杨秀云挣了不少，让她顺利度过了刚病退时的生活危机和恐慌，但是干到第三个年头时，她觉得自己的年龄无法与那些小年轻相比了。而且每天早晨要去点名，经常迟到早退便挨批评。干了三载，她便自动退出这个行业。可是人生最危机的那三年，她的小家安然闯过来了。

卖保险初战告捷，小家里有了不少积蓄，供儿子读书的钱不发愁了，杨秀云觉得自己很幸运。

之后，杨秀云投资了一个电视里介绍的投资项目，赚了一些钱。

但是，毫无疑问，两次挣钱经历，膨胀了杨秀云一夜之间致富的"赌徒"心态。

一天，电视上说，海南的一家公司在收购一种仙人掌，一斤可以卖到近百元。

这可是一个好项目啊！又一次投资了。

杨秀云带着家里的30多万元钱来到公公婆婆的老家，租了几十亩地，建起了种植仙人掌的大棚，希望到了仙人掌的收获季节，能赚上一大笔。

杨秀云一直管理得很红火，却因为夏天的一场冰雹，将她长得郁郁葱葱的仙人掌打成了斑斑点点，无法卖出去。

好说歹说，终于将种仙人掌公司驻沈阳的人找来收仙人掌了，因为仙人掌上面有痕迹，卖出后，除去工人的酬劳，一分钱也没挣到。

这件事情对杨秀云的打击甚大。

这时，丈夫刘学已经当了一个私人公司的总工，且收入不菲。

但是看到妻子在老家地里辛苦的劳作，刘学于心不忍了，便主动辞去公司的工作，来帮妻子照顾仙人掌。

刘学在乡下待了一个春季，眼见仙人掌长得这般好，就等着仙人掌公司来卖大价钱了。可是，第二年请那家公司来收时，他们早已逃之夭夭。

杨秀云过去挣的和借朋友的 30 多万元就这样打了水漂。

这个骗局让他们的小家庭欠债累累，催债的人不时来家等着，让杨秀云和刘学夫妇觉得好没面子。

欠债还钱，自古亦然，宁可卖房子也不能丢信誉。杨秀云与丈夫商量，我们家借亲戚朋友的钱，都是人家的血汗钱，不要因为我们种仙人掌亏了钱，而害了大家。

刘学点了点头，说，你说得对，我也是这么想的。

杨秀云道，要想还清亲戚朋友的钱，唯有将咱家艳粉街的房子卖了。

刘学一愣，那我们住到哪里去？

住我父母家，与我小弟住一起吧。杨秀云道，他受了工伤之后，媳妇也跑了。我父母已经去世了，没人管他，我们不去管，谁管他呢？

也好，起码我们一家三口还有个落脚之处。

只能这样了。杨秀云点了点头，在自己的小家最困难的时候，将与丈夫结婚不久分的房子卖掉，为的是归还借亲朋的钱。

签卖房协议那一刻，杨秀云号啕大哭说对不起丈夫，更对不起儿子，没有为你们准备一套宽敞的住房。

钱没有了，家里也一贫如洗。

那时，儿子正在中国传媒大学念研究生呢。一天，他们已经没有钱了，晚饭一直没有吃，儿子也已经两三天没好好儿吃饭了，等着妈妈的钱寄过去。给妈妈打电话时，不禁哭了。

都是妈妈不好，害得你交不了学费。对不起啊！

不怪妈妈，怪我没有能耐，不会自己挣学费。

那场灾难对于杨秀云的小家来说，无疑是毁灭性的。不久，他的丈夫觉得脊背有点痛，到医院一检查，人家怀疑刘学肺上长了恶性肿瘤。

不可能啊！刘学听到诊断后，激愤地说，我怎么能得这种病？

可是事实却不可改变。毕竟当年刘学在铅与铜冶炼车间待了多年，最后的诊断结果，白纸黑字地写着"肺癌"的字样。

屋漏偏逢连夜雨。厄运像浊浪一样，一个接一个地叠加过来。

丈夫得了癌症，却无钱可治。杨秀云四处找活儿，有一天大舅的女儿突然打来电话，询问她，最近可好？

一点儿也不好，大事不妙！杨秀云说，你姐夫得了癌症了。

天啊！手术做过了吧？

做过了，现在正在化疗。杨秀云说，可惜我们家没有钱给他买药，我也没有工作可做。

姐，你会刮大白吗？

会啊！其实一天也没有干过装修活的杨秀云只能说谎了。

那跟我去干吧。我在沈阳远郊找了一个活，可以挣点钱的，就是要刮大白。

我来！我会做。

太远，有 30 公里，你得买一台电动车骑着来啊。

杨秀云花 3000 元买了一辆电动车，骑着去了乡下。与大表妹会合后，她们那种骑车之法，到处闯红灯，足以让人惊心。

杨秀云紧追慢赶，也追不上表妹。到了一个下坡处，因为是第一次骑电动车，骑得太快，将车撞到了石头上，再也不能骑了，只好自己推着过去。表妹等她不耐烦了，见表姐来了后，尖刻地说，你咋这么笨啊？连个车也骑不好！

杨秀云涕泪涟涟，为了这个活自己花了 3000 元不说，第一天便将电动车摔坏了。得不偿失啊！

到了那里之后，大表妹才发现自己这个表姐根本不会刮大白，只好硬着头皮让她上了。

那天是粉刷屋子的顶部。因为做得不好，表妹将表姐骂了一顿，说，亏得你上过大学，连刷子都抬不平，白吃干饭，早知道我要你干啥？占了一份工资。

这一骂，令杨秀云心寒透了。都是表亲姐妹，一家人啊，过去工厂景况好的时候，大舅一家都是他们接济，而今连表妹都看不上自己了，说明自己真的被大体制养残废了。

干了三天，终于将房子刷白了，一天300元，三天挣了将近1000元，让杨秀云十分惬意。

刮大白装修的事情，也不是天天都有。更多的时候，杨秀云跟着表妹到劳动公园里站街找活儿。胸前或者脚下放一个牌子：刮大白。看到当年沈阳冶炼厂的熟人，她会立即躲起来。

一天，一家韩国公司装修北二马路的一套房子，通过朋友找来了。杨秀云觉得自己干不了，便提出与表妹一起去干活。

等装修下来，一连干了好些天，她才拿到500多元工钱，大部分都给了表妹。

"没办法，这个时代就是认钱不认人。"杨秀云苦涩地笑了笑。她已经看透了这个时代，"人不为己，天诛地灭。亲情也代替不了钱！"

与表妹相处，挨了不少骂，她已经习以为常了，为的是能够挣钱给丈夫买治疗癌症的药。

可是，治疗癌症的药也没有钱买了。

家里仅剩1万多元钱了。杨秀云从电视上看到一个老板，说可以做节能灯泡，但是组装元器件就要交8000元。丈夫性急，为了挣钱治疗癌症，只好一起上北京去考察，到昌平看了，花了1万多元入门，带了45套安装节能灯的元器件回到家里，与丈夫一起装。等将45套节能灯泡安装好，寄到北京时，那家人又说焊点不太好等，提出种种苛求，不收他们的货，眼看着1万多元又要打水漂了。

这可是刘学治疗癌症的救命钱啊！

听着杨秀云讲自己的故事，我的心情尤为沉重。她曾经成功过，但是后来却陷入一种魔咒的怪圈里。命运似乎一直让她在坐过山车，在领略了起初快速致富的成功后，一次种仙人掌事件，竟然像命运的魔掌一样，紧紧拽住了她的一家，使他们沉入成功与失败的轮转中。

听罢，更令人扼腕长叹。

## 2. 蜗居街头铁皮小屋梦想不灭

踏雪立门，二度再入老劳模杨玉兰的家采访，她那些故事和细节，就像天空的风雪与阴霾，雨雾与彩虹一样交织，听过后，令人五味杂陈，阴晴参半，心情异常沉重。

已经是下午3点多钟了，劳模小区杨玉兰家客厅里的光线暗淡下来，我想换一种环境谈谈。对杨玉兰老人说，杨阿姨，去看看你摆书摊的东湖市场吧。

好啊！杨玉兰说，我的售货车仍然停在于洪区的街边上，离东湖市场不远，我大闺女在经营呢。

出门登车，车轮碾着街道上的积雪西行，穿过几条街道，约莫行驶了十多分钟，便进入东湖集贸市场的一条小巷子，然后在两幢老旧的小区住宅楼前戛然停下。

杨玉兰率先跨出车门，指了指两楼之间一个小小的铁皮亭说，这就是我卖冰糕和烟酒的地方，现在转给我家大闺女经营着。

跟着老人踏雪而行，推开这狭窄的小铁皮屋，感觉像是一个农用车的车厢改装的。进门猫腰而入，是一个两平方米左右的空间。临街开了一个小小的窗子，靠东边摆了一个小小的售货柜，上边放着一些烟酒，有人徘徊于前买东西时，可以拉开窗子，递出一瓶酒、一包烟，然后再找钱。门后放着煤气炉子和脸盆、米面之类的东西，显然这又是做饭之地。

往左则是一个小小的空间，约莫4平方米大小，人若站直了，便会顶住铁皮屋的顶部。临街一边是一个大冰柜，上面放着一台12英寸的老式彩色电视机，而靠西一侧，则用一块布帘拉上了，我误以为是装衣装货之柜。

一位穿着羽绒服的女士坐在靠冰柜的一侧，招呼我们坐下。四个人

坐进去，膝盖相对，已经无法走路了。

这是我大闺女潘丽娟。杨阿姨介绍道。

你就是潘家大姐啊，你妈妈和二妹妹都讲过你的故事。我看过去，这位女士50岁上下，脸色红润，清纯的眼睛仍然有几分质朴和倔犟。然而，她身上的羽绒服像是好久没有洗过了，袖口和胸前有一摊污渍。当我想到对面这位蜗居街头铁皮小屋的女人，就是一位共和国军官的女儿时，让人不免心痛，神情戚戚。

1992年5月，对于潘丽娟来说，那是一个黑暗的日子。

儿子刚过了百日，仍然在襁褓之中，丈夫却在一次酗酒后轰然倒下，没有最后再看爱妻和爱子一眼，竟然撒手人寰，给这对母子留下了无尽的磨难。

就在同时，她家背后那棵大树也轰然倒下了。工厂减员下岗，一夜之间，遮风挡雨的大厦也随之倾倒。潘丽娟带着襁褓中四个月大的孩子，与公公婆婆住在了一起。那时，潘丽娟刚刚三十而立，带着孩子在那个退休工人之家待了五载。儿子6岁上幼儿园时，突然一天问妈妈，人家有爸爸，为什么我没有爸爸？

潘丽娟无言，沉默了好半天才告诉儿子：爸爸出差了，去了一个遥远的地方。

爸爸哪天回来？

再过一段时间吧。

1997年春天，一缕缕东风徐拂，东北大地从冻结中苏醒了。所有的欲望、梦想、希望、憧憬，都在春天的日子里孕育了，闭锁了五载的潘丽娟的心扉也张开了，认识了五三工厂的一位叫穆宝生的工人。

这时，穆宝生已经下岗，与前妻离了婚，好在他没有孩子。

改嫁就意味着要离开那个四处弥漫着前夫气息的小家。

潘丽娟向婆婆提出要搬出去住时，婆婆不解：为何要搬走？住在一起不是挺好的吗？

潘丽娟的理由很简单，这里离城市太远，孩子要上小学了，要给他选一个好学校。

如此理由,公公婆婆不能拒绝。然而,也埋下了一颗小家不和的种子。

等潘丽娟搬走之后,婆婆从旁人的窃窃私语中,得知儿媳已经有了新男友时,愤怒至极,认为儿媳这么做固然是为了孙子,更是为了自己。婆婆最终连户口簿都不给她们娘俩,以至于后来她申请城市低保、廉租房都没有资格。

当年搬出婆婆家,对于潘丽娟来说,无疑是一条荒芜之路。但是潘丽娟也觉得宽慰,她起码将儿子的爸爸找回来了。

她再婚了!与在金海岸做保安的穆宝生结为秦晋之好。

没有迈出婆家之前,潘丽娟所在的沈阳水泵厂已经举步维艰。而她工作的配件厂只是一个集体企业,第一批就倒下了。先是开支减半,后来一年能开支一两次就不错了。

2002 年,儿子穆翔 10 岁了,丈夫已经走了 10 载。她实现了离开婆家时的承诺,让儿子上最好的学校。读小学时,她在城里租房子住,让孩子读了沈阳最好的学校。那时她做钟点工,一天打五份钟点工,早晨 7 点至 9 点一家,10 点至 12 点一家,中午匆匆吃过午饭,下午再做三家,1 点至 5 点是一家,下午 5 点至 7 点一家,7 点至 9 点又是一家。早七晚九,中间只能休息两个小时,为的是让儿子上一所好小学、好中学。

一做钟点工就是四年。

等儿子穆翔小升初时,因为是电脑派位,派到的学校不好。儿子的成绩一直不错,不想在一座教学质量差的中学浑浑噩噩,因此要读上等的中学。可是,这种学校多为私立,其中最著名的是奉天中学,三年的学费要 1.2 万元,这对一位打钟点工的普通女工来说,不啻一笔天文数字。

然而为了儿子,为了自己的未来有个好归宿,潘丽娟决定让儿子读。最早的那一笔 1.2 万元学费是由各家凑的。然而母亲打那么多钟点工一个月也没有挣多少钱,而且每月光房租就要 400 元钱。她收入最多的就是下午 1 点至 5 点钟,一个月有 450 元的收入,其他时间只有 240 元。

而这时潘丽娟的母亲杨玉兰仍然在东湖市场的铁皮售货车,卖着烟酒雪糕。她的二妹早上卖包子,一家人艰难地讨生活。

儿子穆翔上了奉天中学,刚开始很珍惜,成绩一直在年级名列前茅,

可是到了初二后，突然迷上了网吧，学习成绩急剧下降。潘丽娟很失望，心情也特别沮丧。

过了春节后，儿子已经升初三了。看着妈妈的愁容，有一天，他突然开窍了，说，妈妈我想好好儿学了。

真的不再上网，想好好儿学？

儿子点点头，说，给我补课嘛。

那时潘丽娟和丈夫手头十分拮据，可是为了给儿子补课一分也不能少啊。

将动迁的房票卖掉吧？

卖掉房票就意味着我们将来没有住的地方啊！

走到哪山唱哪山的歌吧。穆宝生说，没有房子住，就租房吧，等我们挣了钱再买房子也不愁。一张房票能卖两万元哩，也是一笔不少的钱了。

潘丽娟点了点头，将丈夫的那张动迁房票卖了，拿到了两万元。

从那年元月份开始补课，到中考时，穆翔果然不负厚望，以 572 分的好成绩考上了沈阳市重点中学翔宇中学。

时光荏苒，不知不觉已是 2008 年，杨玉兰准备动迁到劳模楼里。那是沈阳市委特意为省市和全国劳模盖的一个劳模小区，每平方米 2000 元左右，杨玉兰要了一层一套 70 平方米的，购房款 16 万元。一家人要拿出 16 万元，对于一位靠摆地摊和售货厅卖烟酒的老劳模来说，她拿不出这笔巨款。思来想去，她决定将丈夫当年在于洪区医院买的这套 40 多平方米的单元房卖了。

房子卖给谁呢？她有一个想法，肥水不流外人田，最好是亲戚朋友家买走。

环顾四个孩子，就大女儿潘丽娟没有房子住，动迁的房票卖了后，一直在外边租房居住。可是，让一个一天打五份钟点工的女儿，拿出 16 万元巨款，无疑比登天还难。

儿媳妇对婆婆说，我有个主意，既可以解买劳模房的燃眉之急，也可让亲戚们受益。

杨玉兰问儿媳，什么主意？

儿媳说，我父母在乡下搞养殖、种植，做点小生意，挣了点钱，他们一直想到沈阳买房居住。这房子就卖给我父母吧！

杨玉兰先是一愣，继而又想想，儿媳拿的主意，还真让人无法推辞。

于是，两亲家一见面，于洪区东湖市场那套房子13万元卖给亲家母家了。杨玉兰将全部积蓄3万多元拿出来，加在一起，买下了劳模楼的那套房子。

就要离开东湖集贸市场了，凝望着那间相伴自己十载的铁皮售货亭，杨玉兰有些不舍。这里留下了一位老劳模晚年创业自救的生命痕迹，她熟悉小区每一位老人和孩子，甚至这里的每一位中年男人抽什么牌子的烟、喝什么档次的酒，孩子们喜欢吃什么样的冰糕，她都清清楚楚的。而且每个月也有1000多元钱的收入，弃之，实在可惜。

丽娟，你将这个铁皮售货亭子接下吧！一天，杨玉兰将大女儿叫到家里，说，你二妹现在不卖包子了，在客运段给动车做保洁，收入相对稳定，小妹是医生，唯有你可以接下它。

妈想让我在售货亭里卖东西？

对！杨玉兰点了点头说，虽然是小生意，可是细水长流啊。没有你当钟点工辛苦，一个月也可以挣个千儿八百的，不成问题。

潘丽娟说，好！那我就女承母业了。

可是，当潘丽娟跟当钟点工的家庭道别时，她每天下午1点至5点服务的那位住在空空荡荡别墅里的贵妇人不干了，说，我给你的钱最多，而且你也是我中意的。只要你不走，我让儿子给你加工钱。

潘丽娟心存感激，然而她去意已决。刚开始时，这位老妇人很挑剔，一会儿嫌她饭做得不可口，一会儿挑她卫生没有打扫干净，让她受了不少屈辱。她眼噙泪水，默默做好每一件事情，结果让老人无可挑剔，在她家里整整做了四载，突然离开了，这位老人反倒不适应了。后来，老人几天换一个钟点工，仍不满意。非常怀念潘丽娟。每到逢年过节，她就让司机给潘丽娟一家送来孩子们孝敬她的水果。还有别的做过钟点工的家庭，则给潘丽娟家送来米面。

那天傍晚，天气一直阴沉沉的，潘丽娟不停地给我们讲她人间底层

的故事。

两个小时里，我仔细观察有多少人来这个小售货亭里买东西。

我们坐下去约莫 20 分钟，一位老年妇女推门而入，说了几句话，显然是老顾客。后来，伸手从货架上买走了一瓶 10 元钱的白酒。

大约过了 30 分钟，一位保安走过来，买走一盒 6 元钱的香烟。

谈得正酣时，有人敲临街的小窗。又有一位过路的中年男子买了一包 10 元钱的香烟。

访谈进行了一个半小时，这个小小的售货亭有 5 位顾客光顾。

天色暗淡下来，采访的话题突然转到了这个小铁皮屋上。潘丽娟说，她与丈夫整整一个冬天都是在这个小铁皮屋里度过的。

沈阳城的冬天可是零下 25 摄氏度啊，你们在这个小屋里，如何取暖，睡在哪里啊？

潘丽娟"哗"地拉开小屋西边一个小方箱的帘子，只见一个男子睡在一个盒状的狭窄小箱里，这是我丈夫穆宝生，他昨天晚上上夜班。

天哪！你们晚上就住这样的地方，怎么度过沈阳的冬天啊？

这不是过来了吗？有这个小电暖气取暖。潘丽娟苦涩地一笑说，冷不怕，怕的是冬天出门上厕所。再就是一个冬天洗不上澡，身上都臭了。

一家人浪迹街头小铁屋的生活，听过之后，让人心中顿时涌起阵阵酸楚。

我问道，你为何不在附近小区租一套房子住呢？

租过啊！潘丽娟尴尬地说，我爸爸在于洪区医院分的那一套，卖给弟媳娘家后，我们租住了三年，一个月 700 元。

那后来怎么不住了？

弟媳娘家爸爸妈妈要入沈阳了，我们只好搬出来。

小铁皮屋里顿时一片沉默。我们不知道该说什么好了。

儿子呢？做什么了？他回来咋住？

在读大学啊！一提起儿子，潘丽娟的眼睛粲然一亮，说，儿子考上了辽宁装备制造学院了，学的是电子商务专业。如今是大四，马上就可以工作了。

儿子读书的学费也是你挣的？

是啊！我是他妈啊，我不给他挣，谁给他挣？潘丽娟说。

他也没有打打工，当当家教啊？我问。

打了一次，就在隔壁那家超市收银。干了一周，挣了 150 元钱吧。

呵呵！我真不知道该作如何评价。

潘丽娟说，儿子考上大学那天是她家最高兴的日子，特意找了一个小餐馆，请几个弟妹家来吃了饭。可是饭后之余，那上大学的 4500 元钱，曾经让她犯难了好一段时间，后来还是老妹帮忙凑齐的。

儿子一个月给多少生活费？

开始一周 100 元，一天不到 20 元钱，挺苦的。后来涨到了一周 120 元，现在一周 150 元了。

儿子一工作，你就有希望了。我安慰道，星期天节假日，他回这里住吗？

这里没有地方住啊，太委屈孩子了。潘丽娟答道，儿子说了，等他工作挣了钱，一定要给我们买一套房子。

好遥远的住房梦啊！我喟然长叹道，万一儿子不能帮你们买上房子呢？

那就不要家了。

潘丽娟的回答有点突兀，令我露出惊讶之色，因为无法在相近的价值体系里作出判断。

我早就想好了，买一台电动三轮车，让丈夫驾着，拉着我去旅游。走遍中国和世界，死在哪里，就埋在哪里吧。反正这就是我的命啊！

家在路上，爱在心里，有爱就有家，家就在那辆电动三轮车上。

我仿佛看到，斜阳之下，一辆电动三轮车朝着通天大道驶去，潘丽娟坐在丈夫穆宝生身后，浪迹天涯。好浪漫的梦想和情怀啊！

## 3. 浮生如尘北风吹

遍地秋阳，洒在东北大地上。浓浓的，有一种血沃苍山的暖色。车

子穿越抚顺时，总有上访之人占道，只好避让，行车路线一改再改，看得心情颇为沉重。

在抚顺周遭绕来转去，终于驶入老莫地沟的入口，仰首望天，太阳在天空的钟盘上已经转到上午 10 时的刻度了。车窗两侧，老莫地沟的地形，两山相拥，中间稍为宽敞，两头出口甚逼仄，远远看去，更像一个饺子、一条口袋，若两头出口一旦被命运绳索勒紧，人生似乎便走不出这块禁地了。

秋阳正浓，落在寒林空山之间。山谷中间经过改造的棚户区，高楼耸立，窗明几净，虽然有"水泥火柴盒"之称，无建筑特色，却与那两栋建于 20 世纪 50 年代的苏式四方流水的三层红砖楼交相辉映。不过，我此行虽说是来采访棚户区改造，然而是谈人的，谈一个人、一个家庭在新旧莫地沟的命运沉浮。

陈月站是新莫地社区管委会临时安排的采访对象。老人家里收拾得很干净，虽然屋里全是一些老旧家具，但是擦得锃亮，与整个环境并不协调。

我问老人家，你当过矿工吗？

我是西露天矿的啊。

呵呵！得来全不费工夫，一直想找一位下井矿工进行采访。

陈月站今年 61 岁，但是看相貌远比实际年龄要老得多，仿佛半辈子的黑煤灰浸染到他的脸庞上了，再也洗濯不尽。额头上年轮镶嵌了一世的沧桑。

其实，他在西露天矿是特殊工种，只干到 55 岁就退休了，他驾着电机车，把露天矿里的煤矸石拉出来，倒掉。日复一日，年复一年，往返于露天坑与山道之间。虽然是野外作业，活很辛苦，可是陈月站当年下过乡，感受和体验过农民那面朝黑土地、背朝蓝天、脚踩冰雪的艰苦，因此在西露天矿上再苦，陈月站也没有觉得比当年在乡下的知青生活苦，他在抚顺农村插队整整干了五年。1973 年才招工到了西露天矿。

父亲是老虎台地地道道的下井矿工，母亲在乡下，陈月站 13 岁那年，父亲回老家，将一家老小带到了"抚煤"，陈月站排行老二，他上有姐姐，下有弟妹四个。一家人蜗居在 24.48 平方米的地方，拥挤不堪。爸爸因患有严重的矽肺病，于 1966 年就去世了，留下寡母和一群孤儿，艰难度日。

陈月站一家，因为爸爸走得早，妈妈又是地道的家庭妇女，先有大姐工作，补贴家用，而陈月站下乡返城之后，由于是一线矿工，一个月可拿到 47 元，妻子是营业员，一个月就 30.06 元，后来涨了几次，才到了 36 元，他下面最小的弟弟刚上五年级，而两个妹妹下乡。

姐姐出嫁得早，但是却没有走出新旧莫地沟半步。姐夫原是陈月站的同班同学。

1978 年，陈月站与旧莫地沟一位叫王瑞玲的姑娘恋爱了，却没有房子结婚。

有一天姐夫提及此事，月站，妈说你与卖煤的王瑞玲处对象，啥时候将人家小王娶过门啊？

不知道啊。

啥话？你也老大不小了，该娶就娶，别拖了。

娶来将人家新媳妇贴到墙上啊？咱家就那 24 平方米的房，还是 50 年代的矿工窝棚留下来的。

盖吧！姐夫出了一个主意。

于是，就在自己家的前院，姐夫与陈月站一起捡破烂石头，脱坯，盖了一间比当年矿工地窝还要矮小的新房。人站在炕上，就可以顶到棚顶，冬天没有暖气，窗台上全是冰花。1980 年，儿子就在这样的冰窖里呱呱坠地，会在炕上爬的时候，有时一掉下炕来，就摔出门去了。

那时同事们就说，你怎么爬也爬不出去莫地沟，爬不出去是缘啊！

莫地沟每个人的命运，似乎就是一种恶性的循环。

1980 年，知青大返城，两个妹妹也都回来了，兄妹六个，大弟弟陈月明工作单位黄得最早。他当年分在抚煤集团麾下的集体企业，是一家建筑公司，处了个对象，也是他们八公司大集体工，两人结婚时，陈月站将自己搭建的小屋让给了大弟，自己住了煤棚。然而，下岗倒闭暴雪飞舞，首先吹倒的，就是这些大集体企业。

明月照山河，月光却泻不进陈月明那个蜗居之地，陈月明下乡回到

煤都后，就做了十几年的泥瓦工，这回，安得广厦千万间，却无泥瓦可做了。抱怨，憋气，足不出户地待了一个月，眼看下个月无米下锅了，赶快去找求生之道。

能干的活全都让人干了，两口子开始打零工。三天打鱼，两天晒网，有一天没一天的，这也不是活法啊！

有一次，夫妻俩在抚顺劳务市场伫立了一周，也没有找到活儿。

突然之间，看到了一个蹬三轮车的小贩拉着水果匆匆而过，妻子眼前一亮，拉着陈月明的手，走吧，月明，咱不打零工了。

不打零工，咱干啥？

去当小贩去。

卖啥？

蔬菜、水果什么的。

到哪里卖？

莫地沟！

拉倒吧。我一个大爷们儿，跟个娘儿们去莫地沟卖菜、卖水果，都是街坊邻居的，还不够丢人现眼的。

月明，我还有脸吗？从下岗那天起，我就将脸皮撕下来，装在衣兜里了，为了孩子，为了生计，我们得干啊！妻子悲怆地说。

我不干！

这不偷不抢的，你为何不干？不干这个，你又能干什么？

这一问，将陈月明问住了。

揶揄半天，夫妻俩依旧谁也说服不了谁。可是那天站了整整一天，仍然找不到一个零工可做。傍晚时分，夫妻踏着苍山斜阳而归，走进莫地沟沟口，落日的余晖将两个人的影子拉得长长的，东边的月亮也升起来了。明月不曾照楼头，却照着那低矮的棚户。

枉为血性男儿啊！陈月明身心疲惫，步履沉重，心中却一片自责，不能给妻子一片遮风挡雨的屋檐，不能给孩子一件避寒暖身的轻裘，还有什么资格奢谈男儿颜面。

陈月明心里一阵酸楚，这个女人自嫁了自己之后，没有过一天好日子，他突然变得柔情起来，他扯了一扯妻子的衣袖，说，明天咱们去进蔬菜和水果吧。

月明，你想通了？

嗯！陈月明点了点头，望着东边山冈上刚刚升起的明月，努力不让自己的眼泪掉下来。

当天晚上，陈月明回到家中，向大姐大哥借了点钱做本，第二天到商店里买了一辆三轮车，便开始了做小本生意的营生。

夫妇俩在新莫地沟摆了一个菜摊。刚开始他们进了不少精致上好的蔬菜和水果，可是摆了许多天，被太阳晒瘪了，皱巴、枯萎了，仍旧卖不出去。

咋整的！弄点好的来，居然卖不动了。陈月明自言自语。

我明白了。

你明白什么了？

精菜，街坊邻居们买不起啊！妻子道，他们要的是大路货。

每天一大早，便去抚顺城里的批发市场去进货，无论冰天雪地，还是烈日炎炎，一天也没有缺过。购买力本来就差，而且卖菜和水果的也不止一家，生意不太好，经营惨淡，但是总有小钱进账，维持一个小家的生计，艰难度日。

大弟一家算是稳定下来了。当陈月站长嘘了一口气之后，35 岁那年，他下岗了。

你不是在西露天煤矿吗？咋也会下岗？

抚顺的煤挖完了。陈月站说，大东北沃野千里，天赐之地，光"煤都"就好几个，抚顺、阜新和鸡西等煤矿，支撑新中国煤矿工业的半壁江山。但是金山银山黑金子山，也禁不住年复一年愚公移山地挖啊！

没有煤了。负责拉煤矸石的电车司机陈月站就得下岗，暂时待在家。

可是他有一双男儿之手啊，还得去养活妻子、儿女和老母亲。

陈月站多方找人，终于在"抚煤"二公司养鸡厂找了一份活干，一天收入只有 2.5 元，他记得很清楚，这个日子是 1988 年的一天。

35 岁的大哥人到中年下岗了，可是他的老弟陈月立，生于 1963 年，

3岁时父亲就走了，初中毕业分配，进了"抚煤"的一个集体企业，没有上几年班，就下岗了。那时整个"抚煤"都经营惨淡，人满为患，一个初中毕业生自然很难找到工作，也难以找到媳妇。

十年对一部大历史而言，仅仅是弹指一挥间，这期间北风劲吹，陈月站这个家庭就像尘世的一粒尘土一样，命运的烟泡儿不知要将他们裹挟至何方？

到了1998年，整个大东北的国企陷入一片凋敝之中，风雨飘摇，举步维艰。

在这种时代和人生的艰难时刻，陈家却被命运卷入了谷底。

先是73岁的母亲患脑出血住院。而与母亲相依为命的小弟，一直与母亲住在老房子。眼见老人躺倒了，而他所在的那个大集体单位，已经八个月不开支了，母亲是家庭妇女，没有收入来源，到哪里去找救命的钱啊。踱步斗室之中，束手无策，找哥哥姐姐，一个比一个艰难，谁此时也都难以站出来，撑起家庭的天空。

陈月立像一只困兽，蛰伏于棚户区老屋里。枉为男人，取名月立，自己却难立天地之间，这时候，他才知道什么叫一文钱难倒英雄汉，何况他所需要的远远不止一文钱啊！急火攻心，血涌脑际，他猝死了。时年35岁。

一边小弟病死家中，一边老母躺在医院里。

命运之环像魔咒一样，一环连一环地罩在了陈家头顶上。

陈月站从医院出来，逝者已矣，无力挽回，现在唯一的是救老母亲。

借钱！出了医院大门口，脑际浮升的就这两个字。可是他的兄弟姐妹却无一人可以借到钱。只有再找媳妇了！一进家门，他就对媳妇说，你到大姐家去一下吧，找孩子他大姨再借点钱，救老娘的命要紧。

媳妇的娘家是新莫地沟的，大姐嫁进城去了，在新屯住，条件也不是很好，但一直没有下岗，手里多少有点积蓄，陈家手头一紧，总是找大姐帮忙。

虽然都是穷亲戚，可大姐和大姐夫生就东北人的古道热肠，凡妹妹这边拮据，他们都会出手相援。

媳妇匆匆赶进城去了。这晚上回来时，从大姐家借了 7500 元。

陈月站舒了一口气，治好老娘的病有望了。

随后是处理小弟的善后，又花去了 3000 元。

花就花吧，借就借吧。亲情无限，这个物欲横流的时代，唯有亲情还能维系和靠得住了。

母亲躺在医院的病榻上，身体一天天康复了，总不见老儿子来看她，急了对陈月站和大妹说，送我回家，回老莫地沟去，我要陪着月立。

陈月站不敢告诉母亲，月立已经随月缺而去。

不敢将老人接回家去，只好送到小妹那里去住，一个月过去了，可是老母亲看不见老儿子，成天嚷着要回家去，回莫地沟去。

眼看瞒不住了，但还是不敢告诉母亲真相，只说老儿子找了一份工作，到很远的地方去工作，收入不少。

然而病还是加重了，那种母子之感的信息传递，让她有一个预感，她的老儿子不在了。

你们骗我！老母亲指着大儿子陈月站说，月立一定是不在了，去了一个很远的地方，等我死了再去找他吧。

全家人沉默，母亲呜呜地在哭。

她的脑出血又加重了……

浮生如梦亦如尘。就像一粒雪尘一样，北风一吹，生命之尘就会烟消云散。

## 4. 日暮乡关何处是

采访董文杰、李金凤时，她们说，作家，你是当兵的，有一位朝鲜战场上下来的老兵可以谈谈。

我问他叫什么名字，是哪个工厂的。

叫梁友啊，是沈阳电工机械厂的老工人。

那就约请他吧。我暂时搁下手中的笔，请李金凤阿姨联系梁友，他们现在住邻居。

那天在李金凤家里，听完她的美男子金发丈夫一曲高歌之后，梁友老人蹒跚而来。老人个子不高，肤色黧黑，仍旧蓄着老兵的板寸头，只是眼神和反应都有些木讷，长期的底层生活，将他扭曲得有点卑怯。

我连忙拉他在身边坐下，一阵嘘寒问暖，套近乎。也许因为有过当兵的历史，不论熟悉还是陌生，只要一谈起战争，便找到感情的纽带了。

梁友，广东顺德人，几十年乡音未改，给我讲16岁当兵的历史时，眼前顿时一亮，一位老兵的精气神又招回来了。

他一生命运多舛。6岁时父母双亡，与一个光棍汉老叔过日子，蜷缩在一间草房里，开始沿街乞讨。有一天被老叔卖给了一位梁姓的人家，取名梁友，但是梁家对这个买来的儿子并不好。9岁的时候，他便悄然离开了梁家，到了一位周姓人家当童工，放鸭子，混一口饭吃。

广东解放了，梁友不到16岁。恰好解放军征兵，无家可归，无亲人可依的他投奔了军队，成了广东省军区独立团的一名战士，到南海守岛。一年过后，换防到了深圳，在黄田渔港村守一个牌坊，实则是控制粤港之间的进出港人员。

1953年3月5日，斯大林去世了。这本来与梁友没有任何关系，可是就在那个日子里，他与军区独立团战友突然接到一纸命令，奉命北上，赴朝实施警卫任务。

那时的朝鲜战争已将近尾声，可是依然停停打打，打打停停。美中双方都在为最后的停战协议签订而展开最后一搏，将在谈判桌上得不到的东西在战场上得到，因此从苏联进口的大量喀秋莎火箭炮被运往了朝鲜上甘岭地区。

梁友此时跟着部队踏雪过江，就是为了警卫上甘岭一线的喀秋莎火箭炮，保卫上甘岭的运输线。

然而，梁友所在的独立团还是赶了一个晚集。兵不血刃，士未开枪，战争便结束了。4个多月后，1953年的7月27日，中朝美三方在板门店签下了停战协议。

苏联的喀秋莎最终没有派上用场，梁友也未参加上朝鲜战场的最后一战，留下许多遗憾。停战之后，志愿军便留在朝鲜，帮助当地老百姓重建家园。

1954 年，大批中国志愿军部队返回祖国。英雄归来，到处簇拥的是鲜花和笑脸，梁友觉得很遗憾。作为一名军人，轮到自己上战场了，却轮不到打上一仗。

此渡鸭绿无功高，莫道英雄不凯旋。

凯旋且不说了，荣誉归于全体志愿军将士，梁友上了朝鲜战场，也是志愿军一员，是那个时代最可爱的人。

轮不上打仗，却步枪换炮。部队撤至吉林后，接收了苏军留下的高射炮，移防至旅顺口驻扎。

接下来是人民军队历史上一次正规化的建军高潮。三军授衔，众将帅站到国家的最高殿堂上接受了毛泽东的授衔。

也就在这不久，年轻的共和国实行义务兵制，大多战争年代入伍的老兵退役。

大多数老兵退役后都回到家里，可梁友不知自己的家在何处。日暮炊烟深处，哪里才是他的乡关。

哪里埋了亲人，哪里就是你的故乡。可是梁友在遥远的岭南，一个亲人也没有了。

1000 多名志愿军老兵要支持东北重装备制造基地建设。

战友们劝他道，梁友，留在东北吧，回广东你已经举目无亲了，在东北，老战友就是你的亲人啊。

岭南遥迢。当年唐代大文学家韩愈流放岭南，便"一封朝奏九重天，夕贬潮州路八千"。岭南与东北当年都是朝廷的流放之地，可是如今的大东北，已经是新中国大型制造工业的摇篮和基地了。

好！我只有战友最亲了。梁友点点头。

梁友与那些退役老兵留在了东北。当时有 1000 多人，分别留在丹东、沈阳、抚顺、大连四地。梁友文化太低，大字不识几个。本来要进沈阳变压器厂的，文化过不了关，被分到电工机械厂当工人，可是仍然给他们授予了"预备役"军人的头衔，随时准备上战场。

再也听不见起床的军号声了，再也没有早出操"一、二、一"的队

列喊声,可是梁友还在等着打仗。

然而,战争的硝烟远逝,人生活在和平的屋檐之下。25 岁了,梁友仍然形单影只,茕茕孑立。

工段长说,梁老兵,该找个老婆了。

梁友说,我还等着打仗呢,万一找了婆娘,在战场上壮烈了,不是坑了人家吗?

工段长窃笑,梁友说想打仗,其实是没有对象,城里和厂里的看不上他。他那老广话,别人听不懂。

工段长一语道破天机。

梁友拍手称道,工段长说得对,沈阳城里的女人滑,嫌我不会说话,我也侍候不了。

呵呵!车间里一片狂笑。

别笑话人家嘛。车间工会主席认真地说,城里的姑娘不愿意跟他,就帮他找一个乡下的姑娘。

此话正中我意。梁友说,东北乡下的姑娘不会瞧不起我没有文化。

果然,厂里的人帮助撮合,从沈阳郊县的农村,帮梁友找了一个妻子。

1959 年,老兵梁友结婚了。电工机械厂给他在兴顺街分了一间过去日本人的劳工房,他也不嫌旧,也不觉得矮,总算有个温馨的小家了。有女人为他洗衣做饭,他很满足。1962 年,大姑娘出生了,一个孤儿享有了天伦之乐。

后来,又得一女一子。

梁友觉得此生最成功的事情,就是娶了一个东北乡下的老婆。她一生都没有一个好工作,她与他同甘共苦,开始几年一直是梁友养着,那时他一个月七八十元的工资,不养老,只养小,日子也还过得去。到了"文革"年代,突然有一天发布了伟大领袖的最新指示:我们城里人也有一双手,不在城里吃闲饭。梁友的老婆响应毛主席号召,去做了临时工,先在电工机械厂仓库搬东西,与一帮大老爷们儿一起扛活,非常辛苦。好在她从小在农村长大,也挺下来了。后来分到了饮食行业,在和平区食品公司干了几年,20 世纪 80 年代改革浪潮涌起,最早冲击的就是大集体的饮食行业。

老婆大集体的工作黄了，回到家继续做家庭妇女。

回家好，东北人不是喜欢老婆孩子热炕头嘛，老婆这一回家，我下班又有热饭吃了。

瞧你这出息。

这辈子就是这出息啦，小富即安，比我少年当孤儿，那简直就是天堂的日子了。

梁友一家果然进了天堂工人村里。

这时，因为工人村腾出了一些房子，梁友一家从住了 15 年的日本人留下来的劳工房搬了出来。

进入天堂工人村，住进了一套 48.8 平方米的大房子，可是天堂村的快乐却很短暂，也很残酷。

1988 年的一天，一向身体甚好的老伴忽然说，头晕头疼，成天昏沉沉的，有时头痛欲裂，就想去撞墙。

梁友不敢怠慢，连忙带着老婆到沈阳大医院检查。结果吓了他和家人一跳：妻子患的是脑癌晚期。

那一天，就像太阳黑子爆炸一样，对于梁友来说，是最黑暗的一天。

妻子准备做手术。

临上手术台前，她将梁友叫到病榻前，攥着他的手，亲切地呼喊着他的绰号：老广东，今生嫁你，是我最幸福的事情。你口虽木讷，话也不多，可是你才是心里燃着一团火的男人。我不知道还下不下得了手术台。如果我真的走了，我已经交代村里的表姐了，再给你踅摸一个。

梁友摇头，今生我就守你了。天下的女人唯有你这个东北婆娘对我最好。

妻子眼泪"刷"地流了出来，说，我走了后，得有一个女人给你做饭洗衣啊。

不要！梁友摇头道，大闺女、二闺女会帮我做饭洗衣的。

可她们总有出嫁的时候啊。

那我就守着老儿子过。

梁友拒绝了妻子的安排，帮她拭去了眼角的泪水。

妻子点点头，又摇了摇头，说，今生今世，我唯一的心愿未了，就是跟你去广东顺德老家，在公公婆婆的坟上磕个头，告诉他们二老，梁友娶了我，有人照顾，这一生是幸福啊！

傻女人啊，我都不知道他们埋在哪里了，你和孩子们就是我最亲的人，今生，我老梁满足了。记住，你要挺着活下来，孩子们需要妈，我这个老广东需要东北婆娘。

妻子微笑着点了点头，然而从手术台上下来后，她只挺了 40 天，便溘然离去。

梁家小家庭的天空突然坍塌了。

那天采访时，说到自己的女人患脑癌之死，梁友老人那麻木的脸庞上，突然老泪纵横。

东北乡下的女人好啊！梁友不善于言语，却用他那乡音未改的广东话说道。她的一颗心如同一盆火一样，遇有风雨的时候，她替你遮风挡雨，要是有一天天塌了，她会与你一起撑着……

老婆走了五年后，梁友于 1994 年退休了。大女儿和二女儿原来都在电工机械厂下属一个 200 多人的大集体厂子里上班，后来厂子黄了。大女儿过去在厂子里是电焊工，去做了临时工，干的仍然是电焊，一个月能拿 800 元。二女儿命好，嫁的丈夫是煤气公司的，将她转了过去，日子过得还算好。小儿子梁海军从技校毕业后，考入机床一厂，媳妇在家乐福超市工作，孙女今年 17 岁了，在读高三。

梁友与小儿子一起生活，因为他是志愿军老兵，一个月的退休工资 2900 元，唯一觉得痛惜的是小儿子太辛苦了，在机床一厂的辽中铸造厂上班，每天来回两个小时在上班的列车上，早晚到家都是"两头黑"。

工人村动迁了。梁友原来住的房子 48.8 平方米，要搬迁的房子面积 62.3 平方米，多出来的是 2200 元一平方米，需要再交 3 万元，他的工资拿得出来，好日子就在前头，可梁友觉得遗憾的是自己的东北婆娘没有享受上。

不过他却记住老婆交代的话，1999 年，跟一位战友回到了广东顺德，寻找了不少村落，乡音未改，6岁记忆中的故乡早已物是人非，当年老屋的茅草房被日本飞机炸飞了，他究竟出生于哪个乡哪个村，都不知道，跟着战友寻找了20多天，却不知道家在何处。

日暮乡关何处是？梁友悻然而归，一抔忠骨唯有埋在东北大地了。

# 山河入梦：柳条边墙

我在一代江南才子杨宾写的清代关外边疆史《柳边纪略》中，看到了这样一幕。

已经到了上早朝的时间了。

15岁的少年康熙坐在太和殿的龙椅上，龙眸瞳瞳，注视大殿外边的夜空。此时，东方将晓，可是紫禁城反倒更黑了。一片夜色，如潮水一样没有退却的迹象，淹没了殿堂。他嗅了嗅龙袍的马蹄袖口，仍携着皇后赫舍里的体香和脂粉香，温柔之乡，鲜嫩胴体，在征服了权力之后，再融入女人的怀里，那生涩、那香气、那滋味，着实令玄烨有点迷醉。

真想踢一脚狗屁的太监，这么温柔的时刻，竟然被叫起来上朝。

然而，康熙一坐在龙椅上，立即英气慑人，那种贪恋女人怀抱的慵懒之气一扫而光。权力的春药，远远比被女人浸润更能让少年英主雄起。

14岁智擒鳌拜之前，康熙谨遵太皇太后博尔济吉特氏·布木布泰下的指导棋，先娶四大顾命大臣首辅索尼的孙女为皇后，又封另一位辅政大臣遏必隆家的女儿为妃，其实是一场政治婚姻秀，意在收买两个顾命大臣，与自己一条心，好收拾骄横一世、不肯还政的鳌拜。

智擒鳌拜，将其革职拘禁，这成为少年英主登基后一大英雄之举。

现在他的龙瞳开始投向遥远的地方，三藩。这也是帝国的心头之患。只是他的羽翼还不够丰满，再积蓄力量吧，过几年再与吴三桂掰手腕。

站在殿堂上的群臣都在向他山呼万岁。

首辅大臣索尼站出来了。说辽东府有奏本上来，要请皇上定夺。

爱卿请奏。少年皇帝面对自己皇后的爷爷，仍然是从容不迫，帝尊臣卑。

首辅向前奏道，当年世祖爷下旨，颁布《辽东招民开垦条例》，这事情的来龙去脉，不知皇上知否？

玄烨说，朕听帝师提及过此事。

当年奉天府尹张尚贤看到我大清，自从迁都北京，入关执政，带走了90万八旗子弟和子民，原本地广人稀的东北，十室九空，沃野荒芜，连豪门王公之族亦门可罗雀，唯有盛京等一些大的城镇方可以看到往昔的繁华和人气，便给顺治皇帝上了一道折子，称："盛京形势，黄沙满目，一望荒凉，倘有奸贼暴发，海寇突至，猝不及防，此外患之可虑者。以内而言，合河东河西腹里观之，荒城废堡，败瓦颓垣，沃野千里，有土无人，全无可恃，此内患之甚。"

世祖爷看了张尚贤的折子后，沉吟片刻，问堂上群臣，众爱卿有何高见。

那时，卑职与鳌拜等几位大臣、大学士书房听差遣，商议道，关外乃龙兴之地，田园将荒兮，并非上策。须从关内招人去开荒。世祖爷在殿上准奏，向天下发布诏书，颁布《辽东招民开垦条例》。

是啊！此诏书颁布刚刚15载，天下皆安，大清龙兴之地安居乐业，现在又怎么了？

奉天府尹又上奏本了，说当年顺治帝诏书一下，带多少人去，可以授官爵。山海关大门洞开，汉人闻风而动，山东、河北、河南的黎民百姓，跟着乡绅或见过世面之人，或从山东半岛往北，或从山海关往东，山一程、水一程地赶往关东，辽宁府尹也分给百姓耕地、种子和口粮，一时间涌进了成千上万人，有不少招募平民迁徙有功者，还授了官衔。15年间川流不息，见哪片地好，就落脚垦荒，见哪片林子茂密，便找个空房住下。如一条大江大河，涌向关外。

康熙皇帝说，这不是好事吗？百姓安居乐业，祖宗之地烟火也旺了。

皇上，兴亦此策，衰亦此策，此乃一柄双刃剑。

此话怎讲？

一则是龙兴之地人气旺了，一则是林莽被毁，人参、东珠、貂皮从

长白山、松花江滚滚运来，现在汉地的房屋已经出现在宁古塔、齐齐哈尔、法哈特等满洲兴盛之地啊。

哦！仅仅15年，事态已经如此严峻了。康熙虽然此时不过16岁，但完全可以决断天下之事：众爱卿对此有何高见，大学士书房拿出何种对策？

就一字：禁！

好！康熙轻拍龙椅，御口一张，关外乃祖宗肇迹兴王之所，岂能容流民践踏，山参、貂皮之类，乃我大清之珍，岂能让流民在祖地上肆意攫取？如此下去，不但山参、东珠之珍之利尽失，而且会危及国本和龙脉。遂诏告天下，柳条边墙之外，汉人不得再越进半步。

于是，1668年，康熙七年，大清帝国再度下诏，颁布《辽东招民授官永著停止令》。

风尘卷起，驿道快马将诏书发往全国。从放到禁，这招民开垦的政策也只实施了15年。于是，柳条边墙也在禁迁与禁垦之中，画出了一道红线。可柳条边墙并非康熙帝的创造，发明者是他的爷爷皇太极。

柳条边墙有新老之分。老柳边建于清廷入主中原之前。皇太极建都盛京之后，大兴皇宫，满洲贵胄赐予封地，在辽河平原上兴建庄园。为了维护这块贵族特权领地，谕令修筑障塞。它不像明代辽东边墙那有土墙、石墙，固若长城，而是"插柳结绳，以定内外"。

天启元年（1621）清军占领辽河以东70多个城堡之后，明朝将领毛文龙不时袭击镇江、瑷阳、宽甸一带，严重威胁着清朝的后方。为解除后顾之忧，皇太极借口镇江城等边塞重镇的守将与明军潜通，于是，派遣3000多八旗官兵，将沿海、沿江一带的居民，统统驱赶到岫岩、青苔峪、萨尔浒等内地，实行"定边"。规定从鸭绿江口以西的窟窿山，经十字街、背影寺，北至凤凰城边门以东，大约100里宽的地带，划为"禁区"，设卡防守，插柳结绳为界。皇太极与大明王朝展开了拉锯战。修筑这段柳条边墙，目的是为了防御明军的偷袭。

柳条边墙类似今天朝韩三八军事分界线，只不过不是用铁丝网所围，而是以柳树圈界。它起于开原的威远堡，南至丹东的凤城，再折向西南，最后抵达山海关，全长 900 公里。当初的柳条边，是为了与大明帝国划边界而为。

杨宾《柳边纪略》对于柳条边作出如下描述："自古边塞种榆，故曰榆塞。今辽东皆插柳条为边，高者三四尺，低者一二尺，若中土（中原）之竹篱，而掘壕于其外，人呼为柳条边，又曰条子边。"

而少年英主康熙为挡流民所修的，则为新柳边。

新柳边长 690 公里，零公里仍起于威远堡，沿东北走向至吉林市的北法特、梨树、伊通、长春、九台，直抵舒兰县法特乡的松花江边。

柳条边培土为堤，堆成三尺高三尺厚的土堤，堤上每隔五尺种三棵柳树，中间用绳子连接，柳堤内外各挖深八尺的壕沟，引水入内作为护墙河。边墙内有旗兵戍守、巡逻。当时柳条边共设 21 个边门，每座边门各设五品防御 1 员、笔帖式 1 员、八旗兵 20 员，负责边门守卫、开关和对出入者的稽查。边门间隔区段又设边台，由领催率台丁担任查边、巡逻、补栅、修壕等杂役。无清廷颁发的准入证，一律不得入内。而康熙皇帝建的新柳条边墙，建成于康熙二十年，历时 13 年之久，其目的就是为了挡住关内流民进入禁地。

夜读《柳边纪略》，那一幅幅已经远去的风情画卷，就像贴在门窗上东北的民俗画和年画，奔来视野。然而掩卷之余，让我扼腕长叹的却是那第一代开拓东北人的悲怆命运，他们不仅给大清蛮荒之地带来文明的薪火，也在雪国原野上画下了一代知识分子的命运轨迹。那些充军宁古塔的流人，犹如俄国的十二月党人流放西伯利亚一样，将精神的傲然、执著、鲜血，染红了东北的天空。特别是随着一批批垦荒者的到来，关东大地的血脉，不仅奔突着大清满洲的尚武之魂，也傲然江南文人的铮铮铁骨，更融入了齐鲁、燕赵乃至中原百姓的质朴、厚道和吃苦。作者望江南今不能归的乡愁和诗意，也让尽是冰雪的大荒，有了一抹生命的暖意。我由柳条边墙，进而对作者杨宾产生敬意。

《柳边纪略》作者这样给自己署名：山阴耕夫杨宾。

在明清两代，山阴指的是今日之浙江绍兴，它曾以文人的傲骨和锦绣文章辉耀几个世纪的星空。

　　1650年，杨宾生于浙江绍兴一个读书世家，其父杨越，为明末诸生。清兵攻入江南之后，杨越与海上郑成功暗通消息，准备策应反清。康熙元年，事情败露，多人被杀头。杨越捡回一命，却被流放宁古塔，永不准回原籍，年轻美丽的妻子范氏，也是一位大世家之女出身，毅然抛下四个孩子——13岁的杨宾，5岁的杨宝，还有两个尚在襁褓中的女儿，陪丈夫一起流放宁古塔，就像当年十二月党人的妻子一样，明知跟丈夫流放西伯利亚，前方就是死亡之旅，仍然登上了雪橇。父亲被戴上木枷上路时，对13岁的杨宾抛下一句话：永不应举，以表示对清人政权的最后决绝。四个成为弃儿的孩子都被叔父杨懋经接到上海崇明镇的家中抚养。八年后，叔父病故，杨宾与弟妹才又回到山阴老家。康熙十四年，杨宾成婚并留住于苏州，此时已经是一位饮誉江南的才子、学者，可他谨遵父命，终生不应试，以保持与这个政权的距离。

　　然而，这毕竟是中国传统文化浸泡成长的学子，流淌在血脉之中的是千古不泯的仁义礼智信。多年来，杨宾肩负照顾弟、妹及老祖母的重担，心中却无时无刻不在思念着远在苦寒之地的父母。康熙二十八年春，康熙南巡，杨宾为了拯救父母兄弟，跑到"行在"，泣血叩头，愿领妻子代父流放。两兄弟跟着江上的龙船，在岸上奔跑呼号，遭到康熙御前卫士雨点般鞭打，几番被打昏在地，却最终未能感动康熙。康熙对那些心系前朝、与郑成功暗送秋波的人，有一种无法掩饰的冷漠和不屑。

　　到了不惑之年后，杨宾的老祖母过世，弟、妹皆已长大成家，各有所安，心无牵挂，他决定前往宁古塔探视已经二十八载不见的父母。

　　此行东部，意在探视流放的父母，也是命运的惠赐，给今天的东北留下了一部百年不朽的边疆史。

　　杨宾出关时正值冬季，他在《纪略·自序》中描述他第一次见到的东北，"阴风朔霰，皲（冻干裂）瘃（冻疮）肌肤，耳鼻手指一触辄坠地"，过窝稽（原始森林），"则万木蔽天，山魈怪鸟，叫嚣应答，丧人胆断，冰古雪胶树石，不受马蹄。"因马滑倒，杨宾被摔下，头触冻石，流血数升，几乎死去，昏厥半日方复苏。纵马踏雪立冰，走过一个漫漫的冬季，经过3个多月艰苦跋涉，风雪夜归人，当年13岁雏儿，站在宁古塔的父母前，28年岁月，将中年父亲变成了老人，将少年儿子变成了中年，父母和爱子相见，已是中年，父母相见不相识，竟然是爱子长跪不起，与老父母抱头痛哭。

在冰雪大荒、茫茫林海雪原与父母待了两个月后，杨宾依依不舍离开了宁古塔，谁曾想到，这竟成了父子永诀。这年（康熙二十九年），父亲已经67岁了，且身病体弱，难耐关东苦寒。杨宾策马回到京师，奔走营救父亲，他求助于朝廷言官，上奏请赦免父亲。在谏官面前，杨宾历数父亲杨越在戍地教人耕种谷物、授徒讲学、发展贸易，甚至帮助宁古塔将军巴海策划抗击沙俄事宜，奉命训练水师等，为边疆经济、文化发展、巩固边防，作出了很大贡献。然而，杨宾营救请赎未能如愿。康熙三十年冬，杨越病逝于戍所。

按清律，流人死于戍所者，不得返葬，其家属也不得返籍。一个江南孝子，为将父亲之魂招回故里，杨宾再度入京，跪泣于当道衙门，哀伤至于吐血，向侍卫内大臣索额图送钱纳贿，他趁康熙高兴时进言，才算领旨迎请父亲骸骨回故乡。康熙三十一年，杨宾与其弟再赴宁古塔，扶父灵柩、奉老母以归。离开宁古塔时，其母范老太太，散尽家财，单车就道，当地人送者哭声填路。

家仇国恨，回到温婉江南，皆被大东北的冷风吹散、风雪淹没了，留下的却是无法抹去的记忆。

康熙三十一年，杨宾开始动笔写《柳边纪略》。为什么要写这部书呢？他在自序中道出五个"宜书"。简言之，纪念父亲，弥补空白，让中原人了解东北。

两次关外之行，走一路，问一路，记一路。到宁古塔遍访官、民、满、汉，其父为其提供了许多口头和文字资料。成书的过程中，他还熟读有关东北的史、志，如南宋洪皓的《松漠纪闻》，以及《辽小史》《金小史》《辽东志》《全辽志》《盛京通志》等。

他断断续续写了15年，一位士子最终灯残油尽，用光了晚年的最后心血，至康熙四十六年，《柳边纪略》成书刊印问世，可以说是中国一部很有价值的北方边疆史学著作。

康熙五十九年，杨宾去世，葬于苏州。

到了康熙之孙乾隆继位，大清王朝的东北封禁政策更为严酷，除了放逐宁古塔的内地学子官员，其他人一律被挡在了柳边墙之外。以后，嘉庆、道光、咸丰三朝也照样承袭祖宗旧制，以一条柳条边挡住齐鲁、燕赵之地的芸芸众生，荒年所累，生活所迫，欲踏富饶的关东大地讨一口饭吃，唯有踏上历时二百年之久的"闯关东"之旅了。

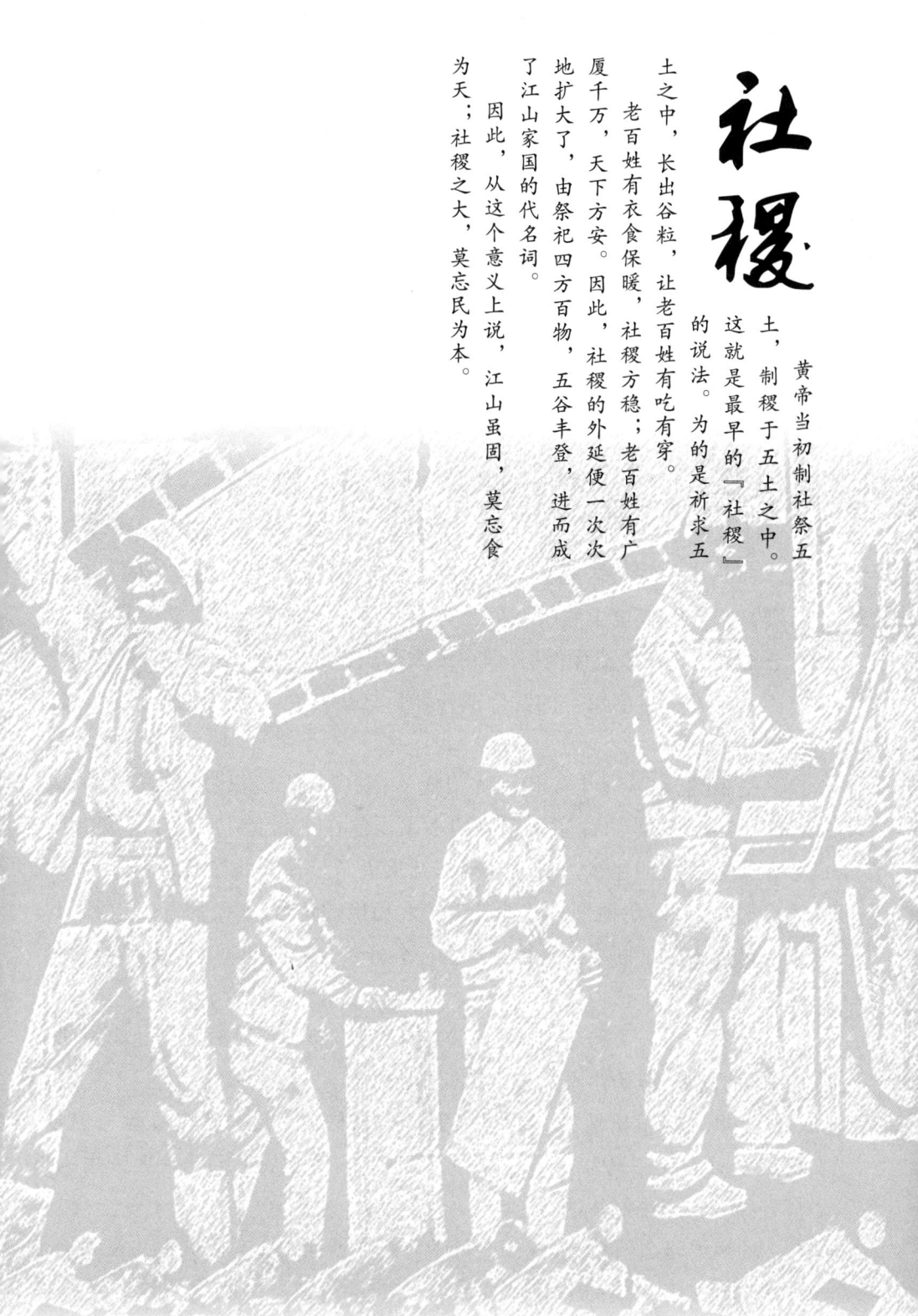

# 社稷

黄帝当初制社祭五土，制稷于五土之中。

这就是最早的『社稷』的说法。为的是祈求五土之中，长出谷粒，让老百姓有吃有穿。

老百姓有衣食保暖，社稷方稳；老百姓有广厦千万，天下方安。因此，社稷的外延便一次次地扩大了，由祭祀四方百物，五谷丰登，进而成了江山家国的代名词。

因此，从这个意义上说，江山虽固，莫忘食为天；社稷之大，莫忘民为本。

# 第七章 | 风水轮流转

## 1. "沈变""变天"以后

　　杨凤继一家四代，都在沈阳变压器厂工作，可是他连做梦都没有想到，有一天，沈阳变压器厂的天空会"变天"：一个名不见经传的小企业，新疆昌吉市特变电工股份有限公司，会像蛇吞大象一样，将全国变压器行业的老大，在"沈保西"（国内三大变压器企业：沈阳通天、天威保变、中国西电）中排名第一的沈阳变压器厂这头国企大象，吞了下去，且还消化得了。

　　在20世纪八九十年代，沈阳变压器厂日子一直比较好过。杨凤继1987年结婚时，只住了两个月的小屋，便在"沈变"分到了一套30多平方米带厨房的屋子，日子过得红红火火。纵使在北二马路各家大国企风声鹤唳、风雨飘摇之时，"沈变"依然稳坐钓鱼台，工资照开，福利照发，让杨凤继的中学同学羡慕得流口水，有好长一段时间，只要大家一聚会，就由他埋单，都说他命好。

　　然而，当人类跨进千禧之年的转门后，杨凤继悄然发现，他头顶上的命运天空，开始山雨欲来，黑云压城了。

　　厂里突然发出通知，要大家集资买原材料。这是一个危险的信号，环顾当时的北二马路，一峰峰"大骆驼"，就是从工厂开始集资买原材料开始，一个个倒下的。

　　杨凤继暗自祈祷，"沈变"可千万别像铁西北二马路其他几家大国企一样，骤然倒下，落得一个破产或者倒闭的惨状。

他太爱"沈变"了，这家工厂可是融入了他一家四代人的情感、自豪与辉煌。

"沈变"原是 1937 年成立的日本住友机械修造所，在沈阳解放前夕是沈阳机械第二分厂，员工不过 500 余人，只能修理一些小型变压器设备。杨凤继的爷爷杨广富当时住在皇姑区一条小巷子里，在这家住友机械修造所上班，后来，父亲杨永红、大伯以及母亲，都纷纷在新中国成立前后，到了这家工厂工作。

在上一辈人的记忆中，新中国成立后，"沈变"经历了 50 年代三次大的工程改建，第一期从 1953 年开始至 1957 年结束，国家投入了 2778.6 万元；到了 1957 年之后，又进行了第二期工程改建，投入经费 4418.3 万元；第三期改造再度投资 1166 万元，终于将一个 500 人的小厂建成了万人大厂，到了 1993 年，利税达 6188 万元，直抵沈阳变压器厂的历史巅峰。

那是一个工业年代创造的时代辉煌。

杨凤继生于 1962 年，当时爸爸妈妈都是沈阳变压器厂的职工，爸爸是电焊工，妈妈是镀锌工。一家人虽然住在皇姑区的老巷子里，但是小时候的玩伴和发小之中，数他最有优越感。当时爸爸是六级技工，一个月工资 77 元，母亲的收入也不菲，一个月 57 元，全家人的工资加在一起，130 多元，日子过得很顺溜。在那个年代，"沈变"这样的大国企，就像一个大的贵族家庭一样，块头很大，从容不迫地坐镇北二马路，确实让小伙伴们艳羡不已。逢年过节，"沈变"的俱乐部里一天从早到晚都在放电影，家里发了票，就可以带小朋友去看，一连看好几场，令父母在其他企业的小伙伴忌妒不已。

那年，杨凤继该上中学了，家里给他买了一辆白山牌自行车，骑着穿大街逛小巷的，让街坊邻居小孩和同学们眼馋死了，只恨自己今生没出生在"沈变"工人家里。

初中毕业时，杨凤继按照父母的安排，也是他最大的凤愿，进入沈阳变压器厂的技工学校，跨入学校大门，回眸之间，他们那一届一共招

了 210 名男女青年，大都是"沈变"的子弟，一学便是三载，从电工的 A、B、C 开始，学得扎扎实实。

1987 年，杨凤继从技校毕业，分配到沈阳变压器厂生产绝缘件的车间，工资马上定为 38.6 元，他的师傅是一位与父亲一样的八级技工，堪称大工匠了。每天早晨，杨凤继都要早早上班，提前给师傅烧一壶开水，泡上一壶茶。上下班行走在工业区的马路上，那人流可是一条流动不止的长河啊，厂里光国营的正式工人就有 9000 之众，再加上隶属的大集体 10 个单位，一度达到了 2 万多人。

然而风水轮流转。杨凤继没有像父辈一样，可以享有大型国企一生一世的荣光。他进厂仅仅十年的时光，沈阳变压器厂便从巅峰状态一步步坠落下来。

这时，中国电力市场的大门向全球打开。世界电力生产的几只大鳄 GE、西门子、ABB 和东芝，早就觊觎中国电力市场，企望分全球最大也是最后一块蛋糕。果然在整个 20 世纪 90 年代，甚至千禧之年的开年之初，他们频频得手。凭着领先世界的电力技术优势，一次次地攫取了中国葛洲坝等大型发电和输电设施的订单，而背负着 2 万人之众沉重包袱的"沈变"，自然步履蹒跚了。

然而，此时的沈阳变压器厂并未陷入窘境，仍然还在与西门子合作，生产 550 千伏的变压器，杨凤继一个月还有 900 元的收入，工资一个月也没有欠过大家。

到 2003 年，步履维艰的沈阳变压器厂开始重组，当时 9000 人的国营职工，将有三分之二的人员下岗分流。

那个星期天，杨凤继与妻子张秀兰去看望父母。父亲是一位八级技工，1989 年退休的，回到皇姑区的老房子里与妈妈一起信奉基督教，将家里辟成了教友们做礼拜的地方。当儿子将自己面临下岗分流的窘境告诉父亲时，老人家宽厚地一笑，居然毫无焦虑，说一切皆是主的旨意，主会保佑你的。

看来老人的心境早已超凡脱俗，宠辱不惊了。

杨凤继无话可说，等待着沈阳变压器厂"变天"那一刻的降临。

经过一场艰难的谈判，地处极边一隅的新疆特变电工占股，吞并了沈阳变压器厂。

杨家首当其冲的是大哥杨凤刚，他生于1958年，1974年初中毕业下乡去盘锦，当了四年知青。1979年知青大返城时，才以工厂子弟身份回到了沈阳变压器厂，干的是变压器真空专业。分流的时候，厂里出台了一个文件，1957年至1958年出生的不再续合同，仅此一条，他就提前出局，被一刀切了下来。那时，他的孩子刚十八九岁，妻子在沈阳第一粮库上班，也早已下岗。好在父母皆有退休工资，信了基督后，爱心无疆，日子过得很清闲，无须孩子们养老。于是，根据规定，一两万元钱，杨凤刚便买断了自己的半生。

杨凤继觉得自己很幸运，当时他是绝缘件专业的班组长，带着二十几号工人兄弟。新疆特变电工接手后，首先实行末位淘汰制度，各方面考核，量化工作量，由各个工友打分，看是不是优秀。有一位姓张的工友，与杨凤继的大哥一样，下过乡，当过知青，然后招工回城进了沈阳变压器厂。第一轮分流的时候，就有这位姓张的工友。

那天，他找到杨凤继说，兄弟，我这正是上养老、下养小的时候，这一分流，我去做什么？

杨凤继摇头说，张师傅，我也没有办法啊，这是上边的政策。

政策？还不是你组织班组投票，将我沦为末位，那位张师傅愤愤不平地说。这是将我挤进火坑里，不跳不成啊！

真的不是我！杨凤继还想解释……

我恨死你了。张师傅愤然拂袖而去。第二天便办理了退休手续，开了一个小饭店，并不景气，日子过得也不怎么样。工友们一起聚餐的时候，没有一个人敢叫他。偶然提及他的时候，都说他成天骂骂咧咧的。

张师傅第一个退出了，杨凤继领导的这20多人的班组，分三批分流下岗，一下子分流了七八个人，只剩下了十几个人。

9000人的国营大厂，一分流仅剩下2000多人，最终新疆特变电工股份有限公司，以3个多亿元买下了沈阳变压器厂，将其接了过去。

重组之后，沈阳变压器厂老字号招牌消失了，成了特变电工股份有

限公司旗下的一个变压器厂。对方投入了 5 个多亿进行基础设施和装备设备的改造。除了原来的一名常务副总是沈阳老厂的之外，所有的副总和高管，都是新疆方面派来的。

杨凤继幸运地被留了下来，仍然当他的班组长，但是上岗之前，他必须经过培训，按照特变电工的企业管理模式和企业文化进行培训。

杨凤继总忘不了那一幕，重组过后，他与一班工段长去了新疆。看着沈阳变压器厂的工友仍然大摇大摆地走进工厂车间，新疆特变电工的员工掩不住心头的怯场，有些羞涩地说，"沈变"的人来了，"沈老大"来了。

抱愧，抱愧！杨凤继抱拳作揖，连声说，好汉不提当年勇啊！经营不善，经营不善，有辱先辈啊。

这么一峰"大骆驼"，全国一顶一的大厂哟，被我们的小企业吞并。窃窃私语中，新疆的员工仍然掩饰不住内心的快意。

风水轮流转，三十年河东，三十年河西。杨凤继苦涩地笑道，"沈变"和好日子结束了。

然而一个特变电工的工友，送给他一篇文章，说这是我们前世今生，看看吧，是我们董事长张新写的，看过了，你就会觉得"沈老大"，进了特变电工，一点儿也不亏。

那天晚上，躺在床上，杨凤继读了张新写的文章：

　　1988 年 2 月 21 日，大年初五，我紧握着乌鲁木齐市化工厂的调令，怀着无比喜悦的心情走在昌吉市空旷泥泞的街道上。就在春节前，乌化工的厂长来到昌吉城郊我租住的宿舍找到我，提出让我到他们厂去当电气工程师。看我还有些犹豫，厂长二话没说就把我推上车，带我来到他们的工厂。说实在的，这是我有史以来头一次看到这么大的工厂，我坐着车看了半天也没有到头，厂长把我拉到比我当时工作的整个工厂还要大上几倍的电气车间，指着一些崭新的电气设备对我说："张技术员，以后你就负责这些电气设备了。我知道你现在的工资是 75.63 元，我们给你涨二级，每月工资 100 元。"说着，他又领着我来到厂区外的职工宿舍，拉着我上了一幢新宿舍的三楼，二室一厅 60 多平方米的还能闻到新白灰气息的房间，对我说："这房子今后就是你的了，看看你现在租的下不去脚的房子，仅有 20 多平方米，还与别人合住。这间房子宽敞多了吧？到时候可以把父母接来同住。"我想着厂长的话，想着明天就要去首府乌鲁木齐，要去国有大型企业当干部，心里别提有多高兴了！我得回去把这个好消息告诉我的入党介绍人——开关厂的老书记刘德田，给我的师傅、绕线工王秀芝拜年，顺便与他们告别。

刘德田老书记是抗美援朝的老革命，是市里资格较老的老干部，他的家里整洁、温暖，处处洋溢着节日的气氛。听说我要去乌化工工作，老书记高兴极了，他说："小张，你们厂有点能力的人都走光了，昨天的大雪把你们厂年久失修的厂房都压塌了，设备都埋在了里面。听说年后市里就要对它进行破产清算。你能在市变压器厂待这么多年很不容易了，你能有这么好的归宿，我真的替你感到高兴！"说完极力挽留我一起吃了顿丰盛的午餐，老书记还把珍藏多年的好酒拿出来为我饯行。

午餐后，我和老书记告别，带着酒意向我的师傅王秀芝家中走去。我深一脚浅一脚地在泥泞的道路上穿行，在别人的指点下，来到积满雪水的大坑旁边一间低矮的茅草房前，王师傅热情地迎出来，拉着我走进了黑咕隆咚的房间，屋外是午后灿烂的阳光，进屋后我却好半天才看清楚屋里的一切。一张旧的桌子、几把破旧的椅子是家中的全部家具，房顶上挂着张塑料布，地上摆着几个盆子接着屋外融化的滴答滴答的雪水。拜过年后，我提出来向她告别，告诉她我明天要去乌鲁木齐上班了！本以为师傅会祝福我有个好的归宿，可她听后哭着说："你们有能力的都走完了，我们这些人怎么吃饭哪，你看看我们的家。"我一下子难住了，酒也醒了一大半。是啊，我们都走了，剩下的老同志怎么办？这是我第一次走到员工家中，我从来都没有

想过这样的问题。我无助地看着哭泣的师傅，不知如何是好。

我起身想告辞，但她说什么也不肯，非要留我吃晚饭。她给我煮了碗面条，切了碟咸菜，这是她家春节最好的食物了，我坐在寒冷还透着风的屋子里，心酸地默默吃着，不知道该说什么，王师傅用期待的眼神望着我说："张技术员，如果你留下来，带着我们干，兴许我们还能有口饭吃！"我低下了头，什么也说不出，逃跑似的走出了王师傅的家，我想也没想就来到了我们的工厂——市变压器厂，在那堆已经倒塌的废墟前，我驻足了很久很久……看着手里拿着的调令，我头一次认真地思考起工厂剩下的人的出路问题。

我一夜没有睡着，第二天一早我又去找老书记说起我昨天在王秀芝家中看到的情景，老书记对我说，厂里的情况他都知道，有些人家他都去过，不仅是王师傅一家，几乎所有的家都是这个样子，厂里已经半年多没有发工资了，大家都靠在街上贩卖羊皮艰难度日，因为供不起，孩子有的没上学。我听后不相信，就自己又跑去看了几家，我被眼前的一切惊呆了！我到过的每家都非常寒冷，寒风刺骨，很多家门都关不上，大家围着火盆在烤火取暖，过年了家中几乎没有什么吃的东西。我从来没有体会到城里人的生活会这么艰辛。虽然我家在农村，但不缺吃的、穿的和用的，生活状况不知道比他们好多少倍呀！

我辗转反侧，一夜无眠。第二天一早再次去找老书记，告诉他我看到的情况比他说的还严重，我看了好心酸哪！我是个单身汉无牵无挂的，如果能帮助他们有饭吃多好哇！老书记说："你可要考虑好，这可是你自己选择的。你要去的那个厂非常好，不去多可惜呀！你要做的是非常困苦的事儿，很可能失败，你都知道的，你们厂都换过好几任厂长了，也没有把它搞好。去年一年之内换了两任厂长，还每况愈下。现在厂房都倒塌了，你哪里有条件做好呢？"我说："确实如此，但是如果我去做，也许还能把它救过来；如果我走了，剩下的人怎么办呢？哪怕努力一次也算是我给王师傅他们的一个交代呀！"老书记听了我的话，说："小伙子，好样的，你要是干，我这把老骨头都扔给大伙了。我去和政府讲，这个厂不能破产，这个厂的技术员自己要干，设备不能拉走，我也从开关厂调过来，和你一起干！"

在老书记的四处奔走下，政府终于同意不让市变压器厂破产，但提出采取全疆首家租赁承包的方法，民选厂长。3月3日，在凛冽的寒风里，在倒塌的废墟前，在众多债权人的注视下，市经贸委的同志主持和见证了民选的全过程。当时我在想，如果大家不选我，我努力了，也把诺言兑现了，就可以无牵无挂地走了！让我没有想到的是，53名职工，除了我没给自己投票外，我竟然以52票高票当选。

在大家充满期盼的目光中，我发表了我的就职演讲。我说，"大家对我都很熟悉，我是这个厂的技术员，说句实在的，我也不知道这个厂长怎么当。但我知道天上不会掉馅饼，从来也没有什么救世主，我们只能靠自己的双手去创造。我也没有什么存款，我是国家干部，原来大家半年多都没有工资了，每个月我还照常能拿到75.63元。但从今天开始和大家一样我也不要工资了，我每月和父母去借生活费。我们要用自己的双手把厂房建起来，尽快恢复生产自救，我相信只要我们勤奋，我们就一定能够挣到饭吃！我们现在就去捡砖头、捡钢筋，把厂房再建起来，我们就有了发展的条件。"我对员工说："我是个单身汉，什么也没有，大家今天回家，把家中能用得上的劳动工具都找来，无论是扳手、钳子、铁锨，哪怕是块擦桌布明天都拿到工厂来，我们可以用它把设备擦干净，我们一定要争取早日恢复生产。"我真挚地对大家说："市里的相关领导说租赁承包只有三年的合同期，我要求签了五年，因为我们这个企业恢复生产是需要周期的，三年很难搞好，但我要用五年的时间和大家一起把它搞好。当我们的员工走在昌吉大街上，敢说自己是变压器厂的人，大伙都有饭吃，子女都上得起学，姑娘小伙儿都能

找上对象时，我就会离开了，我就尽责了。"

面对跃跃欲试想拉走设备抵债的债主，我对大家说："这些设备不能拉走，我们得靠它来恢复生产。如果大家相信我，给我三年的时间，我会逐一把每个人的欠款还掉。如果不相信我，不给时间，我们除了欠你们50万元外，还欠银行23万元，要拉设备也得先还银行的，这些设备还不够呢，哪里有你们的？"债主们用疑惑的目光看着我，在员工誓死保护下，看到拉走设备无望，不得不离去。这就是我上任的第一天，在全体员工的信任和期盼中上任，在家人和朋友不解、疑惑的目光中上任，在为了实现让大家有口饭吃的承诺中上任了。

盼生存、求发展的强烈愿望把我们凝结在一起，我们从废品收购站买来了塑料布，搭起简单的棚户，不到一周的时间，在数九寒天里，大家伙儿热火朝天地干了起来，我们就这样恢复生产了。由于变压器产品都是铁制部件，非常重，恢复生产之初，没有劳动工具，没有起吊工具，只能靠人拉肩扛，付出的体力和劳动强度是非常之大的。没有厂房终归不行，当务之急，我们必须用最短的时间把厂房修建起来。

我们利用业余时间清理废墟，因为没有钱租汽车和拖拉机，而当时工厂的唯一运输工具就是一个破旧的手推平板车，一次只能拉200公斤，我们就一车一车地把土和烂石块运出去，再把捡来的好一点儿的砖头和钢筋拉回来。为了改变人拉肩扛的局面，我们决定在新修的厂房里埋轨道。当时成品钢材要1000元/吨，而废品收购站只要100元/吨就可以买到。为了能够买到便宜的铁轨，我们到乌鲁木齐市铁路局，到乌市和昌吉的废品收购站都去询问过。我们在乌市废品收购站看好了几根，价格也便宜，但由于运费高而只能放弃了。最终在位于头屯河的昌吉回族自治州金属公司废品站看上了两根十几米的钢轨。同时也选好了水泥、钢材等必要的建筑材料，但当时工厂账面上已经一分钱都没有了，哪里有钱买这些原材料呢？

事实上，从我上任的第一天起，我每天早晨的第一项工作就是跑银行。连续一个多月了，我每天一早跑到银行门口，等着信贷员，向银行申请3万元的贷款。信贷员一开始对我理都不理，黑着脸对我说："你们工厂欠银行都23万元了，把你们那些破设备全拉来也还不上了，谁还敢给你贷款哪，想都不要想！"我就一遍一遍地跟他讲，我们欠银行23万元不假，我要求贷这3万元的款，就是为了早日把厂房修建起来，恢复生产后好来还欠银行和债主的钱哪！禁不住我的软磨硬泡，加上对我的同情，4月初我终于见到了他们的科长。我对科长说："再贷给我3万元，银行的23万元就有了生的希望。我们现在连工资都不要。如果想发工资，我们可以把设备卖掉。但我们没有这么做，而是每天起早贪黑捡砖头，就为了想把厂房修起来早日恢复正常的生产。"科长疑惑地对我说："3万元怎么建房子呀？"见此状，我掰着手指头给他详细地算了一笔账，房梁自己做，砖和钢筋是捡来的，劳动力不发工资，3万元钱用来买些水泥、钢材和钢轨等足够了。科长也被我干实事的诚意感动了，向行长作了汇报。行长会同主管工业的市长和经贸委主任专程开会研究了我们贷款的事儿，经过两个多月的努力，3万元的贷款终于有了着落。

5月初，我们用贷来的款，欢欢喜喜地拿着支票去买材料，但任何一个单位都不相信我们，不接受我们的支票，因为过去开的都是空头支票，无法兑现，现在要求付现金才能卖给我们东西。没有办法，我们只能再去银行申请现金。当时现金是管制的，加上银行对我们不信任，根本不同意把现金交给我们，连对我这个厂长也不信任。银行决定派专人和我们的会计一起把支票送到供应商手中，采用专款专用方式进行结算。

我清楚地记得5月初，一大清早刘书记就带上几个壮劳力拉上平板车去了废品收购站。我去银行把现金贷款的事儿对接好，就从银行返回公司。走到北京路上，我大老远地就看到刘

书记五花大绑地把自己系在平板车上，奋力向前拉着车，后面的工人一起喊着口号推着车，十几米长的钢轨和螺纹钢摆在车上，车轮已被压瘪，再看老书记，满脸都是汗水，绳子已透过厚厚的工作服在他的后背上印出两条深深的血印子，我赶紧上前帮忙，心疼地对刘书记说："老书记，您怎么不租个车呀，这5公里的路，都是你一路拉回来的吗？"书记笑着对我说："租车要十几块钱呢，拉回来就是了，再说银行借给我们所有的钱不是都给废品收购站买材料了吗？想租车也没有钱了！"我哽咽地对老书记说："你可是国家干部哇，路上没有熟人看到您吗？"刘书记笑呵呵地说："咱昌吉街头有几个不认识我的呀，一路上净碰着熟人了，他们问我干什么呢？给自己家盖房子呀，那也可以租车拉呀。我就说不是，这是给我们盖工厂用的，我们要恢复生产，每一分钱都非常珍贵……"老书记离开我们已四年多了，但他奋力拉车的身影一直铭刻在我的脑海中，久久不能忘怀……

就这样，我们贷来的钱仅用了2万元就把厂房盖好了。剩下的1万元用来购买了主要的原材料。到6月中旬，在没有发放一分钱工资的情况下，我们仅用三个月时间奇迹般地完成了当年的承包任务，从7月份起，大家终于可以领上工资，吃顿饱饭了。

1988年的计划经济时代，企业员工被人为地划分为国家干部、国有职工、集体职工、大集体工人、小集体工人、个体经营、临时工等不同种类的人，不同的人工资和福利待遇都不相同。在这样的社会地位划分制度下，人性被极大地扭曲，报酬不平等，福利不平等，受到的尊重不平等。这样就导致了同工不同酬，干多干少一个样，干与不干一个样，长久下去就会严重挫伤员工的积极性和创造性。经过与老书记等班子成员协商，我们决定从改变分配体制入手来推动改革。当时我们提出在特变电工无论是国有干部、国有职工、集体职工还是临时工等，我们所有人都是平等的。收入多少看产品质量、工作质量和对企业的贡献。奖勤罚懒，临时工做得好也可以当干部，干部做不好降级当工人。工资、福利随着贡献走，地位随着业绩走。这一界限的打破和"三铁"的举动，在当时是冒着违反国家法规的风险的，但却极大地调动了员工的积极性和创造性，生产力得到了空前的解放。员工与企业的命运紧密联系在了一起。

看着公司的经营越来越红火，大家的干劲无比高涨，为了能以较低成本落实第二年的原材料，11月初我与昌吉市经贸委的科长一起坐上南下的火车，踏上了通往内地的采购之路。政府的介绍信和经贸委领导的帮忙，我们去郑州电磁线厂和南京套管厂的采购非常顺利，但到了第五天，我突然接到刘书记从工厂打来的电话，问我到哪里了，希望我能够尽快坐飞机回去。当时我非常纳闷儿，坐飞机多贵呀？当初出来时，为了节约成本，我给科长买了卧铺，自己坐的是硬座，我一直追问老书记家中有什么事，他都不肯说，只是希望我快快回来。我预感到工厂可能发生什么事情了，第七天早晨赶紧坐飞机赶回新疆。刘书记和王主席已经在机场等我，一见到我就哭了起来，哽咽地告诉我，由于没有妥善管理，在我出差的第三天绕线车间就着了一场大火，厂房、设备、工具和原材料等大部分都烧毁了。我听了以后非常难过，一边安慰他们，一边坚持到工厂看看。

等我赶到工厂一看，一切都挺好的，被大火烧倒塌的房子已经都盖好了，墙壁熏黑的地方都用涂料刷好了。由于天气太冷外面结着冰碴儿。老书记沉痛地对我说："你走以后，我没有管好厂子，下晚班以后着火了，把绕线车间都烧落架了。员工发现后，全部赶来救火，有的为抢救火中的设备，烧伤了腿；还有的人为了多抢几个线圈裤子都烧掉了；有的人为了多从火中抢出一个零部件，眉毛都烧着了；为了扑灭房顶的火，有的人冒着生命危险爬上房顶，随着烧落架的屋顶一起掉下来，好险哪！为了抢出熊熊燃烧的变压器油，大家奋力把油桶推到外

面洒了一地。为了能够多抢一些油出来，大家不顾高温，用手一捧一捧地捧起了地上的变压器油，很多人的手都烧伤了……"我低头看去，书记的手上都是黑一块紫一块的烧伤痕迹，书记接着说："这厂房是着火的第二天，我们去买了点木头，大家一起没日没夜地抢修起来的，能够用的设备都已经修好，昨天就已经恢复生产了。我和大家一起议了一下，大家说到年底之前都不要再发工资了，把工资捐出来用于工厂的建设和恢复生产。"我听了以后，感动得说不出话来。第二天的职工大会上，我首先做了检讨，厂房着火作为法人代表我应当负不可推卸的责任，同时表扬了大家。火灾的确很大，经济损失高达 17 万元，这对于刚刚恢复元气的工厂来说是很大的打击。大灾有大爱，火灾锻炼了我们的干部职工团队，大家忘我工作，冒着生命危险去抢救设备，减少损失，在大家的身上，让我看到了我们工厂的希望。有这样的团队，有这样的精神，还有什么困难是不能战胜的呢，还有什么难关是不能渡过的呢？只要我们大家抱成团儿，心往一起想，劲往一处使，我们一定能用辛勤的双手创造更好的明天……我也不是天生就有吃苦精神、不怕困难的人。但我的同事、我的团队教育了我，帮助了我。多少年过去了，我的眼前还时常浮现起员工们置生死于不顾，奋力救火的情景。是大家感动了我，教育了我，鞭策了我，使我不得不做好工作，为大家做好服务。

　　1992 年第一个承包期结束的时候，我们的艰苦创业结出了累累的硕果。根据租赁承包方案，当时我们可以兑现承包奖金197 万元。当时全昌吉人都知道我们有钱了，如果分掉这笔钱，工厂将培养出一批万元户，我们将成为昌吉最有钱的群体，这是多么幸福的事儿呀！可是如果这些钱全部分发，未来企业的发展在哪里呀？我召开员工大会，对大家说比起咱们过去的一穷二白，我们现在是有钱了，可是我们不能同自己比，我们要同电机厂比，同国内优秀企业比，我们还太小了，现在要厂房没有厂房，要作业面积没有作业面积，要设备没有设备，工厂发展急需资金。从我做起，从大家做起，我建议把钱都投入到企业的再发展之中，用于购买土地，盖现代化的工厂。我个人带头一分钱都不要，都作为企业的资本金，投入到企业的扩大再生产之中。正因为有了员工们的奉献，才有了之后与昌吉市电气修造厂的强强联合，才有了北京北路98号——特变电工有史以来第一个现代化的工厂，才有了特变电工后来的腾飞和发展。

　　岁月如梭，转眼之间我们迎来了特变电工创业20年的纪念。在特变电工创业20年的发展征途中，有过太多的艰辛和磨难，有过太多的曲折和考验，也有过辛勤耕耘后的喜悦，收获沉甸甸果实的陶醉……随着岁月的流逝，发展压力的加剧，这些过去的记忆都慢慢在我的脑海中淡去，唯有老书记拉车和员工们救火的画面，永远清晰地定格在我的记忆里，每每想起，都给了我百折不挠地战胜前进道路上各种困难的无尽勇气……

看着看着，杨凤继哭了。

男儿有泪不轻弹。杨凤继不知此时的泪水是感动、酸涩，还是欣喜，他仰天长叹，当时沈阳特种变压器厂为何不出一个张新啊，然而他又觉得庆幸，他现在成了张新手底下的一个员工。

张新成了沈阳特种变压器厂的大老板，有这种人当企业的掌舵人，企业怎能不兴！

也就在那个新疆的长夜，他觉得沈阳特种变压器厂配套公司的辉煌开始了。

杨凤继自然不会知道，沈阳特种变压器厂重组，成了新疆特变电工股份有限公司旗下一家工厂不久，一个超高压和特高压时代降临了，中国输变电市场发生了一场大井喷，以交直流、特高压为主干网架的长途输变电建设，无疑给中国送变电制造企业提供了无限的商机和发展机会，只是这种光荣与梦想，已经不再属于沈阳变压器厂了。

浴火重生

不过，在新疆培训的日子里，杨凤继确实大开眼界。作为一个极边之地小企业，为何敢吞下大象，他发现还是人家的管理经营理念完全与世界接轨了，这里绝对没有人浮于事的现象，每一个工种的生产效力已经完全量化，且是一种扁平化的管理，企业各个层面的执行力很强，对市场经济反应很灵敏。不像自己待过的大国企，四平八稳，体大个大，什么也不在乎，企业的嗅觉已经非常迟钝，无怪乎会一步步地落后于市场经济这趟快车。

之后，他又南下衡山雁回峰前，到了衡阳特变电工培训，将那里的管理和生产模式学会、弄通。

重组过后，铁西区的许多企业仍然哀鸿遍地，可是沈阳特变电工却一枝独秀了。重组当年的产值达到9000万元，翌年产值翻番，第一次过亿了。2005年达到了3亿元，获利3000万元至4000万元之间，而到了2009年，产值达到了50亿元。

变天易帜之后，杨凤继的收入也在不断攀升。重组的第二年，他工资拿到1500元，这在当时的北二马路堪称异数。他那时觉得，将自己的行李卷起来，沈阳特变电工让干什么就干什么，叫到哪里去就到哪里去。

而沈阳特变电工制造变压器也越来越大，等级越来越高。从制造550千伏变压器，到正负800千伏直流变压器，后来发展制造特高压变压器，一下子生产了9台。

而今，作为一位高级技工，杨凤继每月的工资可以拿到四五千元。

这在东北地区可是一笔不菲的收入啊。

杨家的第四代长成了，他们最终的归依之地，仍旧是沈阳特变电工。2007年，杨凤继的儿子杨俊从职业技术学院毕业了，他学的是电气专业。最初分到江苏无锡华硕电脑主机厂，成天站在流水线上插电子器件，苦不堪言。只干了两个月，便一走了之。回沈阳过年时，就向父母提出，不再"孔雀东南飞"了。恰好这年年底，沈阳特变电工要招人。杨凤继问儿子，去不去沈阳特变电工？

去啊！我祖爷爷、爷爷和爸爸都在沈阳变压器厂工作，我要薪火传承。杨俊答道。

那就要回避，不能填与父母的关系。杨凤继交代道。

儿子如愿以偿。果然，被沈阳特变电工录取了，在变压器总装车间，一个月3000多元钱。重续了20世纪五六十年代，杨家曾经有过的辉煌。

2011年6月6日，杨凤继的儿子结婚了，儿媳是沈阳理工大学的毕业生，亲家母在东电给变压器做标书。杨凤继给儿子买了一套119平方米的房子，特变电工的工资也一年一增值。

风水轮流转。杨凤继父子享受到了老工业基地振兴的另一种福祉和惠泽。

那天，我们在位于铁西区的一套单元房里采访杨凤继夫妇，让我有点惊讶，这是一套南北朝向的套间，中间是一个小小的客厅，可是两边床上被褥叠得整整齐齐，不见一点儿皱褶。在这对夫妻家里采访，越发印证了我的发现，东北媳妇爱干净，每家都收拾得很清洁，一尘不染。杨凤继的爱人张秀兰则有过之而无不及。下岗十载，基本是在家相夫教子，收拾家务。被子叠过后，如果丈夫再在床上躺过，她又叠得不见一丝皱褶，弄得杨凤继中午有床不好意思躺，唯有去沙发上睡午觉。我当时心里很是感叹。

当然碍于面子，我们不好多说，还是问丈夫，你白天不上床是为何？

丈夫说，因为妻子有洁癖。

回到家中，我对妻子和女儿说东北女人的干净，妻子呵呵一笑：那是因为他们家里穷，摆的东西太少。

我摇头道，这是南方女人为不会收拾家务找托辞啊。

纵横的笔端回到那天下午的采访，将近结束时，我问一家之主的男主人杨凤继，说一说爷爷在伪满时期的故事。

他摇了摇头说，那我不知道。得问我爸爸。

我说你爸爸高寿？

八十有六。

还能说清楚吗？

耳朵背了。老人沉溺于基督教，信奉主了，不问时世，一片大爱在

心间。

又是一场人生的轮回。我点头道，又摇了摇头，看来这个采访泡汤了，肯定找不回日伪时期中国工人被压迫剥削的故事。

风水轮流转，此一时也，彼一时也。

## 2. 父子两代沉浮轮回只守一个"号"

陈星光的父亲陈良柏告别河北省丰润县，跟着哥哥越过山海关，从陆路闯关东时，已经是抗日年代了。

那时大清的柳条边墙，早已不再是边界和红线，而处于日伪时期的伪"满洲国"，似乎也挡不住老百姓逃荒度日的脚步。

这一年陈良柏20岁，刚刚娶回妻子，还在缠绵中，婆婆已经敲了新郎新娘的门，多少有些嗔怒，日上三竿了，觉得这新过门的媳妇太缠丈夫了。

陈良柏和新媳妇羞赧地一笑，匆匆穿衣，跨进了那间大屋。

母亲盘腿坐在床上，吸了一口旱烟袋，说，儿啊，你眼下成家了，也该立业。你大哥从关外回来，说那边的日子好淘，下煤矿能挣到钱，你跟着他去关外吧。

新媳妇拉了一下丈夫的衣角，似乎是说想让新婚丈夫带着自己去。

意思没有明说，婆婆早已经窥透到了新娘的意见，说等良柏在那边站住了，能够养家糊口，拖家带儿，再过去。

陈良柏点了点头。母命难违，便将新媳妇扔在丰润老家，跟着大自己12岁的哥哥来到了抚顺龙凤矿。

走出故乡，却落入虎口。那时龙凤矿握在日本人手里，中国矿工到了那里，不啻是下了地狱，天天有死人和伤人的事情发生，早晨下矿，晚上能活着出来，便是一种幸运。在那里干了一年多，陈良柏不想让新妻当活寡妇，在一个风高夜黑的晚上，避开了日本监工和大狼狗，逃之夭夭，回到了河北丰润。

妈妈见儿子回来了，摇了摇头，说男儿气短，只为新媳妇，不会有大出息。

陈良柏说我是为了不让你白发人送黑发人，他描述了那矿井里地狱般的生活。

然而，等日本人投降了，陈良柏重又回到龙凤矿当了一名下井矿工，仍然每天面对生死。

辽沈战役的隆隆炮声，终于又让陈良柏逃回关内避躲战乱。

1948年秋天，抚顺解放，回到了人民手中。人民解放军接管了抚顺，在龙凤矿井上"挂号"，即对过去下过矿井的人进行登记，确定矿工的身份，他们只要拿着当时国民党政府矿长发的登记卡就可以了。

陈良柏觉得龙凤井这个"号"经历了他与哥哥两个人，不能扔了，奔着这个号而去，赶到了矿上，登记成了新中国的第一代下井矿工。

到了20世纪50年代中期，陈良柏在抚顺矿上干了多年后，陈家已经育下7个孩子，妻子从丰润老家携着5个孩子风尘仆仆而来，将两个大的放在乡下，扔给了婆婆。陈良柏考虑再三，为了这个大家庭，他不能再挖煤了，万一出现一个闪失，发生煤矿瓦斯爆炸事故，若自己不幸置身其中，留下一家孤儿寡母，那就惨了。

陈良柏只身走出了龙凤矿，调到抚顺暖气厂当了一名锅炉工。而生下7个孩子的妻子，为了糊口，到了工厂的家属队，三个女工推一辆拉煤的车，将暖气厂用的煤从一公里远的煤矿厂推至炉前。整个一个漫漫的冬季，无论冰道皑皑满地皆白，还是雪水泥泞处处泛黑，那支"三八"大军的队伍，将半座煤城的供暖之煤全都推在车中。

父母一生的沉浮、冷暖，皆系一座煤都情缘。

1965年，陈星光降生时，母亲一生育有7个子女，身体已经每况愈下了，在他的记忆中，上边有三个姐姐一个哥哥，而爸爸此时已经是八级工，地地道道的大工匠了，家里做饭时，一桌饭菜，细粮和大肉，都是他与爸爸吃。然而，老爷子因为长年站在炉前烧煤，时而冷时而热，时而棉衣裹身，时而单衣薄衫，患了严重的静脉曲张和关节炎。

陈星光高中毕业那年，待业在家，老爷子还差两年才能退休。他将老儿子召至膝前，说，小子，顶我这个号吧。

顶你的号？陈星光不解，说你要让我下矿井。

当炉前工。

你不到退休年龄啊。

我提前退。陈家这个号来之不易啊！陈良柏历数7个子女，两个扔在了老家农村，在抚顺的三女两男，大女儿在抚顺矿修造厂，其实就是炼铁水、翻模。而大儿子下乡回来后，去了抚顺市机械局，与矿工无关。二女儿、三女儿上山下乡插队归来，也进了抚顺矿的服务公司，真正的国营号唯有他有。两年后一旦他退休，这个从大哥时代、从伪"满洲国"时期就开始的"号"就会从陈家命运的转门，彻底溜走了。

那好，我去顶这个号。陈星光答应了父亲的要求。

1983年，陈星光顶号进了抚顺南台供暖厂，当了一名普通的炉前工。

开始几年，日子还过得红火。一进到厂里，一个月就36.81元，一个人的嘴扛在肩上，父母也不要，生活还不错。随后出徒便是三级工的标准，从一个月45元一路涨上来，76元，95元，直至涨到了108元。十年后，他也组织了一个小家庭。妻子肖永红，是机械局电池厂的青年女工。

浪漫的日子很短暂。1995年，夫妇俩生下一个小女孩，自这个小天使呱呱落地起，苦难便开始降临这个家庭了。

女儿还在襁褓之中，便患了支原体肺炎，一个月要注射20天的针剂，几个月下来，小家的收入便有些入不敷出了。要命的是，这个时候，妻子所在的抚顺机械局电池厂已经不景气了，拖欠工资是寻常之事。后来，连设备到技术都给私人老板买走，妻子的衣食饭碗砸了。

砸就砸吧，反正孩子小，你在家看孩子，我们也一样过日子。

陈星光安慰妻子。

这是1996年那个冬天，暖气费都掏不出来，还得给孩子看病。

这时候，陈星光所在的南台暖气厂，突然出台了一个政策，可以停薪留职。与其坐以待毙，不如奋力一搏。晚上回到家，他与妻子商量，说这500元一个月的大锅饭，吃不下去了，我们年纪轻轻的，与其等着死，还不如出去拼它一回。

你除了会烧锅炉，还会做什么呢？妻子不无忧虑地说。

我不能做什么，但有这一身膘，干什么不成啊。陈星光信心满满地说，扛活打包，都成啊！

妻子点头道，星光，你是不是有了好的去处了，才敢下此决心。

知我者，老婆也。陈星光突然吐出两句极不协调的酸溜溜文绉绉的话，我初中同学高柏在抚顺樱花宾馆当经理，昨晚他请我喝酒，说星光啊，"抚煤"混不下去了，就趁早出来吧。

我说高柏你站着说话不腰痛，我出来了，能干什么？

高柏一笑，老同学，跟咱打工吧。

一个月开多少？

你现在一个月拿多少。

500 元。

我给你翻一倍，再每个月加 200 元奖金。

1200 元啊！

是啊！

妻子眼前一亮，星光，你说高柏一个月真的给你开 1200 元啊。

嗯！

这么高啊！跟高柏干吧。

干没有问题，我就是不知道，能不能过我家老爷子这一关，他对国营矿工这个号，看得特别重，像贾宝玉的通灵宝玉一样，命根子。

我们一起去做孩子爷爷的工作。

第二天晚上，陈星光和妻子肖永红带着孙女一起去看爷爷，老爷子一听老儿子要离开单位，一股无名火，顿时蹿得八丈高，质问道，小子，你想要整啥？

陈星光说，爸爸我不想整啥，只想让老婆孩子过点小日子，现在暂时停下单位工作，到外边找个活儿干干。

小子，你要造反哟！父亲非常生气，说，抚顺煤矿这个号，是你大伯传给我，我再让你顶的，就像香火一样，我老陈家不能断了。

爸爸，我没有想过要断了这个号啊。陈星光解释道，现在单位有政策，

人可以还是单位的，停了薪水，留着你的职，可以到外边去干。哪一天不想干了，再回单位上班，照样是那里的人，什么都不变。

陈良柏问，还有这种政策啊？

南方早就实施了，只有辽宁刚开始不久，陈星光告诉爸爸。

只要不断号，还是国家的人，还是"抚煤"的正式职工，那可以考虑。

经过一个晚上的解释，最后老爷子终于点头同意了，但让老儿子答应他一个先决条件，绝不能断了"抚煤"的号，因为他是陈家这个号唯一的继承人。

1996年冬天的最后一场春雪纷纷融化之后，陈星光离开他整整工作了15载的"抚煤"南台暖气厂，去了老同学当总经理的樱花宾馆。

高柏带他来到宾馆后边的一个停车场，指着一辆车和一个司机，说，星光，这就是我派给你的工作——采购，就一辆车、一个司机和你。一天一趟沈阳，三天一趟大连，负责海鲜的采购。

陈星光是属于那种给一点阳光就灿烂的人。他知道这份工作来得不易，收入也不菲。尽管老板是自己的发小、初中老同学，但是他不想让高柏因为自己做得不好而有一丝的不快。整整五年间，他就像踩着车轮行走，八千里路云和月，坐车坐出来了腰椎间盘突出症。他不负老同学所托，成了一位非常出色的采购者。

然而，到了2001年，南台暖气厂新厂长上任了。颁布了新政，买断。不论是在职的工人，还是已经停薪留职的人，每人2万，买断自己的工龄。

工厂的通知发到樱花宾馆来了，摆在陈星光的面前只有两条路，要么回暖气厂去，要么继续在樱花宾馆干。

父亲听到厂里的消息，立即将老儿子叫回家去了。叫来了老太太，正儿八经地与陈星光谈了一次话，说老儿子啊，这个号你不能整丢了，回厂里去吧，我闯关东过来后，就为了这个号，从伪"满洲国"到国民党军队光复后，一直到了抚顺解放，我一直在"抚煤"待着，就是为了守这个号，陈家现在除了你还在抚矿，其他哥姐都不在那里工作了，这个根，这个号不能断啊。

看父亲如此虔诚，陈星光觉得不能负了老人一片苦心，回去吧。遂了老人心愿。

陈星光翌日到樱花宾馆与高柏辞别时，高柏愕然，说老同学，你有病啊！都什么年代了，你还要守着那金打的饭碗，可现在它连铁的都不是，是泥做的。

我不留恋那里，是老父亲的一片心愿，要我守着那个号，不能断了"抚煤"这条血脉和脐带。

我靠！在樱花宾馆难道就低人一等吗？

不是这个意思，老爷子快80岁了，我不想让他生气。我不到单位去，他知道了，会气得背过气去，翘辫子的。

走吧，走吧！高柏挥了挥手说，如果有一天，你也被减员下岗，我这里给你留着位置。

其实高柏是舍不得陈星光的忠诚和办事的效率。五年间，无论飞雪连天涌，还是冰封环海路，陈星光硬没有缺过一天货，办砸过一件事情。

谢谢老同学有情有义。

陈星光回到了南台暖气厂，原来停薪留职的大多数买断走了，而这时正是整个"抚煤"最艰难时刻，每个月就只有六七百元工资，一周能够干48个小时的活，而且加班还没有工资。到了夏天，为防止人浮于事，就要减员，只发280元的工资，放假回去。

回家去又能做什么？抚顺的三产并不发达，遍地是人，独缺机会，谁也不愿意夏天放假，最后车间主任无可奈何，让哪个兄弟下去，都于心不忍，唯有抓阄。

陈星光幸哉，三年之间，他居然没有抓着夏天放假回家的阄。

那个冬天，父亲患心衰，灯残油尽，风一吹就要熄灭了。弥留之际，他对守在床旁的老儿子叮咛道，现在"抚煤"的困难是暂时的，国家不会不管东北老工业基地。我寻思，困难也就是三两年的时光就能熬过去，星光啊，你可要顶住啊，这个号头，你姐姐她们想要，都得不到啊。如果弄丢了，将来九泉之下，就不要见我。

陈星光噙泪答应了父亲，自己决不整丢"抚煤"这个号头。

父亲点了点头，无憾而去。

也许一切都佐证了一位老人冥冥之中的预见，陈星光停薪留职回到单位三年后，"抚煤"开始走出低谷，先是振兴东北老工业基地一系列惠民政策的出台，"抚煤"经历了一次大范围的减员潮，社保安置了一部分，并轨分流了一部分，再买断了一部分，人员已经大大精简干练了。

随后，2004年一轮煤油涨价潮，遍及神州城隅，低迷沉寂了近二十载的煤矿大国企开始否极泰来，枯枝新芽，再次迎来了第二春。

陈星光兜里的真金白银也在不断递增，到了2011年年底，他能拿到手的工资，达到了3000元，虽然物价在涨，上高中的女儿的补课费、辅导费和书本费一个月就要1000元，可是此时的陈星光，已有经济能力承受了。

感谢父亲！让他牢牢守住了"抚煤"的这个号头。

2012年的人间四月天，鹧鸪声声，清明魂断，白山黑水已经从冬天的板结中醒来，春风让这片土地更肥沃。清明节那天，陈星光带着妻女去为父亲扫墓，他骤然长跪，告慰父亲的在天之灵，风水轮转，"抚煤"又活过来了，活得风生水起，而那个持续了整整70载的"抚煤"号头仍然还在陈家手中。

几缕雪雨飘来，陈星光看到墓碑上的老父亲在笑。

告慰亲人。泪飞顿作清明雨。


## 3. 港口世家冷风吹雨


王静说起她家港务世代的故事，不无自豪感，说她的家庭其实就是一部大连港史，诡谲而传奇。当年听奶奶说故事的时候，尤为激动，恨不得将它们写出来，可是迟迟不敢动笔，怕埋没了这段历史。

你的祖籍是山东吗？

老家在沂蒙山里莒县怪泉村。王静说，听爷爷们说，那个怪泉长年四季有水。有水的年月，老百姓的生活过得很富足，可是却引起邻村人忌妒，有一天他们将怪泉破坏，水断流了，风水便走了，从此沦为贫困之村。老爷爷是乡村木匠世家，一咬牙，一跺脚，说这里不养人，自然有养人处。他将目光穿过沂蒙山的烟雨，投向了遥远的关东大地。带着四个儿子就从水上闯关东过来了，跨过渤海湾，上了岸，便在大连停下脚来。时间正好是 20 世纪 20 年代。

登岸了，有一技之长的能工巧匠，往往会把握命运和机会，王家四兄弟上了大连港便各显其能。大爷爷、二爷爷、三爷爷继承了曾祖父的木工手艺绝活，进了日本人办的福仓公司，当了华工，在港口上修修补补。干着干着，手里有钱了，由大爷爷王秀楷牵头，成立了一家兄弟公司，即现在港湾工程公司前身，他亲任总经理。后来发达了，在大连穿的是大氅，连日本巡捕见了他都要行礼。

王静的爷爷长得一表人才，在老家山东又上过九年私塾，四书五经皆读，又写得一手好楷书，跻身当时中国文化人之列，被日本人邀去做"摆台"，渐次升为高级买办，住进了日本的小洋楼，房子有好多间。

看四个儿子各有所成，曾祖父对曾祖母说，你带笔钱，回山东莒县老家吧，帮着娶四个儿媳回来。

老奶奶点了点头，她虽然是一双小脚，但三寸金莲丈量江山。当年她就跟着丈夫，带着四个儿子踏沙而行，涉海而来。如今几个儿子出息了，但是她却看不上大连港边上的姑娘，执意要回到山东孔孟之乡，给四个儿子讨四房媳妇。她要的是勤劳贤惠，敬公婆，相夫教子的山东女人。

八千里路云和月。兜里有钱了，老奶奶再不像当年小脚颤颤巍巍风尘仆仆而来，她雇一辆独轮车，让车夫推着她，往故乡沂蒙山的大道迤逦而行。

也不知走了多少天的行程，老奶奶终于走进了沂蒙山中，抵达怪泉村后，她做的第一件事情，便是将媒婆找来，叮嘱道，我家的四个儿子闯关东后，都发达了。你帮我找四位好人家的女儿做媳妇，我走的时候要一起带走。

媒婆瞠目结舌，说自己干了大半辈子，没有见过了一下子娶四门媳妇的。

老奶奶将赏银递了过去，交代道，少废话，我只提四个条件，就四个字，俊，惠，勤，壮。

媒婆呵呵大笑，说你哪是挑媳妇，而是挑皇妃。

老奶奶盘腿坐在炕上笑个前仰后合，说这话我高兴，你就照着皇妃挑吧，反正这四房媳妇跟我去了大连港，就是去享福的，传香火的。

媒婆得了赏钱，哪有不卖力的。十里八乡地挑，选来挑去，大媳妇、二媳妇、三媳妇领进门来，老奶奶都很满意，点头道，都是我梦中梦见的儿媳妇。唯有看到王静的奶奶时，见又瘦又小，皮肤黧黑，眉头就皱起来了。王静的奶奶是沂蒙山薛家窑村的，家里特别穷，吃不上饭，自然长得瘦小。小儿媳是老奶奶最不满意的。

一看老奶奶蹙了眉。媒婆道，老祖宗，我尽了力，十乡八里，搜遍了，就这几个啦。别看这老小的媳妇，小点瘦点，将来长开了，也是一个俊娘子。

罢了，罢了。老奶奶已经订了起程的日子，那是一个黄道吉日，她不能再等了。

于是，那个春天的早晨，沂蒙山里的残雪未尽，天空中已经有了些许暖气，北回的大雁在天空中盘旋。一辆马车载着小脚的婆婆和四个未过门的媳妇，沿着莒县人当年闯关东的黄土大道，往青岛海边驶去。

再度登岸，王家一门四位媳妇，老奶奶带来的可是王家在关外繁衍的土地和血脉。

吹吹打打，张灯结彩，红罗帐中迎新人。王家一下子操办了四个儿子的婚事，成了 20 世纪 20 年代中期大连港里的一道风景。

王静的爷爷王秀恩与老奶奶最瞧不上的那个女孩结了婚，几年之间便给王家生下了两个男孩，三个女孩。女人一旦当了妈妈，自然俊俏了，被老奶奶看不上眼的王静奶奶后来印证了当时媒婆说过的话，出落成了另一朵花。

爷爷当时是由三个木匠哥哥供他读书的，没有吃过多少苦，多少有点游手好闲，薛家窑村的姑娘娶进门后，便一肩挑下了风雨沧桑。

日本人投降后，苏联红军过来了，接管了大连港，给日本人当过"摆台"的王静的爷爷当了会计，可是因为游手好闲惯了，居然将苏联人的钱花了，人家要关他，取他的脑袋。奶奶哭了。嫁了这么一个冤家，家里什么事情都要自己担着，兄弟之间发生了什么矛盾、纠纷，也得由这个老祖母最看不上的女人来调解，她只好去找几个哥哥，让他们凑钱还给苏联人。

光复之后，大连港仍然在苏联人手中。

新中国成立后，王静的大爷爷王秀楷响应人民政府的号召，公私合营，将他手中的大连修建公司，以赎买的方式，交给了国家。后来发展成了现在大连港务局一个重要的公司——大连港湾工程有限公司。

它从一个角度和侧面，印证了闯关东的普通百姓的个人奋斗发迹史。

三十年河东，三十年河西。弹指三十年，风水重新轮转了。王静的二爷爷去了三线，支援新中国的大工业建设。她的三爷爷在王氏四兄弟中，木工手艺最精，则去了大连工学院，专门做教具模型，最后终老。有一次王静跟着爷爷去看过三爷爷，他家摆着一张八仙桌，堪称是王氏木匠活的经典之作。雕龙刻凤，云纹流畅精细，葫、鹿、蝙蝠，甚至琴棋书画，皆有展现，是一件难得的工艺珍品。

最不得善终的要数王静的爷爷。因为当过日本人的"摆台"，苏联接管后当会计时擅自花了人家的钱，总被与旧时代的伪旧人员画等号。一有政治运动，就被列为专政对象，被卷入其中。"文革"之前，还无事，他只是个小小的办事职员，谨小慎微，老实做人。

王静的小叔说过一件事情。"文革"那年，他只有7岁，头天还与爸爸相处一室之间，但是他的紧张和哆嗦已经彰显在了肢体语言上了。

第二天发现爸爸不在家。大连港务局宿舍区的街道，掠过了一群群游行的人员。小叔王永顺爱看热闹，跟着游行的队伍跑，却发现那个戴着高帽的是自己的老爸。父子对视的那一瞬间，他发现父亲眼里的惊慌。父亲如同一只受惊的小鹿，眼神尽是无奈和无助。

随后便是"红卫兵"抄家，王永顺堵在门口不让他们进去，被一个戴着红袖章的工人抬腿一脚，踹得老远。母亲将他抱起来，他委屈得泪水涟涟。

那时王静的爸爸参加"红工"去造别人的反了，最终逃避不了下乡的命运。两个姐姐——大姐王永君、二姐王永凤被赶到朝阳北票插队。

那天王永顺跟着妈妈去送两个姐姐，到了大连火车站，才发现那里一片哭天喊地声。

受到知青下乡冲击的又岂止是伪旧人员家庭出身的两个小姐姐。

那个年代，王家姐妹注定又要经历一场命运轮回。

大姑姑王永君后来被分到锦州铁路局当了养路工，通过王静爸爸的一个关系，才对调回到外轮公司，在大连港一号食堂当了一名服务员。二姑王永凤直至知青返城时才回城，未进海港，去了大连油脂厂上班。三姑则进了大连港生活服务中心，管理浴室。一个当年响当当的港口世家永远消失了，融入到底层人群里，过着寻常百姓人家的平常日子。

两个儿子似乎比三个姐姐幸运，受到了命运的惠赐，也许是给王家一门四代的交代。

王静的爸爸王永龙，海港技术学校毕业，先当装卸工，在码头上开汽车拉货，觉得挣得不多，就开起了海港上的流机、固机，调卸货物。后来做了巡逻保卫，到了1980年，保卫人员一转警，他走进警察队伍，完成了人生的最后一跳。

哥哥的成功极大地吸引了王静的小叔王永顺，他因为年龄小，"文革"开始批斗爸爸时才7岁，幸运地躲过了上山下乡运动。爸爸被游街过后，老账新账一起算，关了许多年，才放了出来，出来之时，蓄了长长的胡子。那时，他一出门，就喜欢带老儿子王永顺出去，姐姐对他有芥蒂，担心他对弟弟下"毒手"，总在后边远远地跟着。

1978年王永顺顶了父亲的号，到了大爷的修建工程公司，不久分到了消防队，干了五年。1985年考入了北京交通部警校，两年后回来，进了客运站派出所。

那天，王静说起自己的港口世家故事时，称自己只是小时候听老奶奶讲过一些片段，难以串联起来，真正说得清楚的是小叔。就给王永顺打电话，让他来港务局大楼。

王永顺一听说采访，坚持要港务局给派出所领导打电话，走官方程序，才同意采访。

电话打过去了，王永顺才从旅客进港大厅赶来了，他是交通部有名的反扒能手，练就一双火眼金睛，在熙来攘往的进出港人流中，他能一眼看出谁是扒手，谁有过前科，谁可能是流窜逃犯，他一抓一个准。

当他将王氏港口世家那段风水轮转的历史说了一个清清楚楚之后，我突然问道，你们这代人过得如何？

王永顺的眼睛里流溢暖意，与我采访过那些凄苦的对象多有不同。王永顺喟然长叹，说大时代变了，大连港很多年都是中国一大名港、大港，可是仅仅十年之间，物价在飞涨，烟台港后来居上，超过了大连港，过去警务之间来往，常常是王永顺请客，后来却是人家烟台港的来人主动埋单了。

或许因为一度沉浮，被小兄弟赶上了，才有大连航修厂与甘井子作业区的合并，成立了大连公司，在香港 H 股上市。

海港潮起潮落，沉浮多少风流人物。王家老一代皆已经远去了烟波浩瀚的凌烟阁上。王永顺说，现在王家的后代，多数集中到了客运站上。王静的爱人王波是客运站副总经理。王永顺的爱人原来在客运站一个大集体商店做会计，客运站服务网点放开后，大集体商店被人承包了。2000 年在整个东北大国企一片倒闭潮中，她买断回家了。好在有一技之长，当会计时还考了一个大专文凭，有一张助理会计师证，便去一家日本企业打工。日本企业的老板叫大岛正雄，刚开始说不行，一个小小的大专咋胜任外企的会计啊？可是人家还是留有余地，说面试一下看看。大岛正雄一看面相，马上说挺好，你留下吧。

王永顺的妻子留下来了，仅干了一周，日本老板立即让她升任会计总监。原来她在客运商店做会计时，旅游物流样样皆通，特别对于中国的财务税收系统一目了然，干了几天后，她就为企业提出了许多好的建议。

日企老板一看，颇为感动，说在日本的员工，我不教他，就不会干活儿，而你中国的会计，反倒处处为我着想，我在大连打拼了 20 年了，没有见过像你这样好的人呢。

立即决定给王永顺老婆的工资一个月 1500 元。

然而，仅干了一年。小舅子办了大连海乐股份有限公司，摊子铺大了，

一定要自己的姐姐去当会计。

妻子向日企老板辞行。

大岛正雄双手作揖，说，你不要走，如果嫌工资低，我现在就给你加。

妻子莞尔一笑，说我现在是帮人不避亲了。大岛先生与我亲弟弟相比，感情的天平我只好偏向弟弟了。

理解，理解！大岛正雄说，这个会计总监的位置，我给你留着，你什么时候想回来了，随时说一句。

谢谢！

一位下岗女工在一个发展中的年代，仍然找到了自己的位置。

海港世家的后代再续了他们前辈的精彩。

风水似乎又转回来了。


## 4. 风水轮转总归零

会议室坐定了两位工装女工，两人的皮肤都白皙，看上去像是一对母女，却又似乎有些不像。因为母亲的头发短而黑，而女孩儿的头发看上去则略有些发黄，长长的秀发轻绾脑后，却并不像是被染过的。工作人员介绍后得知，果然是一对母女。

母亲叫高淑萍，1979 年参加工作，再差一年就退休了，现在机床一厂质量保证部工作。女儿吴琼，1988 年出生，23 岁，毕业于辽宁广播电视大学形象设计专业，在机床一厂箱体部装车间开天车。高淑萍的丈夫吴密良大她两岁，曾在实业电机厂上班，八年前下岗。自从丈夫下岗后，高淑萍一家曾经的幸福生活渐行渐远，踏上了一段和疾病、贫穷不屈斗争的"八年抗战人生"。

高淑萍的老家在河北沧州。已经 77 岁的父亲高云起，曾是机床一厂三号（加工）车间的一名技术人员。进厂伊始，在他热爱的技术岗位上就一直干到退休。1956 年，高云起孤身一人随着"闯关东"的洪流一起来到东北沈阳。自此，便在这里娶妻生子，安家落户。而他的四个兄妹，只他一人出来闯荡，其他人仍旧在老家的土地上讨生活。母亲解忠凤比父亲小 4 岁，曾是机床一厂商店的一名工作人员。和父亲一样，高淑萍也是姊妹四个。她是长女，后面还有一个妹妹和两个弟弟。弟弟高振远曾在机床一厂的营丰铸造厂工作，是一名锻造工，在 20 世纪 90 年代的企业发展低迷时期，买断工龄，自谋生路；而另一个弟弟高振宇和妹妹高淑兰则一直在外做生意。

那姊妹们为何唯独你在机床一厂呢？我对此自然不无好奇。

谈起自己当初选择在机床厂工作的理由，高淑萍的解释是，因为那时父母都在机床一厂工作，小时候自己经常会到厂里来，耳濡目染的一切，让自己觉得能在机床厂工作是一件十分荣光的事儿。于是，1979 年初中毕业后，就毫不犹豫地报考了厂技校。

报考厂技校，就意味着一只脚已经踏入国企的大门，从此，将成为又一代产业工人。而高淑萍的一位初中代课老师则力主她继续更高层次学历和知识的学习，对她的未来有更加美好的希冀，不愿让学习成绩在班上名列前茅的高淑萍过早就业。但高淑萍主意已定，去意已决，老师唯有一声叹息：国企的队伍里只是又多了一名员工，而一个才华横溢的女子将永远被产业工人的工作服所遮蔽！

你后来再想起老师当年说过的话时，有没有后悔过？尤其在"下岗"狂潮袭来之时。我问道。

后悔？高淑萍略略一愣，说，没有吧！好像。虽然当时许多人都下岗了，但是我却一直在厂里工作。

哦！原来这样啊。

在技校学了两年专业技术知识，高淑萍毕业后就自然而然地被分配到机床一厂，如愿以偿地当了一名产业工人，和父母在同一个大国企里工作并快乐着。每天早晨，待高淑萍起床梳洗后，父亲高云起已经早早做好了父女俩当天要带去厂里的午餐，分别装在各自的铝质饭盒里。收拾停当的高淑萍把自己的饭盒装进一个网兜，挂在飞鸽牌女式自行车的把手上，推车出院，然后像鸟儿一样欢乐地飞出家门，骑车而去。"花儿香，鸟儿鸣，春光惹人醉……"一头乌黑亮丽的长发在晨曦的微风中一路飘飞，很快融入马路上汪洋一片的自行车大军。

还记得你第一个月的工资是怎么处理的吗？我问道。

记得！怎么会不记得呢？沉浸在对美好往事回忆中的高淑萍笑着看了我一眼，说道。

高淑萍第一个月的工资是 33 元，她给爱喝两口的父亲买了一瓶老龙口酒、一袋花生米，给自己买了一点儿零食，余下的就都交给了母亲，自己一分钱未留。身为家中长女，她觉得自己理应替父母多分担一些。即便平常，只要高淑萍的衣兜里攒下点儿钱，她准会拿去给父亲买一些花生米之类的小吃食。晚餐时，看着父亲端起桌上的玻璃小酒杯，轻轻抿一口酒，品咂着；然后，再用筷子夹几粒花生米，慢慢地嚼着，半眯着双眼，极享受的样子。高淑萍就会觉得那一刻的父亲简直太可爱了！

她的父亲虽然文化程度并不高，但却经常督促高淑萍要多学习，坚持学习。哪怕进了国企，有了一份稳定的工作，学习也是不能有丝毫懈怠的。而高淑萍多年来对父亲一直十分敬重，从不顶嘴，对父亲的建议更是多有采纳。1989 年，她就已经是一名高级工了。

之后十年的人生路则略有暗淡。机床一厂这艘大船不可避免地受当时社会大环境的影响：企业效益下滑，工人们的工作量不饱和，人心不稳。一些人选择离开，停薪留职，下海经商；也有一些人则"被离开"，买断工龄，放长假，下岗。看着眼前的一切，高淑萍的内心也曾动摇过。但再三考虑之后，她觉得还是更愿意干自己的本行，就咬牙坚持了下来。后来，人员调整，岗位发生了一些变化，工资也开始每月发 80%、70%、60%……渐渐越发越少，但是还能按月发放。

在企业效益下滑的低谷时期，父亲一再鼓励她：要相信企业，相信企业的未来。当时离开的人，有的人找到了适合自己的路，渐渐干得风生水起，走向成功；而有的人境况也并不好。有那么一两年的时间，是企业最为困难的时期。从千禧年后的第二个年头开始，机床一厂开始有起色，企业效益渐渐好转。高淑萍白净的脸上重展笑靥。

浴火重生，高淑萍十分珍惜眼前的幸福生活，也很庆幸自己能一路坚持下来，走到今天，因而倍觉欣慰。可是，谁也不曾料到，一件更加艰难之事正在徐徐从天而降——2003 年，丈夫吴密良从实业电机厂下岗。

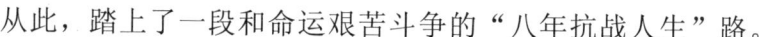

从此，踏上了一段和命运艰苦斗争的"八年抗战人生"路。

那你丈夫下岗后都做些什么呢？我问道。

在外面打工！也做过一些小买卖，虽然也挣不了几个钱，但是人总得有事情做啊。不管怎么说，因为我这里还比较稳定。那时，有许多一大家子人全都下岗，生活十分艰难，夫妻双双下岗的就更多了，而我们家只是一个人下岗，一个人还有工作，算是不错的了。

你爱人身体怎样？

高淑萍没有立刻回答，略微迟疑了一下说，现在……身体不太好！那时，也在机床一厂打过工……他得过癌症！

大概在 2008 年上半年，高淑萍的爱人开始觉得身体好像有点儿问题。其实他并不知道，这仅仅只是一个信号。起先肚子疼时并未太在意。大概 6 月份前后，疼得就非常不正常，到医院里去看病，结果被按肠炎来治疗。害得他药没少吃，钱没少花，就因为医的不是他那病，所以疼痛并没有减轻多少。眼看着丈夫越来越消瘦，高淑萍心急如焚：这到底是咋回事儿呢？谁知再次检查后，爱人被确诊为：肠癌！

这个检查结果如同一个晴天霹雳打在了高淑萍的头上，这个坚强的女人立时就晕头转向。悲痛的泪水在眼眶里打转、打转，她强忍着最终没有让它们一泻千里。只是一遍遍地看到检查报告上的结果——癌！癌！癌！她拿着单子的手都有些颤抖，简直不敢相信自己的眼睛。天哪！这结果谁愿意相信啊？命运之神啊！我到底怎么亏待你了，你何以如此捉弄人，不让人好好儿地生活下去呢？

而病却总是要治的！她赶紧四处去筹钱，很快让丈夫住院治疗。化疗了有半年多时间，花费了六七万元。这个数字对刚刚从困境中走出来的小家庭来说，何止是雪上加霜啊！

当时他查出癌症是我先知道的。高淑萍说。知道时已经是晚期了，必须马上做手术，而且手术的结果还很难预料到。爱人当时还不知道实情，还傻傻地说，自己要先把手头的几件事干完再去看病。高淑萍的心又急又痛，但她不敢让自己表现出来，还得努力掩饰自己的情绪。她骗爱人说是肠子上长了个息肉。因为他十多年前就做过一次息肉手术，她

就说这次的息肉有点儿大，要赶紧做啊！医生说不敢耽误了。就那么一点一点地渗透、说服他。

再坚强的女人也有脆弱的时候，背地里，高淑萍不知悄悄流了多少眼泪。多日后，她都一直不能也不愿接受这个现实，而每每面对丈夫时，又不得不强颜欢笑。后来，丈夫就信以为真，她很快给他办理好了入院手续。先做病理，发现瘤子就长在肠壁，已经快要破了。她没有敢把实情告诉年迈的母亲。

身为长女，许多时候，高淑萍是替姊妹们拿主意的人，可是丈夫患癌医治这样的大事，她却不敢自己贸然做主，还是和夫妻双方的兄弟姊妹们商量后才最终作决定。因为担心丈夫知道病情后情绪不稳定，影响治疗，她和大夫"串通"好，让其在病历上写着别人的名字。

手术进行了4个多小时。高淑萍说。当时真煎熬啊！除了双方老人，家里能去的亲人全去了。女儿和她二姑随丈夫进了手术室。

你当时心里怎么想的？我扭头问坐在母亲旁边的女儿吴琼。

我觉得我爸爸看上去有点儿心慌！吴琼说道。当时是我妈妈和我大爷办那些手续，我和我二姑把我爸爸推进手术室里。刚开始还不觉得怎样，只是有些担心。但是随着时间慢慢过去，就有些不好受了。两个小时后，其他一起被推进去的人全都出来了，而我爸爸还没有出来，我的心里就越来越沉。3个小时后，爸爸还是没有出来。很煎熬！感觉时间过得很慢、很慢，一分一秒的都是那么难熬。到后来，感觉快要到达自己的承受极限了，人简直都要崩溃！一遍遍在心底默默地念叨着：爸爸，你可一定要出来啊！爸爸！爸爸！……一直等到大夫先从手术室里出来后，才觉得一颗悬着的心落了地。

唉！

半年后，又是化疗。一年后，还进行了一次化疗。现在，高淑萍的丈夫在她的悉心照料下，情况已经比以前好多了。

丈夫患病虽然给这个拮据的小家增添了不尽的烦恼，但是当丈夫患病后，急需要高额的医疗费来医治时，昔日的亲戚、朋友，他们所在的单位，还有同事，全都伸出了援助之手，高淑萍一家被来自方方面面的温情所包围，这让她苦涩的心多少有些安慰。厂工会更是没少帮忙，多次派人来慰问，也给过一些资助。虽然给的钱不一定很多，但是高淑萍的心里会觉得有依靠、很踏实。单位扶贫帮困一对一，一位李姓副总经理被安排帮扶她家。虽然企业的扶贫帮困之举比起高额的医疗费用来说，不过是杯水车薪，但是她会觉得精神上有依靠。人其实许多时候，活的就是一种精神。高淑萍说，如果当时我是下岗职工，也许我会支撑不住，很可能就垮掉！

谈到丈夫的病情，高淑萍说，刚开始丈夫得病时，自己觉得十分疲惫。还记得当时给丈夫做手术的时间是9月份，手术后，那时的天气还很热，而丈夫因为有伤口不能翻身，高淑萍就把自己的双手插在丈夫的身下，给他往外拔热；然后，又把双手放进水里凉一凉，接着再拔……她用自己的一双手，努力给丈夫一些凉意。不要说她的丈夫为之而感动，即便数年后作为听者的我，都不禁动容。一个多好的女人哪！

像你这样的业务精英，如果退休后单位再返聘，你会回来吗？我问道。

我可能不会考虑再回来了。高淑萍说。

为什么呢？我有些好奇。

因为这几年单位进来许多年轻人，他们有闯劲、有干劲，应该将更多、更好的机会让给他们才对！虽然我也有一些技术，但是毕竟年龄到这里了，难免受经验的束缚，思路也要闭塞一些。高淑萍想了一下，平静地答道。

她的回答令我意外，而她的平静则更加令我意外。望着眼前这位经历过工作和生活双重磨砺的坚强的女人，我觉得自己有许多话想说，竟一时找不到合适的词说出来。

空气很静，很静，时空仿佛凝滞了一般。

## 5.老劳模的徒弟成了分厂厂长

采访高淑萍的当天下午，在征得其父亲高云起老人的同意后，我们

一行人驱车前往他的家中。

满头华发的高云起老两口儿早早就在家里等我们了，而我们因为其他采访任务稍微耽搁了一些时间，这让我觉得十分过意不去。

高云起老人进厂伊始，就一直在生产一线工作，直至退休。他从"大跃进"讲起，讲到自己曾使用过的刨床、车床，有苏联产的，也有德国和捷克的。20世纪80年代，还曾和日本合作过一段时间。设备大都是进口的，也有出口的。就连美国也曾进口过他们的车床。和国外的技术交流很多，但进入20世纪90年代以后，交流渐渐少了。1994年退休时，机床一厂的情况不是太好，但产品一直没有间断过，一次比一次先进。加工件长的做到5米，后来加工件达到12米。之后，就上了数控机床。

数控机床是1991年开发出来的，1997年就进入批量生产了。

后来，扩了不少分厂。改革开放以后，厂子分开了，退休后还去过，觉得变化很大，厂子很分散。当年下岗热潮席卷机床一厂时，下了一大批，厂子有点儿青黄不接，就从农村招了一批人，很能吃苦，但是因为没有技术，就又把一些下岗人员重新返聘回厂里工作。

那你退休时拿多少钱？我问道。

1994年，当时每月300元。第二年涨了一些。现在差不多每个月有1600元。高云起说，我们那一代人贡献大，但是得到的并不多。退休得越早，退休工资就越低，而物价的上涨速度却很快。离休干部还有些待遇，而退休的就不再有什么享受了。

身为劳模，您当年在厂里上班时一定见到不少中央首长吧？我笑着问道。

当然见到了！高云起激动地说。见过朱德、彭真、罗瑞卿等，苏联的一些领导人还来过。但是因为大家在车间里干活儿，许多时候并不知道来的都是些什么大人物，只是等人家走了以后，才会听别人说起一些。即便当时知道了，也不让随便靠近的，每个人只能在自己的机床前面工作，该干什么，还是干什么，不可以围观的！机床一厂在当时的社会上知名度还是很高的，但是各个单位收入倒是差别不是很大。我当时工作的机床所在的位置很醒目，每次上级来领导参观，都得经过我的机床，

呵呵。高云起不无自豪地说。

哦！那您一定近距离见过一些领导了？我又问。

见过！高云起说。经常来各级领导，见得多了，也就没有多好奇。后来，再有领导来参观，人家就参观人家的，自己就低头干自己的，互不相扰。有一次正在忙着做一个加工件，无意间一抬头，发现自己的机床前面站着三个陌生人，他们正在认真地看着自己干活儿。而其中一位竟觉得好像有点儿眼熟，但是想不起来是谁。结果他一开口说话，才知道是彭真！

呵呵。那你和彭真说话了吗？我又问。

没有！那是厂里不允许的。高云起说道。但是还是很激动：彭真在看我加工活儿啊！

呵呵。你们那时候劳模多吗？我问。

多啊！当时机床厂 1.3 万多人，有劳模二三十个。我当时年年都是劳模，有时是厂里的，有时是车间的，奖状、奖品有很多。改革开放后，改发荣誉证书了。刚开始，还把那些奖状拿回家后都贴在墙上，后来装在镜框里，再后来太多了，一面墙上都挂不了，就又都收起来了。

我可以看看你的荣誉证书吗？

当然可以。只是这些年了，都不知道搁哪儿了。高云起说。

我来找找。采访中一直默默坐在劳模身边的他的妻子这时才说了一句话，并紧接着站起身去翻找。

很快，老人家就从放在柜子顶部众多皮箱中间的一个皮箱里找出了几个影集，还有一摞各种荣誉证书、奖状等。

还有许多，后来就没有注意保存。高云起说道。

哦！

我放下采访本，把那些走过历史沧桑的沉甸甸的荣誉证书一一拿在手中，慢慢地翻开——

1983 年，沈阳第一机床厂先进生产者；

1984 年，沈阳第一机床厂先进生产者；

1987 年，中共沈阳第一机床厂委员会优秀共产党员；

1988 年，中共沈阳第一机床厂委员会优秀共产党员；

1990 年，中共沈阳第一机床厂委员会优秀共产党员；

1991 年，中共沈阳第一机床厂委员会优秀共产党员；

……

那些影集中，有许多是家人的生活照片，也有高云起老人当年在厂里干活儿时和上台领奖时的一些照片。

看过这些历史的足迹，我问道，您退休后还去过厂里吗？

去过！高云起说。

去看看厂里的发展变化，看看今日的喜人景象。而自己当年的一位徒弟刘秋棠，如今已是机床一厂的分厂厂长了，他年年过年都来看望自己当年的师傅。

一日为师，终生为父啊！我笑着说。

呵呵。高云起说，看到机床厂越来越好，很高兴啊！至于自己退休后拿多拿少，怎样叫多？怎样叫少？企业好了，就比什么都好。

采访中，忍不住留意了一下这位机床老劳模的手，发现那是一双粗大有力的手，一双勤劳的手。虽然岁月已经无情地留下了一些并不很明显的老年斑，但这双手，曾在过去几十年的工作历程中，陪伴它们的主人完成了一项又一项艰巨的工作任务；曾在过去几十年的人生历程中，带给它们的主人和家人许多生命中的美好！

# 第八章 ｜ 东搬西建

## 1. 一份"非典"肆虐时冒死起草的文件

2003 年"两会"刚落下帷幕，一封卸任财政部长刘仲藜写的信，就送到了新任国务院主要领导同志的办公桌上。

秘书已做了摘要，国务院领导伏案阅读起来。虽然刘仲藜已经卸去了财政部长的职务，可是一片忧国心尽在来信中。刘仲藜曾任黑龙江省副省长，后来任国家财政部长，对老东北感情甚深。而他赋闲下来后，出京的时间多了，最近刚去了一趟辽宁营口，觉得那里出现了一种营口现象，对处于低谷的东北老工业基地如何走出困境，是一个有益的启示。于是刘仲藜的信中提到，营口领风气之先，地方虽不大，可是在股份制改造上迈的步伐比较大。有几个轻工产品，如洗衣机、钢琴等畅销全国，并有很大市场占有率。营口现在值得东北老工业基地深思，为何同样的条件、同样的环境，营口能够一枝独秀？

刘仲藜恳请国务院领导派人去调研，总结营口现象，对东北老工业基地的振兴会有启示。

去职不忘忧国啊。国务院领导在刘仲藜的来信上作了批示，指名由国家发改委副主任张国宝带人去营口考察调研，如果条件成熟，今年夏天希望到东北作一次调研。

以刘仲藜的来信为发端，一个明确的信号已经发出，继开发大西北之后，党中央、国务院已将目光投向了东北这片辽阔的黑土地。

那个早春时节，辽沈大地的瑞雪一场连一场，覆盖了城郭，白茫茫的一片。

张国宝走下飞机，并未在省城停留，便登车往营口驶去。

车轮碾压在积雪大地上，发出咔吱、咔吱的声响。车窗外的村落、工厂和矿山在车窗两侧闪过。对这片白山黑水，张国宝一点儿也不陌生。他知道，几届国务院主要领导同志对于东北老工业基地大型国企的改革、改制，走出困境，都是费尽心力，呕心沥血。

在国家发改委司长、副主任任上，四载春节，张国宝都是在全国各地的城乡考察、慰问群众中度过的。

2000 年 4 月 19 日，张国宝随国务院主要领导考察辽宁，其考察的线路是沈阳、本溪、抚顺、鞍山和大连。辽宁的许多城市素有钢都、煤城之称，阜新曾经是亚洲第一大露天煤矿。60 年间，曾经向国家提供上亿吨的煤炭。如今沦为资源枯竭型城市，举步维艰，步履蹒跚。而东北之行，就是考察大型国有企业的改革和社会保障体系的建设。

那次东北之行，开了若干个座谈会，临行前，国务院主要领导与辽宁省委和大连市委的领导交流他对老工业基地的基本看法，令他欣喜的是，1999 年以来，国有企业的生产经营逐步好转。但这只是一个阶段性的目标。真正实现国有企业的根本改革，必须探索公有制的有效实现形式，形成公平竞争、公开监督的企业机制，并且逐步建立符合国际水平的现代企业管理制度。推进改革的前提是要有完善而规范的社会保障体系，并要为这个体系建立全国性的、社会性的保障基金。这样，才能够保证企业真正做到下岗分流、减员增效，增强企业活力和市场竞争力。

或许这仅仅是一个开端。

2001 年 7 月 22 日，党中央、国务院将辽宁确定为完善城镇社会保障体系的试点省。国务院主要领导两年之间，三度专程赴辽宁考察社会保障体系建设和再就业工作。

这一切都为党中央、国务院出台振兴老工业基地决策，奠定了基础。

……

张国宝走过冰雪大地。下车伊始，他便紧锣密鼓地展开了调研。营口现象果然在当时一片沉寂的东北一马当先、一枝独秀。

为什么会出现营口现象？张国宝在给国务院主要领导的报告中写道，领风气之先，敢于在国有企业的改制和参股上迈开大步走，是营口现象的真谛所在。

在那份报告中，张国宝谈到了一组发人深省的数据：改革开放前，仅辽宁一省的国民生产总值，就是广东的70%，而改革开放20多年后，大东北辽吉黑三省的国民生产总值加在一起，仅为广东省的70%。

毋庸讳言，大东北远远地落伍了，那计划经济的战车，已经深陷泥沼，到了非改不可的时候了。建设东北的根本出路在于改革。

时逢党的十六大和全国第十届人大会议相继落幕，党中央、国务院主要领导的目光投向那太阳初升的东北大地。

东方风来，中国的改革开放之风，先从珠三角吹起。深圳、珠海办经济特区，拉开了中国改革开放的大幕。随后进入90年代，邓小平南方视察，掀开了中国进入市场经济的大幕。上海浦东经济特区建立，让长三角再舞龙头。经过20多年的发展之后，党中央、国务院确立了开发大西北战略，三峡工程、南水北调、西气东输、青藏铁路等重大工程陆续上马开工。剩下的一块可作为之地，那就是中国重型装备的聚集之地——大东北了。

振兴东北，恰逢其时！党的十六大明确提出支持东北地区等老工业基地加快调整和改造，支持以资源开采为主的城市发展接续产业。当新一届政府欲施展手脚来做这件事情的时候，一种非典型肺炎祸起广东，先入山西，最终传入了北京，引起举世一片恐慌，国务院立即调整策略，积极应对"非典"。

然而启动振兴东北老工业基地的脚步却一刻也没有松懈下来。

在"非典"病毒肆虐京城的日子，国务院主要领导责令国家发改委派工作组赴东北三省调研，为党中央、国务院振兴东北战略出台做文件的调研起草。

国家发改委领受任务后，兵分三路赴东北。

第一路人马由发改委副主任张国宝带队，调研辽宁省，这是东三省

工业的老大。

第二组人马由工业司司长刘铁男带领去黑龙江省。

第三组人马则由投资司司长苏波带队去吉林省。

已经是人间三月天，可是泱泱京城却风声鹤唳。"非典"病毒一夜之间蔓延京城，弄得人心惶惶，谈"非典"色变，谈北京人色变。

但是国家发改委的三支调研队伍，却如期向东北大地前进。

张国宝和工业司副司长熊必琳在一组，他们坐着列车抵达沈阳的第二天，锦州便发现了"非典"病例，并确诊了一名病患，很快便蔓延开来。

无独有偶，到了沈阳不久，副司长熊必琳突然发起烧来，让大家都有点害怕了。沈阳的同事们也担心传染了"非典"病毒，要送他去医院。熊必琳也惊恐万状，但并不想进医院。最后还是省里的同志送他到辽宁省人民医院，一经检查，幸好不是"非典"，而只是普通的感冒发烧，虚惊一场。

3月25日，三个组在长春会合了，确定起草文件的思路和大纲。这时，熊必琳再次发烧，弄得大家都很紧张。

吉林省发改委主任曹宗新说，熊司长，你到底咋整的，行不行，不行就送你去医院？

别！别！我没有事。此时熊必琳更惧怕住医院了。就是普通的感冒发烧，一路上走过来，没有传染一个人啊。

大家就怕你有事啊，才将你弄过来的。

三个组汇总情况之后，确定了起草文件的大纲，旋即返回北京了。"五一"长假期间，北京"非典"战争硝烟未尽，张国宝便带着姜四清等一行蛰伏到了发改委的怀柔培训中心，起草振兴东北老工业基地会议的文件。

一份启动东北老工业基地振兴的战略文件在"非典"横行京城的日子里孕育而生。万事具备，只等党中央、国务院最后拍案、启动。

2003年8月1日，国务院主要领导考察黑龙江省和吉林省，在长春市听取了辽吉黑三省主要领导同志的汇报，感叹地说，第十届全国人民代表大会第一次会议换届后，本届政府本要放开手脚，大干一番，却来了一个"非典"，捆住了手脚，但是振兴东北的战略一天也没有耽误。"非典"期间，派张国宝同志带队调研，起草了这份振兴老工业基地的战略文件，这次征求东北三省领导同志的意见后，以国发文件形式下达。

采访张国宝时，他感叹地说，开发大西北，并不是不重要，那是国家行动，不过是由国务院转发的国家发改委的文件，而这次振兴东北老工业基地战略的文件，是经过胡锦涛总书记签发后，以中共中央、国务院2003年第11号文件的形式下发的。

毫无疑问，振兴东北成了国家战略。

国务院主要领导说，振兴东北老工业基地是历史任务，更是国家发展之策。

## 2.　一着妙棋：铁西与张士开发区合二为一

"慕马大案"轰动全国之后，2000年12月那个多雪的冬天，辽宁省委调整了沈阳市委、市政府的班子，两位副省级领导兼任省会城市的书记、市长，足见中央的重视。

2002年春节前夕，沈阳市领导到铁西区慰问企业职工、走访困难户时，交代当时铁西区的主要领导同志：过年后，要拿出一份详尽完整的铁西区改造方案来，市领导要听你们的汇报。

铁西区的主要领导说，请放心，我们会搞出一个好的改造规划。

好啊，你们可要整好了，我们可是期待着啊。

过大年的鞭炮声覆盖了整座沈阳城。那个春节对于铁西的芸芸众生来说，可谓是几家欢乐几家愁。许多家庭是强作欢颜，度过这个中国人最在乎也最隆重的节日的。

仰望着沈阳城的夜空，不时有烟花焰火燃亮夜空，可是身为沈阳市委和市政府的领导心情怎么也轻松不起来。

几天来，一直在沈阳各区县走访慰问，铁西的际遇尤其让人忧心。到了夜晚8点多钟，工人村里家属楼就黑灯了，唯有街道上昏黄的灯光。街道和居委会的干部说，在铁西工人村的农贸市场，猪肉要比市里别的

区低 5 角，鸡蛋低 2 至 3 角，可还是少人问津。

卖水果的小贩也是下岗工人，他进了不少鸭梨，在工人村的街隅叫卖：5 元钱 6 斤！却无人响应。

出租车公司的领导说，出租汽车司机不敢进铁西，那里尽是些蹲在街边喝廉价酒的男人，成天无事可干。喝醉了，有时抡起空瓶就往出租车上砸过来。坐了车，拉开车门便扬长而去：要钱没有，要命一条。然后，伸出脖子来说，拿去吧！

从此，出租车一到铁西就掉头，不进去。惹不起，躲着走。

还有一位北京来的部长向市领导讲过一件事情，在辽宁春节前慰问时，听到这么一个故事，一个老矿区粮店的玉米面被偷走了一袋，警察来后很快就破案了。那是一位老工人偷的，还是老党员，问他为什么偷东西，他说家里过节没有钱买粮了，晚上便悄悄撬窗进了粮店，里边大米、白面、玉米面、挂面应有尽有。他犹豫再三，想着自己受党教育多年，还是选一个最不值钱的偷吧。于是，就捎走一袋玉米面。丢人现眼啊，七老八十还背上小偷之名，说着老泪纵横。

警察听了，扭头便走，出门时也一脸泪痕。

那天，在铁西慰问，一个三口的老工人家庭，仅靠爱人退休工资 245 元维持，家庭主妇给市长算过一笔账：一个月 50 斤大米 55 元，一袋面粉 50 元，5 斤豆油 14 元，余下的钱须精打细算过日子，至于 5 元钱一斤的猪肉基本不买，他们家已经有半个月没有沾过荤腥了。

市领导让市府的工作人员递上慰问金、一袋面、一桶油，说了一句："对不起！买点猪肉，包饺子过大年吧。"

年过完了。市委领导到了铁西区委，对主要领导说，我们来收考卷了，请出示你们的铁西区改造方案吧。

区委领导让工作人员在每个市里来的领导面前放了一份。

市委领导瞅了一眼，薄薄的就几页纸，迅速浏览，越看脸色越凝重了。最后"噌"地站了起来，有些怒其不争，哀其平庸，将那份铁西改造方案拎在手上，往空中扬了扬，说，这就是你们的方案，就这几张纸？

说着，那几张纸订得不紧，经不住这一抖，一张一张地往下飘落……

别再汇报了，这个方案没有一点儿可以讨论的基础，你们推倒重来吧。要换观念，换思路……

显然，现在的铁西区委主要负责人难以担当起重新打造一个新铁西的重任。

得有一个大视野，动大手术。市委、市政府领导一拍即合。认为这么一个老工业区，地处市中心，污染又大，在现在的地盘上，搞技改，搞基建，成百上千个亿投进去，仍还是死水一潭，黑沉沉的，不会看到底的。必须推倒重来，利用土地的级差价，将铁西工厂置换出去，然后在这里开发商业街、住宅居民小区。

妙棋啊！只是铁西搬到哪里去建。

跨过大马路。往一路之隔的张士开发区推进，地盘大了，就可以集中一片建设大型装备制造厂区啊。一位市领导提到将铁西区与张士开发区合并！好主意啊。让政府办公厅起草一个文件，开常委会讨论一次。

为了便于协调统领工作，避免互相掣肘、扯皮，市委领导认为铁西振兴在此一举，经不起折腾了，要上就上领军之帅，打一场漂亮的翻身仗。

好啊，就这么定了。市委领导拍板道。

那是一个春天的早晨，春风徐来，残雪已尽，冻结的大地开始解冻，北回的归雁飞在天空，这块龙兴之地上的万物在东风吹拂中又开起新的一轮葳蕤生机。

谷春立被市领导召进了办公室。

市委领导说话时郑重交代，派他到铁西新区当区委书记和区长，责任大啊，铁西被称为中国的"鲁尔"，也是共和国"总装备部"的最集中之地，目前的现状，不用多说了，早已经耳闻目睹。整个80年代，国家往铁西的技改投了240个亿，但是基本都打了水漂，连浪花都没有溅起来。现在的形势很严峻啊，15万下岗工人、5万失业人员，再强的汉子也要被压倒的。但是，我们已经没有退路了，唯有置之死地而后生。有迹象表明，中央要出台振兴东北老工业基地战略，这可是继开发大西北之后的又一历史机遇。最近，国家准备在辽宁进行社会保障体系试点，就是为辽宁的大中型国企解套，也是为铁西解脱啊！我们要紧紧抓住这

个机会。

新上任的区委书记默默地点了点头，在本子上记下了市长的这段重托。

市委领导进而分析道，铁西的改造要走新路，不能再走老路，输血救不了铁西，必须脱胎换骨，浴火重生。那 232 家大中型国企，该救的要救，该联合重组的要重组，该倒闭破产的要破产，择其主要的，对国家的装备制造和国计民生有重大影响的，西迁，到张士开发区去新建。钱从哪里来？将腾出的这 760 万平方米土地，利用土地级差上市，会卖一个好价钱的啊。这是唯一的一着活棋了！

明白！新上任的区委书记觉得市委和市政府改造铁西的战略布置清楚了，坚决按照市委的意图办就是了。

这是一场硬仗。20 万下岗工人和失业工人，一看依赖了一生一世，甚至几代几世的工厂给拆了，会跟你们拼命的。还是那句话，中国的老百姓是最好的。把政策交给群众，作好宣传解释，只要决策透明，不藏着掖着，群众得到了实惠，看到了好处，会站到我们这一边的。

市领导指明迷局。已经将市委和市政府的振兴铁西战略听得清清楚楚，此时的铁西区委班子，就是一个战略执行者。唯一的表态就是不辱使命，宁可肝脑涂地，也要换来铁西一片新貌。

走出沈阳市政府大楼时，春天的风吹在脸上，谷春立步履从容。

2002 年 6 月 18 日，沈阳市委和市政府正式向外宣布，铁西区与邻近的沈阳经济技术开放区（张士开发区）合署办公，成立铁西新区，谷春立任区委书记兼区长。

正式交接的前一周周六，下午 2 点钟，新任铁西区委书记在铁西区政府 301 会议室召开了他上任之后的第一次会议，与会者就是几位核心幕僚和得力干将，他们是常务副区长兼铁改办（铁西工业区改造办公室）总指挥李松林、区政府办公室主任刘复、城建局局长杜可风、铁改指挥部资本运营处处长王振中。

区委书记伫立在一张新绘的铁西与张士开发区的地图前，抱歉地说，同志们，沈阳市委和市政府派我来铁西新区担任书记兼区长，没有给我一分钱，所以我上任时是光杆书记和区长，不带一分钱，不带一个人来。给的只有四个字"战略"和"政策"。毛主席老人家说过，政策和策略是党的生命，至理名言啊。有了政策和策略，我们就可以大有作为了，钱从哪里来？就在老铁西这块土地上下蛋生钱。232家工厂，抓大放小，重组后，往张士开发区西迁，腾出760万平方米的土地，挂牌上市，可以获得土地收益150亿元左右，50亿元解决国有企业欠账问题，将拖欠工人的工资和银行利税还了，55亿元用于支持企业发展，35亿元至40亿元用于城乡发展。

先从哪里动手搬迁呢？区委书记手中挥舞着一支红色的碳素笔，在那张大图上掠过：北二马路。第一个准备出让的土地，黎明毛巾厂，第一家迁往张士开发区的是沈阳拖拉机厂破产重组后的农机公司……

区委书记一番讲解，让李松林、杜可风、刘复、王振中眼前一亮。

那天的会议开到很晚。就像一场大战前的作战会议，作为铁西区委领军人物从战役行动到每个战术动作，都说得清清楚楚、明明白白。

步出会议室时，夜幕降临，铁西区城池灯火一片灿然，五个人走下楼梯时，一种从未有过的信心和坚定，写在了脸上。

## 3. 铁西卖地的第一槌"嘎嘣"砸下

新铁西卖的第一块地，是黎明毛巾厂的。

东北三省的老工业基地在市场经济年代，最先受到冲击的是三产服务业，即那些国营或集体餐馆、酒楼、旅店、浴池、理发室最先倒下。随后是轻纺工业，到了20世纪80年代中后期，便开始在生与死的冥界前垂死挣扎。再后来是资源枯竭型城市的矿山、巷井里的工人。最后才是重工业制造基地的产业工人。

辽宁社会科学院的两位专家向我描述过沈阳安置下岗工人的四个阶段：1991年至1993年，称为"青年自谋职业"，当时的下岗迹象刚刚出现；1993年至1998年，称"再就业工程"，因为40～50岁人员几乎是一刀切下岗；1999年至2000年称"再就业工作"；从2002年之后，便

是重组和振兴阶段了。

20世纪的90年代，可以称之为铁西乃至整个沈阳，以及东北老工业基地最暗淡的一段岁月。

但是到了新世纪元年，黎明毛巾厂已经陷入停顿的绝境，什么都没有了，纺织厂陈旧，没有人要，只有18万平方米的厂区和地上的建筑物，当时企业与浙江新湖集团达成协议，以每平方米500元至700元之间的价格出售，厂家期望值1.1亿。请示报到谷春立书记办公室时，他马上叫王振中通知黎明毛巾厂暂停，浙江这个价格出低了。必须将这片地拿到铁西区土地储备中心来挂牌公开出售，按照黎明毛巾厂的地理优势，应该在每平方米1000元。这样不仅可以满足企业的实际期待，铁西新区也可以因为土地而淘得第一桶金。这是一个三赢的向度：黎明毛巾厂、新铁西区委和土地开发商。

企业一听，拍得好可以稳拿自己期望的1个多亿，何乐而不为呢。这倒一下子将压力给了新铁西区委。这可是铁西新区"嘎嘣"砸下的第一槌，只许成功，不能失败。失败了，这个阴影就会追随铁西永远，后患无穷。

怀着忐忑不安的心情，铁西新区铁改办资本运营处处长王振中走进了土地交易中心。也许是因为这是铁西拍的第一块土地，沈阳城里的和外省的房地产开发商纷纷云集。拍卖正式开始后，从每平方米700元开始叫值，750元，有人举牌，800元仍然有无数人在举牌。

叫卖师喊道，850元，

举牌者如林。

900元，950元，

1000元。

到了1000元，就是100元、100元的往上递增。

1100元。

举牌无数。

1200元，仍有好几家竞拍者。

1300元，

1400 元。

叫到 1500 元一平方米时，只剩下两家。

1600 元，只有一家举牌了。

1600 元一次。拍卖师喊道。

1600 元两次。

1600 元三次，随着拍卖木槌"砰"一声敲下，新铁西土地拍卖第一槌大获成功，每平方米高出厂家最低价格一倍，1600 元一平方米而大获成功。

黎明毛巾厂土地的第一次拍卖，企业得到了他们期望中的 1.16 个亿，而新铁西区因为土地出让，有了 6000 万元的税收。

第一个进入张士开发区建厂的沈阳农机公司也如期挺进建厂。

农机公司前身的沈阳拖拉机厂在老铁西有 24 万平方米厂房用地。它也像黎明毛巾厂一样，到土地拍卖中心挂牌，挖了一个金娃娃，24 万平方米的土地，置换出了 2 个多亿的资金，偿还了多年拖欠的职工工资、集资款、采暖费、医药费 8000 万元，一次性并轨了 7700 名职工，然后凭着 1 个多亿的资金，到新铁西的规划区西部新建了 15 万平方米的新厂房。

第一槌拍卖和第一建都很成功。

东搬西建开局良好。

然而东搬西建的范围推进到与北二马路交叉的兴工街时，情况突然严峻起来，遇上了两个钉子户企业——化工机械厂和低压开关厂。

兴工街与沈阳和平区太原街的繁华商业区毗邻，地价升值快，不少房地产开发商觊觎这两块土地，铁西新区将化工机械厂和低压开关厂列为第一组搬迁和土地拍卖的项目。

消息一出，不啻立即在此地扔下了一颗核炸弹。从厂长至职工，低压开关厂工人愤怒的情绪犹如核聚变一样，迅速传至每个角落。

那天，铁西新区铁改办的王振中处长带着几位工作人员，去厂里交换情况，还没有谈几句话，厂长便怒不可遏，说，你们这是在拆社会主义的墙脚，与黑心商人沆瀣一气，将国有资产变卖，装进个人腰包……

厂长一挥手，几位工人过来了，像抓小鸡一样，将几位手无缚鸡之力的书生关了起来。

铁改办司机一看里边情况不妙，驾车就想回去报告，可是车刚开至工厂门口，就被护厂的工人堵住了。

既关了人，又不让车出去，王振中觉得事态严重，先报告铁改办总指挥李松林，说，我们被扣住了，工人师傅情绪很激动，骂我们是"甫志高"、"王连举"。

李松林经历过群体上访的大场面。2001年的时候，在保工街、兴工街，成百上千人的聚集，一天总有七八次，一个厂一个厂地来，多则上千人，少的也有几百人。有的上街静坐，有的堵塞交通。有一天，竟然跑到沈阳站去堵火车，将国际列车都给堵了，只好停开。

然而，李松林处理这件群体事件，要求双方都要克制，不能用警力过度，否则会扇起对抗的烈火。他给公安局长打电话，叫派出所派人进去，将被扣的人接出来。对关人的工人以教育为主，不要扣人，也不要带人，否则，会引起燎原之势。

警察驾着警车过去了，护厂的工人就是不开门，双方形成对峙之势。

工人们的话说得很悲怆，说工厂是我们的家，也是我们的衣食饭碗，如果拆了、搬迁了，等于我们再也没有饭吃了。如果厂子没有了，我们有事去找谁啊。我们家嗷嗷待哺的几张嘴谁来养？

毕竟是扣了人，又与警察对峙。李松林觉得有必要告诉领导。于是，他打了区委书记的电话，说，低压开关厂的形势有些不妙，工人情绪比较大，厂长带头闹，将我们铁改办的人抓了，我已经通知派出所进去救人，但被堵在门口……

告诉公安局，不要对工人兄弟用警。区委书记交代道，我们都是工人阶级的子弟，是为他们办好事的，屁股永远只会坐在父老乡亲和工人兄弟姐妹一边，不会坐到开发商的凳子上的。松林，你亲自去做说服工作，把政策交代给群众，让他们看到好处。必要时，我过来。

我去顶着吧！

好！一定要全力化解矛盾，不生是非，别成为群体事件。

明白！

李松林独闯龙潭，让警察回去，让低压开关厂将铁改办的同志放了。他语重心长地对厂长说，他们也都是工人子弟，是人民公仆。你们拘人不对，而且厂家也没有这个权力，这会触犯法律的。有事摊开来说，有意见摆到阳光下晒晒。选代表来，我与大家一起对话，咱们有事好商量。

厂长一挥手，将铁改办的人员放了。

接下来便是一场唇枪舌剑的较量。

一位抗战时期的老干部，须发皆白，眉毛还浓浓的，如两条颇为有力的大"一"镌刻其上。他拄着拐杖而来，说，我是接管这个厂时的解放军，我的命运、我一家人的命运都与低压开关厂息息相关，它50年代创造了多少辉煌。而如今，你们要把厂子整丢了，我们就没有家、没有根啦！

老爷子说着潸然泪下，毛主席若地下有知，非起来，拿拐杖抡你们这些家伙。

说着，老爷子手里拄的拐杖在地上咚咚咚地拄了几下。

老人言毕，突然有工人代表站起来呼口号：我们坚决不搬迁，我们一定把厂子办好！

老首长、老人家，你别激动，好不！李松林站了起来，让我掏心窝地说几句。

老八路点点头，说，好，你唠吧！

刚才老革命说得对，我们过去的工作没有做好，让工人兄弟们受累受苦了。李松林低调进入，将工厂未经营好的责任都往政府揽，往自己身上揽。但有一点苍天可以作证，历届的政府，历届的班子，都想将工厂的事情办好，该想的辙我们都想过了，该让工人兄弟们自己经营，我们全放权了。我给大家算算账，90年代这十年间，低压开关厂负债5000多万元，欠银行贷款1个多亿元，这十年间大家的集资款别说分一分利，血本都不见了，工厂兄弟们可以说办法都已经想尽，力气都已经用完。现在好了，我们搭上了振兴东北老工业基地的顺风车，国家有政策，企业的事归企业，社会的事归社会，实行社会保险试点，先将企业这个

沉重的包袱卸下来。铁西区政府决定，先垫支将工厂搬到张士开发区去，辟地重建，工厂还在。你们用过的好的机器设备还在，另外，政府先出资给工人兄弟还集资款、还拖欠的工资、报销医疗费，这些钱，等卖了工厂的土地后再补偿。我说一句掏心窝子的话，也许话不中听，搬迁是唯一的出路，不搬只有死路一条！

这句话深深震撼了在场的工友，大家觉得李松林常务副区长的话中听，说到心坎上了，紧张的情绪缓和下来了。

李松林趁热打铁地说，大家先别急着表态，家里有没有在黎明毛巾厂和沈阳拖拉机厂的亲戚朋友，先问问他们，拍卖好不好？搬迁行不行？并轨灵不灵？问好了，搞清了，再来与政府一起签协议。我可以坦率地说一句，前边不是火坑，是光明前程，不信，我可以搭上自己这顶乌纱帽。

工人兄弟们，我们东北的工人阶级其实是最通情达理、体谅国家和政府的困难的。经李松林这么一说，剑拔弩张的形势缓解了。过了几天，铁改办与低压开关厂和化工机械厂签订了搬迁协议，委托铁西土地交易中心将土地挂牌出售。

李松林给区委主要领导打电话，汇报低压开关厂和化工机械厂的事已解决了，进展顺利。

干得好！区委主要领导答道。

北二马路松动了。

北二马路上的沈阳第一机床、沈阳第三机床、沈阳电缆厂、沈阳重工、鼓风机厂、铸造厂、风动工具厂在完成了联合重组后，以沈阳农机公司、低压开关厂和化工机械厂的模式，东搬西建，拉开了新铁西历史上的一个搬迁和重建序幕。

张士开发区以 50 公里长、800 平方公里土地的面积，接纳了当年共和国的一个个孩子，使西部工业走廊，再度成为沈阳市的经济命脉。

## 4. 北二马路的前世今生

李文兰住在沈阳冶炼厂的宿舍里，退休前的最后一个职务是厂长助理兼技术处长。2000 年 4 月，她跟着顾立民厂长在北京完成冶炼厂的倒闭破产谈判之后，便抽身离去了。

2000 年 8 月 8 日，沈阳市中级人民法院宣布沈阳冶炼厂破产。从那时起，李文兰才真正感到自己从此再无厂可回了。因为真正意义上的"大家"工厂，在那一刻消失了，唯一的记忆便是那三根耸入沈阳城郭天际的大烟囱。

沈阳冶炼厂，只能活在记忆中了。李文兰每次路过北二中路 10 号院时，沈阳冶炼厂总会唤起她的青春记忆，梦中那三根大烟囱，不时地划破晓风残月，遁入梦中，矗立于记忆的天地里。纵使她人去欧洲，看望在海外留学、工作的孩子，大烟囱依旧万里入梦来，魂牵梦萦。

2004 年 3 月 22 日那天，她从电视里看到，沈阳冶炼厂的三根大烟囱将于 23 日凌晨 6 时爆破。

从法院宣布破产那天起，要不要爆破铁西的地标——三根大烟囱，便一直争论不休。有人说三根大烟囱是工业历史的象征，应该作为文物保持下来。有的开发商则说，三根大烟囱涵盖在 36 万平方米的住户用地，如果留下来，破了风水，在这里盖商品房没有人来买。环保人士则觉得遗落和残留在三个烟囱中的金银铜铅锌等金属经风雨飘洗，被风吹落，会对人有伤害。铁西区领导最终决定，定向爆破三根大烟囱。

李文兰打电话将消息告诉了所有认识的工厂老领导和工友们。

有人说明天一定到现场看，有人说既然有电视转播，就看电视吧。

李文兰已经年过六旬了。1973 年从知青点被招生进了工学院，再分到沈阳冶炼厂，已经 25 载，她决定要亲眼看着三根大烟囱在自己的注目中倒下。

三个冒烟的大烟囱，在知青点上远远看到它时，就有一种故乡不远的感觉。而今它消失后，又会变成怎样呢？

李文兰不敢多想，那天早晨赶到烟囱那里，她发现来看爆破的工友很多，一路熙熙攘攘，走近北二中路时，才发现那里已经布置了警戒线，他们根本无法靠近。

远远地眺望，那三根大烟囱仍然遗世独立，只是已经不再青烟滚滚、

飘摇成云了。

早晨6时，随着指挥一声"起爆"的命令下达，三根大烟囱在一阵巨响中轰隆落地。从此，铁西区的一个历史地标在人们的视线中消失了。

怅然回家，李文兰失魂落魄的，不知将自己的魂扔在了哪里。

可是一路走来，她发现北二马路正在悄然变化之中。

其实，2002年夏天，当北二马路的重型制造业开始实施东搬西建战略时，对于未来的北二马路应该勾勒一幅什么样的蓝图，省、市领导已经做了完整的规划。下一步我们的新铁西，就是工业立区、商业强区。在北二马路，实行退二进三战略。让第二产业从北二马路，从铁西退出去，让第三产业在建设大路以北至北一马路的20平方公里的区域鼎足成势，将北二马路打造成一条汽车贸易专业街。

北二马路开始华丽转身。

2002年岁末，第一家挺进北二马路的众志城大众汽车4S店落成开业，在一片瑞雪飞舞中，拉开了汽车贸易一条街的序幕。

李文兰的同事恰好路过此地，回家后告诉她，北二马路开起了一家大众汽车4S店。

李文兰对4S不懂，问同事是什么意思？

就是卖车授权、维修保养和售后服务，汽车的专业一条龙服务。那场面可大了。你抽空去瞧瞧，干净，整洁，明亮，一点儿也没有我们当年脏兮兮、油腻腻的样子。

隔了些天，李文兰再去，发现那大马路边上的牌子多起来了。

广州本田醒目的标志在紧邻大众的地方竖起来了，一辆新车停泊在大厅里，窗明几净，不染一尘，完全不次于炫目的西方卖车行。

中国自主民族品牌的汽车也跻身北二马路，并不比世界级的大品牌逊色。

随后，美国通用的4S店与大众毗邻。

在中国家喻户晓的德国老品牌奔驰和奥迪，也将商标高高举起，仿佛在昂着贵族高傲的头颅。

有了奔驰和奥迪，德国宝马公司也不甘落后。宝马汽车不仅在北二马路上立起了自己的 4S 店，而且迅速进入张士工业园区第一区工程。从项目立项到正式投产，仅用 46 天，典型的宝马速度。

此后，德国伦福德汽车、美国李尔汽车座椅、日本日野豪华客车等世界 500 强也纷至沓来，形成了一条包括汽车发动机、前后桥、变速箱、轮胎的完整产业链。

北二马路在一天天变化，高楼崛起，豪华酒店陆续开业，高档住宅更是如雨后春笋般地拔地而起。

李文兰越来越不敢相信自己的眼睛，什么叫日新月异？铁西日新月异得让她找不到对照坐标，觉得这座城市变得越来越陌生了，可又让她无比喜爱。

这天早晨，看着伴随自己生活了 25 载的三根大烟囱，在顷刻之间化成烟云，李文兰不知该悲该喜。北二马路的前世，随着这三根大烟囱的消失，也将走进历史，走进了几代人的记忆之中。毫无疑问，北二马路今后只会有晴朗朗的天，再也不会重现北风吹过开工的沈阳冶炼厂，使整个铁西都受到污染的现象了。

一个老地标消失了，一个新地标又在崛起。

2008 年 11 月 18 日，李文兰看到了铁西最热闹的一幕，华润·凯旋门与华润·置地广场开工揭幕，就在铁西原来华润雪花啤酒厂的原址上重建。这个项目总投资 100 亿元，它造的是沈阳西城的新铁西的地标。它是铁西当时最大的一个房地产投资项目，而华润·置地恰好坐落在铁西正在规划的"西部十字金廊"的中心位置，其地理坐标，横向以建设大路为主轴，纵向则沿兴华大街，将商贸项目一网打尽。

大工业时代的地标和印记远去了。

翌年 5 月 18 日，沈阳重型机械厂的 5 号电炉将最后一炉钢水浇注成了一块刻着"铁西 NHL 北方重工"的标志性铸件，然后电炉断电，炉火渐次熄灭，而"沈阳重型机械厂"这个名字也就在这一刻冷却凝固成了历史，它将与沈阳矿山机械厂完成重组"北方重工"。这座已经 50 岁、进入知天命之年的钢炉，将面临着被肢解的命运，而已经年过六旬的 2 号平炉，则因为于 1949 年 10 月 31 日，生产过新中国的第一炉钢水，

作为历史文物保留了下来。

这一天恰好是世界博物馆日，位于铁西的沈阳重型机械厂开始了历史上最大的一次搬迁，也是铁西历史上最后的搬迁。

在媒体的见证中，72岁的老"沈重"淡出了历史，翻开了北方重工重组的第一幕。

这一年年底，铁西获得了"2008年联合国全球宜居城市示范奖"。国务院振兴东北办公室则于一年前授予沈阳市"铁西老工业基地调整改造暨装备制造业发展示范区"称号。

两个示范区，无异于注定了铁西和北二马路的今生与来世。

时任铁西区区长的李松林再次提起了"东方鲁尔"的话题，他说，德国人改造鲁尔工业区用了30年，日本改造九洲地区用了20年，而沈阳市委、市政府改造铁西仅用了短短五年，这就是真正的中国速度。

李文兰说，住在新铁西里安度晚年，其乐融融。

## 5．铸造博物馆——钢铁时代的历史符号

三年前，我第一次接触东北老工业基地时，去了两个地方，一个工人村，一个北一马路。上午看工人村博物馆，那是居家过日子，给人的印象是婉约；下午去看了铸造博物馆，那是钢铁年代的伟业制造，给人的情感撞击是黄钟大吕，留下的记忆是雄浑。

斯时，徜徉那个年代的工厂车间，我便想，如果有一天成书，一定要将铸造博物馆重重地写上一笔。沈阳市与铁西区领导是何等的气魄和才情，能出此上策留下那个激情和奇迹年代的大工业印迹。

三载之后的仲秋，终于进入沈阳城郭正式采访。首先邀请企业领导座谈，沈阳档案馆和铸造博物馆的馆长也在座，我问铸造博物馆孙晶峰女士，你来自沈阳铸造厂吗？

她摇头，说，我与沈阳铸造厂没有丝毫的关系。

你参加过这个馆的组建吗？

她再摇头，说是2010年才到沈阳铸造博物馆的。

我有点失望，然后还是问她，铸造博物馆这个项目是谁决策的啊？

孙晶峰女士说，铁西区的李继安。那时，北二马路的大中型国企已经搬得差不多了。李书记提出要留下一座典型的工厂作为铁西区那个远逝时代的历史符号。恰好这时，位于铁西区卫工北街与北一马路交会处的沈阳铸造厂还没有搬迁。于是，李继安拍板，留下它，作为新中国钢铁时代的历史符号。

于是，一座沈阳铸造厂便被完整地保护下来了。

孙晶峰说，李书记有一段对历史遗迹保护的话，很经典啊！

我问，如何说的？

你到网上搜吧，一搜就可以搜到。

于是，我按图索骥，终于在网上找到了李继安说的那段话："工业遗产是老工业基地在发展进程中的一个历史符号，失去了它，就等于割裂了城市的历史。我们不但不遗弃它，反而更加大了保护和传承的力度。"

正是有了这样的历史担当和文化传承的书记，2010 年，铁西区党委和政府提出了"一廊、两馆、两园、一场"的文化战略布局。在原有沈阳铸造博物馆和工人村生活馆等基础上，再添重型文化广场等工业文化景观，让铁西的工业文化更加立体生动。

那天下午，秋阳正浓，斜落在铸造博物馆的大门前。我信步而入，33 万平方米的工厂好大一个天、偌大一块地，在这寸土寸金的地段，沈阳铁西的最高长官，却敢于将几个亿的收入弃之不要，造一个巨大的像北京 798 一样的大型历史展馆。

徜徉其中，这个曾经辉煌和喧嚣过的大工厂，已经告别了那热气腾腾的钢铁年代，留下的是一种天地间的寂然。过去的 50 年间，它拥有过的众多职工和新中国专业铸造的数个"第一"，皆已经风轻云淡，剩下的就是美，一种大工业时代的美。比如进入老厂房前，约 1 米高的金属容器里，却养了几条小金鱼，这个东西没有粉刷过，显示出金属的锈色。

步入厂区，第一个要看的就是当年沈阳铸造厂的大型铸造一车间，即翻砂车间。其旧址始建于 1956 年，占地 4 万平方米，主体建筑 1.78 万平方米，呈"工"字形。

一进门，便摆着一个50吨钢锭的模型，那是2002年沈阳铸造厂最困难的时期为韩国翻铸件的一个铁模子。这中间的圆柱形大家伙立在门口，犹如一个时光隧道的入口，将参观者带进了铁西大工业时代的历史之中。稍一错愕，还以为是进入了《巨人传》描述的巨人国之中。

巨人国里应有尽有。一个当年巨大的焖火窑，被辟成一个小放映厅，可以容纳二三十人。而以前的焖火窑窑车被改造成了一个小演出舞台，一架老式的钢琴和呈弧形的铸造模件充当座椅，让冷冰冰的钢铁年代突然有了生活的余韵和温婉，染上不少的诗情画意。

记得那年春天的一个中午，我采访了张成哲的大徒弟李希东，一个温总理曾造访过的全国劳模，他是1955年参加工作的，当的是钳工，是张成哲的大弟子。

那天的采访，李希东非常矜持，不让妻子多插一句。但是我却让他像摆龙门阵一样说起了沈阳铸造厂的历史。

沈阳铸造厂的命名是在1948年11月。沈阳解放后，由解放军接管并取的名。它的前身是日伪时期的高砂制作所，由伪"满洲机件材料株式会社"、森田铁工所、津村制作等12家私人企业合并而成。当时叫第六机械厂西分厂。到了1950年，原东北工业部机器工业管理局将第三机器厂、第六机器厂各划出一部分合并成沈阳锅炉厂，生产暖气器材、低压锅炉及附属零件产品。同年9月，改成了沈阳暖气器材厂。

时光荏苒，不知不觉间，便是1956年了，根据一机部设计局和苏联专家的建议，将沈阳水泵厂和鼓风机厂的铸造车间合并成了这个厂，并确定该厂为鼓风、水泵、重型机械提供毛坯。

1958年，李希东来到沈阳铸造厂，师从张成哲。张成哲是钳工，市级劳模。当时李希东画图都不会，张成哲便手把手地教他，并送他去沈阳机械制造学校学习，回来当了技术员，继而成为了工程师。

张成哲和李希东师徒两个钳工搞革新，成立了一个组织，先叫巧干服务队，后来改成了攻新组，提高产品质量。开始生产的是暖气，后来则是锅炉和鼓风机的外壳。

最大的是为七二四兵工厂铸造一个模具，做好之后，模具连门都出不去，最后只好扒了门，才抬了出去。后来再接再厉，生产叶片、叶轮以及水泵和鼓风机的外壳，日子渐渐地好起来了。

李希东是 1962 年结的婚，妻子赵凤荣毕业于师范学校，是铸造厂子弟小学的教师。他一家的荣辱沉浮，几乎都与沈阳铸造厂的兴衰捆绑在一起。他有三个孩子，两子一女。大儿子李宏伟 1963 年出生，1982 年参加工作，就在沈阳铸造厂。

女儿李英杰生于 1965 年，1983 年参加工作，选择的还是铸造厂。

老儿子李宏宇生于 1970 年，毕业于职工大学。毕业即失业，一时半会儿找不到工作，郁闷至极。他有推销经历，想进东北制药厂，又很难考上，最后自己干起了个体。

李家老大在工厂俱乐部，大媳妇在劳动公园打杂。俱乐部有好多年不放电影了。2002 年，老大也出来打工了，给一个民营水泵厂做电工。

李希东说最痛苦的不是孩子们的命运，而是这个厂子永远消失了。只能成为博物馆里的标本和数据。

退休蛰伏在家的李希东没有想到，他一家能够住进铁西新村的劳模楼，房间大，80 多平方米，多出的部分按 1900 元一平方米，要交 16 万元，他大儿子给了他们 3 万元，老儿子给了 4.5 万元，终于买下来了。

在沈阳铸造厂，过去曾经流传着一个顺口溜：车钳铣，没法比；铆锻焊，凑合干；让翻砂，就回家。在铸造厂，一个工人一天最少要装 5000 公斤砂子，要一辆解放牌汽车才能拉完。三四公斤的砂子在砂箱里要捣 8000 下之多，还要将百公斤重的砂箱抬上抬下 300 多次。一天下来，除了牙齿，全身都是黑的，人累得快要散架了。而浇灌时的烫伤、出炉烫伤与矽肺职业病更是让人痛苦万分。

毕竟这一切都过去了。

铸造博物馆里的车间挂着四幅宣传画，作者是一位叫朱润轩的退休工程师，他的一幅《浇注生产线》的画面上，一个工长指挥浇注，操作台上坐着一名青年女工，她玉手纤纤，轻按电钮，一罐铁水倒进砂型。这个无触点式浇注的生产线，就是由张成哲发明革新的，过去二车间干这个活儿要 70 名男工，而张成哲这条生产线，试车成功后，换上了 24

名女工，飒爽英姿，不让须眉。

李希东说，他的师傅张成哲从1950年入厂，到1992年退休，共实现革新项目785个，后来他成了厂里的副总工程师，70年代的全国劳模，饮誉东北乃至全国。

退休之后，张成哲又成立了劳模公司，以一片夕阳红壮丽了自己的人生。

朱润轩创作的另外一幅宣传画《灌注正酣》画面上，两架航吊车吊着两个铁水罐，从两边向一个大型砂箱里浇注铁水，这是1976年为杭州一家企业浇注大型制氧机机壳。这个机壳重40吨，是沈阳铸造厂建厂以来生产的最大的一个铸件。当时工厂专门开了动员会，集体攻关，因为10吨的冲天炉只能一个小时出10吨位铁水，而40吨则需4个小时，那就不能保持恒温使铸件成型，最后集思广益，采取多座冲天炉并用，两个铁水罐同时浇注的办法，解决了这个难题。

一个火红的钢铁年代，就在一幅幅宣传画的历史记忆中定型成了钢铁年代的符号。

但是如果不记录下这些东北老工业基地发展进程中的历史遗迹，那就等于割断了城市的历史。

一个没有历史的民族不能算伟大的民族。同样，一个不尊重自己过去的国家，也不会是一个伟大的国家。

在铸造博物馆里，我看到了新中国的第一台车床、第一台变压器、第一台压缩机、第一台水下机器人等共和国的N个第一在这里展示。

从这个角度看，铸造博物馆，堪称是新中国一部大工业时代活的历史教科书。

将走出历史的隧道了，在铸造博物馆的回顾展区里，我看到了许多历史的图片、模型、实物，有不同时代的拖拉机、自行车、水泵、汽车、机床、采煤机械、矿山机械，虽不是铸造厂所造，却是铁西当时的大中型国企所造，它们凸显了铁西当年为新中国创造的数百个第一……

走出博物馆，我看到一页页留言。

从2007年6月18日开馆至今，已经有数十万人到此地参观。翻阅这些留言。一个熟悉的朋友，与我同为中宣部全国文化宣传系统"四个一批"批友的中央美院人文院院长尹吉男写了一段话，尤其有分量。

他写道："这是世界文化遗产，是活的中国工业历史教科书，应当受到高度重视和全面保护。希望它成为世界最重要的工业博物馆之一。"

那天傍晚，回到下榻的宾馆，我翻阅《铁西文史资料》第一辑，突然看到扉页的一段题记，我觉得是对做出保留下这个工业博物馆决策的铁西区领导的最好诠释了。抄录如下：

> 书上说，塞北皆胡地也。于是有了秦开戍边，有了万里长城，有了关里关外。其实，秦开还没有到来之前，便有了新乐文明，那是7000多年以前的事了。就近说，2700多年以前，就有了郑家洼子青铜短剑，早了秦开到来400年。辽河孕育了红山文化，与长江、黄河并行，辽河也孕育了太阳鸟和青铜剑。只是不像关里人那样把历史写在纸上，刻在碑上，而是消解在人们的血肉里、魂魄里。于是，有了东北人的旷达、豪放和诚恳，有了金戈、长风和塞北。书上还说，东北人倘能近于文而不失尚武时代留下的坦荡气魄的余韵，是很有出息的一类。

我将此段话，作为对留下铸造博物馆决策者的最大敬意。

善莫大焉，文莫盛焉！

# 山河入梦：闯关东之旅

刘连岗算是大连港上的一位奇人，他是造诣颇深的港务史专家。那天采访他时，正好是 2011 年的最后一天，大连港湾海风很大，冬天的斜阳照在海平面上，波涛滚滚，并无多少暖意。

他那天伫立于当年日本人盖的气派的大厦窗前，望着这条海上闯关东的水路，感叹道，中国近代曾经有三次大的移民潮：下南洋、走西口、闯关东。前两个一个踏海而下，一个朝瀚漠而走，唯有到大东北，却是一个闯字了得。那就是因为康熙七年颁布了《辽东招民授官永著停止令》，康熙二十年修筑成了新柳条边墙，再往大清龙兴之地来开垦逃生，唯有一个"闯"了。

一个"闯"字，便是东北人的性格啊！

说得好！我击节赞叹。

大连港自然是山东半岛至辽东半岛闯关东的人，下船上岸的第一个落脚点。

对于这条闯关东的海上通道，刘连岗有自己的一家之说。

遥想当年，在远古时代，这条海道绝对不是什么通商逃荒之路。刘连岗说，在秦开到来之前，这里有红山文明，再下探就是新乐文明，距今 7000 年，出土过太阳鸟、青铜剑，东北少数民族的边疆文明，完全可以与灿烂的黄河文明比肩；再往下探则是母系社会。一个古老的母系酋长部落，不能仅有一种基因，一个部族要繁衍下去，在山东半岛、在辽东半岛的冰天雪地生存，就得寻找强种基因。在某种意义上，闯海之道，在大风大浪中踏浪而行，搏击惊涛骇浪，唯有部族通婚，才有这样的动力。

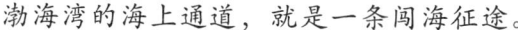

渤海湾的海上通道，就是一条闯海征途。

从这个意义上说，闯的基因，渗透到了东北人的血液里。

200多年间，中华民族的三次大迁徙中，下南洋和走西口之旅都历经辛酸，留下不少民歌的咏唱，如"哥哥你走西口，妹妹我实在难留"等。其实闯关东的人更悲怆，可是他们却没有歌曲。我倒觉得激荡在这个群族中的是中华民族那尚武和文化的余韵，那就是穷且益坚，那就是春播秋实，那就是孝悌兴家，那就是忍辱负重，那就是金戈铁马。

一个关东大地，足以印证中华民族的历史血魂。

最先是流放宁古塔的流人，给东北大地带来的文明血脉。

这是杨宾在书中讲的流人陈敬尹对他说的故事，他在顺治十二年流放到宁古塔时，那里还没有汉人。当地的满人富贵者缝麻布为寒衣，将麻捣烂作为棉絮。而穷苦人呢，则穿狍皮鹿皮，不知道世上还有布帛。陈敬尹从家里带来一些布匹，当地人才知道世上原来还有棉花，棉花还能纺成布。陈敬尹曾以一匹布换来稷子米三石五斗，这若是在关内，连一斗米都换不来。陈敬尹曾送给当地一个千总一块白布，千总把白布做成衣服，元旦那天穿着上街，引得众人围观，羡慕不已。

可是等杨宾来到宁古塔看望父母时，却发现情形却颠倒了过来，有钱人都穿绸缎，天气冷时，则穿裘皮，"惟贫者乃服布"。

当时的宁古塔城"官兵及民皆散住在土城内，合计不过三四百家屋，皆东南向立，破木为墙，覆以莎草，厚二尺许，草根当檐……土炕高尺五寸，南西北三面，空其东，就南北炕头作灶，上下男女各据炕一面。夜卧南为尊，西次之，北为卑。晓起，则叠被褥置一隅，覆以毡或青布。西、南窗皆如炕大，糊高丽纸，寒闭暑开。两厢为碾房，为仓房，为楼房（贮食物用）。四面立木若城，而以栅为门，或编桦枝，或以横木"。

我于2004年走进宁古塔时，那座古城，只剩下残墙断垣，野草萋萋，青蒿半人之高，被城砖土城垣围的地里，长满了黄色的东洋菊，红火、金黄如天上的彩云在燃烧，只有几株老树，诉说着当年的情景。

杨宾的书中写道，满洲人家中的烟囱多是一棵大树，中间的空洞是自然形成的。家里的器皿，如盆盘碗盏之类，也都是"刳（挖空）木为

之"。等杨宾到来时，虽然这些盆碗都变成陶瓷的了，但水缸、槽盆仍是木头做的。满洲人夜晚照明用糠灯。所谓糠灯，"俗名虾棚，以米糠和水，顺手粘麻秸晒干，长三尺余插架上"。其光与蜡烛差不多，却又不用花钱。中原来的流人不会做这种糠灯，所以只能用油灯。

流人是第一批被迫闯关东的人，所谓被迫是被押解而去的。

顺治十年时，就曾颁布过《辽东招垦令》，即后来所称的"辽阳垦荒事例"。视招垦人数，予以加官晋爵。康熙二年，清廷又颁布了《辽东招民授官令》，按招民多寡授招头以相应官职。授官例颁布以后，各大乡绅纷纷加盟，招聘大量的流民进入关东大地，于是环渤海湾沿岸，千里入关大道上，牛车轱辘碾过大地，独轮车推着老母和孩子，走向了那沃野千里。辽东地区人丁、田亩均有增加，辽东招垦收到一定实效。

在闯关东的人流中，成为关东第一位商贾的，却是到了奉天城里的山东黄氏兄弟，他们在沈阳四平街开了汉人入东北的第一家商铺。

然而仅仅是15载的时光，将近100万人，大多是山东和燕赵、包括中原涌来的芸芸苍生，进入龙兴之地。康熙七年颁发《辽东招民授官永著停止令》之后，一条柳条边墙，划出了绿线和底线，想向东北的积雪大地进发，唯有一个"闯"了。

闯关东前往东北的道路，分成陆上和海上各一条。即通常说的"泛海"和"闯关"。水路又称东路，通过海上来东北的水路主要有青岛至大连、烟台至营口、天津至营口、烟台至海参崴四条航线。陆路，又称西路，在光绪二十二年（1896）天津至山海关的铁路通车之前，山东百姓闯关东多沿渤海湾沿岸徒步而行，从柳条边墙威远堡门（今辽宁开原市）、法库门（今辽宁法库县），以及辽宁边墙的各边口和喜峰口、古北口、冷口等进入东北三省。光绪二十二年之后到民间国代，随着中东铁路和志满支线、京奉线、胶济铁路、京浦铁路的通车，山东、河北等地闯关东的移民多由京奉、津浦、北宁（山海关至沈阳）路出关，然后沿京奉、南满、打通（打虎山至通辽）、四洮（四平街至洮南）等路分散到了大东北，而河南的流民入关，多在郑州聚集，搭平汉线的火车到北京丰台，再转至北宁路出关，浩浩荡荡往大东北而去。

在大清帝国的康、雍、乾三朝，由于康熙大帝下诏书永停招民授官条例，乾隆开始的禁止令执行起来比其爷爷有过之而不及。但是"闯"入的老百姓依然很多。

乾隆八年（1743），河北大旱，饿殍千里，哀鸿遍地。大量灾民纷纷涌向山海关、喜峰口、北固口，闯关入东北，大清官兵挡也挡不住。朝报递到了年轻乾隆的龙案上，他下了一道密旨给辽东衙门和吉林将军："若有贫民出口者，门上不必拦阻，即时放出。"随后又在密谕中特别强调："不可将不禁伊等出口情况，令众知之"。

这道不禁之密谕，只在官衙里内部掌握之中。

康熙大帝封禁之初，东北禁地的流民不足10万人，而到了乾隆四十一年（1776），闯关东而来的移民达到了131万人。

这些人都是在清朝的禁令后闯关而入的，但是却很少有人因此而获罪。

广袤的蒙古大地，有着一望无际的莽野，封禁政策之后，鲜对汉人开放过，可是世袭郭尔罗斯前旗辅国公恭格拉布坦，却成了蒙地开垦的第一人。

乾隆末年，由于关内饥荒，中原地区连年天灾人祸，黄河泛滥，百姓流离失所，被迫来到关外寻求生机。流民大量涌入蒙古境内。于是，渴望土地的流民与渴望金钱的恭格拉布坦一拍即合。

乾隆五十六年（1791），郭尔罗斯前旗辅国公恭格拉布坦为了增加收入，率先以"游牧之地招农垦种"收租。经吉林将军秀林勘察，此地流民已达2330户，垦出熟地256000亩，且蒙汉相安已久，难以驱逐。

但是，私自招民开垦的行为毕竟是犯了大忌，朝廷一旦追究下来，后果不堪设想。

其实这一年，负责戍守吉林全境、统率八旗官兵的吉林将军秀林就向乾隆皇帝报告了这里招民垦种的情况，但年事已高的乾隆此时睁一只眼、闭一只眼，并没有采取严禁措施，以护祖宗法典。也许他觉得禁是禁不住了，一切在风平浪静中过去了八年时间。

嘉庆四年（1799），逐渐掌握大权的嘉庆皇帝终于下令彻查此事。此

时，恭格拉布坦已经辞世。

朝廷委派吉林将军秀林会同哲里木盟的盟长拉旺，到郭尔罗斯前旗调查流民垦荒的情况，调查的结果是民户多达3330户，开垦土地已达265648亩。这让两位钦差十分震惊。

落户的流民和开垦的土地都已经不是小数目，该如何向皇帝汇报，又该如何解决自己管辖范围内这件棘手的事情？秀林感到十分为难。最后还是据实禀报。

嘉庆五年（1800），清廷下旨，准令该地民人耕种纳租，租银由蒙古旗自行征收，"以资蒙古生计"。并将这一处理结果载入《大清会典事例》等文件中，通告各蒙古旗。

封禁达200年的政策，至此等于成了一纸废文。

晚清政府知道，禁也禁不住，那里肥沃的土地对于黄河以北的老百姓太有吸引力了，于是采取试着来的政策，到了慈禧垂帘听政后，开禁步伐走得最远。

同治三年，开放了伊儿门河流域。

同治五年，开放了桦皮甸子（今吉林桦甸市北）。

同治七年，又开放了禁中之禁，大清帝国的皇家狩猎场围场。

光绪四年，干脆解除了汉族妇女移居关外的禁令，让她们到那里生儿育女、繁衍后代。

光绪六年，诏告天下，汉人与满人在东北享有同等待遇，并公布了放荒、免税和补助三项移民政策。

光绪三十三年，东北三省全部解禁。实行了200年的东北封禁政策，退出了历史舞台。

老百姓的闯关东之旅，最终落幕。

但是可以自由走进关东讨生活的黑土大道、海上之道，却一直熙来攘往，络绎不绝。

刘连岗说，他的祖上，是从山东文登踏沙跨海而来，闯关东不图别的，就是过小日子，过邓公所说的小康生活。

你写的振兴东北老工业基地题材，千万别往大说，也应该定位为普通的老百姓过小日子的一种题材。

　　说得好！英雄所见略同，我的心思被你老刘一语点破，我激动地应和道。

　　说明作家摸到东北人的魂儿了。

　　东北方，白山黑水，闯来闯去，都是为了居家过日子啊，过小日子啊！

　　大连港奇人、怪人刘连岗如是说。

# 月坛

我们仍在仰望星空，仍在望月，因为深邃苍穹里，有吴刚伐桂树，有嫦娥奔月，有玉兔领跑。

望月，祭月，寄托了中华民族无限的希望和梦想。

有梦想的地方，苦难便不成其为苦难；有梦想的地方，地狱就不成其为地狱。

祭月，从古至今，延续千载，帝国皇帝唯我独尊，却还要月坛上遥祭明月。而平民百姓则在自己家的庭前石阶之上，虔诚地仰首苍穹，藉一缕清霜，让一轮圆月，将希望和美好，将梦境天阙琼楼重现人间。

祭月于坛，其实就是为了一个梦想，为了圆人生的一个梦，为了千里共婵娟。

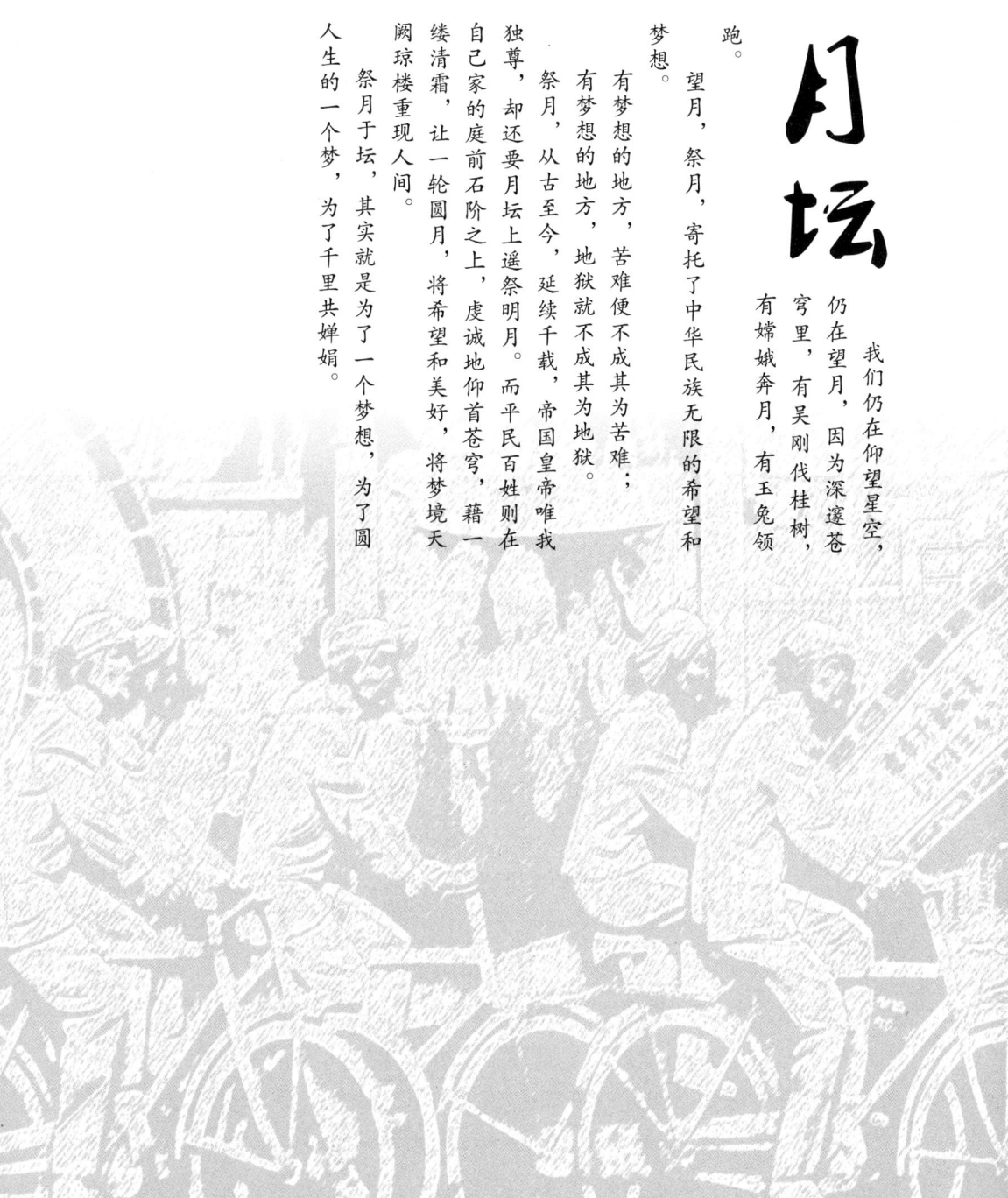

# 第九章 | 煤都之恸

## 1. 省委书记走进棚户区潸然泪下

2004 年一个多雪的冬季。

刚刚就任没几天的辽宁省委书记驱车进入抚顺，踩着冬天一场连一场落下的积雪，他走进了抚顺东露天矿、龙凤矿和老虎台矿工们住的一个棚户区——莫地沟。

冬天的阳光斜落下来，照在这片寒山疏林的山沟里，没有一点暖意。寒雪，衰草，残阳，在这里构成了死一样的寂静。低矮窝棚前，站着一排排晒太阳的老年人、中年人和青年人，一脸绝望之色。

见惯了太多的领导人进莫地沟考察，老百姓心里早已经麻木。哭过，骂过，闹过，莫地沟 50 载依然如旧。然而，那天省委书记在连着看了两三个家庭后，一阵阵的心酸涌上心头，他特意看了看摆放在一旁的垃圾桶，连一片烂菜叶都没有，他的眼睛一次次地湿润了。曾在中原某省工作多年，他去过最贫困的山区，纵使也有一些贫困户，可是只要不懒，守着自己的一亩三分地，春播秋收，房前屋后，种瓜种豆，衣食温饱，是不会有问题的。可是在新旧莫地沟的矿工家庭，就等着每月开那点儿工资来安排生活，矿区的大集体单位，早就凋零倒闭了，全靠打零工度日。而国营的矿工，因为资源枯竭，开支也不正常，日子过得十分拮据。

因为是省里的领导来了，几位老大妈争相向省委书记如实诉说了住棚户区之苦。新旧莫地沟是 1955 年开采东露天矿时建的简易平房，当时的设计使用是 10～15 年，结果一住便是 50 载。省委书记视察那天是抚顺最冷的一天，气温降至零下 29 摄氏度。许多家庭就靠一个小炉子取暖，没有暖气，也没有煤气。好一点儿的家庭烧煤，条件差就烧入冬前山上撸下来的树叶子，点燃起来乌烟瘴气，室内与室外的温度相差无几。晚上睡觉时要穿着棉衣，戴着棉帽睡。最痛苦的是室内无厕所，一个棚户区，700 人上一个旱厕，早晨就得排大队。拉不了，还喝不好。棚户区里没有自来水管，吃水要到很远的地方去挑，而且是未经消毒的井水或工业用水。到了雨季，没有地下排水系统，室外的雨水往屋内灌，路烂泥泞，道路坑洼不平，晴天一身土，雨天两脚泥，卫生条件极差，居民苦不堪言。最烦恼的是，只有莫地沟嫁出去的姑娘，没有娶进来的媳妇，不少成年男子打光棍，社会治安堪忧。目睹此情此景，省委书记几近哽咽，心酸流泪，心灵受到了极大的震撼。他对随行的抚顺市市委书记说，我们就是砸锅卖铁，也要把改造棚户区这件事办好，给老百姓改善居住条件。

抚顺市委书记向省委书记展示了一组数据：由于历史的原因，经年积累至今，抚顺棚户区共有 318 万平方米，居民达 9.6 万户、31.8 万人，是辽宁省面积最大、居住人口最多、生活条件最差的棚户区。如按过去每年改造 4 万平方米的速度，棚户区全部改造完成需要 80 年的时间。

要当做省委一项重大的惠民工程来做啊！

抚顺市委书记感动地说，我们代表抚顺的父老乡亲们先谢谢书记，棚户区的老百姓翘首以盼，就盼着有一天，也能像其他城市居民一样，住上宽敞明亮的新楼房。

他们已经等了 50 年了，不能再等 5 年啊！省委书记感叹地说。

4 天之后，辽宁省会沈阳城里，各地市主要领导云集省委大院的大会议室，辽宁省委第九届八次会议如期举行。省委书记在会上明确提出，争取用两年至三年时间基本解决全省 806 万平方米集中连片的棚户区改造任务，使居住在棚户区的 24.8 万户、84.4 万人的居住水平和居住环境得到明显改善。

同志们，我们不能再等了！不能再熟视无睹了！面对省市各级领导

干部，省委书记激动地说："我们有相当多的群众，不要说生活条件，就是生存条件都相当的艰难。我特意看了他们的垃圾堆，连一片菜叶都没有，这些地方确实不具备生存条件，已经到了很难想象的地步。这里的工人阶级在历史上是为共和国作出过突出贡献的，现在首要的任务，是要解决他们的生存和生活问题。"

上任不足一月，年轻的省委书记立即启动了棚户区改造的工程。如此短的时间，如此大的工程，钱从哪里来？会不会半途而废？也有人投来疑惑的目光。

"虽然我们的财力不足，但是已经到了下大决心的时候了，像莫地沟这样的地方必须改造，比较危险的矸子山上的居民也必须进行搬迁。就是砸锅卖铁，我们也要办成这件事！"

他的声音和决心，落在了辽河两岸的积雪大地上。

## 2. 一个坚硬的现实：贫困代际传递

一个力度比一个力度大的报告往上递，引起了中央领导的高度重视和关注。国家计生委从人口结构和优生优育的角度，作了一次调查，上升到理性的层面，做出一个结论：莫地沟、古城等抚顺的数十个棚户区存在着一种罕见的贫困代际传递。从爷爷一代开始，贫困和低学历化一代代往下传，像一个魔影一样，尾随一生一世，影随一家一族，甚至扩散到亲戚之间；怎么抛也抛不掉，怎么摆也摆脱不了。

贫困代际传递。我惊呼，说得好啊！

那天我在莫地沟采访时，最强烈的感受是走不出去的莫地沟！一道浅浅的山梁，像一道高高的门槛一样，将莫地沟几代人的命运全都挡在那里边，想走也走不出来。

陈宝海老人那天讲的自己和一家人的命运，给我的就是这样的感觉。

66岁的陈宝海，面容黝黑，相貌远远比他的年龄还要老，不像是国企的职工，倒像是下矿井的工人，或者说更像是一位饱经风霜的庄稼人。

陈宝海说他是抚顺调味品厂酱油厂的一名工人，育有二儿一女，他和老伴及大儿子陈峰、女儿陈娇同在酱油厂工作，二儿子陈叙无职业。20世纪90年代末，改革的浪潮刚刚开始波动时，他们所在的酱油厂就很快倒闭。本来一家五口四个人有工作，可一夜之间四个人全成了下岗工人，一个本来还算衣食无忧的普通工人家庭，转瞬间就被推到了温饱的边缘。曾经幸福的生活，瞬间就化为乌有。

他们家以前住在厂里1983年盖的40多平方米的平房里。公用旱厕，房子里有上水，没下水，烧煤取暖、做饭。儿子结婚时，厂子解决了一间平房。大儿子的孩子两岁时，儿子和媳妇离婚了，扔下一个嗷嗷待哺的孩子给了陈宝海老人。

命运的一环断裂之后，便是一种恶性的循环。儿子年轻轻的离了婚，以他那种生存状态，再结婚十分困难，莫地沟的姑娘都想往外嫁，外边的根本娶不进来。何况一个离异的男人，还带着孩子，自己又没有工作。孙子一直由两个老人带着。孙子叫陈金鑫，到了18岁，曾考虑过当兵，但因学历低、体重超标，最终未能圆梦。目前正在上职高，学汽修，享受国家的普惠制，免费上学，管一顿饭。大儿子下岗后，就在劳务市场上打零工，收入不稳定。去市场上，未必有活儿；不去，则更不会有。现在，享受每月500元的城市低保。

一家人的命运就这样捯进了莫地沟。

儿子的生活弄了一团糟。陈宝海指望女儿能过一个好日子吧，但是女儿下岗后，贫贱夫妻百事哀，小两口三天两头吵架，刚结婚两年便散了。离婚后，女儿带着孩子，又搬回莫地沟，与父母挤在一起住。再后来，自己买了一个小平房搬走了。女儿离婚后，没有再婚。下岗后，一直没有什么固定职业，有时在劳务市场上找工作，多是零工。如今，已经23岁的外孙女，初中毕业后上了一所技工学校，学计算机。毕业后在一些打字、复印的店铺里打零工，也多是短期行为。

陈宝海的老伴两年前去世了，没有能赶上住新莫地沟的楼房，死不瞑目啊！还有一对离婚无依的儿女，老人走的时候，带着无尽的牵挂。动迁后的房子在大儿子的名下，陈宝海现在住的是55平方米的新楼，多出的面积按每平方米600元的价钱购买。42岁的二儿子一直无业，光棍

一条，和陈宝海一起住。大儿子动迁后住的是 45 平方米的楼房，多出来的部分也是自己借钱购买的。

陈宝海说，老伴生病那时，还没有办理医保，病重后才去办的。在办理的过程中，老伴就去世了，他们就把办理医保的费用取了回来。陈宝海的血压有点儿高，他办的是集体医保，只有住院时才能享受到医保的待遇。

陈宝海说，1998 年厂子倒闭前，每月工资 200 元。2005 年退休时，月工资 700 元。现在，每月的退休工资 1400 元，勉强可以维持生活，还要替儿子养孙子。工资和几年前相比翻了一倍，但物价也翻了许多倍。好在侄儿和侄女们有时会来看望他，买些生活用品。

在酱油厂工作时，陈宝海是一名电工，电焊的工作他也做得很好。只是如今年龄大了，也找不到什么活儿，只能维持生计。采访中，他平静的面容稍稍舒展一些，欣慰地说，现在秋菜便宜些，自己还是比较满足的。

从他们一家人的现状，几乎看不到任何希望和未来。

我们往往说"苦尽甘来"，对于这些为国企献了青春献儿孙的老工人来说，他们的苦，没有尽头。从他们或者他们的儿女们身上，其实也看不到多少"苦"可能"尽"的迹象，那么"甘"又何时能"来"呢？贫困代际传递，想着这个词，我突然看到了一种人类无法摆脱命运的符咒。采访中，我在做笔记的手，总是有些颤抖。从事报告文学创作这些年来，采访过许多领域、许多行业和不同阶层，亲历或耳闻了许多艰难，但是东北之行的所见所闻，却一次次让我心恸。然而，男儿有泪不轻弹，责任在肩，容不得我感情用事，不得不一次次强忍着夺眶而出的泪水，让自己耐心倾听，倾听……

时间尚早，秋天的太阳照在社区的会议室里暖暖的，陈宝海一家的故事尽是线条，没有精彩的独特的细节展开，但是那种一家三代在莫地沟的宿命，又何止是一个陈家呢。

该王淑珍老人了。她进来后，一直默默地坐着。等到陈宝海说完自己家的故事后，我说王姨该你了。她今年已经 74 岁了，与我妈妈同岁。

面对这样的长辈，我像翻开一部活的历史一样，在读一部人生的大书。

王淑珍告诉我们说，她的老伴是十九处的一名建筑工人。他们家在棚户区有两所房子，40多平方米，属于私有住宅，是十九处的住房。动迁之前，自家住房后面的土地还可以种植一些瓜果蔬菜，但是动迁时不算自家的面积，上楼后，吃什么都得自己掏钱买。

王淑珍和老伴育有一儿三女：祝常江、祝常荣、祝常玲、祝常云，儿女们都已成婚。女儿们结婚后，全都住到市里去了。王淑珍一家里里外外十口人，除了她其余9个人都是十九处的。当"下岗"的狂潮袭来时，9个人除一个女婿外，其余全都下岗了，几乎被"一锅端"了。

王淑珍的老伴2002年去世，和陈宝海的爱人一样，一天也没有能赶上住动迁后的新房。以前冬天要上山捡拾树枝当柴火烧。平常一个冬天三间房烧3吨煤都不够。动迁后的新楼有45平方米，自己掏了1万多元就住上了。新楼供暖气，再也不用烧煤了。

现在，王淑珍每月可以领取200多元的城市低保，还有老伴的330元遗属费，能勉强维持生活。

儿女们下岗后，儿子的生活较为困难一些，女儿们虽也艰难，但总算供养出来三个大学生外孙子。这是最让王淑珍欣慰的，也是让我们欣慰的。王淑珍说，自己老了以后，谁对自己好，房子将来就给谁。

回顾自家这些年来的变化，这位湘妹子感慨地说，在过去那个年代，基本都是老子在哪个企业，儿女们也都在哪个企业。企业一倒，一家人也跟着栽进去了。

是啊！那时的大人们多是觉得自己所在的单位效益、福利都还不错，而北方人又比较恋家，才会让自己的儿女们和自己在同一家企业工作。可是谁能长前后眼呢？能够预计到将会有一场变故，让全家面临灭顶之灾呢？

走不出的莫地沟。王家的儿子都没有走出去，所以贫困仍在这里代际传递，而祝家的女儿嫁出去了，命运大大改观。

当天的午饭是在莫地社区附近的一家小饭馆解决的。

午饭后，我们在社区随意走动，发现这里的人们生活节奏极慢，社

区的人们也以老人居多，而且人们大多手里拿着或肩上用带子斜着背着一个小马扎。走到人多向阳处，放在地上一撑，就可以坐上一会儿了。和老邻居们前三十年后四十年，或者张家长李家短地闲聊一会儿，消磨人生暮年漫长的光阴。

莫地沟，仿佛与飞速前行的时代和正在日新月异的社会脱节了一样，这里没有网络，没有时尚，没有竞争，没有欲望，更没有朝九晚五的匆忙，这里的一切都是寂静、寂然的。

曾经的下岗工人们正在渐渐老去，靠微薄的养老金或者更加微薄的一点儿城市低保度过晚年。而他们的后人们，莫地沟高高的一道坎儿，遮住了他们望远的目光。由于缺乏正确理念的指引，缺乏早期教育的投入，更缺乏后天的教育和培养，大多数人的未来也只可能有两条路：或者成为简单体力劳动者白手起家；或者像父辈一样生活在莫地沟。因为在这里，他们好歹还有一个遮风避雨的住所，继续一个坚硬的现实：贫困代际传递。

## 3. 煤都之恸

采访让我的心情很沉重。

我一直信奉读活的大书——大写的堂堂正正的人。翻阅他们，从某种意义上就是在翻阅活的历史，可是走进"抚煤"莫地沟后，人的生存空间被压缩得如此逼仄，更无法侈谈生活、生命的质量了。因此这部活的大书，读得让我非常压抑，似乎自己的心情也搅进一地煤灰的黑色世界里去了。

暂时将笔触从现实生活里搁置起来，回到历史世界吧，当年大清的龙兴之地，可是沃野千里，宝藏万山啊。

在我过去的阅读神游中，抚顺，位于辽宁省东部，曾是中国具有立法权的 18 个较大的城市之一，全国 31 个特大城市之一，全国十大工业城市之一，中国重要的工业基地，素有"煤都"之称。

抚顺曾为亚洲最大的煤炭开采城市，拥有世界上最厚的优质煤层，中国北方最大的石油化工城市，全国十大重工业城市之一，全国最早进行棚户区改造的特大级城市。新中国成立初期，曾为直辖市，与北京同为省级行政单位。1954 年 6 月，抚顺等 11 个直辖市被降为省辖市。

据记载，"抚顺"这个名字最早见于 1384 年，当时的明朝在浑河北岸高尔山下建砖城一座，取名抚顺城。所谓抚顺，就是"抚绥边疆，顺导夷民"之意。抚顺是清王朝的发祥地之一，1616 年，努尔哈赤在今抚顺所辖新宾满族自治县的赫图阿拉称汗，自此，拉开了清朝的历史序幕。民国时期设置了抚顺市。新中国成立后，抚顺成为中国举足轻重的以重工业为主、门类齐全的综合性工业城市。抚顺是一座因历史而影响中国、以资源而闻名世界的现代工业城市，也是历史文化厚重、人文景观独特、自然风光秀丽的中国著名旅游城市。

昔日的辉煌已成过眼烟云。

煤都之恸，让每一位来到这里的人心灵都深受震颤。

棚户区，一块历史的厚重伤疤。这是一个让人心情沉重却难掩兴奋的话题。

那天车子驶进抚顺城郭时，太阳钟才转到 10 点的刻度，明晃晃地悬在天空，使人的心情是透亮的。从车窗看出去，抚顺市区的规划并不齐整，如河边的杂草，远观蓬蓬勃勃的一片；走近，才发现其恣肆生长，随心所欲，没有被刻意修剪过，其中暗藏着一些荆棘类植物，危机四伏，让人不敢轻易靠近。一些高高低低的烟囱，散漫地冒着浓黑的烟，悠悠地飘向空中，与灰色的天幕渐渐相融，空气中弥漫着一股刺鼻的味道。街头的人们保持着多年习惯的状态，不紧不慢地按照既定的节拍苦熬日月。

进城大道，本来很宽，但途中遇到了两起群体事件。

目睹这一切，我一路无语，唯觉心情沉重。

一起事件的地点在沈阳进入抚顺城区的交通要道上，人们手拉着手横在公路中央，那起事件中穿着款式落伍衣着的人们，看上去无助且茫然，让人不忍目光与之对视。另一起事件的地点在抚顺市委门口，一群人聚集在那里，彼此悄声交谈着什么，路过的人们并无几个驻足观望，想必他们早已熟视无睹、见怪不怪了吧！

采访棚户区改造的第一站是莫地社区居委会，他们接待了我们。

让我无比意外的是，住在这里的人们，虽境况并不好，但采访中，许多人并无多少怨言，一再强调，和以前相比，真是变化已经很大了！而我，也只能一次次强忍着泪水，听他们讲述各自家庭在时代大潮中的浮沉和窘状。

如果说莫地沟棚户区改造看到的是不曾辉煌的过去和没有希望的未来，那么，在抚煤集团看到的则是曾经的辉煌，和看上去更加辉煌的未来。

常言道，安居乐业。唯有安居，才能乐业。棚户区改造，从总体情况看，我们是特别为老百姓感到欣慰的。毕竟，中央和地方各级政府都在努力，人们的居住环境大有改观，住在那里的人们像盼星星、盼月亮一样地盼了几十年，盼来了真正意义上的动迁。虽然上一代莫地沟人有的在无望的期盼中已经抱憾离世，但，他们若在天有灵，能看到他们的后人们欢天喜地上新楼，应该也是快慰的吧！我想。

也许是一种冥冥之中的神谕吧。


## 4. 嫁进莫地沟的女人

任志琴下岗后，一直卖菜、蒸馒头，做小商小贩，莫地沟棚户区改造之后，莫地社区委员会的领导觉得她家庭困难，人好心地又善良，给她找了一份工作，做社区协管员，一个月开 400 元。

那天，我们要社区找采访对象时，社区主任拍手道，远在天边，近在眼前，任志琴就是一个啊！她的故事很精彩。

任志琴，你过来！莫地社区女主任大声喊她。任志琴本来站在社区门口做导引，连忙疾步赶了过来，怯生生地问道，主任，你找我？

给作家谈谈你和家里的故事。

我哪有故事啊，一定是主任找错对象了！

没错！就是你。"好女不嫁莫地沟"，你嫁进来了，把那些鸡毛蒜皮的事情，唠唠吧！作家就要这些。女主任答道。

任志琴怯生生地坐到了沙发上，背脊不敢往后靠，与陈宝海、王淑珍两位老人一起，成了我们的采访对象，当我们对两位老人的命运扼腕长叹时，她坐在旁边一直微笑着，每家的命运都是相同的，但是每个家庭的故事又各有不同。

没有想到，任志琴嫁进莫地沟来，就是一种厄运的开始。

可是在采访中，她一直是微笑着讲自己的故事。哪怕说到自家的种种不幸时，她都没有表现出有多么大的忧愁。这多少还是令我有些意外。

任志琴的父母都是矿区的，住在矿区的楼房里，并不是莫地沟的棚户区。高中毕业分工作时，她分到了新莫地商店里，与后来成为他丈夫的周贵平在一起上班。

他们是在商店工作时认识的。商店在新莫地沟和老莫地沟之间。任志琴当初和周贵平搞对象时，全家人都不同意。

"好女不嫁莫地沟"。在任志琴妈妈的眼中，莫地沟就是地狱，没有几家的闺女愿意嫁进去的。不同意的原因是莫地沟太穷，平房不好，要劈柴、烧煤，生活艰苦。

爱情中的女子都是盲目的，以为有爱就有家，有爱就有了一切，任凭妈妈兄弟姐妹怎么劝，她就是不听。

因为她执意要和周贵平结婚，家人最终未能阻止。他们1987年结婚，次年，女儿出生。结婚时住的是公婆家的房子，14.79平方米，一直住到动迁。婆家有五个孩子，一儿四女。女儿们大，儿子最小，四个女儿都嫁在抚顺附近。任志琴和公公婆婆一家全都在商店工作。1996年，任志琴的丈夫和四个姐姐全都下岗了，四个姑爷，有的下岗，有的还在硬撑着。2000年，任志琴也买断工龄。任志琴和丈夫后来做过小买卖，经营过百货，承包过柜台。起早贪黑干得很辛苦，也只是能勉强维持一家人的生活。

任志琴说，动迁后，他们家住的是45平方米的楼房，交了18000元才住进去。其中7000元是她和丈夫这些年来一点一点积攒下来的，其余都是婆婆家帮忙垫付的。动迁前，他们家一个冬天要烧3吨煤，所有的煤饼都是她和婆婆两个人一起打的。

任志琴的丈夫患糖尿病十多年了，病情稍轻的时候，还多少能干点

活儿，现在啥活儿也干不了，已经打胰岛素了。47岁的他，每年要住一次医院，每次住院要花费三四千元。本来就没有什么经济收入，这笔固定支出又给这个贫困的家庭增加了沉重的经济负担，但是又不能眼睁睁地看着自己的亲人忍受病痛的折磨而不管不顾。2007年，任志琴的丈夫肝硬化腹水，后来只有一个肺的功能正常。给丈夫持续不断地治病，使家里的境况日趋窘迫，莫地社区为了照顾他们家，给任志琴解决了一个协管员的岗位，每月可以有742元钱的收入。

任志琴的女儿如今在沈阳万花函授学医。女儿能够勉强完成学业，全靠姑姑们的资助。有一群好至亲在关键的时候鼎力相助，是任志琴一家人的幸运。虽然她们自己其实也并不算有多么富裕。任志琴高兴地告诉我们说，女儿正在谈的男朋友是矿区的，家里的情况还比较好。

女儿是任志琴的希望，也是这个不幸的家庭唯一的希望……

到你家去看看吧？我向任志琴提出了请求，与你患病的丈夫聊聊。

好！在任志琴的引领下，我们去了她的新家。

拾阶而上，发现楼道的楼梯扶手和墙壁、窗子上，甚至窗户外的棚子上，挂着许多用铁丝串成串的白菜。我问她，人们为什么把白菜挂在铁丝上。任志琴说，这些是人们在储备过冬时的蔬菜。

任志琴的婆婆常香兰在打开的门边笑着等候我们。老人家精神状态很好，一看就是一位很乐和的好老人、好婆婆。

打开的窗户外，一缕冬日暖阳斜斜地照进屋里，洒下几道橘黄色的光芒。小小的屋子，极简单的几件家具，收拾得干净清爽。窗台上放着一排大小不一的花盆，一些绿色植物，生机盎然，几朵小花默默地点缀其间。其中一个花盆里，插着一面小小的国旗。火红的国旗，在窗外微风的吹拂下，轻轻招展，如同一团小小的火焰，照耀着这个不幸家庭的未来。

在家里谈话，任志琴要更加放松一些，不似在社区办采访时那般局促。她说，当年住在棚户区时，经常外面下大雨，屋里下小雨。一年又一年地过去，房子的状况愈来愈差。有一次做饭时，突然，一块泥皮啪的一声掉进了正在炒菜的锅里。当时站在锅边的她，受此惊吓，锅铲子咣当一声从手中掉在地上，好一会儿才回过神来。惊魂未定的一家老小拿着筷子的手都停在了半空中，全家人都被这突如其来的意外给惊呆了，目光齐刷刷地盯着自家房顶，看还会不会又有一块泥皮接踵而至……全家人眼看着即将出锅的东北大烩菜而无法下筷，心情沮丧极了，那顿饭自然是吃不成了……还好，掉下的只是一块泥皮；幸好，没有砸着人。

后来，只得给房子做了个简单的吊顶，才又勉强继续住了下来，一直硬撑到了动迁。

我问道，这么沉重的家庭负担，她为什么看上去并不显得有多么忧郁呢？任志琴说，愁也是一天，乐和也是一天，为什么不乐和呢？

当初买断工龄时，任志琴的18年工龄只被一次性补偿了8000多元。自己要每月缴纳养老保险，每年是1050元。刚买断工龄时，有那么半年时间自己就一直在家里闷着，哪儿也不想去，不想去娘家，不想去曾经要好的小姐妹家，也不想去外面逛街什么的，只是不想见人。那真是一段很难挨、很痛苦的日子啊！不知道自己未来的路在哪里，不知道自己以后到底应该怎么办，不知道全家人的生活到底会是怎样的……

这许多问题其实自己根本无法想明白，但是又不由得去想。就这样，想啊想啊，自己就被那些无法解决的问题给压垮了，整个人颓废、委靡，一蹶不振。直到数月后，才慢慢开始从自我营造的旋涡中走出来，走出家门，走到阳光下。她发现周围的邻居们大都差不多，而自己整天那样愁啊愁的，现实并没有因为自己的忧愁而发生好转。观念转变了，人的精神状态就慢慢好起来，开始到外面去找活儿干。后来，就去租柜台、做买卖……

任志琴说，自己当年结婚没多久，就听说莫地沟要动迁，可是人们总是在一年年地说啊说的，并没有看到有任何动静。盼了快20年，才真正盼来了动迁！

动迁时拿到钥匙，高兴吗？

怎么会不高兴呢？钥匙不是我去取的，是我婆婆和我爱人一起去取的。

说说当时的情况。

当时是 2005 年正月开始拆迁的，11 月底拿到钥匙。我们家是一次性上楼的，当时还没有用到我们的地皮，我们家也没有到外面租过房子。我们家是一期工程第一个交房款的，就第一个选房，第一个拿到钥匙。简单装修后，就住进来了。因为是婆婆管家，就和爱人一起去取钥匙，我在家里等着。

拿到钥匙后，三个人一起喜滋滋地去看自家的楼房。打开门后，激动地推开一间一间房门，心里想：盼了这些年的楼房，终于住上了！终于住上了！这是真的吗？真的吗？甚至都有点儿不敢相信自己的眼睛，不敢相信眼前的真实……

是啊！这是真的。

后来，他们请人做了木地板，打了床、柜子等几件简单的家具，就搬进了期盼已久的新家。从拿到钥匙到入住仅仅 15 天时间。新家真暖！再也不用生炉子、不用烧煤、不用劈柴了，简直像天堂一样！

任志琴的婆婆接过话茬儿说，取暖有暖气，做饭有煤气灶，方便、干净。房子好了，人闲了，没事干了！在老房子时，一早起来要先去仓房里拿劈柴和煤，然后分别点着家里的三个火炉子。屋里渐渐暖和了，手才能拿出来，家人才起床去干其他事。

老人家在小平房里住了 50 年左右，经常想，自家这地方不像个样儿啊！房塌屋漏的，冬天外面下着雪花，屋子里都能看见。夏天外面下雨，屋子里堵这里、漏那里的。有上水，没下水，要一盆一盆地端着向外倒水。夏天还将就，冬天就四处都滑。自己揣摩着：领导应该管管吧？但是也不怀疑什么，觉得领导不一定全能照顾得到啊，国家太大，领导也可能想到了，但是管不过来啊！国家有能力时，一定会管我们的。

当时，电视上说，让动迁的人 8 点钟到工行去交钱，自己早早就去了。由于衣服穿得有点少，就回家去加了件衣服。再赶到排队地点时，发现已经有几个人在走动。有人说，咦！在哪里排号呢？老人还算精明，一听就说，我是 1 号，你是 2 号，他是 3 号……年轻人不认了，说，凭什么你是 1 号？后来，有人写了几个号。老人一把拿过来，一个一个地按顺序发给大家。在大冷的天气里，排了一天一夜，换人不换位置。老人说，幸亏咱家的孩子多，这时候就顶上事了。

我的福气是共产党给的！老人动情地说。

谈到自己当时进屋时的感受，老人说，当时一进屋，我就寻思着，这是我的屋吗？有点想哭！但是因为我很少哭，后来也就没有哭，很激动。动迁喊了这些年一直没有动静，以为要在那个破房子里扎根一辈子呢。结果赶上了好日子！好日子到了，刚赶上了个尾巴。能赶上尾巴，也是咱家的人命好啊！

这个"商店世家"的人，以前都在国营抚顺市副食品公司（现东洲区商业局）工作。大家都上班那时，老伴儿卖水果，大女儿卖调料，二女儿卖烟酒，三女儿是会计，四女儿卖鱼、蛋，儿媳任志琴卖花纱。

老人说，住进来第二天早晨起来后，不用扒灰了，不用劈柴了，不用烧煤了，自己在家中转来转去的没事干，就手里拿块抹布，这里擦一擦，那里抹一抹。心里别提那个激动啦！当初做梦都没有梦到能住上这么好的楼房。

许多东西，都得顺其自然。

儿子有病，当然心情不好啊！可是咱担心也不能解决啥问题啊！能有什么办法呢？你说我整天愁啊愁的，就是愁死了，我也代替不了他啊！而且如果我愁得也倒下了，他们更没有了依靠，也是不行啊！只能努力想开，家里才能好啊！不想开，你说怎么办啊？

咱拿大家比小家，当年全国采煤量最大的 4 个矿都在抚顺。你说咱一个家里的孩子多，妈都是爱的。但是咱家实在太大了，孩子又多，妈妈就会顾不过来。顾不过来就顾不过来呗，咱就自己想办法。等咱妈能顾过来了再顾咱。你不能说咱妈顾不过来了，咱就埋怨她，埋怨也没有啥用啊！埋怨能解决咱的事吗？不能啊！生闷气咱身体不好了，看病吃药这不还得花自家的钱吗？这就更不好了。咱就自己想办法也不怨咱妈，相信咱妈一定会管咱的。

这不，现在就管咱了嘛！住上了楼房，还吃上了低保，还想咋样？说白了，想开点儿，心情好，还能多活一些时候，也能多享受一些好日子啊！人，其实活的就是一股子心气儿。

一位多好的老人哪！听了老人家的一番话，我终于明白为什么面对那样的家庭状况，任志琴仍然能一直面带微笑，我为她能有这样一位知情达意的好婆婆而欣慰，我为她的久病的丈夫能有这样一位心境宽阔的好母亲而欣慰，我为我们的煤都、我们的棚户区——莫地社区，能有这样一位深明大义的好家属而欣慰。

## 5. 太阳鸟浴火再生

抚煤集团宣传部张副部长对抚煤集团的前世今生进行纵向解剖式讲解——

煤炭产业不是单一的产业，它是一个综合的能源产业。以煤矿为主体，相对来说，其他产业是为煤矿服务的。像暖气厂这样的单位，就是属于服务行业。抚煤集团的前身是抚顺矿务局，抚顺的煤炭开采源远流长，已经有110多年的历史了，可以追溯到20世纪初——1901年。大清国时，就已经进行煤炭开采了。抚顺矿务局当年的煤炭生产许可证上，还盖着大清国的印鉴。

宣统，还是光绪？我问道。

原件在故宫博物馆里保存着呢！具体的不知道，就是说抚顺的煤炭开采历史悠久。

整个煤炭的发展历程也十分坎坷。抚顺的煤炭开采较早，煤质也比较好，在亚洲曾有过辉煌时期，沙俄、日本等帝国主义都曾疯狂掠夺过这里的煤炭资源。尤其日本，掠夺的时间更长一些。侵略者们丝毫不管环境的破坏程度，不管矿工们的死活和居住环境的恶劣与否，只顾疯狂地大肆掠夺资源。老一辈"抚煤"人的地位十分低贱，虽然干的是十分繁重的体力劳动，但不被尊重和重视。种种原因造成煤炭生产的各个环节非常不正规。

国民党接管"抚煤"后，也是满目疮痍。直到共产党接管后，"抚煤"的情况才大有好转。新中国成立后，百废待兴，抚顺优质的煤炭源源不断地运往祖国各地，全国各地的建设者也蜂拥而至。

你的父亲和爷爷也都在煤矿吗？我问张副部长。

我的父亲是 20 世纪 50 年代参军的，70 年代末从部队转业后，到"抚煤"工作的。他回答道。

一位军人的后代，自然与矿工没有多少血缘，但是对煤矿却有感情。且听他娓娓道来。

就抚顺来说，是先有煤，再有煤矿，然后有人。有了人烟以后，才有了城市。城市的发展变化离不开煤矿的发展变化，而煤矿的兴衰则直接关系到城市的兴衰。过去，抚顺矿务局的局长、党委书记、总工程师等，都是国务院直接任命的。有一段时期，抚顺煤矿的矿长曾兼任抚顺市的市长，这说明煤矿在当时的政治地位还是很高的。而抚顺之所以能被称为"煤都"，就是因为抚顺煤矿而得名。

抚顺的煤炭储量是全国第一，"抚煤"的年产量也曾经是全国第一。最高时煤炭年产量为 1800 多万吨，现在，每年只有 300 多万吨。抚顺曾为国家的发展建设作出过卓越贡献，这贡献则主要是"抚煤"作的。

张副部长说，当年上学时，书中讲道：工业的粮食是煤炭！

这句话让我有些震惊，又有些骇然。

资源，只要可以被称之为"资源"的，都是有限量的。无论它曾经是多么丰饶，也无论它曾经是多么辉煌。需求就如同一张巨大无比的口，在以惊人的速度狂吞猛咽着那些煤炭。需求无止境，而上苍恩赐给人类的煤炭资源却是非常有限的啊！

新中国成立初期，几乎所有方面都离不开煤炭，从工业到民用，短短 100 多年的时间，抚顺，这座因煤而兴的城市，正在因煤而走向毁灭！当这些"粮食"被吞噬到一定程度时，"限煤保城"的政策不得不出台。

人，总是要想办法活着的。

既然从煤到煤矿，再到"煤都"；从采煤人到城市人，聚集了一座城市，那么，总要给这些人寻找到一条活路。

很快，经过一番痛苦的抉择后，"抚煤"人以煤矿为主，建立了其他一些厂矿企业。可以说，抚顺市的第一、二、三产业，都是从"抚煤"发展起来的。

油母页岩油就是在这个时候走进了人们的视线。

油母页岩本身是煤层最上面的一层物质，曾经是剥离物，也是废弃物。昔日无限量采煤时，人们并不曾注意到这种东西，而当"限煤"令出来后，人们才"惊异"地发现了它的价值。它是还没有完全形成煤的一种物质，属于煤的半成品，自身并不具备可燃烧性，但是可以提炼出其他物质。

抚煤集团投入大量的人力、财力、物力，开发研究出了油母页岩油这种新型产品，我国的第一桶油母页岩油就是"抚煤"生产的，而油母页岩油经过进一步提炼，还可以生产汽油、柴油和石蜡。这也是"煤都"未来的一种存在形式，更是延缓"煤都"走向衰败的一个途径。

油母页岩被开发后再利用，人们喻之为"石头里榨油"。

"抚煤"由于许多年代前特殊的地质构造，曾经的高森林覆盖率和丰富的海洋浮游生物，才使其拥有这种特殊的物质。

抚顺的油母页岩炼油厂年产量约为 30 万吨，是世界上第一家此类产品的生产企业，也是最大的生产企业。原料的获取不算很困难，但含油率却并不高，经过物理作用后生产成油母页岩油，用渣做水泥。其他相关产业还有水泥厂、砖厂、热电厂等，建立起了一个循环产业，使油母页岩油生产工艺过程中产生的能量一点儿也不浪费。

"抚煤"还建立了省级研发中心，专门研究油母页岩油的生产和深加工。他们的油母页岩油生产工艺，也已经申请国家专利。

还有一个未来，就是煤气和琥珀。琥珀的生产全世界也只有几家，现在产量已经极少极少了。

张副部长说，地球上面积最大的是海洋，海洋里有石油，未来的资源状况应该越来越好。而当资源枯竭时，人们一定也会找出一条生存之道的。

曾经以煤为主的抚煤集团，将来的主业将是油母页岩油的生产，以之为龙头，带动其他产业的发展。现在，油母页岩这种曾被人们废弃的物质，终于被国家定性为"资源"。抚顺的油母页岩可开采 30 年，30 年以后的将来呢？

不知道了。

抚顺 100 多年来被挖出的露天矿坑，东西长约 6.6 公里，南北宽约 2 公里。有人说，这样大的空间，若让全球 70 亿人一个挨一个地站进去，都是没有任何问题的。

听上去有些夸张，但也很让人震撼。

抚煤集团人员最多时，职工和家属的总人数有 40 万人之众，占抚顺市总人口的五分之一到四分之一。

这个数字，同样惊人。

如此产量巨大、人员众多的一个国有大煤矿，党和国家领导人对它是十分重视的，毛泽东、邓小平、江泽民、朱镕基、温家宝等，都曾亲临这里视察和慰问过。

"抚煤"为国家的经济建设作出过突出贡献，也同样经过了从计划经济到市场经济的波动，经历了三角债的困惑。企业最困难时，工人连续七个月发不出工资，机关干部九个月发不出工资。从 1993 年到 1996 年，那是企业最为艰难的时期。一方面，身为大型国企，"抚煤"按计划生产的煤炭不能及时销售出去；另一方面，全国各地的小煤窑遍地开花。小煤窑因为成本低，大打价格战，用低价格来吸引买主，这自然形成一个恶性循环。

煤炭的大用户其实并不是民用，而是钢铁企业。当钢铁行业不景气、资金链条出现问题时，自然也连带影响到了煤炭。

计划经济有许多弊端，但国家宏观调控的政策，从某种程度上对一些企业也是一种保护。"抚煤"在自身发展受到三角债影响的同时，也延伸影响了其他企业，这是一个极简单的多米诺骨牌效应，环环相扣，各种情况全都是连锁反应，只有在某一刻坚持住，起死回生，才会让后面的情况有继续存在的可能。

既有矿，就会有矿难。

抚顺曾经的几起较大的矿难，给煤矿带来灾难，更给一些家庭带来了灾难。龙凤矿的一起矿难死了 69 名矿工，瓦斯爆炸对矿井造成严重损坏，加上给死难矿工的家属赔付，赶上那个时间段恰好全国工业企业

一片哀鸿，大环境的低迷和企业自身的不幸遭遇，致使一个年产量200多万吨的煤矿最后因资不抵债，无法恢复生产，上级单位派专家来鉴定后，被迫宣告破产。

当时全国申请破产的大型国企还不算多，龙凤矿是抚顺第一家宣告破产的国企。破产时，企业有职工和家属3万多人。

在企业最为困难时期，年轻人甚至找不到对象；而当企业效益大好时，年轻人择偶首选矿区。其实谁也不能说人们到底有多么现实，只是因为任何时候，生存都是第一位的。饿着肚子干革命和饿着肚子谈情说爱的历史，早已一去不复返了。

栽下梧桐树，引得凤凰来。蓬勃发展的企业如同一棵巨大的梧桐树，吸引着四方人才。转业的军人和当地一些大专院校的毕业生，都把"抚煤"作为首选之地；新入职的员工，专业不甚对口的，大多会被派出去培训几年，之后才上岗工作。

如今的"抚煤"，有在岗人员3万多人，正在以煤为主，走一条煤产业和非煤产业、产品并重之路，多元化发展。非煤产业的比重，从当初的10%，如今已经发展到了70%以上。依靠多种经营的支持，"抚煤"一步步艰难地走到了今天。而企业的健康发展，势必会影响和带动整个社会。

抚顺生产的煤属于优质煤，主要供应给钢厂，其次才用于锅炉供暖。"抚煤"的资产总值是110亿元，年产值为65亿元，上缴国家利税9.5亿元。2001年，"抚煤"人均年收入为9862元；2010年，人均年收入为4.5万元。不到十年的时间，翻了多少倍？

用张副部长的话说，"抚煤"的今天，得益于有一支好的干部员工队伍，大家在经历阵痛后，倍加珍惜来之不易的每一次机会；得益于找到了一条适合于企业自身科学发展、创新发展的路子；更得益于国家对东北老工业基地振兴的政策。而这，才是最根本的。

如今，"抚煤"又上了几个大项目。建造了一家造纸厂，彻底和煤炭行业脱离了。它是利用热电厂的热能，水处理后进行再利用。原材料一个是废旧纸，一个是进口纸浆，主要生产生活纸、新闻纸和纸板。

还有油母页岩油化工厂。这个项目上马后，是对油母页岩油进行深加工，这些都是非煤产业。下一步，他们还将进行瓦斯开发，也就是煤层气的利用。

"抚煤"，这家历经百年的老企业，正在焕发青春。

一棵百年的老树，抽出一枝枝新芽，蓬蓬勃勃……

中午在煤都宾馆（原抚顺矿务局第二招待所）用餐。宾馆是当年日本占领者遗留下来的，造型至今仍然保留着"帝国"的气派。有一房间，曾经是当年辽沈战役的指挥部。解放后修葺，几任国家领导人都曾下榻此处。据说在这里边已经拍过好几部电视剧了。宾馆里面有一块巨大的化石，下面的标牌上书写着——抚顺煤田为新生代第三纪内陆相沉积地层，形成于距今 0.45 亿年。主要岩土层为：黏性土及沙卵石层，平均厚度 17 米；绿色泥岩层，平均厚度 420 米；油母页岩层，平均厚度 117 米；煤层，平均厚度 55 米。

宾馆门前的圆柏，或曰桧柏、刺柏，号称"百木之长"，自古就享有盛名。姿态奇特，以"清、秀、灵、奇、特、俊、古、美"各具幽趣，它们不是奋力上扬，而是盘曲横生，势若游龙，翔如飞鹤，飘逸如飞。八株圆柏，蕴俊秀于悠远，涵灵奇于飘逸，深情地欢迎八方宾客。

1910 年种植的它们，历经百年的岁月沧桑，目睹"抚煤"从无到有，从小到大，从初建到兴盛，再到衰微，及至浴火重生的全过程。

走出抚顺城郭，满目青山夕照明，一只孤雁盘旋飞过，在太阳的余晖中，金翅闪亮，我突然想起了 7000 年前在辽河流域发现的太阳鸟。

浴火涅槃，太阳鸟在煤都横空出世了。

# 第十章 | 断崖千尺 亲情有声

## 1. 母爱无边让苦海有岸

李广莲是我在整个大东北采访之旅中，无法忘怀的一个普通女性。

那天在莫地沟谈了整整一天了，将近下午 4 时，秋阳西斜，寒林被染成一抹殷红。在莫地社区里采访了一整天，多为龙凤矿、西露天矿和三产的工人家庭。

社区临时安排与负责小区保洁的女工李广莲聊聊。她刚扫完门洞，穿着一身军队迷彩服，引领我们进了她的家门。

虽然处于生活的最底层，但是她的美丽、温婉和得体，恍若莫地沟里降临的一位天使，会让躁动的心和枯萎的灵魂安静和水灵起来。

她嫣然一笑，说，我是老虎台矿工的女儿。

是吗！得来全不费工夫啊，你父亲还在老虎台矿吗？

死了！死于矿难。

啊！对不起，对不起！连声道歉。

没关系。李广莲神情恬淡，静静地坐在那里向我叙述关于老虎台，关于莫地沟，关于那永远让她感恩不尽的亲情。

父亲罹难于老虎台矿难时，扔下山东老家德州一房孤儿寡母。42 岁的母亲魏宪珍，那年刚好与今天的李广莲一个岁数，她牵着 4 个女儿，大姐 14 岁、二姐 9 岁、李广莲 4 岁，而小妹刚刚牙牙学语，风尘仆仆地赶来了。

见到父亲的遗体，母亲哭得晕了过去，四朵小花抱着妈妈哭成一团。那场景，就是石狮子看见，也会掉泪的。

老虎台矿将李家母女5个留下来，母亲农转非到老虎台医院食堂当职工，4个闺女养到18岁成人。

尽管她们在"抚煤"举目无亲，可是处处皆亲人啊。矿上当时就分了矿区八层楼上的一套单元房，让她们安家落户。母亲摇头，说我带着四个孩子，楼太高，万一有个三长两短，我没有办法向她们九泉之下的爹交代，就要几间平房吧。

马上给老李家腾平房。领导朝房管科长手一挥。

于是，在矿区要了三间平房。

日子犹如风雪掠过寒林一样，一天天过去了。虽然当时只有妈妈一个人工作，但4个千金个个有抚恤金。妈妈又会理财掌家，上班苦活累活抢着做，反正在乡下苦惯了，中午吃饭时间跑出去买菜，晚上回来给孩子们做饭做菜，有粥有馒头有咸菜，偶尔还能吃上白肉酸菜炖豆腐。大的照顾小的，从不吵闹，一家人的日子过得其乐融融。

李家大姐初长成。初中毕业后，18岁被安排在"抚煤"食堂里工作，是全民工。

二姐考上了"抚煤"的技校，分到二公司选煤，到1994年就放假了，那年她才24岁。

我二姐长得可漂亮了。李广莲一声长叹，个子又高，身材又苗条，皮肤白皙，出落得像一个画中的大美人，可她与婚姻没有缘，家人朋友没少给她介绍，却一生未婚。24岁就下岗了，她到加州牛肉面馆当服务员，一直干到现在。与母亲住在一起，相依为命。

那场下岗大风暴袭来的时候，李家的姑娘能避的就避过去了，避不了，就只身挡着。

李广莲的大姐跟着丈夫去了宝钢，到那里也是打工，可是机会总比在"抚煤"多。而她刚到恋爱结婚的年龄，却遭遇了一场分流下岗。

那是一个周末的晚上，两个姐姐都回来了，李广莲将男友杨学忠带回家，让全家人打量、过关。母亲的身上仍然有着山东妇女的质朴热情，

好吃好喝地招待，与未来的姑爷说话时，也不忘问他的家住哪里。

姨，我是莫地沟的。

做什么工作？

老虎台矿建筑公司的。李广莲替男友回答妈妈。

笑着将女儿的男朋友送出门去了，母亲才将李广莲召至跟前，说，三丫头啊，妈妈想给你掏心窝地说句话，行不？

妈，同意不同意别绕着弯子说。

你喜欢这个小杨？

嗯，他从小也失去了爹，妈妈又改嫁别人，从小在哥哥姐姐家中长大，挺可怜的，我也从小失去了爸爸，都没有过父爱，所以我们说得到一起。

同病相怜，可你有妈啊！

是啊！妈妈对我们四姐妹最好，又当爹又当娘的。

听得进妈说的话吗？

当然，这个世界，唯有父母亲人是对自己最好的，为什么听不进去？

你知道"好女不嫁莫地沟"吗？

知道！

你知道只有莫地沟嫁出来的女孩，没有娶进去的姑娘不？

也知道啊！

知道了，为何还要去跳苦海？

小杨对我好，有爱情，苦海就成幸福海了。

三丫头，别给妈妈油腔滑调的！我正儿八经告诉你，嫁进莫地沟你就得自己劈柴、挖火炕里的煤灰。你会打煤坯吗？

不会，但是我会学。李广莲道，妈，小杨真的挺可怜的，但为人还行，我就看中他这点了。

母亲无话可说了。她觉得三丫头是她家里最有主意的，话虽不多，但是认准的事情，九头牛也拉不回来。

1991年，正是整个东北老工业基地一片萧条之时，莫地沟里的下岗工人遍地都是，李广莲在唢呐和鞭炮的吉庆响声中，嫁进了莫地沟。

站在那狭窄低矮棚房前晒太阳的街坊邻居们看到了，诧异极了，说杨家这小子，别看一脸忠厚相，处女朋友还真有本事，居然将这么一个天仙般的姑娘，从矿区楼房里娶进了莫地沟。

杨学忠家是一大家子人，他是老儿子，上边有三个姐姐、两个哥哥。见小弟前世修得好，将这么个漂亮的姑娘娶进了莫地沟。他们都知道她打小没有干过打煤坯、掏煤灰的事情，哥哥嫂子、姐姐和姐夫都来帮忙，那个冬天，都没用李广莲动手，让她好生感动，妈妈最担忧的事情，并不成为真正的担心。

1994 年，女儿呱呱落地，就生在莫地沟中，然而那里的冬天太冷了，孩子住在这里经常生病感冒。有一次带着回去看姥姥，说起女儿生病的事情，母亲对李广莲说，你知道她为什么这么体弱多病吗？

李广莲摇头。

冻的！大冬天零下二三十摄氏度，那点取暖的小炉子，咋能保暖啊。把外孙女给我放下吧，冬天这里有暖气。

于是，女儿便长期放在了娘家，由姥姥照管着。

我是走不出莫地沟，那并不高的山脊，就是一道高高的门槛啊，遮住了一代代莫地沟人的眼睛，将他们圈在这里，迈不出去啊。李广莲说，老虎台建筑公司是黄得最早的单位之一，孩子才会走路，她就下岗了。丈夫去打零工，她去卖元宵，推到抚顺城里去卖，早出晚归，夏天还好，最难熬的是冬天，那大烟泡儿一吹，莫地沟入口的道上结了冰，推车往上走，爬不上去，不知道摔了多少回，车往下退时，就得用身体拦着，不然翻到沟里，还卖什么钱。冬天，半夜三更回到家里还得做元宵。

日子挺艰难，城里的竞争者很多，她起早摸黑的，一个月也就能挣五六百元。

李广莲说，姐妹四个，她最佩服的还是老妹李广红，这只妈妈羽翼下呵护的雏鸟，小时候看着蔫不唧的，看到生人还怯生生地躲在母亲背后。可是女大十八变，出落成一个大姑娘时，妈妈的单位老虎台也不管分配了。没有单位管就自己管自己，她初中刚毕业，一家人都为下岗愁云笼罩时，她却少女不识愁滋味，向妈妈要了一点车钱，与几个小姐妹一起，跑到福州去打工了。一去就在那里落下来，恋爱结婚买房，与一

个福建男孩日子过得挺让人羡慕。

那一年，李广红十月怀胎，挺着个大肚子，千里迢迢地飞回抚顺来生小孩。

这时，三姐李广莲正在家里带女儿。教女有方，女儿带得娴静温婉，敬老扶幼，落落大方。

有一天，李广莲侍候坐月子的小妹。躺在榻上，嗅着一床乳香的妹妹问她，姐，你若现在出去打工，一个月能挣多少？

苦死累活的五六百元呗。

姐，我把儿子扔给你啦，你帮我带吧。一个月1000元，行不？

你这是扶贫吗？

妹妹摇了摇头道，我看你将小外甥女带得这么懂事，羡慕死了。

孩子长期不与母亲在一起，没有母爱，你会失去他的。

那就送给你吧！妹妹凄然一笑，那边太忙了，我又要上班，又要带孩子，将我撕成两半，也应对不了啊。三姐，求你了，帮老妹一把吧。

小妹，那三姐可是赚大了，又捡了一个儿子，又有了稳定收入。一儿一女，可是要让人红眼死了。

你答应了？

李广莲默默地点了点头。

小妹一脸惊喜之色，伸出小拇指，拉钩上吊不许变。

你啊，还是个孩子。

李广莲将一个襁褓中嗷嗷待哺的小男孩儿接过来，视为己出，母性的光辉在她身上无限放大了。

外甥管我叫妈，亲着呢。李广莲说，我现在有一儿一女，姑娘读高一了，儿子上小学六年级，周六时，我们一家在莫地沟棚户区改造后的小区广场上遛弯儿。我啊，左边挎着上高一的女儿，右边挎着小帅哥儿子，遇上那些晒太阳的大叔大娘，他们惊叹，广莲，你咋这么有福气，年纪轻轻的，咋整的，有这样一双好儿女啊。那一刻，我幸福死啦！

家里突然多了一个弟弟，女儿会不会在你面前争宠，觉得妈妈给表弟的爱太多了？

不会！我女儿从小就很懂事，成绩很好，从来没有补过课。与弟弟相处时，吃的都让着他，两个人的关系可好了，相处12年，脸都没有红过。

有其母必有其女啊！我感叹道。

我是一个没有出息的女人，就只会带孩子。

了不起！

小妹经常回来吗？

回啊！李广莲说，每到过年就往这边跑。我怕他们母子生分久了，感情疏远，总在儿子面前提他妈妈如何如何好，到了暑假，我就让孩子到福建去，与他妈妈热络。

我在莫地沟转了好多家了，你家的生活远比许多家庭好。我逗李广莲道。

何以见得？

你瞧这些家具是新买的，档次不低。还有大电视机、冰箱、电脑，这可是我在莫地沟见到的第一家啊。

这都是我老妹买的啊！她一直在扶贫。李广莲说，这里的变化真是天翻地覆，50多年的棚户区稀里哗啦拆了，两年之间，一片片高楼小区拔地而起，报纸上说过深圳速度，这也是抚顺速度。我妈妈从矿区动迁了，买房的钱是老妹子给的，现在在新盖的小区里住上了80多平方米的房子。我这的房子小一点儿，45平方米，可是只添了1万多元啊，就得了一套大房子，知足了。

黄昏一点点落了下来，秋天的夕阳不知什么时候悄然潜进了这个温婉的小家。

李广莲长叹了一声，说，过了今年，到明年夏天，儿子就要到他妈妈那边上福州中学了。社区里觉得她年纪轻轻，孩子也带大了，给了她一份小区保洁的工作，清扫4个门洞的走廊过道和门前卫生，一个月480元。

不知不觉中，暮霭落下来了。李广莲一惊，说我还要去接儿子。

他都上六年级了，又是男孩子，你还要接？

接啊！从莫地沟到万新的小学，要走40多分钟，还都是山路，刮风

下雨，风雪阴晴，我都要去接。

我们连忙结束采访，匆匆下楼。这时夕阳的余晖将莫地社区镀上了一层秋天的金黄，我看到李广莲急切的脚步融进了秋阳里，一片温婉。

有了这种温婉，莫地沟这片生命的苦海，便成了幸福之岸。

## 2. 同胞亲情让人间情义无价

董文杰从嫁进天堂工人村后，就没有过过几天好日子。

少女时代就向往的工人村生活，融入了日常碎片似的居家过日子的艰难，刚嫁进工人村时那种"幸福死了"的光荣感，很快被生活的沉重切割、消解了。

婆婆厉害，大姑子、小姑子多，那些家长里短的事情，统统不说了，因为家家皆有。

命运的多米诺骨牌，董文杰的工作这一张牌倒下去的时间是1996年。那时在省建筑公司幼儿园当园长的董文杰被人事处约谈了，结果就是一句话：下岗。

茫然地走出公司大门时，望着沈阳大街上人来人往，她不知道路在何方，命运又该向何处流走。踏上公交车，迷迷瞪瞪地坐回铁西区劳动公园时，看到里边站着好多下岗的工人，无所事事，她的眼泪"哗"地流了出来。

将与他们为伍，将与他们一起挣扎，然后浮出苦海。

总得要干事吧！ 30岁结婚，儿子刚刚15岁，正是要钱花钱的年龄，得找一件糊口的事情。不知是突发奇想，还是在公园里嗅到烤羊肉串的味道，她决定下岗的第一个活儿从烤羊肉串干起。

没有经过考察，也没有经过培训，将铁架、木炭买来了，孜然、辣椒粉就位了，进羊肉时，她以为瘦的最好吃，越瘦越好，结果多花了不少钱，进了不少瘦肉。可是瘦肉太干，咬不动；羊油附着太少，不香。结果几天下来，亏了一个稀里哗啦。

望着烤羊肉串架默默掉泪：一个幼儿园园长，一个老三届，咋整也是公司的副科级，落到一个与新疆人一样卖羊肉串，却不如人家新疆人会赚钱的田地。

董文杰骂自己无能。晚上，开铲车的丈夫孙启辉回来，说文杰，是我无能，为老婆孩子顶不起一片遮风挡雨的天。

你别自责，出门看看，劳动公园的男人都这样；你还好，没有游手好闲。

第一次创业失败，再找一份工作吧。

第八人民医院有一个清洁工的位置。董文杰找去了，负责的人说可以，你得交 100 元押金。

董文杰摇头，说，我没有 100 元。

50 元呢。

也没有。

那就 20 吧，20 该有吧。

董文杰点了点头，这是她这个月一家人的菜钱。

钱递过去了。这可是一个苦活儿，早晨 6 点半就得去上班，楼上楼下、新楼老楼的楼道，她都拖干净了。那时正值冬天，雨雪交加。医院里人来人往，开车、骑车、走路来的，一地雪水泥水，全都带进来了。进来一个人，就是一个脚印，马上就擦干净。

一天，原单位一个老同事来住院了，董文杰倒完垃圾，去看了她一眼，唠了几句嗑儿。被负责人发现，责骂了一顿，说再犯，就罚她 100 元。

董文杰委屈极了，眼泪簌簌而下。

那位负责人说，哭什么哭，想好了，还干不干？现在沈阳城里最不愁的就是人，你不干，比你能干的多的是。

董文杰将拖把一扔，说，退押金，我走人。

这时，她觉得自己是一个失败者。

重操旧业，与孩子们在一起吧，启工二校有人在经营小饭桌。她找了一户人家，在房东家的五楼租了一间大屋，摆起了小饭桌，中午四菜一汤，招揽学生，一下子揽了十几个，再多就坐不下了。早晨买菜、做菜，然后在小饭桌上摆好饭菜，再到校门口等，将孩子们接来，吃得快快乐乐。

到 1 点前的那点儿午休时间，她就发挥幼儿园园长的特长，给孩子们讲故事、唱歌。

女房东姓郝，也是一位下岗女工，脾气坏得不得了。

有一天她推门而入，对董文杰说，董姐，你烦不烦，唱什么歌，乌泱乌泱的，吵得人心烦得只想跳楼。说好了，你再吵再闹，我这房子不租了！

干了几个月，略有盈余，但赚得不多，还要看那女房东的苦瓜脸，心里不畅快。

有一天，小妹来看她。小妹与董文杰是同父异母，手足之情，感情甚深。小妹人长得漂亮，精明胆大，有巾帼气派。她没有下过乡，参加工作时就应招去了警备区的招待所，警备区政委一眼就看上她，欲要她当儿媳，虽然政委家的门槛没有迈进去，却将一个亲戚介绍给她。有了这些资源，她开始在商海里打拼，先开了一个店铺，淘到了第一桶金。

大姐，你在做啥？

嗨！别提了，董文杰一开口，泪水"哗"地涌了出来，说，大姐给国企养残了，这一下岗，真像无头的苍蝇——乱撞，撞得四处碰壁。做点小生意吧，干什么赔什么！

大姐，你就不是干这个的料。

我有一个活儿，大姐愿不愿意干？

做什么？

坐车去长春送化验样品，然后再取回来。来回两天，化验成本和车票报销。小妹说。

这是天上掉馅饼！咋不行啊？

好！那这件事情就交给大姐了。过些天我再给你找一个活儿来。

拜托妹妹，谢谢妹妹。

谢什么，大姐，你是我的亲人啊！一家人不言谢的。

果然，过了几天，小妹打电话来，说她认识电大一位招生的，你就在铁西区的楼上挂一张招牌，负责电大招生，有资格认证的。一个月底薪 300 元，招到一个人再提成 10 元钱。

好工作啊！董文杰说，风吹不到，雨淋不着，又不用干体力活儿。

然后，董文杰到沈阳电大办了一个手续，在自己家的楼下，面向铁西当年最著名的劳动公园，一把红伞，一张小桌，一把椅子，她就坐在电大招生广告前，干起了招生的事情。这是她干得最稳定的一个工作，干了长达两年。好的时候，一个月可以挣千八百块钱。

招的都是熟人的孩子啊，铁西中学毕业了，考不上大学，中专又不愿上，觉得电大好听，便凑来了。董文杰说，其实就没有几个最终读到毕业的。

然而，随着中国高校一轮又一轮地扩招，还有私立大学的恶性竞争，最终电大招生也越来越困难，陷入窘境。

董文杰终于依依不舍地将广告牌和遮阳伞退了回去。

上劳务市场去吧。

有一天，站在那里等雇主。突然有一个男人跑过来，说，谁愿干护工？

我干！董文杰几乎没有一丝犹豫便脱口而出，她已经一个星期没有找到工作了。

你会干吗？

会！

过去干过什么？

幼儿园园长，护理过儿童。

那个男人点了点头，带她去了家里。

那是一位"空巢"老人，大冬天的，老人家住的地方，简直是一个冰窖。没有暖气，也没有取暖设备，老人躺在床上，被子盖得厚厚的，犹如风中之蜡烛，朔风一吹，就会骤然熄灭。而房间里那股难闻的老人气味，也让人要窒息。董文杰俯下身子就开始收拾，然后侍候老人，居然在寒冷的屋里累出了一身汗来。

晚上，那个男人来了。

董文杰说，为何不开暖气？

男人说，单位在扯皮，没人给送暖。

董文杰摇摇头，她不想评说什么，此事在铁西多矣。但还是对那个

男人说，能不能找一个电暖气来？

好！第二天上午，那个男的从商场买了一个电暖气，董文杰趁着屋内的温度升起来，给老人擦身洗浴。又是马不停蹄地干了一天。

第三天早晨她再去的时候，男人的父亲死了，在门上留了一封信和50元钱。男人对她的工作十分满意，大加称赞，说这个年代，很难找到像她这样有责任心的护工了。

董文杰苦笑了一下，自己干的不如他写的多了。黯然失神地走下楼梯，凝望着阴霾摧城的天空，她又失业了，家里的生活又失去了来源。

茫然地踩着积雪朝工人村走去，她知道家门前这条街，被沈阳富人称为"穷鬼一条街"、"下岗工人街"，劳动公园成了穷鬼的乐园。蹒跚复蹒跚，今日复明日，一个下岗女工沉重的步履，就这样茫然地走进了千禧之年。她蓦然回首，那留在积雪大地上的脚印，一个出身抗战老干部家庭的女儿，竟因父亲一念之差，母亲走上陌路，她失去了所有的光环。第一批下乡、第一批下岗，守着这座工人天堂，才发现工人阶级的时代、钢铁年代，已经不再是光荣与梦想、热血与激情的同义词了。

火树银花，可是夜空里的焰火不属于她。朝阳欲出，可是新世纪的朝霞照不到她的身上。

董文杰得病了，脸色菜黄，小腹隐痛。找了一个医院的同学做B超，不花钱，发现子宫上长了一个肌瘤，7×6厘米那么大，要做手术，可是她的手里没有一分钱，丈夫手里也没有钱。从1996年下岗之后，单位就没有开过支，她苦苦地找，单位人事科的人说，你可以回来，一个月开120元，但是得竞争，将在岗的人挤下去一个。

董文杰摇摇头，说我做不出来。

省二建属于省里的单位，五年不开支，说不过去啊，于是职工们就上访，围在省政府大门口，静坐，想找省长出来对话。然而没有用，问题还是解决不了。

过年了。小妹来看她，见大姐病成这样，总流血，脸色白白的，一看就是不正常。惊讶道，大姐这是咋整的？

姐子宫里长了一个肌瘤，有鹅蛋大啦！

咋不手术去？

没钱！

小妹眼泪"刷"地流出来，说，姐，没钱你咋不说啊？我给你拿啊。

已经够难为你了，逢年过节，吃的用的全是你张罗，姐张不开这个口来啊。

我们是一家人啊！你有病，我得帮啊。

小妹当场就从包里数了 1000 元现金，说，我进货，手里有点紧，你先拿着去看。

有了小妹的 1000 元，大姑姐又给了 1000 元。

终于逃过一劫，又活了一回。

那一年，董文杰 50 岁，终于可以退休了，一个月有 300 元的退休金，可是丈夫却下岗了。原来给单位领导开车，老领导走了，新领导会驾车后，将他辞了。

丈夫下岗了，找到一个幼儿园，给人家开车，一个月可以开 800 元，干了一年半，有些地段警察不让停车，干不下去了，只好选择离开。

回归老本行吧！董文杰建议丈夫，还是去开铲车。丈夫点头答应了，去了浑南，在工地上给人家开铲车，一个月可以挣 1000 元，董文杰的退休工资 300 元，还有劳保 100 多元，那半年，她手里第一次有了存款。

然而命运的魔影总是尾随着这位灾难不断的女人。

振兴东北老工业基地国策实施之后，铁西区里的大中型国企，通过土地置换和搬迁建厂，过去拖欠职工的工资和医疗费都补发了，唯独省属企业一些建筑公司没有能力支付，董文杰便与工友们一起去上访。

2007 年元旦的钟声敲响后，第一场雨夹雪掠过辽沈大地，城郭皆白。冷雨一吹，雪花便化了，黑糊糊的一片。董文杰与同事们到省政府去上访，接待室的人作了政策解释，说补发工资和办医保，让他们找劳动局去办。

第二天，仍然是时断时下的雨夹雪，洒在沈阳的大街小巷里。董文杰骑车到了劳动局，找了有关人员，得到的答复是集团自主。可是这时的建筑集团没有钱，补不了拖欠多年的工资，也办不了医保。

气血攻心，董文杰一下子患了脑血栓，人的半身麻木了，说话困难。

幸好家人及时发现，赶紧送到了医院。

小妹妹赶来了，大姑姐又赶过来了，一人赞助一点，终于董文杰住进了医院。

这一回住院，一下子花去了 6000 多元。

病情有所好转后，就不再住了，出院回家调养。那笔工资和办医保的事情在揪着她的心。

关键时候总是由同胞姐妹帮忙，董文杰心有不甘，一定要找回属于自己的那一份。后来，她打听到现在建筑集团的董事长，是她一位好朋友的丈夫。她将朋友约出来，说你得帮我吹吹枕头风啊，我现在是弱势啊！真的是叫地地不灵，叫天天不应，找来找去都卡在集团这里。我不能一有灾有难，就让亲戚援手啊，这样的穷亲戚病亲戚，时间久了，会招人厌的啊！

我帮你！女友也算义气，回去找丈夫讨公道，说你们集团也不能这样欺负弱女子吧。

被老婆这么一激，董事长果然出手了。找董文杰公司的领导，让他们解决。

下属说，董事长，你知道我们的日子也不好过。

董事长发狠话了，个人拿钱也得给人解决点啊！

终于，该给的都给了，该解决的都给解决了。

一切都归于风清云淡。一个向往天堂，还守在天堂工人村里的女人，等着动迁。

那天，董文杰很诗意地说，我熬过冬季，走进艳阳天了，现在一个月退休工资有 1400 元，其中工资 700 元、劳保 500 元、医保 200 元，据说还会涨，一退休就见亮儿。

走出冬季，董文杰最感恩的仍然是同胞之情。她说自己最危难的时候，都是小妹和大姑姐帮忙。小妹现在的日子更好过了，住进了别墅，但从不忘我们这些穷姐妹。过去，每到国庆节，给我们每人 500 元，春节发 1000 元，而到了 2011 年之后，升格了，国庆给 1000 元，春节给 2000 元，还有大量的水果蔬菜米面副食。

不为一母所生，依然同胞至亲，正是有了这种胞衣亲情，让董文杰这个一心梦想住进铁西的天堂工人村里的女人，走过了艰难年代。

同胞之情让人间的情义无价啊。

## 3. 姊妹亲情让金花惊艳

已经是阳春三月天了，东北大地仍是寒雪飘飘。

我赴沈阳采访时，提出要再度采访三个人：一心要嫁进天堂工人村的董文杰、老劳模杨玉兰、老工人尹忠福（和他的五朵金花）。

经过联系，很快有了回话，说没问题，他们都非常欢迎作家去。其实我的创意是将这三个家庭的命运自始至终贯穿于我的书中。

那天上午雪后天晴，未见彩虹，但是我们走进尹忠福老人为等待动迁暂住的租赁小屋时，尹家就像过年。

暂时租的小屋在铁西区的一所民房的一层，很小，只有两间小屋，供老两口儿住。那天上午，除尹忠福老两口儿外，尹家五朵金花来了四朵，老六尹春芳和小弟尹春承缺席。

为迎接我们，尹家四朵金花的装束也各有讲究，老大尹春荣珠光宝气，穿了一件裘皮大衣，脸上也经过一番化妆，看她的年龄，很难与57岁连在一起。她一上来便是一句广告词：花可以重开，生命不可以重来。因为我们心中有爱，把对自己生命的呵护与保健融为一体。说的时候，她的神情非常自然，没有一点儿推销的意思。但是当她将这句话连说了三次的时候，我笑着说，尹家大姐，你是不是搞传销的？

坐在床上的二妹、三妹、四妹咯咯地笑起来了。

你们别笑，尹春荣有点儿恼，我是搞直销的。

花可以重开，生命不可以重来。因为从我们进屋到现在，不到半小时的时间，你这句广告词，已经说了三遍了。

呵呵！直销有什么不好。尹春荣一本正经地说，它让我发家致富了，彻底改变了我们一家人的生活。

尹忠福与五朵金花，随着沈阳玻璃仪器厂这条大船一同沉没之后，

尹家姐妹如父亲那个除夕之夜的家庭会议一样，开始了一场自我拯救。

第一个救自己的尹家二姑娘尹春凤，这个成天为姐妹们做饭打扫卫生的姑娘，最早意识到这艘大船的将要沉没。于是，与小她三岁的丈夫张海涛一起，辞别了爸爸为她谋求的办公室的工作，到了朝鲜族聚居区开了一家玻璃仪器批发店，开始了在市场经济的大潮中遨游的自救行动。

大年三十的那天晚上，开家庭会议的爸爸表扬了她当年不听他的话，辞去厂里办公室的工作下海经商的举动。

听了爸爸的表扬，她舒心地笑了。谁笑到最后，谁笑得最美。她可是尹家最早创业自救的人。

说起这段往事，尹家大姐春荣还有点儿不服哩。她说，春凤当年话不多，可是心里明白着呢。那意思便说，过去他们尹家另外四朵金花，都不如二妹有心计。

呵呵，坐在床上的三姐妹笑得前仰后合。

等她们四姐妹调侃完了，我对尹家大姐说，你先讲自己的故事吧。

尹春荣将话语权揽到手后，便像打机关枪似的，说起了自己的故事。

尹春荣 1972 年在于洪区插队，因身体不好，将自己的关系办回了工人村，在医疗站里学医。遇到武装部当司机的朱修玉，恋爱三载，与小自己三岁的丈夫结婚之后，已经是沈阳玻璃仪器厂总务科主任的尹忠福将她安排在厂托儿所，一干就是五六年。时光流逝，转眼便是 1993 年了。她看到玻璃仪器厂开工资越来越困难了，便毅然选择离开。

因为当年在工人村医疗站学过医的经历，尹春荣在决定能干什么之前，便有了很好的选择。当年在托儿所上夜班的同事李燕杰找上门来说，春荣，有个机会，不知你想不想做？

什么机会？尹春荣问他。

保健摇摇乐机器，对患有颈椎病的人很有好处。

呵呵！一个骗子企业，台湾的吧，我立即插了一句。

3800 元一台，可以摇腿，也可以摇颈部。

你咋知道的？尹春荣问我。

因为我受过骗，我也买过啊！

呵呵！坐在床上的三个妹妹又笑了起来，那笑声里含有潜台词。

尹春荣当时就被李燕杰说动了，向丈夫的同事借了 2000 元钱，开始淘她做传销的第一桶金。

我这张嘴很厉害啊！尹春荣王婆卖瓜，自己夸起自己来，我做两个月进二，三个月进三，四个月进四，五个月就做到了最高。

第一个买我摇摇乐的是医疗站的一位老师，她是延安抗大的医生，很认可这种东西，我第一个月就卖了四台。

二妹妹尹春凤嘴角一撇，说姐，你那是劫富济贫。我当时手里有点钱，你成天来我家叨叨，无非要让我买，抹不开你的面子，我买了，但是那东西用过后，说真的，好也好不到哪里，坏也坏不到哪里。

尹春荣掩口一笑，说她第二个月上三级，卖了 16 台。第三个月，一个季度卖出 30 万元，当时就拿到了 3 万元。

天啊！我感叹道，你真能啊，3 万元在 1994 年，可是一笔巨款。

当然！万元户。尹春荣回首往事，心中仍然充满了自豪感。

可是到了 1995 年，中国开始打击传销活动，这个叫李道的美籍华人、台湾老板闻风而动，逃之夭夭。我们交了钱，机器也不能兑现，陷我于不仁不义之中。那个日子，到我家来要机器的纷至沓来。我还是挺过去了，我将挣来的钱，全部吐出去了。

告别了摇摇乐，尹春荣做起了东宇离子机，因为有了做摇摇乐的推销经验，仅仅两年时间，她便做到了五星级，一个月 1 万元的收入。

那也有我的钱在里边呢！一直坐在床上的尹家老四说，我还为大姐买过一台呢。

呵呵！四姑娘尹春英一发话，逗得大家全都笑了。

没有办法，这叫自救嘛！兄弟姐妹能帮一把就帮一把。尹春荣说她从 1993 年离开单位到 2004 年，沈阳玻璃仪器厂没有给她发过一分钱。她于 2004 年办理了买断手续，从此跟与爸爸伯伯生命休戚相关的沈阳玻璃仪器厂再没有了任何关系。

2006 年，靠着直销淘的第一桶金，尹春荣买了自己家的第一套住房，160 多平方米。

初战告捷，且略有所得。尹春荣要歇两年，享受自己创业的战果。

有其母必有其女。她的女儿朱璇在妈妈的熏陶下茁壮成长，其经商的本领更是青出于蓝而胜于蓝，与丈夫一起，成了百威收购的哈啤在沈阳于洪区的总代理，不输于自己的老妈。

尹春荣休整两年后，再度出山。这一次她不再做保健器材了，而是做起了保健品。她说有一个月，睡不好觉，当年医疗站的一个朋友送她一盒保健品，吃过几天之后，居然睡得那么好。于是，她坐车上了北京，参加了培训，回来后，给父母各送了几盒。

尹忠福看女儿又鼓捣起了直销，指着这东西问大女儿，这一盒多少钱？

100 元。

100 元能买多少斤牛肉？

女儿笑道，100 元牛肉可是把肠子污染了。

经不起她的再三鼓动，尹忠福和老伴服用了女儿的保健品，反正吃了坏不了身体，到底有多少好处，唯有天知道。

有一天，尹春荣又去北京开年会了。爸爸忠告她，你要好好儿地考察那家企业，不会是骗子吧。

从北京归来，尹春荣郑重地告诉爸爸，说这家公司在中国资助建了66 所希望小学。

这还差不多，赚了中国老百姓的钱，还算有点良心。

从那天之后，尹忠福才开始吃女儿给他买的螺旋藻了。

我爸爸吃了效果很好啊，过去因为阑尾炎手术发生过肠粘连，经常住院，现在好了。

尹春荣又开始做广告了，一句"花可以重开，生命不可以重来"重复了好多遍，说现在公司的产品很便宜，我给铁西工人村的很多阿姨推销的就是38 元、60 元一盒的。好多人买啊！

我摇了摇头，不知说什么好。

尹春荣也许感觉到我对直销的不屑，说我们公司还设立了创业基金，大学生没有钱，可以先办卡，将药品拿出去卖，赚了钱再回款公司，最近几年，有的刚出校门两三年的大学生，少的挣几万、十几万，多的几十万，有的已经买了房子了。

你买了什么车？

日本马自达。

女儿呢？

她和女婿追求时尚，买了宝马。

哇！我也有些惊叹了。

尹家大姐就这里打住吧，从我们进来，你一直在说"花可以重开，生命不会重来"。一直在做广告，说句心里话，我对直销一直并不认同，觉得有蒙骗和坑人之嫌，但是并不妨碍我对你的敬意。你在下岗之后，没有怨天尤人，而是奋起自救和创业，并获得了成功，也是一种东北人的活法啊。

谢谢！尹春荣笑了。

该尹家二姐了。

她坐在床上，长得没有大姐那般苗条，却绽开一缕甜甜笑靥的尹春凤说，我们没有大姐那样成功，就是先她一步，在沈阳市和平区西塔开了一个小店，批发玻璃仪器。

坐在一旁一直未说话的尹忠福，突然发话，说二姑娘和女婿最先下海，开始他并不同意，她从盘锦下乡回来后，好不容易在总厂下属的配件厂给她找了个坐办公室的工作，俏活儿啊！可她到了1992年，说不干就不干了，还拉着姑爷走了，气得父母对他们唠叨了好些日子。

现在再看你家二姑娘当时的选择呢？我问尹忠福。

还是年轻人脑子转得快、观念新，现在回过头来再看，她是对的。尹忠福答道。

我转头问尹春凤，你准备下海时，丈夫听你的？

我丈夫也比我小三岁，我家的事情，都是我拿主意。

他当时做什么的？

装卸工。

呵呵。尹家姑娘尽找小姑爷。

老四说，我的也是啊。

女大三，抱金砖，千古之言啊。

感叹归感叹，还继续听尹家二姑娘讲他们自己创业的故事。她说，那时的房租很便宜，一个月才一千多元，他们干了第一个月，除去房租，竟然赚了两千多元，而那时厂里的工资才50块钱一个月，天壤之别啊！

这也得感谢沈阳玻璃仪器厂，它在东北地区是行业中的老大。尹春凤说，当时的产品有点滞销，工厂供销科说，可以先赊东西出去，赚了钱再来结账。我们有客户，而且产品价钱还比单位要的低，客户自然跑到我们这边来了。

2001年后，在外边干装卸工的丈夫也过来一起干了。他们从和平区西塔搬到了南站，开了一个大一点的门市，雇了小工，一直干到了现在。

孩子呢？我问尹家二姑娘。

儿子自己干。尹春凤说，儿子办了一个大客车运营证，买了一辆大客车跑运输。儿媳妇所在的单位黄了，打工卖医疗器械。

不错嘛！

比上不足，比下有余吧。

尹家三姑娘尹春华是家里的才女，1977年初中毕业后，当年下乡去了东陵，即现在的桃仙国际机场所在地。知青大返城时，老爸帮助她进了沈阳药用玻璃厂的化验室。干到1993年时，下岗在铁西商业大厦当了售货员。丈夫也是一个厂的，单位还没有倒时，他就提着档案走了，连医保、暖气费都不要了。当时，尹春华提醒丈夫说，这些东西不能丢啊。可是他特立独行，恃着自己有美术天赋，在鲁迅美术学院夜大上过几年学，能写会画，办起了装修设计公司，生意也做得不错。

尹春华说，她还是怀念厂里的日子，那时虽然钱不多，但是都挺单纯的，不像现在男人一有钱就变了。

此话一出，尹家二姐便提醒她：别提这些了！

我一听觉得她们话中有话，也不便多问，便将话题转到她的子女身上。尹春华育有一个女儿，继承了父亲的艺术细胞，考入四川音乐学院，学的是电视编导专业。毕业后还写了百姓故事，要拍电视剧。只因为性格内向，不愿与外界交往，毕业几年了，心气又高，追求完美和时尚，一直宅在家中，"啃老族"一个。

尹春华现在也不在铁西区商业大厦工作了，赋闲在家，给社区里活动的爸爸妈妈写稿，说最近给六妹写了一篇，她展开纸便高声念了起来。

我默默地看着、听着，文字一般，可尹家姊妹个个有表现欲。等她念完之后，我问你家六妹为何今天没有来。

她和丈夫都有小儿麻痹症，行动不便。四姐妹皆沉默时，尹忠福介绍道，六妹，其实也是尹家五朵金花的最后一朵，因为残疾，分到了福利厂，干到 1995 年以后，也黄了，现在什么也不干了。他们有一个儿子，25 岁，挺有主见，如今在搞物流。家住铁西工人新村，马上动迁进高楼了。

尹家五朵金花，今天来的老四尹春英还未说。我朝与二姐、三姐坐在床上的她点了点头：你还有什么故事？

尹春英脸一红，说，平头百姓，没有几个姐姐厉害，毕业就工作了。到玻璃仪器厂时，爸爸走后门，让她到家属宿舍看水泵房。

尹忠福说，当年可是俏活儿啊！

俏活儿干到 1994 年也黄了啊。下岗之后，她不像几个姐姐到处打拼。因为老公当时在厂里是司机，厂子倒了，他就出来开出租车，辛苦点，但是养家糊口没有问题。

我家妹夫是一个好丈夫啊！站在四妹一旁的三姐突然插话，不无羡慕之意，从来不在外边吃饭，每天都回家吃。兜里还不装一分钱，开车挣的钱如数交给四妹，没有一点儿不良嗜好。

孩子呢？

儿子也开车。

不知不觉间，已经采访三个小时，我们起身告辞。出门时，我随便问了尹忠福老人一句，小儿子尹春承呢？

我马上动迁上新楼了，他与媳妇去跑装修了。

开门而出，尹家四姐妹和父母一起送我们。尹家老太太说，别走啊！我给你们下面条。

谢谢大娘！随行的人说，还有下一个采访，就不麻烦您了。

走出大门，迎面一对年轻夫妇抬着一箱哈啤进来，男的个子不高，脸圆圆的，约莫 30 岁，穿着一件裘皮绒的夹克，女的亭亭玉立。

这是我女儿朱璇，尹家大姐指着女儿和女婿介绍道，他们在于洪当哈啤的代理。

两位年轻人微笑着对我们点头示意。

雪风徐来，阳光灿烂，雪后即晴的天空，一轮春阳照着沈阳城里的苍生。

我们往车子走去时，一直送我们过来的尹春荣指着白色马自达说，这辆是我们的。

旁边还停着一辆黑色的宝马 X5。她说这是姑爷和女儿的。

哦！我点头感叹，尹家大姐看来是真挣大钱了。

显然，经过将近 20 载的打拼，尹家五朵金花已经过上了富有的生活。

亲情依然，至爱相援，因为这种爱的滋润，尹家五朵金花以不同的方式绽放，惊艳铁西……

# 山河入梦：白山黑水

我读过中国留欧归来的一代地质大师黄汲清的《中国主要地质构造单位》，这部学术著作被称为"亚洲大地构造研究史上具有划时代意义的经典著作"。因他曾是在当年被称为"贫油国家"的中国找到大庆油田的主要功臣之一，虽无"中国石油之父"之称，但其学术地位和大师分量，在中国地质界没有几人能企及。一个偶然机会，我从他的关门弟子手中，得到了这部皇皇大作。它完成于1945年2月，但因战乱无法正式出版，只印了400份。1952年出版俄文和英文版后，引起了巨大的轰动。

我写作这部作品时，仍然对他描述的东北大地的结构情有独钟。有其厚土，必养斯民。于是便在一个瑞雪飘飘的春夜，打开了这部皇皇大作。他对于东北大地构造作了如此冷静科学的描述：

大兴安岭褶皱带以东，辽东隆起区以北，是一个以前震旦幻结晶片岩作基底，以海相古生代和陆相中代沉积作盖层的准地台褶皱断裂地区，它的面积虽然较小，但性质和中朝准地台颇为不同，故应是一个独立的亚一级构造单元。它们不同之处主要有：1. 东北准地台的盖层主要为海陆交替相和海相的古生界，并以石炭——二叠纪碎屑岩为主，部分地区地槽型倾向。还有陆相中生界，一般是盆地沉积，但那丹哈达岭有海相地槽型中生代沉积是个例外。2. 晚期华力西运动很普遍，有大量花岗岩的侵入，且往往造成岩基。3. 燕山运动也同样重要，与之伴随的有各种花岗岩和大量的中酸性喷发岩。4. 喜马拉雅运动

表现为断裂运动，同时有大量玄武岩喷发。由于华力西花岗岩之大片出露，又由于最近在吉林和延边所发现厚达1000米的石炭——二叠纪碎屑岩中往往夹有火山岩，所以东北准地台的东南部应该被认为是准地槽褶皱带。东北部有大片前震旦幻结晶片岩出露，西部松辽平原基底，根据钻探资料，亦多为结晶片岩，故均应是前震旦纪准地台的一部分。至于东北准地台究竟是前震旦纪准地台，还是华力西期后准地台，还是两者兼而有之，则须进一步研究。笔者个人暂时认为东北准地台是前震旦纪准地台，它的南部吉林凹陷和延边凹陷是在晚古生代才转化为地槽型沉积的凹陷带，其性质和大兴安岭地槽大有悬殊。

东北准地台可划分为以下这些二级构造单元：

松辽中凹陷区。这是一个以前震旦系作的基底，主要以白垩纪陆相沉积和作盖层的大型凹陷区，这里古生盖层的情况不明。

小兴安—张广才花岗岩带。这主要是一个有古生代花岗岩出露的地带。

吉林褶皱带。这是一个以海陆交替相晚古生代地槽型沉积为主的华力西凹陷褶皱带。

延边褶皱带。本褶皱带性质同上。

佳木斯叠隆起。这是一个前震旦纪及古生代的隆起地带，在中生代时形成了含煤盆带。

同江新凹带。这是一个新生代的地凹地带。

那丹哈达褶皱带。这是一个在晚三叠世开始形成的中生代地槽开支的沉积地带，它应是苏联境内的中生地槽的延伸部分。


他1945年写于陪都重庆的学术专著，对于东北大地的大兴安岭有这样一段描述：


"兴安构造线"及其相关构造。

李希霍芬首先指出中国东部存在着一个主要的断层带，其走向自大兴安岭东缘向西南方向延伸而至太行山麓，然后再南延以达鄂西宜昌。他把这个大构造称为"兴安线"，并指出此线以西为隆起地带，而在其东侧下沉。后来的学者更进一步认为西面上升部分为一地背斜，而东面的下降部分为一地槽型洼地。此外，北北东—南南西的趋势（精确地说，即北20度方向），被认为是中国东部的主要构造趋向，亦即所谓新华夏构造的方向，现在就是让我们更仔细地来研究这个主题。

沿大兴安岭作北北东方向断层的产生，已为最近的观察所证实。但这并不等于说这些断层的继续南延。恰相反，德日在报告了热河境内沿兴安岭南部有东北—西南方向的褶皱以后，在该地区域并未看到所谓的兴安线。更南，在"北京湾"周围，北东走向构造占优势，而详细的调查也没有发现北北东断层，所以它们是不存在的。维理士和白卫德沿太行山只看到了开阔的单斜凹褶，虽然断层在南太行山出现，但它们急转向西南，随即指向西方，正如许多年前李希霍芬自己所观察的。再往南，这个在讨论中的断层线可能穿越为冲积层所掩盖的志襄夹道，但它如何越过西北—东南向的荆山和大洪山脉，则仍是一谜。兴安线向湘西伸展之可能为出现在该区的北偏东向逆断层所提示。而这些逆断层并不越过江南古陆的北东东构造，也不越过湘鄂边界上燕山褶皱的东北连续褶皱，是显而易见的。

……

不再摘抄了，因为它是过于专业的地质学名著，普通读者阅读起来非常吃力。

掩卷之余，我对东北的大地构造做如此引证，是想告诉人们，在东北准地台之上，除了深藏了黑土地流油的陆相沉积构造之外，再上边还有火山、雪山和极地。

陆相构造，是黄汲清找到石油的最著名的理论，至今仍然被西方所

推崇。

这里，我只是想让人知道，在这些东北大地构造之上，本是一片大海喷射而出的火山喷射地，一座座的火山，形成了一个马蹄形的东北。包括那个不轻易撩开神秘面纱的天池，都是一种马蹄形的喷发，于是也就形成了马蹄形的富饶。这片火山灰喷发的大地，是沃野三千里的黑土地，那里有春天后疯长的大豆、高粱、玉米和东北水稻。春雪化尽之后，只要种子随风一撒，秋天就有最好的收成。

于是一代代闯关东的山东人、河北人和河南人，在荒年天灾的日子，便为了一种魔力植物——玉米而走进东北，然后下到嫩江平原、松花江平原，种下逾越温饱的另一种精粮——东北大米。

在这片蛮荒山野的下边，则贮藏着黑色的金子、中国工业的助燃剂——东北煤炭。

在积雪的山峦之上，则是高入云霄的美人松——雪松，堪称新中国的顶梁柱，它运至北京城，成了人民大会堂的一棵棵擎天柱。

在美人雪松之下，盛产让满族人隆兴的人参和貂皮，这些东西在努尔哈赤起兵的年代，就可以换盔甲和粮草。因为北京城里的皇家贵胄喜欢这种激昂血脉的人参，于是这种夏天在绿叶丛中不容易寻找的人参，成了关东第一宝，第二宝则是貂皮，第三宝可能便是鹿茸了。

雪松下的白桦林里还有不少宝，林蛙就是其中之一，它何时走上中国人的餐桌，我们不得而知，林蛙油则是女人最好的保健护肤品。

在尽述了东北的火山和雪地之后，还有一个极其需要准确描述的所在，那就是极地。极地的视角，多在天上，从空中俯瞰的时候，遍布于东北每个角隅的极地风光，在某种意义上，就是一个马蹄形火山爆发下的最后的一个选择。

北极光在北极村里。我第一次认识北极村，是因为那年黑河大火，将当地烧了一个精光。然而大胡子师长，还有众多的将士，最终扑灭了那场烧进黑河城郭的荒火。

已经过去20多年了。大兴安岭的荒地之上，又长出了美人松、人参，生出了林蛙，芳草萋萋。

这就是我们从小就知道的松花江上。

那首歌仍然在我的心中激荡。

"我的家在东北松花江上，那里有森林煤矿，还有那满山遍野的大豆高粱……"

斯为白山黑水。

# 人间

凡有炊烟袅袅处，
必是人间。
凡有鸡鸣狗吠处，
就是人间。

人间是什么，是炊烟袅袅，是雄鸡报晓，是狗吠闾巷，是扉门半掩，是落雪和风沙掩埋的最后一个脚印，是一个亲人刚刚下葬，翌日太阳升起，又有一个婴儿呱呱落地。

不管你走多远，不管地位多高，埋葬了一个真正亲人的地方，才是故乡。让你牵肠挂怀的地方，才是故里。

这就是人间。它比天大，它比地大。天大地大不如人间的老百姓大。

从这个意义上说，人间最大，苍生最重。

# 第十一章 | 东山再起藉东风

## 1. 历史轮回——东北工业部、东北司

那天约定的采访对象，是本书最后压轴出场的一位重要人物，退休之前，曾兼三个要职于一身——国家发改委副主任、国家能源局局长、国务院振兴东北办公室主任张国宝。

张国宝指了指坐北侧的姜四清和王任飞说，姜四清在芜湖挂职任副市长，王任飞在鸡西市鸡东县任县长助理，他俩都是为了今天这个采访，专门从芜湖和东北飞回来的。

呵呵！这是一个历史的轮回啊！东北司——新中国最早的工业管理部门是东北工业部，它是国家计委的老祖宗。

张国宝虽然没有经历过那一段峥嵘岁月，却对那段历史了如指掌。

1948 年 11 月，东北全境解放，当时东北地区的工业经过连年战争的破坏，随着日本工程技术和管理人员大批撤离，一些好的工业设备又被苏军拆卸运走，为了迅速恢复工业生产，东北人民政府成立了东北工业部，王鹤寿任部长，吕东、安子文任副部长，袁宝华、马洪等，当年都在东北工业部工作。

这个新中国的第一个工业管理机构可谓人才济济，当年的很多领导，不是成了新中国工业战线的先驱、掌门人，便是成了一代著名的经济学家。正是因为有了他们执掌当时的东北工业部，短短三年时间，整个东北就完成了全面恢复生产和发展的任务。

1952 年 5 月，随着国家建设发展的需要，东北工业部迁往北京，100 名罗汉上京城。进京之后，便一分为二，一部分人跟着王鹤寿、吕东重建了重工业部，而另一部分人则跟安子文、马洪来到三里河大院，成立了国家计委。

历史往往凸显出一种惊人的重复。

当年有东北工业部一百罗汉支援中央，而如今党中央、国务院出台了振兴东北的战略之后，国务院专门成立了振兴东北老工业基地领导小组，温家宝亲任领导小组组长，曾培炎副总理任副组长，而负责具体协调东北振兴事务的办公室也在国家发改委成立，张国宝被任命为办公室主任，升任正部级。办公室之下，则需要一个具体协调东北振兴的办事机构，为此，国家发改委专门成立了东北司。

那天，张国宝颇为感慨地说，当时听说成立东北司时，有不少人都想来，纷纷找他挂号，可是后来听说东北司只是一个协调机构，没有多大权力，又纷纷打了退堂鼓。可是总会有敢担当和承担责任的男儿到了这里。他指了指坐在身边的王树年说，他调东北司前，曾经担任过辽宁发改委副主任，而姜四清当时就是党中央和国务院振兴东北老工业基地文件的起草人之一，王任飞，在成立东北司时，是刚考进来的大学生，七年之间，已经成长为综合处副处长。

抑或是一种历史的宿命吧。

当年 100 名东北工业部干部进中央，而今中央又调 100 名干部支援东北。

振兴东北的战略展开之后，中央组织部全力支援老工业基地。一如新中国成立时，有五百罗汉下鞍钢，从全国抽调了 500 名地师级干部支援鞍钢。而今，中组部又从长三角和珠三角乃至中央国家机关抽调干部，支援大东北。

指名调 100 名干部支援东北，实际到位了 96 名。张国宝与王树年、姜四清开始在那里历数如今在辽吉黑三省担任省、市级领导干部的人员。

这些人都留在东北了吗？我问道。

没有！三分之一交流任职，三分之二挂职锻炼。留下来的都是省、

市级的主要领导，一方大员了。

在中国，要做成一件大事情，皆离不开天时、地利、人和，振兴东北战略的实施，恰在此时水到渠成了。

东北是最早一个进入计划经济，却是最晚一个退出的地区。集发改委副主任、国家能源局局长和国务院振兴东北办公室主任于一身的张国宝，七年之间，将心血都凝结到了振兴东北的事业之上。

听说你连续四年的新年都是与齐齐哈尔的中国"一重"职工度过的。说说这里感人的故事。

没有那么多感人的事情，我要做的就是给他们鼓劲，给干部职工打气。张国宝说，年关岁末将至，看他们一年的收成如何，明年有何打算，关键是鼓劲，劲可鼓而不可泄啊。

中国"一重"曾经被周恩来总理称为"国宝"，张国宝监导"国宝"，不知是一种命运冥冥之中的巧合，还是一种历史的契机。

富拉尔基，一个离齐齐哈尔不远的嫩江边上的小镇。在达斡尔族语里意思是"红色之岸"。

1956 年，中国一汽建成之后，工程建设部的人马继续东迁，到了富拉尔基，开始建设中国冶金系统的第一重型机械厂。它是当年 156 个项目之一，1960 年投产，占地面积 689 万平方米。其中重机厂厂区面积 115 万平方米，工业建筑面积 36.6 万平方米，职工宿舍建筑 20 余万平方米，全厂达到 1.7 万人。那时可是中国三年自然灾害最严重的时候。

"你们这个厂可是'国宝'啊！为了建设它，6 亿中国人每人投资一元人民币，它可是咱们的命根子啊！"1962 年之夏，一个雨后的艳阳天，太阳破云而出。穿云带雨，一道彩虹横亘在草原的尽头，周恩来总理漫步中国"一重"的厂房之间，感慨万千，对这座草原上的钢铁大厦给予极高的评价。与"一重"职工依依惜别时，总理又勉励大家：要发奋图强，使"国宝"为社会主义建设大放光芒！

然而到了改革开放年代，这家"国宝"工厂却遍体鳞伤，曾几何时，"一重"偌大的厂房养起了牛。

振兴东北，必须振兴"一重"，这是一个重要的标志。

振兴东北国策实施八年间，连续 4 个元旦，张国宝与中国"一重"的职工一起看新一年的日出，那种踏冰立雪、风雪夜归人的气魄和境界，又何止是为了一个"国宝"厂。

一片忧国心，似乎在中国"一重"得到了回报。

2007 年，高达 25 米、重 4000 多吨的庞然大物——15000 吨的自由锻造水压机在中国"一重"横空出世，其打造的部件精度可控制在 ±3 毫米，加工精度和控制系统比两大国际品牌西马克和日立还要先进。从此，中国电力、冶金、石化、造船等行业发展的瓶颈难题迎刃而解。张国宝欣喜若狂，他将这个消息报告给了时任国务院副总理的曾培炎，曾副总理如此诗意地评价："它豪迈地把'自主创新'四个辉煌大字镌刻在了中国重大装备制造业的发展史上。"

张国宝所率的老工业基地办公室，不仅关心国企，更注意研究和搞好民企。

辽阳忠旺集团的董事长素有"三小"之称，乡村小木匠出身，小个子（仅有 1.5 米多），小学文化程度。可是他搞的铝合金材料却畅销全国。辽宁省委原书记闻世震带着张国宝去看过，与南方相比，辽宁乃至东北的民营企业比南方晚了 20 年，但是仍然有做大、做得风生水起的。远大集团老总，原来是黎明公司的一名采购员，后来下海了，玻璃幕墙做成了全国的老大，在大中型国企振兴中，民企也占有一席之地。

振兴东北办、东北司，就在这样的大背景下起航了。

## 2. 一厂一策，分散突围

东北办在辽宁、吉林、黑龙江三省确定了老工业基地 100 个扶持项目，并未三分天下，而是以辽宁、黑龙江和吉林大中型国企所占比重进行分配，比较接近三省的实际。可是文件目录一出，却引起了轩然大波，吉林和黑龙江像炸了锅似的，两省主要领导联袂上书国务院，认为东北办给辽宁的多了，而给吉、黑两省的项目少了。

张国宝知道了，只是笑笑，没有作更多的解释。他和东北办并无偏

袒辽宁之嫌，在东三省大中型国企布局中，辽宁始终占了半壁河山，处于龙头老大的地位，谁也无法撼动啊。

100个项目，辽宁占多大比重，超过50%了吗？我问道。

没有，就40%多一点儿。

不多啊。以我对辽宁的采访了解，还以为会占到三分之二。

哪可能啊！就这么分配，吉、黑两省还一肚子的怨气啊，领导的心情可以理解。

我们也为东北争啊！张国宝风趣地说，东北办不为自己争，却为大东北争，为那些改制分流的厂家和普通职工去争。

工厂分流改制之后，一大批40～50岁的职工分流下岗了，他们正处在上养老、下养小的艰难时刻，面临着再就业的痛苦选择。而东北又是退出计划经济最晚的地方，三产并不活跃，许多大中型国企正在痛苦挣扎，多数企业不愿再用40～50岁的人员。

能不能在财税政策上给他们一个保护，筑起一道再就业的安全堤防？

东北办提出建议，东北地区特殊，40～50岁的职工再就业很困难，要给那些接纳40～50岁的职工再就业占一定比例的企业一些鼓励和优惠政策，国内企业再就业免一些税赋。东北办与财政部协商，提出凡40～50岁分流下岗的工人，如果再就业，国内企业可以免去一定比例的税。

然而，这个建议到了财政部，人家不同意。

方案已经提交国务院会议了。可是财政部主要领导再度提出异议，张国宝和他在会上就干了起来。

财政部领导说，我们没有这个权力，得经过全国人大批准。办不下去。

张国宝说，我翻了财政部的文件，是完全可以的。

你来我往，两个人当着国务院主要领导吵了个面红耳赤。

后来，主持会议的国务院主要领导笑了，说，这个议题暂时搁起来吧，两个主要部门的领导意见不一致，就不能上会。进行下一个议题。

张国宝和财政部的领导站起来，退出会议室，但是两个人在走廊上又吵了起来，而且声音很大，会议室里的领导都听到了。

工作人员出来制止，说两位领导声音能不能小一点儿，影响国务院会议了。

吵来吵去，这个 40 ～ 50 岁人员再就业减免税赋，终于没有搞成，张国宝视为憾事。

我听了这个故事，笑着问张国宝，你这样温文尔雅，也有拍案而起之时啊。

张国宝说，为了东北老工业基地振兴的事情，也顾不得这么多了。

他说，争归争，但是该办的事情就要坚决去做。东北办提出"一厂一策，分头突围"。

这个口号好，我感叹道。

张国宝说这个口号，也是源于日本人的说法，他们讲过"一町一品"。而我们讲一厂一策，分别突围。许多大型国企，等着国家给钱，东北办明确答复，"先改制，再改造"。不改制的国企给再多的钱，也无疑是往一潭深深的死水里打水漂，连浪花都溅不起来，别说凤凰浴火涅槃了。

40 ～ 50 岁下岗职工再就业免税的事情未办成，东北司却在办另一件事情，给东北三省的大中型国企免除历史上的欠税。

东北是历史上坏账的重灾区，欠银行的贷款不说，有的因为企业经营不善，多年来缴不上税。银行对这些大中型国企也是能不贷尽量不贷，能少贷就少贷，老账不还，新账又来，银行知道就是贷了也收不回来，干脆将存款贷到一些信誉好的地区。于是，急需输血的老国企却一直缺血。

张国宝一直呼吁，找国务院有关部门，清理东北历史上的不良资产、不良贷款，可是有的部门态度并不积极，不愿承担风险。

然而东北办还是画了一条线，对于大型装备制造业 1997 年以前的历史欠税和欠息，一笔勾销。

张国宝找到国家财政部金融司司长孙小霞，请她吃饭，一听是东北口音，说你是东北人，东北人不帮东北人？

孙小霞掩口一笑：看国宝主任就是一副古道热肠。当上东北办主任，俨然站在东北人的立场上说话了。

那天，张国宝给孙小霞讲了一件事。哈尔滨啤酒厂被美国百威啤酒收购了，什么都谈妥了，但是人家并不知道哈啤这么多年来欠了那么多税款，一查账，竟然欠了七八千万之多，美国人若接手了，就要帮着还税款，人家当然不干了。东北办出面协调，不仅仅是为哈啤一家，也为其他的许多老国企这些年因为经营不善欠国家的税款。

最后，财政部同意历史上的欠税一笔勾销。仅这一项，就有23亿元之多。

与此同时，考虑到东北土地肥沃，是中国最大的一块商品粮生产基地，国务院确定振兴东北老工业基地，先发展农业，并在吉林试点，再向辽、黑两省推开。

与此同步，建立社会保障体系先在辽宁试点，然后再向吉、黑两省推开。

东北振兴办从中担当了重要推手的角色，极力推动。当时他们在起草文件时，曾经提出过振兴东北，一年打开局面，三年初现成效，八年重振雄风。虽然后来下发文件时，将此删除了，但是大东北的发展，确实按他们的预想一步一步地实现了。

振兴之初，东北大中型国企的一潭死水，开始有点活力了。

然而，东北振兴办对大型国企仍然一家一家地过，一个一个地帮。

哈尔滨量具刀具厂，曾经是当年苏联156个援助项目之一，可是到了20世纪90年代之后，却因为设备和技术老化，已经没有竞争力了，出现了亏损。张国宝率东北司人员到那里调查后发现，它的技术已经非常落后，与德国凯斯存在着一个时代差，想进口对方的装备和技术。德国人开口就要2000万欧元，要价很高，一分也不能少。

企业制造装备得更新换代啊，才会有市场。张国宝去找黑龙江省领导，说你得支持量具刀具厂技改啊，让他们实现升级换代，才可以与世界刀具的大鳄一拼市场。

说吧，张主任，让黑龙江省做什么？

担保，给他们贷2000万欧元，买德国人的装备和技术。

好！省领导表态，同意支持。

随后，厂里人开展职工持股，弥补设备改造经费之不足。这一下子将职工的积极性调动起来。省里帮着解决的2000万欧元到位了，哈尔滨量具刀具厂购进了先进的德国装备和技术，很快站到了世界新技术前沿，扭亏为赢。

阜新市是资源枯竭型城市，经过50多年的开采，这座亚洲最大的露天煤矿已经挖完了，几万人下岗，集体上访事件不断。中央工作会议时，张国宝约辽宁省领导一起去找内蒙古自治区领导。说明来意：将内蒙古锡林郭勒的露天煤矿白音华让给阜煤集团来开采吧，它有装备、有技术，还有几万名无活可干的职工，这是一个社会最不稳定的点啊。

内蒙古展现出一种大气度，就像当年三年自然灾害时期，内蒙古人民接纳收养江南孤儿一样，一口就答应了。

阜煤集团浩浩荡荡开进了内蒙古大地，许多下岗后零就业的家庭又开始有工资可挣了，解决了辽宁阜新之难。

后来，内蒙古免除了阜矿集团的矿权费。这完全是内蒙古人民的慷慨支援。


## 3. 再建天堂劳模楼

耄耋之年将至，可是在沈延刚老人的生命历程中，他会永远记住一个人——铁西区委书记。

劳模楼能有今天，老劳模们如今能住上宽敞、明亮的住房，他打心眼里感激铁西区委书记啊。

那个秋天的下午，夕阳渐次落了下来，暮色如水一样，一点点将我和会议室淹没。已经沉入生命黄昏的老人沈延刚伸出三个指头，说，他在铁西区任书记四年，来我家看过三次。

第一次他来看的时候，是一个春天的上午。外边春光明媚、阳光红灿，而沈延刚的家处于阴面，被周遭的高楼一遮，黑糊糊的，昏黄的电灯泡亮着，可是房间里仍然很暗淡。区委书记定了定神，让眼睛适应了这黑暗，这才看清站在自己面前的老劳模沈延刚。他紧紧地握着沈延刚的手

说，沈老劳模，共和国的老英雄，对不起！我们知道得太晚啦，让你受苦了。这是典型的劳模困难家庭啊，我们不能忘了你们啊，你们可是为新中国大工业时代立过汗马功劳的人啊！

一席话说得沈老眼眶湿润，一泓老泪"哗"地夺眶而出。一个已经完全物欲化的年代，还有共产党的一位领导记着自己那个年代的老皇历，现在就连儿孙辈听的时候都嫌啰唆：又来了，尽讲陈芝麻烂谷子的事情。

那天区委书记给沈延刚送来了慰问金，说这是老劳模的困难补助，有点雪中送炭的感觉，让沈延刚感激不尽。

杯水车薪，只解燃眉之急，对老人至多是一个安慰。区委书记对身边民政局的负责人说，要考虑建立劳模公益基金。当这些老劳模家庭有病有灾了，日子过不下去了，公益金可以援手啊！

临下楼前，区委书记握着沈延刚的手说，你这样的老劳模在铁西区不是一两户，今天老人家的状况我看到了，请放心！我们会考虑改善你们居住状况的。

谢谢！老人执意要将区委书记送到楼下，看到他登车而去，然后仰首看着天空。他突然觉得，时隔多少年了，春天又一次回来了，阳光普照到他的头顶上了。

沈延刚说党的区委书记第二次来看自己时，带来了城建局局长，与沈老促膝而谈，说沈老，铁西区准备在新动迁的工人新村里，建一个劳模社区，将你们这些全国劳模、省部级劳模，还有沈阳市劳模，集中到一块，统统住上小区的单元房，选最好的地段，盖质量最好的房子，你看行不？

好事啊！这是你在做功德无量的好事哟。

呵呵！老人家过奖，区委书记谦逊地笑了，说，人家50年代建铁西工人村时，就建有劳模楼，劳动模范享受厂长和总工程师一样的待遇，劳动光荣啊！这不过是旧事重提、旧规重举嘛。

有气魄啊！这个年代，还能想着我们没有用的人啊。

沈叔，我今天来看你，是有一件事情要与你商量，听听你的意见。

你别客气，尽管说。

是这样的，这次盖劳模楼，不能采取过去的福利房模式，而是政府出大头，个人也得出一点儿。

一听说要个人掏点儿，沈延刚的神色一愣。

沈叔，你别紧张。铁西区委书记安慰道，马上要启动的劳模房，有80多平方米的，70多平方米的，还有60多平方米的，一会儿让城建局局长给你老人家看看图。如果按你现在的面积要，是多少动迁多少，你一分钱也不出，但是要按三种房型要，一平方米还要交1900元钱，这个钱，你能不能接受，出不出得起？

书记，你让我说真话，还是假话？实话，还是虚话？

真话怎么说？

真话，这钱我掏不起。我算了一下，我现在住的是47.8平方米的，如果要60多平方米的，得多掏4万多元，要70平方米的，多掏6万多元，80多平方米的多掏将近8万元，说真话，现在叫我掏，还真拿不出这笔钱。

实话怎么说呢？

实话呢！找亲戚朋友借，也要买下来。我老了，灯残油尽，行将就木。可是沈家的子孙还要在沈阳城里繁衍啊，我得给他们留个窝啊。

沈老劳模，听了你的话，我们心里很沉重。区委书记拍了拍沈延刚的手说，其实就铁西你们这100多户劳模，就凭你们为共和国作的贡献，好事办到底，手笔、气魄大一点儿，每户劳模白送一套房子，又能怎么样。可现在不是福利房时代了，政策不允许啊！再说了，铁西的财力也达不到，最重要的一点还是怕老百姓舆论四起，不患寡而患不均！

理解，理解。

如果能过沈老劳模这一关，我们就大胆地干了。

干吧，我早就盼着这一天了，有生之年，真想在新楼里享几天清福！

这一天不会太远了。

沈延刚的老家在丹东农村，沈阳解放那年他刚好14岁，1950年二哥沈延风踏着解放的鼓点，进了沈阳城，在沈阳玻璃厂谋得了一个职位，这原来是日本人在1937年建的一家株式会社，光复后落到了国民党手里，经营不善。新中国成立之后，它是与秦皇岛玻璃厂、大连玻璃厂齐

名的全国三大玻璃厂家之一。沈延风的大哥更早到沈阳纺织厂上班。二哥一走，7岁时父母就双亡的沈延刚孑然一身，吃起了百家饭。有一天，美国佬的轰炸机越过鸭绿江，在丹东投下了两颗炸弹，形势越来越危急。大哥将他接了过去，做了两年勤杂工，他便考进了二哥所在的沈阳玻璃厂学钳工。晚上下班就读夜校，学文化、学识图绘图，回到家里还不停地写作业，结果短短的几年，就读了一个初中毕业，然后再入工人夜大读书。1955年夏天，沈延刚考上了北京玻璃厂下属的一所建工学校，在那里学了三年，回来时"大跃进"的狂热遍及九州大地，他也被那股激情卷了进去。

一个大干快上的年代，一个超英赶美的年代。

沈延刚就在那种大潮中，不分白天黑夜地加班加点，刷新厂里和市里的创新纪录。由厂劳模至局劳模、区劳模、市劳模、省劳模，三两年一个台阶。1979年，已经是设备车间主任的沈延刚，终于将全国劳模攥到了手里，五一国际劳动节，光荣地走上了天安门城楼，与全国的劳模一起交流。

这是沈延刚人生积淀的一个冲浪巅峰。

这时工厂的装备日新月异，今非昔比。光复之时，工厂仅是3台3机窝，新中国成立后发展到6台6机窝、9机窝，而到了20世纪90年代，改成浮法生产线，沈阳玻璃厂成了整个建材系统最赚钱的单位，他们烧的是北极矿，含锌要求99%，砂要求92%以上，然后便是碱、石英石、瓷石、煤粉、硝等混在一起助燃。

到了1995年，沈延刚该退休了，因为他有一身好技术，工厂又上了一条浮法玻璃生产线，让他带人安装，又干了七年。

此前，沈阳玻璃厂曾经上马了玻璃钢和纤维生产线，大举扩张，结果都黄了，露出衰败之相。最后，忍痛与秦皇岛玻璃厂合并了。对方派来了管理队伍，并在新城和西池台又建了两个分厂，秦皇岛接管时，一下子派来了1000多人，更名为沈阳浮法玻璃有限公司，沈阳玻璃厂岌岌可危。

沈延刚一家四口都在沈阳玻璃厂。大儿子沈加兴生于1960年，进厂之后学的是电工，小女儿沈淑平 1964 年出生，顶妈妈的号，接班当了铣工。

沈家的命运沉浮，似乎都与大时代相连。变化是先从大儿子买断工龄那天开始的。

有一个周末，住在启工街的儿子回家看父母，告诉爸爸一个消息，现在工厂有新的政策出台，可以下岗，也可以一次性买断。儿子有点儿蠢蠢欲动，觉得买断最好，一次性可以拿 17000 元。

沈延刚一拍桌子说，小子，听你爸的，国家不会抛弃自己的大企业的，现在的困难只是暂时的，咬咬牙，顶几年就能挺过去。

儿子不听，说，我看不到这个前途。现在铁西区整个是一个下岗区，工人村成了度假村。

那天晚上儿子和媳妇临出门时，沈延刚还交代大儿子，千万不能下岗，不要买断。

可是沈加兴不听老爸的，此时他不会信的。17000 元钱在当时可是一笔巨款了。他便将自己的工龄买断了。媳妇是仪表厂的，也下岗了，一个小家庭一下子没有了收入来源，没过多少日子，这笔钱便花完了。

造孽啊！自作自受。沈延刚一声长叹。

反正大家都一样。人家能过，我就能过。儿子自嘲道。

沈阳玻璃厂给儿子在启工街分了一套两居的小屋，有 26 平方米，在三楼。那里有一所重点学校启工二校。他们一家就办了一个小饭桌，晚上将自己两个屋都用了，打地铺；中午给 30 多个孩子供应一顿午餐，中午放学时负责到学校门口将孩子们接回来，在家里午餐，然后陪着他们玩，1 点钟再送进学校，晚上个别没有家长接的，再带回家里。夫妇两个买菜、做饭、接送孩子，忙得够呛。孩子们每天交 6 元钱，两口子忙里忙外，能收入 1000 多元。

而大孙子沈义，读了东北大学的大连艺术学院，每年的学费要 1.3 万多元，老爷子就这么一个大孙子，一年给他们 1 万元做学费，其余的，由儿子和儿媳小饭桌挣的钱去填补。

终于熬出头来了，沈延刚长舒了一口气说，大孙子今年大学毕业了，一出校门就找到了工作，在中国物流公司沈阳分公司上班，一个月收入

不少，比他爸爸妈妈开小饭桌强多了。

唉！最大的一块心病是女儿啊。沈延刚又一声叹息。女儿淑平总抱怨我说，爸爸，你重男轻女啊。没有办法，女儿嘛，嫁出去的女儿，泼出去的水，但是我和她妈妈还是挺爱她的啊。

说起女儿，老爷子灿烂的笑容顿时被北风吹散了。

女儿接妈妈的班，干了好多年的铣工。下岗的暴风雪，这个正在上养老、下养小的女工也未能幸免。买断之潮涌起，那年她刚35岁，父亲对她说，吸取你哥哥的教训，不能买断。

可是最终她还是买断了自己的工龄，拿到了两万块钱。

女儿两口子都下岗了，又找不到再就业的机会，闲到家里，急火攻心，过了没多久，女儿得病了。一查是缺钾症，两个肾里尽是结石，一发病痛得满床滚，只好去排石。没有办医保，个人根本承担不了，只好来啃老。

祸不单行，女婿45岁那年，突然心梗死了。

都是喝酒惹的祸啊！沈延刚仰天长叹，东北的男人们都是一群爷们儿，被国家大企业养久了，也养残了。一下岗，找不到北了，兜里没有几个钱，几个工友聚到一起，就买劣质的烈酒喝，喝啊喝，一盘花生米，一盘拍黄瓜，一醉方休。

这回可彻底休息了。火化那天，女儿哭得死去活来，那时外孙女还在念中专，最后只好漂洋过海，去日本打工。

老人家望洋兴叹，日本列岛，会有一个没有受过多少教育的中国年轻姑娘的立锥之地吗？

一切犹如烟雨风雪，终究被风都吹过去了！

日子如沈延刚预见的那样，在一天天好起来。

可惜当时的铁西区委书记没有看到我搬上劳模楼。沈延刚说，他最后一次来家里慰问，是2006年的春节，像过去一样送来了慰问金、一袋米、一袋面和油。他当时对我说，沈叔，你再等等，2008年你就能住进劳模楼过年了，等你动迁之后，我再来为你乔迁道喜。

然而过了三个月后，铁西区委书记调到了其他岗位工作。

我要了最大的80多平方米的那套房子，沈延刚欣然道，买房子加补差面积花了 10 万元，装修花了 8 万元，账还得差不多了。

你和老伴现在的退休工资多少？

我 2000 元，老伴 1200 元，加在一起 3200 元。

不多啊。

也不少啦。在沈阳这样的低消费城市能过小日子了。

瞧瞧劳模楼整洁明亮的房子，得感谢党和政府啊！尤其是铁西的领导，等他们不忙的时候，我希望能来看看。

安得广厦千万间，大庇天下苍生尽开颜。

幸哉！荣哉！悲哉！

## 4. 老虎台矿的后代动迁进了单元房

从大家的讲述中得知，在"抚煤"的多元化发展中，暖气厂算是一个亮点。抚顺的煤炭开采始于 1901 年，而暖气厂始建于 1915 年。后来，暖气厂逐渐发展成为抚煤集团比较好的四个单位之一，和其他三个单位一起号称"抚煤集团四小龙"。

暖气厂最早建在南北台地区，南北台地区最早住的是日伪时期的探矿所人员。日本侵略中国时，总指挥部就建在那里。再后来，就算是矿区的高干住地。因为那里有暖气供应，而其他地方都没有。有个比喻说，暖气厂之于抚煤集团，相当于中南海之于北京。其重要性可见一斑。

抚煤集团暖气厂新屯供暖处处长韩英军，他的父亲曾是一名矿工。老人 1918 年出生，祖籍山东单县。当年随其父一起闯关东，18 岁时，就在当时的抚顺县老虎台矿当了一名矿工。经历了日伪时期，一直在矿上工作到新中国成立，直至退休。时年 94 岁，身体状况还好，但记忆力大不如前，我们便放弃打扰这位垂暮老人的念头。

矿工最苦，也最危险。

韩英军曾听父亲讲过日伪时期矿工们的一些情况，简直骇人听闻。那时还没有矿灯，矿工们就用嘴叼着一盏煤油灯，在油灯昏暗的光线下，一边在狭窄的空间里艰难地挖着煤，一边小心翼翼地摸索着艰难前行。

一不小心，额头就会撞在巷道壁上，生疼生疼的，又不能腾出手去揉。算了，哪天不被这样撞几次？继续干吧。

虽然那时的机械化程度还不高，煤层挖得比较浅，瓦斯的浓度还不至于因明火而引发爆炸。但是，各种矿难还是很多，加之受疾病和寒冷的折磨，矿工们的死伤是常有的事儿。当时的老虎台矿就有一个"小万人坑"，病死或累死的矿工，被拖进坑里一扔了事。而判断矿工们能否出工的标准，则是先让工房查房的人挨个儿检查，检查的方法极其简单、直接——用手指头弹一弹矿工的脑袋。如果脑袋硬，说明人还能起来，就得去干活儿；如果脑袋软，说明身体虚弱或已经有病，立刻就被拖出去扔进坑里。

而矿工们的居住环境也极差，六七十个人的大通铺，简易工棚，风雨飘摇……

简直是惨绝人寰哪！

韩英军是在抚顺出生并长大的，籍贯就一直填写着"抚顺"。1963年出生，1982年当兵，1987年复员到暖气厂。先是一名司炉工，后来担任材料员、团支部书记、团委干事、党支部书记等职，亲历了"抚煤"从矿务局到矿业集团的整个发展过程。

韩英军兄弟姐妹一共五个，大姐、大哥、二姐、他和妹妹，除了大姐还乡外，其他人全都在抚顺矿区工作。二姐在老虎台矿，后来到了龙凤矿；大哥先在老虎台矿，后来到了钢铁厂；韩英军在老虎台暖气厂；妹妹在老虎台矿二公司，后来到了龙凤矿。四个人的爱人，也全都在矿区工作。大姐回到山东后，在山东兖矿工作，仍然是矿。这样一个全家人几乎都在矿区工作的大家庭，在企业最为困难的时期，家庭状况自然十分窘迫。

韩英军1987年刚进厂时，月收入为55元。1996年，月收入增至200元。之后，工资就经常不能按月发放，累计有半年多时间没有任何收入。那时他已经在团委工作了，当时的机械化程度没有现在这么高，人们的精神状态也都不好，不知道企业未来的路在何方。在岗人员喝酒闲聊的多，打麻将的多，车间甚至有时连大会都开不起来。那样艰难的状况持续了大约有三四年时间，家庭生活特别困难，除了能勉强吃上一口饭，其他的啥事也做不了。

龙凤矿刚破产那会儿，二姐家的状况最差，其拮据的程度简直无法形容。韩英军说，她那时候孩子还小，想吃水果，买几个橘子都费劲。

我知道二姐家的状况不是无法形容，而是韩英军不想形容。毕竟每个人都希望把自家人光鲜的一面展示给外人看，有谁愿意把自家人捉襟见肘的窘样抖搂出来？我没有过多追问，也是对当事人的尊重。

韩英军说，小时候家里吃饭，笼里只有两个全白面的馒头，那是母亲专门做给父亲吃的，因为父亲要上班挣钱。其他家人吃的全都是杂面馒头。而且，根本没有任何蔬菜。有时还会用一个铝质饭盒蒸一点儿白米饭，那也是专门做给父亲吃的，其他人只能眼巴巴地瞅着，悄悄咽口水……即便最小的妹妹，也吃不到一点点。倒不是父母不疼爱自家的孩子，也是无奈啊！

2001年，百年老矿绝地重生。

改制成抚煤矿业集团后，开始一点一点地补发之前拖欠大家的工资，人们也渐渐看到了希望。

之后这十年，是"抚煤"飞速发展的十年。

综观新屯供暖处这些年来的变化，韩英军总结说，由"三多"到"三少"，还有"三个提高"。

"三多"，即供暖处人员多（260多人）、锅炉房多（5处锅炉）、环境污染多（5个大烟囱），通过这些年来的逐步改造和建设，供暖集中改造，实现了"三少"，即锅炉房少了（只剩1处锅炉）、污染少了（只剩1个大烟囱）、人员少了（只剩64人）。凭借抚煤集团这十年来的大发展，对供热系统进行了彻底改造，把小锅炉房全部取缔。机械化程度大幅度提升，控制水平提升了，实现了无人值守，许多数据都采用传导，环境污染自然大有好转。"三个提高"，即人员素质提高了，作业环境和质量提高了，人员的幸福指数提高了。由这些连带的是人员的工作能力提高了，人们的行为和意识也随之提高了。

以前，"抚煤"所有的企业都是统一的工作服，在"抚煤"举步维艰

之时，大家穿着矿务局的矿工服都不好找对象，人们下班后就赶紧脱掉工作服。虽不能说以穿矿区的工作服为耻，但也并没有多么荣耀。如今，暖气厂有自己的工作服，上面有暖气厂的标志。因为企业的效益逐年攀升，周围的人们自然另眼相待，暖气厂的人穿着自己的工作服，会有一种强烈的荣誉感，甚至有时穿着都不愿意脱下来。

讲到这里，韩英军指着自己工作服左侧胸前印制的企业标志，笑着对我说：我们暖气厂的标志，就是这个！

虽然工作服本身不过只是普普通通的一件衣服，款式并不见得有多么时尚，衣服的颜色和舒适程度也未必让人人都满意，但是因为时逢企业的兴衰程度不同，它带给人们的自豪感和荣誉感也就大不相同了。

暖气厂曾是"抚煤"的一个车间，如今发展成为一个效益不错的独立企业。人们在暖气厂上班，幸福指数很高，这些都是看得见摸得着的变化。而抚顺市变化最大的两个单位之一，就是"抚煤"。

韩英军说，父亲和别人唠嗑，人家问：你儿子搁哪儿工作呢？

父亲就会很自豪地说，我儿子是"抚煤"的！

抚煤集团的发展，也带动了整个抚顺市的房地产。抚顺市的房子如果是抚煤集团暖气厂供暖的，好卖！因为暖气厂的品牌价值高，服务质量好，在辽宁省都有相当高的知名度，已经被辽宁省授予"服务优秀企业"！

简言之，要看抚煤集团的发展变化，就看暖气厂的发展变化。

那你的子女如今有在矿区工作的吗？我问道。

没有。

为什么呢？

一方面，以前多是父母在矿上工作，子女们进技校学习后，自然到矿上工作，现在技校已经许多年不再招人了。矿区也有制度，尽量少进人；另一方面，还有文凭、专业、性别等诸多条件的限制。现在企业的状况很好，孩子也想进来，但是已经很难了。

韩英军家以前住的是老虎台矿矿工宿舍改建的房子，只有20多平方米，一间屋子，半间炕，还是半地下的。废水要用盆端着往外倒，夏天还稍好些，冬天屋外到处都是冻得很瓷实的冰溜，甚至能滑冰。许多人一个大厕所，有时还要排队。听他的叙述，其实应该和莫地沟棚户区改造之前的情况差不多。

既然当时的情况那样差，那你复员时为什么还要回来呢？我忍不住问。

那时候不是哪儿来的就回哪儿去嘛！我当兵是从抚顺招出去的，就得回抚顺。矿区招的，就得回矿区。

2005 年棚户区改造后，他们家住上了楼房，55 平方米，是第一期。自家补了近 2 万元钱。

几年间的变化，天壤之别啊！

# 5. 新世纪第一个十年的"抚煤"工资条

李成文是暖气厂的纪委干部，他是 1956 年生人，与 50 年代出生的那代人经历相仿，祖籍山东肥城，不是祖上闯关东而来，是他父亲自己逃生过来的。在矿上谋了一个人力工，就是扛大活，什么都得干的那一类。

1975 年，李成文高中毕业，便下乡插队去了。在知青点上待了三四年，知青大返城那一年，让父亲提前办病退，他顶了老爷子的号，进入"抚煤"。没过多久，"抚煤"干部学校招生，要办一个会计班，他幸运地考了进去。三年毕业，出来时就被分到暖气厂财务科。从 1986 年至 2002 年，他一直在暖气厂的财务和审计岗位上。

我问，暖气厂没有遭遇过下岗的暴风雪吗？

李成文摇了摇头说，就 1996 年至 1997 年之间，4 月 10 日至 6 月 10 日放了两个月假，只拿 70% 的工资，既无龙卷风横扫，亦无暴风雪淹没。那时，他最大的梦想就是远足旅游，可惜手里无钱，想找机会做个买卖，但发现"抚煤"地盘上基本上没有商机。妻子李桂香比他惨，是市里机床附件厂的，年纪轻轻的便开始放假。从 1986 年开始，整整放了十年，一个月也没开过支，只好做点小生意，卖水果和蔬菜。李成文放假那两个月，也帮着打点。他说，只能卖大路菜，上点黄瓜、芸豆，就卖不出去。

这似乎是一个很平淡的家庭故事。李成文的妻子后来弃卖菜而开小饭店，卖点烧饼、咸菜之类。女儿连普通高中也没有考上，如今在做临时工。

一个人的一生和一个家庭在大时代中的命运，几句话便掠过了。

我问还有什么精彩的、感动你的故事？

李成文摇头。

见我有些失望，他掏出一个本子，说我这个人心细，喜欢收藏，从2000年至2011年每个月的工资条都留着。他问我有没有兴趣。

我说这个东西，应该交给抚顺新世纪十年展览啊。

他说博物馆已经联系来收了，要不要我将数据翻出来给你看看。一个大我几岁的男人如此谦卑，我不能残忍，于是点了点头。

李成文的脸上一片粲然，似乎他的东西被人认可了，"哗"地向我翻开了，然后一年一年地念了起来。

且慢！我突然对他这个东西感兴趣了，说，这是一个有价值的东西，我谈了那么多产业工人家的百年间、五十年间和这十年之间的命运与情感，但最直观地反映老工业基地振兴变化的，与其罗列一大堆企业的利税，不如看看老百姓兜里收了多少真金白银啊！

真的吗？他的眼前突然放亮了。

真的！你念得慢一点。我将其记下来，编个了题目叫：

《"抚煤"暖气厂李成文2000—2011年工资条总计表》

2000年 全年5414元，年技能工资317元，未涨。

2001年 全年5428元，涨14元，增加0.26%。

2002年 全年7055元，增加1627元，但当年没涨工资。

2003年 全年7304元，增加249元，工资由373元涨至433元。增加3.5%。

2004年 全年8930元，增加1626元，工资由433元涨至523元，增加22%。

2005年 全年13438元，增加4508元，工资由677元涨至793元，增加50%。

2006 年　全年 15954 元，增加 2516 元，工资由 793 元涨至 940 元，到了 12 月，工资又由 940 元涨至 1090 元，增加 19%。

2007 年　全年 22267 元，增加 6313 元，工资未涨，增加 40%。

2008 年　全年 30277 元，增加 8010 元，工资由 1090 元涨至 1150 元，涨了 60 元，增加了 36%。

2009 年　全年 36082 元，增加 5805 元，工资由 1150 元涨至 1270 元，增加 19%。

2010 年　全年 49366 元，增加 13284 元，工资由 1270 元涨至 1410 元，增加 37%。

2011 年　全年 58584 元，增加 9218 元，工资由 1410 元涨至 1720 元，增加 19%。

李成文说，十年之间，工资涨了 9.1 倍，平均每年增长 20.34%。

李成文看我抄表时，无意间扫了一眼我搭在椅背上的衣服，说，徐作家，你的户外衣服是加拿大的始祖鸟，可是户外顶级品牌啊！

呵呵！我一愣，问道，你是户外爱好者？

李成文点头道，过去没有钱，玩不起。从 2003 年开始后，渐次介入，不断换户外衣和照相机，跟着一帮驴友去徒步和穿越。

你都买了些什么户外品牌？

有奥卡索的外衣一件，花了 2300 元，还有探路者、哥伦比亚和日高的裤子，行头就花费了小一万元啊。

都是中档品牌了，得花不少钱呢。妻子不反对？我问。

不反对啊，她说比喝酒打麻将赌博好啊，锻炼了身体，再说这几年家里日子也好过了。

相机呢？

2003 年花了 2000 多元买了一台佳能胶片机 EDS30，后来觉得拍着不过瘾，五年前，花了 1.1 万元，买了一台佳能 EN 胶片机，是二手的。玩了几年，觉得总冲胶卷，成本有点高。去年又花 6200 元，换了一台佳能数码 50D 的。

呵呵，我感叹道，玩户外的人，就是在不停地换相机，看来"抚煤"

的振兴有成绩了，经济效益提高了，你才敢这样换啊。

是的，大环境变了，企业效益在翻番，我们兜里的真金白银多了。今年 10 月，我又花 1.6 万元，买了一台佳能 5D Mark II 相机。

这可是专业相机啊！你也真舍得。

没办法，迷上了户外和摄影呢！李成文说，他有多个风光作品在抚顺获奖，有的还参加了全国的摄影大展呢。

其实，在国外乃至现在广东、上海和北京等地，户外"驴友"大多是白领、金领人士玩的，而在沉寂将近二十年的"煤都"抚顺，已经有了一帮驴友穿行于莽原之中，它是老百姓生活改善的一个重要信号啊。

说说你的家庭吧。你在暖气厂，属于旱涝保收之列，没有经过十年市场沉浮的打拼与撕裂之痛。

都是矿工相似的故事，徐老师也许听得太多了。李成文长叹了一声，我可能比兄弟姐妹们多读了一点书，命运好一些。大哥是井下矿工，职业病，得了癌症，1984 年就不在了，走的时候只有 40 多岁。现在还有一哥一姐一弟一妹。哥哥和姐姐都是市里的退休工人，1000 多元的退休工资足可以解决温饱。

小弟比较惨，是矿区里的集体工，长期放假，多年不涨工资，住在棚户区，后来上楼了，住上了明亮宽敞的小区单元房，他的爱人是市里的全民工，女儿已经结婚了，但没有工作。

能进"抚煤"吗？

嗨！李成文笑了，"抚煤"现在的门槛可是高了，进不来哟！

妹妹也在矿区，大集体工，退休了。也从棚户区的苦海脱身，住上了小区楼房。

我知道这是一种抚顺速度，抚顺的棚户区从 2005 年 5 月动工，莫地沟挖的是第一锹，仅用了 178 天，就建成 13 栋 930 多套有暖气供暖的楼房，被称之为"抚顺速度"。当年，抚顺全市完成拆迁 125 万平方米，开工建设 188 万平方米，竣工 60 万平方米，回迁 1 万多户 3.7 万人。今年以来，抚顺市棚户区改造已经竣工 181 万平方米住宅楼，又有 4 万户 13 万棚户区居民陆续喜迁新居。抚顺市十分之一以上的人口半个世纪未曾实现的梦想，两年之内得以实现。

仅用了不到两年时间，辽宁拆除棚户区 1200 多万平方米，6300 幢总计近 2000 万平方米的住宅楼平地而起，30 多万个家庭 120 万人告别低矮的棚户区，搬进宽敞明亮的单元房。

辽宁之外，仅到 2007 年，吉林省棚户区改造项目面积达 1564 万平方米，黑龙江也有 25 万户。

……

李成文说，他的父亲已经于 2001 年去世了，就埋在了"抚煤"的公墓，一个新中国成立后从山东来的人，将自己的骨灰埋在了这片东北大地，这里自然便成了他的亲人们的故乡。

煤海茫茫，苦海茫茫，皆成了昨天的故事。

苍生啊！只要苍天有一点点雨露，稍微滋润一点点，他们就很知足了，然后在这片大东北的黑土地上疯狂生长。

苍生在上，苍天有眼！

# 山河入梦：得东北者，得天下

我在阅读中国北方民族的"边疆史"时，突然有一个惊讶的发现：大凡在中国历史舞台上风卷旌旗、剑指江南、入主中原的马背民族与王朝，多与这块有血性的积雪大地相关。于是，读罢历史，掩卷之余，心中不由得跳跃出一句历史的结语："得东北者，得天下。"

这绝非是一种历史的吊诡。

翻开中国的历史长卷，会让人看到一幅多维的图景，在一个历史的早晨抑或黄昏，东北大地的雪原一片苍茫，年轻的汗王或酋长跃身上马，朝着三军，将手中的王者之剑往空中一亮，剑指辽远江南的天幕，剑光如虹，划下了一道道海棠血痕，然后冲天一吼：子民们，放马过去，随我越过长城，那里有的是金钱、美女与肥沃的土地和家园。

于是，历史的舞台上，一次又一次上演这样的一幕——

大荒之地，狼烟冲天起，挟着风雪而来，马蹄声碎，风尘滚滚。北方少数民族的铁骑，沿着山河起伏的荒原与山岭的曲线，越过长城，放马中原，铁蹄破碎汉家宫阙，一把火炬投进了前朝的城郭，将一代王朝积淀百年的文明和富饶，付之一炬，烧成一片战争的灰烬。

鲜卑如是。

契丹如是。

女真如是。

蒙古如是。

满洲如是。

从个人的角度看，这似乎是天下苍生的不幸；从大历史的角度看，这又似乎是一个伟大民族的幸运。不幸在于兵燹铁蹄，涂炭百姓；幸运的却是，异族豪性蛮野的基因和血脉、北方少数民族的豪迈血液，使我们这个温文尔雅的大汉民族突然多了一些铁马秋风，突然多了一些壮怀激烈，突然多了一些气韵沉雄，突然多了尚武之气。

已经隔了好几个世纪了。

历史总是在不停地凸现十分惊人相似的一幕。一夜之间，东北大地又会狼烟四起，晨钟暮鼓之中，马蹄声咽，又一个王朝谢幕了，另一个挟着北方民族豪强之气的王朝，粉墨登场，崛起于中原。在中国的大舞台上，北魏、辽、金、元和大清，轮番上演了一幕幕入主中原的史剧，半部中国史，其实，就是东北民族用血性与豪情写就的。

20世纪80年代的第一个夏天，对于东北边疆史来说，是一个石破天惊的日子。在大兴安岭东麓一个叫嘎仙洞的地方，历史学家米文平和他的助手蓦然发现了一个消遁了很久的历史暗语，石壁上刻着拓跋鲜卑的祝文，这是沉寂了千年的鲜卑在预告自己的后代，这是一种历史与现实的打通，从而印证了北魏鲜卑的真正故里和发祥之地是在大东北。从而使千百年来，对于这个第一次完成了少数民族与大汉民族融合的北魏的猜想，终于有了最后的实证，而一个马背民族在千载岁月里，在踏冰立雪、撼山遏云之后，沿着江山的曲线驰骋，便永远消失在历史的云烟后边。然而，随着嘎仙洞的发现，拓跋鲜卑马队消失的线路，又渐次清晰起来。

在上古时代的关东大地，曾生活过三个势力强大的游牧民族，即东胡、肃慎和涉貊三个部落，东胡部落生活于大兴安岭和额尔古纳河流域，肃慎部落生活在长白山北麓乌苏里江及东部松花江流域；涉貊则生活于松花江西部和嫩江流域。这三大部落在游牧、渔猎和农耕之中逐渐壮大，但是，得东北之后，他们几乎毫无例外地将自己的睿眸，透过万里长城，投向遥远的南方，将自己的命运与中国历史的时空连在一起。其间，涉貊部落的高句丽朝东南方向发展，东胡部落的蒙古向西发展，而他们的剑锋所指，仍然是中国的腹心地带。

拓跋鲜卑是第一个走出东北入主中原的民族。

浴火重生

拓跋鲜卑其实就是生活在今天黑龙江流域大兴安岭一带的民族，后来，他们朝着南方扩张，南出后进行了最后的部落组合。在公元338年，什翼犍即位为代王，建都盛乐（现为内蒙古托克托），加速了拓跋鲜卑建国的步伐，使北魏真正成了雄踞中国北方的一个王朝。这个长长的历史链条，是由太祖道武帝拓跋珪、太宗明元帝拓跋嗣和世祖太武帝拓跋焘完成的。

遥想当年，是公元439年吧，北魏太武帝拓跋焘的铁骑使得北凉国主沮渠牧犍只有开城迎降。至此十六国终于在中国的北方画下了一个历史性的句号，100多年的终点。北魏王朝终于统一了北方，中国南北对峙的时代正式开始了。

一个少数民族雄踞黄土高原之上，它的目光一定是辽远的。494年，北魏孝文帝志存高远，决定迁都洛阳，这一历史性的壮举，在中华民族的正统血脉里，添了一缕旺盛的异族血脉，这位伟大帝王，实现了中华民族历史上的第一次真正融合。从此，汉人对胡人统治的厌恶感逐渐消失了。正是因为北魏血脉与洛阳中华贵族的融合，汉人与"夷狄"的天壤睽隔才在停滞不前中，在大一统、正一统的中华文化的狭隘观念中浴火重生。于是，中华帝国的血脉里便多了一缕豪放的冲天雄起的基因。

北人南方，有了文化的余蕴，南人北方，有了尚武之气，北魏孝文帝可是第一人。

被文人诅咒的隋炀帝绝对是一个为中华民族建了伟大功勋，却背负巨大十字架的帝王。唯有唐朝诗人皮日休，给了他一个公允的评价："万艘龙舸绿丝间，载到扬州不尽还。"后来大唐诗人白居易有感于皮日休《隋堤烟柳》吟道："西至黄河东至淮，绿影一千三百里。大业末年春暮月，柳色如烟絮如雪。"

皮日休和白居易，其实是在为隋炀帝平反昭雪。

历史匆匆，哪个帝王文人百姓，不都是历史的过客。

在中国大历史中，北魏是中国历史上一个非常重要的年代，如果没有北魏就没有北周，没有北齐，也就没有盛唐。正是从东北来的拓跋鲜卑的北魏王朝宽容博大、包容，才益养了隋朝，才有了隋炀帝的励精图治，修筑了大运河，种了千里隋柳，将自己父亲积攒多年的元气全部伤了，也才为大唐的真正崛起做出了牺牲和准备。中国现代一位大历史学家钱穆先生有一句名言：一个王朝是不是有文化和精神底蕴，就要看它是不是为下一个帝国的崛起准备和积蓄了力量。

因此，看一个王朝，不仅要看结果的兴盛荣枯，更要看它是否有一种巨大的民族养育和奉献。

大唐的盛世终结了，后来，南唐李煜的江山亡了，一代大词人最终成了赵匡胤的俘虏。

于是，等大宋王朝建都汴京时，东北少数民族的又一个酋长崛起了。那就是与宋朝同步的辽代，它建于北宋王朝的东北少数民族大金，也是又一个马踏中原的少数民族。

辽代的王朝是由耶律阿保机在公元916年建立的，他立国号为大契丹。当时与他们差不多立国的朱温叫梁朝。到了947年，耶律德光趁中原大乱，灭了后晋，建国号为辽，为的是纪念自己的祖宗生活在辽河一带，点出自己出于东北辽阔之地的种族源流。

大辽定都汴京（开封）之后，汉化比北魏有过之而无不及。其诗《十香词》就是最后的例证："青丝七尺长，挽作内嫁妆。不知眠枕上，倍觉绿云香……咳唾千花酿，肌肤百和装。无非醺沉水，生得满身香。"其婉约之词，色香俱全，与同时代的中国《花间集》的惊艳不相上下。

大辽的灭亡，其实与皇后萧观音有关，这种江山美人由爱生恨的故事，最终导致亡国之哀。

萧观音本是皇族之后，年轻时长得倾城倾国，又会韵律五艺。辽史描述她："容姿冠绝，工诗，善谈论，自制歌词，尤善琵琶。"初为辽道宗皇后时，两人恩爱缠绵，生下太子耶律濬时，与辽道宗之爱达到巅峰，被称为红颜知己。

可是辽道宗到了晚期，昏庸骄奢，沉溺于声色犬马之中，冷落了皇后。萧观音寄情于填词作歌，让汉人名伶赵惟一演唱，赵唱得丝丝入扣、荡气回肠。这件事无疑让耶律乙辛抓住了把柄，他捕风捉影，向辽道宗诬告萧观音偷汉子。至于一代名伶赵惟一是否真与萧观音暗度陈仓，让辽

道宗戴了绿帽子，这桩公案至今仍然有不同的版本。

于是，辽道宗大怒，赐萧观音白练巾自缢，此时萧欲求见辽道宗诉说前尘，言明自己为奸人所害。辽道宗不许，诛赵惟一全族，萧观音作《负命词》后，自缢而亡。后来连太子也被谋害，株连甚广。萧观音下葬之后，辽道宗还感到不解恨，要人鞭尸，扒光衣服，羞辱够了，才一张草席匆匆埋于黄土之中。

时光轮转，等到辽道宗驾崩，萧观音之孙天祚帝继位后，不仅诛杀了所有谋害自己奶奶的奸臣，又将萧观音重新刨出来，穿金缕玉衣厚葬。

在当时的南北中国，在大辽的后期，北有天祚帝，南有宋徽宗，两个帝王一北一南遥相呼应，皆是艺术上一等一的高手大家，可是政治上却都是昏庸之辈，最终沦为亡国之君。

当时的天祚帝耶律延禧，既继承了奶奶的音律工诗，又延续了爷爷的声色犬马，觉得治国是无聊之事，打猎壮游和玩女人成了他的最大爱好。那时，他最爱到女真部落里侵占人家的女人，掳走女真的海冬青（一种在飞禽盘旋天空时，猎人放出来擒拿飞禽走兽的猛禽）。

辽天庆二年（1112），天祚帝出汴京城，远游到了女真人的绿江（今松花江）边上的部落里。酒宴之中，他玩得甚欢，令大小酋长头目皆来为他跳舞助酒兴，可是偏有一个人不予理睬，称自己不会跳舞，此人就是后来灭了大辽的完颜阿骨打。他不亢不卑，冷静沉着，并没有将一代昏君天祚帝放在眼里。也许那天耶律延禧玩得高兴，对于一个叫他跳舞竟然敢说不会跳的小头目，并没有嗔怪，只是挥挥手，让他走人。谁知养虎为患，终于为自己留下了一个大辽国的掘墓人。

两年之后，完颜阿骨打聚集女真部落 25000 名壮士，开始向大辽叫板，一举攻克了辽国宁江州（今吉林扶余）。随后，又在出河店（今黑龙江肇源）大败辽军正规军 1 万人。天祚帝听到此消息，龙颜大怒，一个关东小酋长，居然敢与大辽国叫板，于是亲率 70 万大军亲征。然而女真人完颜阿骨打以 25000 名壮士对阵天祚帝的 70 万大军，以一当十，以少胜多，竟然杀得大辽国 70 万大军丢盔弃甲，望风而逃，天祚帝一天一夜竟然跑了 1000 里地。

宜将剩勇追穷寇。1115年正月，起兵刚刚几个月的完颜阿骨打建立了大金，而从族种血脉上，大金乃当时东北肃慎和挹娄之一支的余脉，北魏时称为勿吉，北齐时称为靺鞨，而女真人则是黑水靺鞨的最大一支。

失去燕云十六州的大宋，开始还想鹬蚌相争，渔翁得利，但是看到女真人像摧枯拉朽一样，连克大辽一个个城池，便觉得这个来自更遥远的东北蛮野之地的野酋不好惹。于是从山东海上取道金国，与金国签订了"海上条约"，愿意将当年进贡大辽的贡品献给金国。然而，女真人更加野蛮，到了汴京，又将已经埋于地下的辽后萧观音扒出来。剥去身上的金缕玉衣，对其车辗马踏，以泄仇恨。

1125年，东躲西藏了十载的大辽天祚帝被俘，辽亡。不久，金兵南下，从汴京掳走了北宋徽、钦二帝，使北宋灭亡，迁都杭州，建南宋，偷安江南一隅。

越过长城、燕岭，建都北京城的大金，很快被大汉民族的羊水、奶水和汗水浸泡了。女真的汉化远远将大辽抛在了后边，一个马背民族迅速脱去野酋之袍，换上汉装，荒废了骑射车马，完全汉姓，与汉人通婚。到一百年后，当蒙古骑兵进入金都南京汴梁时，已经将金人当做"汉人"看待了。

弹指百年间，在同一座都城，同一条大河之下，同一座皇城，一场血腥的杀戮像百年前一样重演。只是屠杀的对象不是北宋的皇室和臣民，而是换了角色，是当年胜利者的女真人皇室的后裔。

1223年初夏的傍晚，大金都城"南京"死一般寂静，几只昏鸦盘旋空中，硝烟渐灭，皇宫大殿化作一地灰烬。

突然一声沉重的咯吱声，金都正阳门嗡然打开了，一辆辆皇家的车辇鱼贯而出，没有了金黄色的车盖仪羽，也没有了清道时避让的吆喝。所有的象辂、革辂、耕根车、重翟车和金根车顺序而出，车窗双帘放下，蒙古骑兵夹道护翼，只闻一片哭泣之声。

随后，又有20多辆新造的敞篷车，每个车上站有二十多人，再后则是金都皇宫里的释道儒的掌门人、医官、卜者和工匠绣女。

在这批金朝的皇室成员中，有太后王氏、皇后徒单氏和梁王完颜从

恪、金王完颜守纯以及金都皇宫的王姥嫔女 500 余人。

一路沉默，饮泣声阵阵。蒙古骑兵兴奋的脸庞近似扭曲，从未见过这么多金枝玉叶，一个个的美色倾城倾国。当她们步伐滞后时，便有皮鞭抽下，在娇嫩的脸上划下一道道伤痕。

车辇和行人走了五里路，来到城外五里外青城的高台之上。蒙古大军攻陷汴梁的主帅速不台，坐在黑色的裹着黑骆毛的军旗下，在等他的战利品。金都皇室男子先被一个个甄别出来，速不台手一挥，大刀砍下，一个个皇室男人命赴黄泉，无一幸免。剩下的金国贵胄之女，娇柔妖媚。他对手下的勇士们说，分给你们了，作为犒劳。

于是，光天化日之下，车辇之中，野地之上，强暴的兽性发作到了令人发指的地步，将前朝的宫殿烧了，将前皇室贵族的女人压在勇士身下，成了一种历史的轮回和重复。

塞马长啸，历史轮回。蒙古诸部，最早在东北大地，后来在金国的西北方向，自唐以后，便与中原王朝发生了往来，但是真正有蒙古三大部察哈尔、土默特、科尔沁发源于斡难河上游。

历史绕了一个圈，又回到了原地。1616 年，女真人的后裔努尔哈赤建立大金，历史上称为后金，建都赫图阿拉，后称兴京，位于现在的辽宁新宾满族自治县境内。两年之后，努尔哈赤公布"七大恨"的讨明檄文，剑指大明王朝，开始了"得东北者得天下"的又一轮兴替和轮回……

为何莽荡大荒的东北，作为中国的一个后院，总在中国大历史的进程中，展开马踏江南、剑指中原的一场场战争，并在一次次中华民族的融合者中扮演了一种角色，为大东北民族血脉留下了尚武之风？细想起来，也许因为东北地处寒带，而处于热带和温带的南方，便为北方民族向往，而世代生于南国的百姓则畏惧北方。因此，大清王朝，地处松花江一隅的宁古塔成了最早的流人放逐之地。

然而，我以为还有一个更重要的原因，那就是南方中心论。从地理和文明的发育上，最早处于农耕文明中心的南方，因为商贾和文化的最早集中，很容易成了文明的重镇和中心。向中国中心腹地靠拢，也自然成为东北民族的向往。他们一代一代、一朝一朝潮水般地向南方涌去，攻城略池，掳走皇家贵族的女人奴仆、金银细软，然后点一把大火，将城郭付之一炬，一个新生的朝代又在文明的原点上开始重建。

马踏江南，用战刀和血雨，洗劫了中原王朝，但这几个从东北南下的少数民族，无不在大中华的融合中，将自己淹没。拓跋鲜卑，可谓是汉化最为彻底的，其文明的转身和嬗变，至今让我们吃惊；从呼伦贝尔大草原南下辽南，建立跨越长城内外统一政权的契丹，虽然实行一国两律、两制，但是这个民族最终还是完全淹没在了中华民族的羊水里边。

嗜血成性的女真人，却在逼近中原的历史进程中，上演了一幕大起大落的中国宿命。而元、清两朝，在向中原和江南的推进中，成就了真正的中国大一统。

得东北者，得天下。

在中国历史上崛起的几个东北民族，都是以辽河流域为跳板，以越过长城燕赵为战略支撑，以抗衡中原文明。从这一个历史宿命上看，东北只是他们的战略纵深，而中原和江南才是真正的战场和舞台，因此从这个意义上，东北没有自己的历史，东北的历史就是中国历史。再有就是在一次次向中原、向中国的中心地带发起冲击的历史进程中，东北的异族扩大了中国地理国家的概念，而一统天下的雄心，也为北方民族获得了中华的正统。于是，大汉民族遗忘了他们曾经有过的残酷的杀戮痛苦，对这一个个异族被同化融化而津津乐道，堪称文化和文明的胜利。

也正因为占据中国东北历史天空的北方民族，多为马背游牧民族，他们的铁蹄战刀指向中原，却疏于自己故乡的建设，因此，直至大清末世，东北仍然是一片未曾开发的蛮荒，沃野千里，地广人稀。而当一个种族、一种力量在东北聚集之后，他们又开始了新一轮向中原飞蛾扑火般的冲出和嬗变，将近于文明而不失尚武时代留下的坦荡气魄的余蕴，留在了东北人的血脉之中。

毛泽东通晓中国历史，知道东北之重要，因此，当抗日战争的硝烟散去时，他立刻派林彪、罗荣桓率十万大军出关，抢占大东北。三年之后，等辽沈战役枪声渐寂，四野部队以100多万大军入关时，天下已在手中。

得东北者，得天下。

# 日坛

东隅，日出之地；
桑榆，日入之地。

中国有部古书《广雅》上说，尧的时代有

一位老人击壤而歌：『日出而作，日入而息；凿井而饮，耕田而食。』

伴着太阳升起而作，踏着落日而归，就是一种过小日子的生活。

站在京畿城东一隅的日坛上，遥望大东北，当年那些闯关东的先民，无论从陆路、海路而来，踏上这片蛮荒沃野，就是为了寻找一片日出而作、日落而息过小日子的家园。

一如这片大荒上鹞然而起的太阳鸟一样，奔日而去，闯柳条边墙而行，其实就是寻找一次浴火重生的涅槃。

大东北，莽荡地。浮冉于白山黑水间，最先看到人间的第一轮太阳。朝着太阳升起的极地而行，就等于奔光明和希望而去。

浴火重生

# 第十二章 | 北国之春

## 1. 中国"一重"与西马克、三菱重工三分天下

张国宝主任对齐齐哈尔中国"一重"情有独钟，一连4个隆冬岁末，都是与工厂的职工一起度过的，意在打气，意在鼓励他们重新崛起。

这是周总理称的"国宝"啊。那天在国家发改委采访时，张国宝说：振兴东北到明年就十年了，效果好不好，"一重"就是一个验收的标准啊。当时我们预见的"一年打开局面，三年初现成效，八年重振雄风"。现在看，这个目标已经完全实现了。

齐齐哈尔"一重"，就是一个标志，作家你可以去看看。

经过联系，书稿将近尾声时，我赶到哈尔滨城，夜晚下榻于酒店，准备翌日去富拉尔基。

雨，漫天的雨，淅淅沥沥地下了一夜，北国的祥雨啊！

晨起，伫立酒店俯看，见路人皆一把雨伞行色匆匆，如一条彩色的河，淌满大街小巷，我们也融入烟雨蒙蒙的河中，踏上了驶向齐齐哈尔的采访之旅。

东北的春天姗姗来迟，空山瘦林仍不见一叶绿色，坐在车厢里工作，不经意间，将眼睛从笔记本界面上投向窗外。视线所及，满眼的灰色。山寒水瘦，灰头土脸。

富拉尔基，那片达斡尔族人的故乡，会给我们带来春天吗？

"一重"党委宣传部的蔡静到火车站接我们。上车，向"一重"疾驶

而去。穿越齐齐哈尔市而过，街上比我想象得要更加凋零，似乎这座城市还生存在 20 世纪 80 年代的中国，店铺和城市建筑物都不够气派。途中有许多树和许多鸟儿的巢，高高低低的鸟巢，在寒风中飘摇，不知名的鸟儿在枝头唧唧喳喳，似乎预告着春天已经不远了。

中国第一重型机械集团公司的前身为第一重型机器厂，始建于 1954 年，是当时苏联援建的国内第一家重型机器厂。因为选址时，鸭绿江边战火犹酣，战略纵深延伸，推至这个叫富拉尔基的边陲小镇，达斡尔族的聚居区。当时这里一片荒芜，是黑土地上未曾开拓的处女地。

之后，它的春天，就到来了。

1957 年破土动工。1960 年正式投产。在那个年代，"一重"人曾创造了许多个新中国的"第一"，包括国家冶金装备的许多个"首台"和"首套"，填补了国内工业产品的空白，给国家经济建设和国防、军队装备提供了强大的支撑。新中国成立初期的第一台万吨水压机，就是"一重"人自行设计研发制造的，它工作了 40 多年。2006 年，又研制了亚洲第一台 1.5 万吨的水压机，也是当时世界上最先进的，代表了当今世界的先进水平。截至目前，"一重"生产的机器产品有 300 多万吨，填补国内技术空白的有 400 多项。是目前中央管理的涉及国家安全和国民经济命脉的 53 户国有重要骨干企业之一。2008 年，创立中国第一重型机械股份公司。2010 年 2 月，成功地实现了整体上市。现拥有 20 个子公司和事业部，地跨七省（市），资产总额 319 亿元。如今，他们不断拓展公司业务规模，更加注重科技创新、管理创新和职工队伍素质的提高，成为具有国际知名品牌、拥有核心制造能力的世界一流重大技术装备供应商。

从计划经济到市场经济，"一重"经历了时代的风风雨雨，他们的使命是"装配中国,立身世界"，其精神是"以一为重,勇争第一"。身为"一重"人，他们深深知道能被国家命名为"第一"很不容易，努力担负起"共和国长子"的历史使命。

1959 年，周恩来总理到"一重"视察工作时，称"一重"为"国宝"。当时他说北钢是"明珠"，"一重"是"国宝"。

现在，全公司职工有 1.5 万多人，但企业辉煌时期一度号称职工家属有 8 万人之众！1998 年，受市场低迷的影响，每月只能勉强开 200 元工资，有时还是四处去借的，那样的情况持续了大约有两年多，十分艰难，但"一重"人坚持上班，家属们也都很支持。上班没有多少钱，但是没有钱大家也要坚持上班！有时工人们加班加点，家属们就到车间去送饭。最艰难时，连电费都交不起，动辄就被停电。11 月份都已经很冷了，还送不上暖气，因为没有钱交暖气费……但是，"一重"人都坚持工作在岗位上。那时的企业年产值仅仅只有 6 亿元，到 2010 年时产值就已经是 100 个亿了，正式上市时产值是 120 个亿。

在宣传部的一个办公室里，我见到了"一重"世家——"郑氏家族"的第三代、炼钢分厂年轻的机关文书郑伊娜。郑家祖籍辽宁，郑伊娜 2000 年高中毕业后，年底去武汉军械士官学校当义务兵，当兵时是士官学校机关的一名打字员。两年后，她从部队复员。当时的她最初并不愿回到"一重"，"北漂"了半年。其间，家人一再给她做思想工作，希望她也能回到"一重"和父辈、爷爷辈一样做一名以厂为家的产业工人。"北漂"的路也多有艰辛。于是，"非典"过后，郑伊娜就回到"一重"，开始了她的产业工人生涯。刚进厂时，她和其他新进厂的员工们被安排进行了半年时间的培训，按实习对待，月工资 600 元左右，是基础工资。之后，她成为炼钢分厂的天车工，工资也很快超过了 1000 元，是计时工资。一年的实习期结束后，因为参加一个活动，郑伊娜展示了自己的才干，被调入炼钢分厂机关，担任分厂的文书。2009 年，再一次改革时，她成为一名党组织干事兼团总支书记。现在，月收入在 2400 元以上。生产一线的工人收入比较高，在炼钢生产时，他们面临的基本都是上百度的高温，有时他们在钢包里清包，安全帽都能被烤化了！底子那么厚的大头鞋，都能被烤软了！因此，工资基本都能保证在 5000 元左右。谁都无可厚非。

进厂这几年来，郑伊娜感觉到企业最明显的变化是在 2008 年到 2009 年。因为那时候厂里的技改投入力度十分大，对 20 世纪五六十年代的许多老设备都进行了更新改造。他们要建世界上一流的铸锻钢生产基地，已粗具规模。

给我突出的感受，这个中国的"国宝"，经过十载振兴之后重新又成为共和国重装备制造的中国第一。

随后，来到齐齐哈尔铁西五街区郑伊娜的爷爷家，采访这位"一重""骨灰级"的建设者、老劳模。我抬头四望，门上有一副对联，在窗外的微光下，隐约可见——生命逢春开新宇，九州纳福壮乾坤！呵呵。联想到这一两日一路断断续续的雨，我忍不住偷偷乐了。

屋里或坐或站着男女老少满满一屋子，一个幸福的大家庭。有郑伊娜的爷爷、奶奶、大伯、爸爸、二姑、大伯的外孙子等。郑氏家族前后在"一重"工作的有22人！如果加上旁系和远亲，有百十口人在"一重"！

爷爷叫郑荣久，1923年出生。16岁时，少年郑荣久从老家北镇县到日伪时期的奉天铁工厂当了一名学徒工。后来，老家农村缺一个村长，郑荣久便被请回去担此重任。1949年10月3日，郑荣久光荣地加入了中国共产党，成了新中国最早的一批党员。1953年，他拿着劳动局的一封介绍信，被分配到沈阳矿山机械厂工作，成了锻造车间的一名安全员。"一重"的建设属于我国的第一个五年计划中的项目，到1958年时，"一重"需要大量各类人才，郑荣久就被从沈阳调到了齐齐哈尔。

郑荣久刚到"一重"时的工资是78.5元，干部级。到"一重"后就一直没涨，直到退休后才涨到87.5元。现在，每月的工资有1600多元。

郑荣久和妻子带着三个儿女举家从沈阳迁至齐齐哈尔的富拉尔基，一直干到退休。从此，再未回过沈阳。最初时他是安全员，后来当过一段时间工段长，退休前是车间文书。

郑荣久兄妹共有四个，两个哥哥、他和一个妹子。

郑荣久老人刚到齐齐哈尔时，一家老小五口人挤住在"一重"大约20平方米的新建楼房里。家里搭着上下架子床，有暖气，但做饭要烧煤。在他的印象中，1958年时，"一重"大概只有几十人。一两年后，就有200多人了。1979年后，仅他当时所在的十车间就有七八百人。2004年前后企业改革之后，十车间的称呼就从此消失了。

郑荣久的老伴没有文化，最初没有名字，嫁给郑荣久后随夫姓，被

叫郑王氏。后来才被起名叫王淑青。他们一生共育有五个子女。

大女儿叫郑凤琴。1947年出生，1965年结婚，同年"上山下乡"到嫩江。1979年，跟随在齐齐哈尔建设公司的丈夫返城，到齐建卫生所当了一名大夫，直至退休。

大儿子郑春田，1953年出生。1970年，时逢"文革"中期，那时他已经打好铺盖准备奔赴农村去接受锻炼，而当时的黑龙江省"革委会"主任潘复生一声令下，他们初中毕业的那一届学生就全部留城。

作为"一重"的子弟，郑春田自然毫无悬念地进了"一重"，而他们那一届"一重"子弟学校的500人，大多进了"一重"。他在十车间一直干有色金属热加工，属于熔化工种。进厂时的工资是40.07元，1979年之后收入才开始逐年上涨，从1996年内退到2008年正式退休时的月工资都是400元，现在已经每月可以拿到1700多元了。从他内退那年开始，"一重"的一些辅助单位"该黄的就黄了，该剥离的就剥离了"，他后来也在"一重"的辅业工作。其妻马艳茹是他同一届的校友。内退后，日子最紧的时候也过去了。但是闲不住的他就和妻子一起投奔到秦皇岛供职的妻兄，在那里开始了几年的打工生涯。如今，一双儿女也都已经长大，各自成家立业。郑春田的儿子郑志刚，1998年从"一重"技校毕业后也进入"一重"工作。2010年，"一重"天津基地建设初期就去了那里，之后就一直在天津基地工作。儿媳没有工作，他把自己的退休工资大部分都资助了儿子一家。后来又用打工挣来的钱资助儿子买了一套住房，花2万元给自己买了一套30多平方米的楼房。女儿和女婿都是大学毕业，女婿在"一重"审计处工作，女儿在齐齐哈尔市财政局工作。

二儿子郑春福是郑伊娜的父亲，1957年出生。1975年7月15日从学校毕业，8月初即"上山下乡"。1979年接父亲的班后进厂。从进厂伊始，一直是一名木工，属于房产处，算是辅助工种。妻子在其他企业，而妻子的许多家人也都在"一重"工作。1989年以后，郑春福感觉企业有一些变化，三项制度改革政策的实施，同一岗位的职工同工同酬，经验丰富的老职工和刚进厂没几天的毛头小伙子们拿一样的收入，在辅助岗位的郑春福觉得收入渐渐比生产岗位的同事低，只剩基本工资了，工龄工资也没有多少。而2004年的进一步改革，不再让企业办三产后，一些辅助部门陆续被推向社会。水归自来水公司，电归电业局，采暖归了热电厂，他当时在房产处，一看也没啥干头了，郑春福经过几个不眠之夜的认真思考，决定买断工龄。他的25年工龄被一次性补贴了4.5万元，然后和企业脱离关系，自己去社会上找活儿干，自己缴纳社会保险。有一身好本事的他，离开单位后一直就没闲着，被一个施工单位长期聘用，而那个施工单位又是"一重"的一个外委企业，就是说，郑春福虽然早已不是"一重"的职工了，但是现在仍然天天在"一重"上班。每天按点工作可以领80元，若有加班，则每小时10元。

郑春福离开"一重"的另一个原因，是2004年女儿郑伊娜的进厂。当时，有20多年工龄的郑春福，收入竟然勉强可以和刚刚进厂还是学徒工的女儿持平。女儿由于在生产岗位，各种补贴加起来，常常比他还多，女儿刚进厂当学徒时月收入就有600元，在后勤岗位的父亲不过只有500多元，这让当父亲的他心理极度不平衡！怎么能平衡啊？

二女儿郑凤英，1959年出生。1979年高中毕业后，刚赶上"上山下乡"的尾巴，户口被转到雅尔赛农场，人还没有去，结果一个月后政策就变了，又托其他人把户口转了回来。招工考试，进了纺织厂。

三女儿郑凤香，1963年出生。1981年进入"一重"工作，丈夫也是"一重"的员工。只是后来，夫妻双双都去了大连。

采访结束后，郑伊娜取出爷爷保留的一些奖状和证书给我们看——都是20世纪70年代初被市里、厂里评为"抓革命，促生产，促战备"中五好战士、先进工作者光荣称号的奖状、证书，有数十张之多，代表着一位老工人昔日的辉煌。

......

在采访郑荣久一家人期间，我了解到郑伊娜的舅舅伊世明也是厂里的劳模，遂表达希望采访的意愿。在她爷爷家的采访任务结束后，很快赶往"一重"的炼钢分厂精炼炉工段去找劳模伊世明。

在"一重"铸锻钢事业部炼钢分厂精炼炉工段的办公室里等了不几分钟，一位身材高大魁伟的东北汉子就推门进来。他脸膛红扑扑的，戴

一副近视眼镜。头戴"中国一重"字样的蓝色安全帽，安全帽的帽檐上有一个可以上下翻动的遮光镜，一身蓝色的"中国一重"工作服，脖子上搭一条浅色毛巾。左上衣兜里放着一个白色的口罩，带子还吊在外面；右上衣兜里放着一支笔和一些纸；手里拿着刚刚脱下来的一副套袖。郑伊娜站起身简单向舅舅说明来意，采访随即开始。

伊世明全家12口人，有11个人在"一重"。

伊世明1986年从"一重"技校毕业后，就进了"一重"的精炼炉工段当学徒，三年后转正。当时一起进厂的许多人都觉得炼钢很苦，不愿意干，相继调到其他岗位去了。钢水看不清、摸不透，但伊世明却越来越喜欢，也许是钻进去了。他虽然思想也曾经波动过，但因为精炼炉工段是厂里生产中的重要工段，自己从上班以来就一直在这里干，一动也没动过。"一重"给了自己许多荣誉，自己是从这个岗位上干起来的，也就没有再考虑过其他的。

伊世明的妻子王兆芝是他在技校时的同班同学，也在炼钢分厂。最初在化验室，后来调任财务科科长。

1988年，年轻的伊世明就已经成为了一名副炉长。

1990年，成为炉长。

1992年，成为班长后，伊世明就成了"一重"的厂级先进、劳模。后来，又被评为市级劳模。许多荣誉接踵而至。

2000年，成为副工段长。

2009年，成为工段长。

在伊世明的眼中，"一重"这些年来的变化非常大。他刚进厂那会儿，产量、收入都很低。精炼钢工段只有两台平炉、两台电炉，都是旧炉子。后来全都拆掉改造了，又新增加了两台炉子，后来又增加了一台炉子，现在有一台新炉子马上就要投产了。从设备到产量变化都非常大，工作量也加大了，工程人员从30人增加到92人。厂房也加长了！以前的炉子排尘时，在两米远的地方，就根本看不见对面的人影。是看不见！而不是看不清。整个车间里乌烟瘴气的，全是灰尘。生产成本大、耗能大，而生产效率却很低。后来，厂里大搞技改，新炉的能源消耗就比以前的少多了。以前一年最多只能生产 100 多炉钢，现在一个月就可以生产 300 多炉钢。

在哈尔滨理工大学金属材料专业上学的儿子伊鹏跃已经考上了本校的研究生。伊世明和妻子希望儿子毕业后也能回到"一重"来，当初给儿子报考学校和专业时，也是因为考虑到了这方面的因素才报的。

"我们家祖孙三代都在'一重'工作，是'一重'给了我全部，'一重'就是我的家，对于自己的家，我就是希望它好，也愿意一生去建设这个家。

人，总是在追求。多炼钢、炼好钢就是我一生的志向，献身于'一重'就是我一生的追求。炼钢就是我赖以生存的基础，企业给了我这样一个岗位，我就要对得起这个岗位。工作中就要以刻苦钻研、脚踏实地、大胆求索的工作态度，去努力拼搏奋斗。"采访中，伊世明如是说。

炼钢分厂的优质合金一直被许多贪婪的人所觊觎，面对歪风邪气，伊世明敢于与这种不良势力进行斗争，将有盗窃合金行为的人调离岗位，他的这种刚正不阿却遭到了贪婪者疯狂的打击报复。他在下夜班回家途中，被事先埋伏在他家楼下的工段职工砍成重伤，经过近 9 个小时的手术才把他从死亡线上拉回来。面对穷凶极恶的歹徒，伊世明没有屈服，与歹徒进行了殊死搏斗。他还大胆指认凶手，将其绳之以法，更好地保护这个企业，保护这个家。经医院确认，他头部被砍中两刀、面部毁容、舌挫裂伤、口腔内 12 颗牙齿被砍掉、牙槽突骨折、手臂三处骨折。妻子和亲属们看着他头部、面部、手部密密麻麻的手术缝合线，不禁落泪，可他却安慰着家人，声音中带着虚弱和沙哑，慢慢地说："我没事，我不怕，我更不后悔。"手术后的第四天，他接到了 80 多岁的老妈妈打来的电话，问儿子为何过元宵节也不见回来，快半个多月了也没回趟家时，他在电话这边哽咽了……强忍着手术后的疼痛，他故作正常地说道："妈，我们现在工作很忙，明天我还要出去开会，您是不是想我了？过些天我就回去看您。"老母亲听到了儿子的声音，似乎心里也安稳了许多，她再三地叮嘱儿子："你的工作要紧，我再想你有什么用？只要你身体平平安安的，忙过了这阵子什么时候来看妈都行。"此时，电话那边的老母亲她哪里知道，她的儿子刚经历了生死考验，正虚弱地躺在病床上……

中国"一重"的春天来了。

走出"一重",我突然想起宣传部长介绍的情况：中国"一重"通过自主创新和技术改造，现已形成了以核岛主设备、煤化工设备、石油开采与加工设备为代表的能源装备制造能力，以冶金成套设备、汽车成套设备、热锻设备为代表的工业装备制造能力，以核电铸锻件、火电铸锻件、水电铸锻件、重型容器铸锻件、船用铸锻件、冶金备件为代表的装备基础材料制造能力。主要为钢铁、电力、能源、汽车、矿山、石化、交通运输等行业提供重大成套技术装备、高新技术产品和服务。"一重"的产品已经占领中国市场，走出了国门。"一重"将不断开拓国际市场，为中国重型装备制造业赢得国际市场的话语权。

冬天过去了，富拉尔基的春天还会远吗？一种诗意洋溢过后，我才发现，从下列车开始，前前后后忙碌几个小时，一直采访，竟忘记了吃饭。

## 2. 父子劳模与长春客车的枯荣衰兴

暮春时节的东三省之行，到达吉林长春时接近尾声，而一直多变的老天爷也终于露出了喜悦的笑脸。上午 11 时许，我们步出长春火车站，天蓝如洗，唯有几朵闲云轻轻掠过。身穿湛蓝色工服的长春轨道客车股份有限公司宣传部张部长，亲自驾车到火车站接我们。

途中，张部长概略地讲述了"长客"几十年的辉煌。恰遇一条城市轻轨，张部长说，轻轨不受红绿灯的干扰，不冒烟，绿色，环保，低碳，被许多发达的城市所看好，也被许多发达国家所看好，所以"长客"的轻轨海外业务越来越多。而我国的发展总靠过去的绿皮车是不行的！速度上不去，同样的时间内它只能跑 1 趟，而动车却能跑 10 趟！所以，高铁将成为我国未来发展的必然趋势。由于铁路客车的发展，使我们形成了工业城市。张部长 1982 年进厂，亲眼见证了"长客"从无到有、从小到大、从弱到强的发展过程。"长客"1954 年筹备，当时的场地曾是伪满时期的一个小型飞机场，后来被废弃了。国家"一五"期间的 100 多个重点项目，"长客"是其中之一，这是从无到有。改革开放以后，"长客"的发展步入快车道，实现了从小到大。但，大并不等于强，"长客"
的专家们走出国门调研后发现，"火车跑得快，全靠车头带"的时代已
经过去了，要干动车，动力分散，每一节车厢都有动力。2004 年以后，
高铁的飞速发展，给"长客"带来了巨大的发展机遇，使其在短短几年
的时间里，迅速由弱变强。

大约 10 分钟，车子拐进一处极大的院落，像是一所园林。除了许多
高大的楼房等建筑物，院子里生长着许多树木，郁郁葱葱，生机勃发，
其中有许多上了年岁的大松树！偶尔，还有几枝艳丽的桃花一闪而过。

在转向架制造中心焊接车间的首席工作站，见到劳模李万君，敦实、
憨厚、可信的他，一看就是很典型的东北汉子。

李万君说，我是非常幸运的！因为我的父亲和兄弟都是"长客"的，
也都干得非常好，全都是劳模。可能我的劳模因为赶上了"长客"的大
发展，"劳模"得稍微大了一些。

提起父亲，李万君从书柜中取出一本书《长春客车厂史——劳模录》
说，这里面有一些对我的父亲李世忠的描述，你们或许有用。我摘录片
段于此——

李世忠是"长客"地铁加工车间的一名刨工，1958 年进厂。
李世忠干工作不怕吃苦。车间生产任务重时，他插床、刨床一
起干，全年完成工时达 4000 多点，相当于一个人干了两个人的
活儿。他还善于动脑筋、搞革新。几年来，小改小革 8 项，不
仅提高了工效，还节约了 9 万多元。地铁车齿轮箱加工是车间
的技术关键，经常达不到设计要求，废品很多。他反复琢磨后
设计出插床 360°胎模，使齿轮箱一次加工成型，达到了产品
设计要求。车间所有的机床都不能加工地上动车用钩尾框，成
为一大难题。他主动承担任务，经过反复试验，终于按技术要
求加工成功。

李世忠对产品质量也一丝不苟。他革新的插轴箱定位胎和
双面 45°刨刀等项目，提高了工效，年完成工时 5000 多小时。

浴火重生

李世忠还大胆改革刀具。原横磨导槽装卡工件需四次完成，经他改革后，一次加工成型，既节省了人力，又节省了原材料。

从 1986 年起，李世忠连续七年都是劳模，还获得过铁路系统最高的荣誉"火车头"奖章。虽然那时候对劳模的奖励并不多，每次也就只是 10 块或者 50 块的，但是"劳模父亲"的荣誉却让少年李万君激动不已。他暗下决心，长大后要是自己也能当一名劳模该多好啊！从此，一颗"劳模"的种子就在李万君的心中开始萌生。

不想当将军的士兵，不是好士兵。同理，不想当劳模的工人，也不是一名好工人！

1987 年 8 月 26 日，刚刚 19 岁的李万君从"长客"职业高中电焊班毕业。作为长春客车厂的子弟，他顺利进入"长客"，在转向架分厂焊接车间成了一名电焊工。

水箱工段是"长客"最艰苦的两个工段之一，刺耳的打磨声，刺鼻的焊烟味，不见天日的烟尘弥漫。而且工人们焊接的水箱，如果打压后漏水要扣钱，上路后漏水也要扣钱。跟李万君一起进车间的 28 名工人在不到一年的时间里就只剩下 5 人。李万君也对自己的前途开始感到迷茫，总觉得当一名电焊工没有什么前途，有时甚至感到自卑。那一段时间刚好厂里组织学习屈伟健师傅从普通工人成长为全国劳模的先进事迹，加之多年受"劳模父亲"的影响，使他渐渐明白，当一名优秀的技术工人，同样能受人尊重，赢得社会的认可。从那时起，他下定决心，一定要当一名最好的技术工人，努力干，一定能当一名劳模！再努力干，说不定还会成为一名超过"劳模父亲"的劳模呢！

而李万君一家人的生活和"长客"的发展相关联，退休在家的父亲李世忠经常和一帮也离开岗位的同龄人们在"长客"附近溜达，每每看到"长客"又出新车了，老人会觉得特别的高兴。李万君说自己和弟弟必须努力工作，干出成绩。而小他六岁的弟弟在隔壁车间也是一位业务精湛的技术型劳模。李万君十分珍惜目前的状态，因为他觉得自己和兄弟们非常荣幸地在"长客"工作，而且非常荣幸地赶上了高铁的大发展

和企业的大发展。一定要用焊枪焊出一条由职高毕业生到"工人院士"的神奇之路。

工夫不负有心人。进厂两年后，李万君先是在车间的技术比武中排名第一。之后，他和另外两名焊工代表车间参加厂里的焊工大赛，又获得了第二名的好成绩。初战告捷让他欣喜不已，更加努力地学习焊接技术。工作之余，李万君利用边脚料进行焊接实际操作练习，多少次电焊打了眼睛，多少次弧光灼伤了皮肤，多少次焊豆烫伤了手脚……夏天的高温酷暑，都丝毫不能影响他对焊接的热情。他很快就摸索、总结并创造出一套独特的手工电弧焊、二氧化碳气体保护焊、氩弧焊、各种位置的单面焊双面成型操作。1995 年，他光荣地加入了中国共产党。

十年磨一剑。在 1997 年厂里电焊工技术比武中，李万君夺得第一名。之后，李万君代表厂里参加全市高级电焊工技术比赛，又取得第一名。当时许多人并不知道客车厂是生产什么的，李万君以自己能为工厂赢得社会荣誉而激动不已，感到十分光荣。

李万君清楚地记得自己第一次参加全市焊接比赛时的情景。那年冬天 11 月份，大赛现场设在一个锅炉厂，他按规定焊好一个件后，有市里的领导看到，说："这小孩焊得不错！"谁知初生牛犊不怕虎的李万君接过话茬儿就说："焊得不错绝对不是目的！我来这里比赛就是为了考第一来了。"实话实说的李万君觉得自己一年能焊上万个水箱，早都干熟手了。可他万万没有料到自己的话音未落，旁边就有人数落他了：这小孩说大话了！旁边还有人说了一句：你不知道历届第一都在这儿吗？李万君这下臊得满脸通红，恨不能找个地缝儿钻下去。但他还是拿出最好的水平认真焊完其余几个件。各参赛选手的焊件都摆放在一起，没有贴标签，除了本人和工作人员，别人谁也不知道哪个焊件是谁焊的。后来，李万君悄悄在一旁观看，发现自己的焊件大受好评。果然，宣布结果时，李万君毫无悬念地拿到了第一。市里领导给他颁发了"工人技师"的证书。而他，也是"长客"唯一一位两次获得政府颁发"工人技师"证书的员工，都是破格的，因为年龄不到。

1998 年，李万君被长春市评为工人技师；1999 年，李万君又被铁

道部评为工人技师。

从 1997 年开始，由于厂里用焊接转向架代替铸钢转向架，李万君从操作手工电弧焊开始转变成从事二氧化碳气体保护焊的操作工作。开始时，公司生产 CW-2 转向架他从事构架侧梁焊接，由于产品逐步升级换代，李万君开始焊接 209P 侧梁和构架、KZ53 春运车构架、重庆单轨构架、168 车型构架、各种城轨车型构架及横梁的焊接等，直到后来生产的"和谐号"转向架的焊接，还参与十几种车型的首件试制和工艺评定工作。李万君也从只有普通焊工操作证到如今拥有 6 项国际焊工证书，还考取了国际技师。他的技能水平随着企业的发展而不断提高。

2002 年 3 月，长春客车厂改制后成为中国北车长春轨道客车股份有限公司，隶属于中国北车股份公司。此后，随着国内铁路的大提速，"长客"的发展也步入了快车道，一再"提速"。如今，已经占据国内轨道车辆市场的半壁江山，并成为我国城市轨道车辆出口的骨干企业，产品出口十几个国家和地区。

"长客"从改制的那天起，就步入了又一个发展的春天，而李万君的人生也从那天起，步入了又一个"春天"。2002 年 3 月，李万君被派到日本造船厂进行为期一年的焊接专业研修。在那里，李万君轻松解决了日方认为属于高难度的焊接难题——条立焊。这一焊接要求焊条从下往上焊，焊缝出现针鼻儿大小的眼儿都得刨掉重新修补，但能修补者寥寥无几。日本方面的负责人找了很多人都无济于事。而李万君大胆一试后发现，这个被德国、日本焊接专家们视为高难度的焊接，对于他来说并不稀奇，跟焊环口差不多。于是，就轻松破解了。真是会者不难、难者不会啊！李万君的焊接技术令擅长制造的日本技术人员感到不可思议，他们竖起大拇指对李万君说，"你是中国的高手！"一年的研修期满后，日本造船厂恳请李万君留下来继续工作，被他婉言谢绝了。因为，他知道自己是"长客"的人！

回国后的李万君，更加努力地投入到焊接工作中，创造了一个又一个焊接奇迹。

2003 年，李万君再次取得长春市焊工大赛第一名的成绩，并被破格晋升为高级技师。

2005 年，李万君代表中国北车集团参加全国焊工大赛。公司专门为他聘请了哈尔滨焊培中心的老师进行了半年时间的脱产培训。在这次全国焊工大赛中，李万君不负众望，获得"二氧化碳气体保护焊板状试件外观"第一的成绩，他的作品在闭幕式上作为唯一的板状试件进行展示，并获得铜奖，被授予中央企业"技术能手"称号。当时穿着"长客"工作服的李万君自信满满地走上领奖台去领奖，受到国家劳动部和国资委有关领导的表扬。

之后，各种荣誉也接踵而至，李万君陆续获得了"长客"劳动模范及中央企业知识型职工先进职工称号、中央企业技术能手、全国技术能手、长春市五一奖章、火车头奖章、全国五一奖章、中华技能大奖等。

2007 年 4 月 18 日，全国铁路第六次大提速给"长客"带来了前所未有的发展机遇，而"长客"的产品质量则直接关系到高铁的安全运行。这次大提速的主力车型——时速 200 公里动车组生产进入关键阶段，转向架横梁与侧梁连接处的环口焊缝时常出现由于接头过多，造成铁水不熔合的惯性质量问题。为彻底解决这一难题，李万君经过反复琢磨，摸索出了"构架环口焊接七步操作法"，使这一难题得到彻底解决，得到法国专家的认可，获得吉林省创新成果三等奖。公司也将这项操作法写入工艺文件，并进一步进行培训推广。

2008 年，中国北车从德国西门子引进了时速达 350 公里高速动车组技术。由于外方此前也没有如此高速的列车运营先例，转向架制造成了双方共同攻关的课题。带着领导的重托，李万君参加了转向架焊接工艺评定专家组，发挥了高技能人才的特殊作用。以他试制取得的有关数据为重要参考，企业编制了《超高速转向架焊接规范》，在指导批量生产中解决了大问题。

2008 年，"长客"第一次与发达国家澳大利亚签订板对接无间隙，焊接后要求单面焊双面成型，背透成 3 毫米焊角。李万君和其他几位技术人员经过反复摸索，成功总结出拽枪式操作法，解决了这一难题，得到澳方的认可。此项成果获得公司创新成果二等奖。

2010年3月，在公司出口伊朗的64辆单层轨道客车生产中，转向架横梁与侧梁连接处的环口焊接，由于工艺、设计的要求首次使用氩弧焊的焊接方法，李万君经过一个月的试焊，利用公司培训他参加全国大赛时学到的氩弧焊操作法，成功总结出针对构架横梁管的焊接操作法，攻克了焊缝内部超探口不合格的惯性质量问题，填补"长客"没有用氩弧焊焊接铁路客车转向架横梁环口的空白。

2010年6月，香港地铁和北京15号线地铁开始生产，转向架设计参照380动车，而横梁管壁厚度比380动车还要厚，焊接层数多，质量要求比380动车还高。在试制过程中，近百根横梁管焊缝内部产生焊接缺陷，而焊缝同一部位只允许修补两次，两次修补不合格视为报废。李万君根据自己多年来的焊接修补经验，总结出一套快速修补法，并获得"长客"立项攻关一等奖。

......

李万君研究摸索出的各种焊接创新，均已在生产中得到广泛应用，已累计为企业节资创效1000多万元。2010年，"长客"成立了焊工首席工作站，李万君成了首席工作站的站长。因为在高铁制造中所作出的特殊贡献，李万君为自己赢得了"高铁焊接大师"的美誉。李万君带领的20多名徒弟也都已取得骄人的成绩，有的成长为技师和技术能手，有的已成为高技能人才指导师，有的考取了国际焊接技师资质。

2005年，几位新加坡的客人到"长客"参观，在见识了李万君的惊人技艺后，他们悄悄抛出了橄榄枝。当时李万君的月薪是3000元，对方答应给他1万元，让他带着妻女一起去。李万君却丝毫不为所动。作为享誉行业内外的"高铁焊接大师"，类似于这样来自国外公司的高薪诱惑，李万君已经记不清拒绝过多少次了。

在李万君近些年的人生历程中，比较难忘的事件之一就是2011年2月，他获得了"中华技能大奖"，被称为"工人院士"了。从新中国成立以来到李万君这一批，共有140人获此殊荣，全都是各行各业的领军人物。

李万君还说了两件趣事。几天前，一个全国的焊工技能大赛，吉林省让选两位选手参加，邀请李万君做指导，评选出来后有人对结果不满意。对他们说，知道被选上的人是谁指导的吗？李万君。对方一听说是李万君，哦！知道了，我们服了！

最近的一天下午，李万君准备上街去买东西，在街头碰到父亲。父亲说了一件事可把他给乐坏了。有一天，父亲在一个小公园里溜达，遇到一帮也在那里闲逛的外单位离退休人员，一位老人说，我最佩服你们厂一个叫李万君的！旁边一位认识李世忠的老人指着父亲对大家说，这就是李万君他爸！能有这样的好儿子，也是做父亲的光荣。老人们就全都啪啪啪地鼓起掌来。

李万君说，一个人成长到今天，个人只是一个方面，最主要的就是因为企业。因为有了老东北的十年振兴，我才有今天。

离开"长客"时我们获悉，李万君已经当选党的十八大代表候选人，正在公示。

## 3. "玉米棒子"带来的吉祥雨

哈尔滨的天空不知什么时候下起了淅淅沥沥的小雨。雨丝细而密，如牛毛，如雾霭，若有似无。抬眼四望，哈尔滨的城郭蒙上了一层薄的灰色的轻纱。经过之前的联系，哈尔滨市委宣传部的高文严处长来接我们。一上车，坐在商务车副驾位置上的她，频频回过头来，在最短的时间里介绍了黑龙江几家大国企振兴之后的盛况，一组组数据，确实令人振奋。途中，我心里盘算着，40分钟的车程后，等待我们采访的"哈空调"一家，又会有怎样的往事呢？我充满期待。

当商务车拐进街道宽阔的开发区一个院落时，我发现天边已经放晴。一道彩虹横亘天际，这意味着什么？

乘电梯直上10楼，会议室里，哈尔滨空调股份有限公司的党委副书记王可瑾、劳模父子张崇楼和张玉双坐在我们对面。

"哈空调"是"全国空冷器的摇篮"。他们的产品都是最高端的、最先进的，产品节能，环保，产品的销售对象大都是石油、石化、电力等

行业。产品稳定，用户稳定，回款也稳定。但在 1993 年，也经历过一个稍微艰难的阶段。上市之前，把优良资产重组了。2004 年上市以后，销售收入从三四个亿一下子增长到了 10 个亿。不需要数字，数字太干瘪了，我要的是那些大写的人的历史，活着的历史。

1951 年，张崇楼 16 岁时，还是像他的父亲一样是一位地地道道的农民。朝鲜战争爆发后，热血沸腾的张崇楼一心想去战场上当一名志愿军战士，父亲坚决不同意。一天，父亲把他叫到跟前说，如果你再待在农村，这一辈子就像我一样啦！你应该走出去。于是，听了父亲的一番话后，只读过四年书的少年张崇楼第一次走出农村，来到哈尔滨，投奔已经嫁到城里的姑姑。那一年，张崇楼成了哈尔滨农业机械厂的一名车工学徒工。一般学徒工三年才可以出徒，而张崇楼因为踏实肯学、有灵性、悟性高，一年多就结束了学徒工生涯。之后，被调到哈尔滨机械局。后来，又被调到黑龙江五金机械厂。又一年后，到苏联留下的一个单位、秋林公司后院的一个几百平方米的地下室里工作。那里，就是哈尔滨空调股份有限公司的雏形。当时的单位还很小。

时任厂长孙为千是伪满国高毕业的学生，颇有远见，他的许多决策都使那时的"哈空调"平稳地渡过一个又一个难关，也为后来"哈空调"的进一步发展壮大奠定了坚实的基础。

当时，他们研究决定生产缝纫机，取名为松花江牌缝纫机，投向市场。然而两年后，当时此缝纫机除了在当地占有一定的市场外，外销一直没能打开。1956 年后，他们又转产农业机械，生产手扶拖拉机的主机。时间很快就到了 1964 年，他们隶属国家第一机械部，一位经常跑项目的总会计师从国外带回了一个产品的小样——"玉米棒子"，就是空冷器的一个核心部件，让他们试制空冷器专用设备绕片机。这位总会计师无意或有意间成就了"哈空调"。孙为千把研发生产"玉米棒子"的重任交给当时的一个四人小组进行科技攻关。四人小组的成员是：组长张崇楼、工程师傅作金、稍稍年长的钱坯月和较为年轻的吕洪滨。

时隔几十年，张崇楼依然清楚记得当时的情况。当时他们 4 个人被叫到厂长办公室后，孙为千关上门，神秘兮兮地拿出一个东西交到他的手里，要求他们无论如何必须在一年内生产出来，并且必须注意严格保密。

接过这个任务，张崇楼喜忧参半。喜的是厂长把这么重要的任务交给自己；忧的是自己从来没有这方面的经验，要在一年的时间里完成它的生产何其难啊！事实比张崇楼的想象还要难得多。他们和上级主管单位联系，希望能提供一些可以借鉴的资料，答复是只有实物，没有资料。仅面对一个长约 52 厘米、钢管直径约 25 厘米的陌生物件，要在一年之内就生产出和它完全一样的东西来，怎一个"难"字了得啊！

拆开来反设计吧。张崇楼将那根"玉米棒子"拆了，一点一点地摸索、探讨、实践、失败；再摸索、探讨、实践……一遍又一遍地尝试，一次又一次地失败。终于，工夫不负有心人，他们离成功越来越近了……

在试制空冷器专用设备绕片机的过程中，张崇楼和调试人员一起成功地解决了片距不等、片段时松时紧的问题，改进了扶片轮和绕片机转数，绕制出符合质量要求的翅片管。1964 年，中国第一台中低压空冷器横空出世。之后，张崇楼又和有关同志一起攻克了高压空冷器试制管箱深孔加工的难题。改进了车加工圆球体旋风车头丝扣、蜗杆等 13 项革新项目，分别提高效率 3～15 倍。20 世纪 60 年代的"哈空调"，被誉为"革新大王"。

之后，张崇楼带领的"四人科技攻关小组"研发的科技产品"玉米棒子"还被评上了国家科技进步奖。

张崇楼为此一举成名，当选为哈尔滨市第 9 届、第 13 届劳动模范和哈尔滨市第 14 届特等劳动模范。

20 世纪 80 年代初期，改革开放的钟声刚刚敲响，孙为千就果断地派出 4 个小分队分片分区到全国各地产品的销售企业去调研。每个小分队由一名厂级领导、一名科长和一名技术人员组成。张崇楼当时以生产科科长的身份参加了这次大规模调研。他们每到一地就一边参观销售企业，一边详细了解企业的详细状况：人员结构、企业规模、未来几年的发展规划和维修方面的需求等。一个月的时间，他们一边马不停蹄地跑调研，一边抓紧时间完成调研报告。调研归来时，一份又一份翔实的调研报告摆在了企业领导者孙为千的桌上。

浴火重生

知己知彼，百战不殆。这次调研为企业下一步的发展和生产提供了良好的借鉴。

这时，竞争已经在悄然开始，不过人们大多没有警觉。两三年后，张崇楼又到了生产科。一直干到退休年龄。厂里不让走，还让他继续发挥余热，遂又干了三年。之后，他又被社会上一个朋友创办的企业所聘，现在仍然在那里当顾问。多年来，一直处于退而不休的状态。不过，他说，因为受社会大环境的影响，空冷配件市场已经快要饱和了，民企的前途也堪忧。

张崇楼有两儿两女，大女儿早逝，抛下的外孙子一直在姥爷张崇楼家抚养。

二女儿张敏赢，知青返城后，回到"哈空调"职工食堂。张崇楼觉得此生最幸运之事，就是中年得了一对双胞胎儿子——张玉双和张玉玺。张玉双1979年从军，当了五年兵，在海军的一个加油站搞后勤。1984年，以退伍军人的身份踏进了"哈空调"的大门。进厂后，就来到车队。那时，车队的客货车共有40多辆。次年，张玉双考取驾照。在车队待了十年后，成为"哈空调"储运公司的一名仓库管理员。三个月的摸索和学习后，他很快由曾经的"门外汉"过渡到了一名优秀的管理员。之后，越干越好，成了储运公司的副经理，并多次被评为哈尔滨市劳模。而他的同胞弟弟张玉玺，则在1979年招工进厂，成了"哈空调"六分厂的一名电工。之后，成为车间调度，现为四分厂的调度。

当时公司机构改革后，把大五金库划归储运公司管理。货场杂草丛生，原材料乱堆乱放，没有遮拦。张玉双看在眼里，急在心上。他很快到现场组织人力，选新址，焊货架，把原材料一根根、一件件、一片片按照不同的材质、规格、型号分门别类地摆上了货架。经过大家近四个月的努力，当别人再走过这里时，映入眼帘的是一个横竖一条线，库容库貌都非常整洁的货场。张玉双受到了"哈空调"领导的好评，脱颖而出。

作为仓库主任，张玉双身兼数职。他每天要处理繁杂的日常工作，还要记十几本账，需要他出库、入库、下账。你说他是保管员，可压力容器取样化验时，他是汽割工；吊车忙不过来时，他又是吊车工；卸车、运料人手不够时，他又是搬运工。他就是这样一个闲不住的人。有一年冬天，天气非常冷，车间把第二天准备发货的管束送到成品库。张玉双在巡视时，发现了管束打压的水没有放掉，大家都没有注意到这点，如果水放不出去，几个小时以后，翅片管就得冻裂。他马上找到分厂领导，说明情况，分厂领导及时派人到现场把水放掉，避免了一场人为的责任事故。

孙子辈有在"哈空调"工作的吗？我问张崇楼。像他这样一位劳模，会不会希望自己的隔辈人也来到这样一个蓬勃的大国企工作？

倒是希望大女儿的儿子能进厂来工作，可孩子没这个打算！我苦口婆心地劝说过多少次，外孙子才通过招聘进来，干了一年多时间，怎么说都不愿再干了。离开厂子自主择业，干过美发，还想创办美发学校，但都不长久。

二女儿的儿子现在哈尔滨市城管工作。两个儿子的孩子，都才刚刚大学毕业，也都没有把进"哈空调"工作作为自己的人生首选。

你退休前在什么岗位？我调转话题。

哈尔滨市电站辅机分厂厂长。张崇楼说。

正式退休后再回过厂里吗？我又问。

回啊！张崇楼答道。有时会被请回厂里看看。只是搬到这里后还是第一次来，吓了一跳，与我们过去记忆中的工厂完全不一样，这么整洁，这么气派，车间一尘不染。

傍晚7时，华灯已上，我们终于结束对张崇楼、张玉双劳模父子的采访，却发现王可瑾书记一直在他的办公室等候我们，颇觉过意不去。步出哈尔滨空调股份有限公司崭新的办公楼时，淅淅沥沥的小雨竟又飞舞于天空。

"玉米棒子"带来的吉祥雨啊！

## 4. "长客"驰骋了"中国速度"

"长客"这十年的发展，堪称"中国速度"。

一列列风驰电掣的高速火车从仅用三年时间新建的产业园里驶出。

新建的产业园蔚为壮观，总面积约 160 万平方米，仅我们参观的一个厂房就有 3.2 万平方米。走上总装配基地宽阔的观礼台，巨大的顶棚上，温暖的阳光透过玻璃窗漫射下来，整个车间里弥漫的是一种现代化的迷人气息，77 辆正在组装中的银色车辆，阵容庞大，肃穆，如同整装待发的军队，等待着最后的检阅。工作现场，秩序井然，身着蓝色工作服、头戴蓝色工作帽的年轻身影，忙而不乱。车间墨绿色的地面，干净如洗、光可鉴人。

"这是 5 型车！"

"这是动车组！"

"这是哈大线的车！"

"这是高速车！"

"这是中国黄河以北的车辆！"

……

一节车厢的收入是 2000 多万元，一列车厢的收入是 3.2 亿元。

总装配车间里的车辆以每天两节车厢的速度在向前移动。

……

张国宝至今还记着这么一幕：

那天上午，他去了长春客车厂，这是一家为铁道部客车车厢配套的生产厂家。他到的时候，正好是上午刚上班，各车间科室都在召开班前会。厂里的马厂长去参加会议，听取车间主任的汇报，并布置一周的工作。

张国宝来到工厂，厂长办公室无人。只有办公室主任在那里值班，见是国家发改委来的一位副主任，又是国务院振兴东北办公室主任，由省、市发改委的领导陪着，不敢怠慢，连忙跑去向马厂长报告，说北京来了一位大员。

什么大员？

中央大员，国家发改委一位副主任，国务院振兴东北办公室主任张国宝。

发改委副主任也解决不了工人的饭碗，振兴半天，也涨不了工资啊！马厂长正在为厂里资金链断裂，无钱投料而焦急万分。语出粗口：你让他等着，就说我在开班前会。

厂长话中有话，那意思就是说这位大员管不了厂里的生死，现在职工快到水深火热了，不能正常开支，工厂一家连一家地倒闭了，也许他们的今天，就是自己的明天。办公室主任是这样理解的，回到厂部，也没有好气，如实对张国宝通报，马厂长说了，他在开班前会，要讲话，脱不开身，请张主任等吧。

张国宝一脸温情，笑了笑说，不着急，我们等就是了。

这一等就是将近一个小时。

吉林省和长春市发改委的领导坐不住了，频频看表。一位领导找办公室主任，快叫你们厂长去，他什么意思？将人家国家发改委主任晾在一边，这可是管吉林大中型国企生死的啊！

办公室主任深知事态严重，连忙二度跑去见厂长。

过了一会儿，马厂长骂骂咧咧地进来了，边走边说，一脸的不耐烦，来也不选个时候，早不来晚不来，偏偏我们开班前会来。我们这么忙，来干什么……

走进厂部一看张国宝坐在里边，不温不火，不嗔不怒，他反倒不好意思起来。

打扰你了！马厂长。张国宝仍然微笑着，没有一点儿被晾在一边的愤懑和暴躁，搅乱你们工作秩序之处，请多包涵。

哪里！哪里！让你久等了。

带我们去看看厂里的情况吧。张国宝站起身来，没有听马厂长汇报，而是要先看他的生产设备和产品。

张国宝一行在马厂长的引领下，步入长春客车厂的车间，令他大失所望。这是生产列车绿皮客车车厢的，装配车底盘上的轱辘和配件，居然在地下挖了一个大坑，将列车车厢调过去，人跳进水泥坑中，仰首工作。

这太原始了！张国宝摇头道，比我见过的国外厂家至少落后30年，人家是浮起来安装的。你得引进先进的技术，这样越落后越没有市场。

马厂长无可奈何地说，没有钱啊！

你得先改制，扔掉包袱。钱会有的，市场也会有的。

随后，张国宝带着工作组与马厂长一起会诊，生产什么样的产品最有市场。

绿色车厢没有前途，这都是淘汰技术和产品。张国宝将市场的信息告诉马厂长，你们应该想办法上马地铁车体，现在全国有许多城市在搞地铁建设，市场需求量很大。

我们是向铁道部拿订单啊，马厂长流露出为难之情，不搞铁道部的项目，若去干地铁，今后再去铁道部拿活就困难了。

并不矛盾啊。张国宝对马厂长说，下一步的动车和高铁车厢，有了地铁这个基础，经过技术改革后可以上大台阶，上档次。

好主意啊！妙策。马厂长感叹道，我们按这个方向去努力。

以后，张国宝和东北的同志，凡到东三省检查巡察大中型国企，必去长春客车厂。

七年过去了，"长客"今非昔比，如今已经是高铁车厢的主要制造商，成了东北老工业基地振兴的一个范本。

"到'长客'如果采访时不看现场，会非常遗憾的！"我们的采访对象，也是陪同我们参观"长客"总装配基地车间的孙书慧书记说道。参观过这里的人们，都无一例外地会想到"壮观"、"震撼"等词汇。

"通过这种变化，打造了一支新型队伍。要做世界一流，人首先要成为世界一流。"孙书慧说道。他每天的相当一部分时间都用来接待社会各界的参观者。每一次，他都会兴奋地向参观者展示中国工业的蓬勃发展之势。

孙书慧是长客股份公司高速动车组制造中心党委书记。他的父亲孙进德 1921 年出生，曾是一家木器厂的木工。1954 年，"长客"建厂时完全是自力更生式的自建，当时需要大量木匠，孙进德所在木器厂的人就全都进了"长客"。"长客"最初的名字叫四二六工厂，军工企业。后来成为九一○时，父亲孙进德退休，儿子孙书慧接班进厂。

2011 年"十一"假期，孙书慧曾专门开车陪劳模父亲孙进德参观新厂区。工作了几十年的父亲看到眼前如此现代化的车间和厂房，看到昔日"长客"已旧貌换新颜，十分震撼，站在观礼台上惊喜得半天未能说出一句话来，激动得老泪纵横……

不久前，总装配车间的一位孤儿员工新婚，孙书慧给新人在车间里举办了婚礼。由于女方家在哈尔滨，孙书慧当场承诺，哈大线开通时，一定要请他们坐首列火车从哈尔滨到大连走一趟。坐着自己亲手制造的火车，体验从一名制造者到一名乘客的感受。

而"长客"新厂区第一辆列车下线的时间，是 2010 年 4 月 27 日。我们采访"长客"的当天，恰好是这列车的两周岁生日。

进厂初期，孙书慧是一名炼钢工人——炉前工，炼钢时穿的工作服都是黑衣黑裤，工作环境很差。多年后，那些污染很大的工序早都已经没有了。而那时给他留下印象最深的是去大澡堂洗澡时，人家总是不让他先进。因为如果他进去后，澡堂里的水不但会很快变黑，而且还会漂浮着一层油污，别人根本无法洗澡。

虽然当时的工作很辛苦、环境很恶劣，但丝毫淹没不了孙书慧一颗浪漫的心。有一天，孙书慧在车间里看到一位工人口衔着钉子，钉子帽露在嘴唇外，一手拿钉子，一手拿锤子"啪、啪、啪"地钉着，一个钉子敲一锤子。从拿钉子放进口里，滤一下，再到取出钉子钉压条，整个过程极其连贯、自然，动作极其协调。那位工人敲钉子时的韵律之美和节奏之美，令在一旁观看的孙书慧着迷并陶醉，他当即饱含深情地写出一篇文章来讴歌工人师傅。

谁知车间另一位师傅看到孙书慧的激情之作后，却说他讴歌的这位工人属于违规操作。因为他给压条上钉的是螺丝钉，需要用螺丝刀一个一个地拧上去，用锤子直接敲螺丝钉是不对的，这样操作的质量令人堪忧。这虽然让孙书慧多少有些懊恼，可是他的才情由此被认可了。

1984 年，孙书慧从车间到了机关，成了一名团委干事。

1985 年，年轻有为的孙书慧成为厂团委副书记。

1989 年，成为团委书记。他也和"长客"这块土地、这群人一起成长！

2008 年 1 月，孙书慧到最大的一个分厂装配厂担任书记。之前，还担任过几年"长客"的宣传部部长。短短几年，他亲眼见证了这里的飞速成长和发展变化，见证了新厂区从无到有，从小到大的巨变，培养了

一茬茬新"长客"人。

新厂区每天都会有大量接待参观的任务，这些都是展示企业绝好的机会。亲眼目睹自己所在企业的巨大变化，孙书慧觉得很有信心，对企业有信心，对社会有信心，对人有信心。

一次，接待一批老兵，他们的年龄平均在85岁，大都是抗美援朝归来的军人，有的还坐着轮椅。他们随行备有两台装备齐全的高档救护车，足可见其身份之重要。参观过新园区后，一位老兵拉着孙书慧的手，动情地说："我们当年的仗，没有白打啊！"身为"长客"的一员，老兵的肺腑之言让孙书慧热泪盈眶……

还有一次，一个来自医院的团体参观结束后，他们的领队总结道："看完这里，大家是不是觉得很震撼？觉得我们有这么多的工人师傅在干这么精细的产品，跟我们一样都在为社会服务。想一想我们这些拿手术刀的，也许将来有一天，可能他们就会躺在我们的手术台上，我们应该更好地尊重他们、服务他们！"此番话同样让孙书慧颇为感动。

"7·23"高铁事故发生后，虽然事故的责任并不在"长客"，但是会影响并波及高铁的生产企业。"长客"的年青一代心情十分悲愤，主动提出，要用自己的实际行动来捍卫高铁的尊严。大家的举动令与他们朝夕相处的书记孙书慧感动不已。能不感动吗？这么好的员工！孙书慧说道。

接线工是一群年龄很小的员工，在"长客"的一次晚会上表演的节目是《打水鼓》，这个节目是鼓声、音乐和水的和谐统一，还有300个鼓手跟着和，演出的场面十分震撼。孙书慧说，排练这个节目，就是因为企业发展到这个阶段，需要听到这样震撼人心的声音，需要这种鼓舞人心的声音，需要这种催人奋进的声音。

我国的高铁事业不会一帆风顺。因为速度很快，自然就会有很大的风险，总是会遇到这样或那样的问题，孙书慧说道，但高铁的发展是中国的主旋律，只要在这样的主旋律下，我们就会努力发展我们的"朝阳企业"！

董事长和各级领导在车间里都有一块自己负责清洗的地面，这并不是作秀！董事长提出，"长客"人是高铁工人！高铁工人就等于职业技术工作者，而不是简单的操作者。培养职工很好地做人、做事习惯，干什么都要像个样儿。如果家里下水道堵了，找个疏通下水道的来家里修，他会拿着一根通下水道的管子"嗵"的一声扔在地上。干完活儿，可能会用我们家里的水盆去洗手，我们不会不介意的。而在他看来，这些都很正常，这就是操作者。他只会在马路边上揽到一些二三十块钱的小活儿。假如是海尔的工人来维修洗衣机，他会先在地上铺一个垫子，然后把洗衣机搬到这块垫子上，打开自己的工具箱，把一件件需要的工具整齐地放在垫子上，再开始维修。这就是职业技术工作者。"长客"教育自己的职工，哪怕将来不在这个企业干了，走向社会，也是一名优秀的职业技术工作者。大家就都明白了：咱不做简单操作者，咱要做一名职业技术工作者！

"长客"新厂区的职工平均年龄 28 岁，全部都是大专以上学历。人员很年轻，接受新事物的能力自然非常强。但并不是说这些优秀的管理经验和企业文化是在新厂区、新的环境中才衍生出来的，而是因为"长客"人几十年的好传统在老厂区厚积，然后才在新厂区薄发。

人的能力是无穷尽的。任何事情，只要努力想办法，就一定会有办法！不能只是会干，还要会"说"。因为偌大的厂区里，不可能再有许多人去监督大家每天的工作情况，而他们的工作一旦出现任何问题，将来都极有可能造成无法估量的后果，必须由员工们自己监督自己、自己约束自己。因为每天都是几乎同样的工作，如果自己渐渐熟视无睹，对一些规则就会渐渐模糊。他们要求大家天天重复"一口清"，有"三米考"，也有"六米考"。老职工刚开始背不下来，孙书慧就教育大家说，打麻将都能记下来，"一口清"就一定能背下来；打麻将还不挣钱，而"一口清"背得好还能挣钱！就看你怎么选择了。在车间里随时随地抽查谁的"一口清"，大家不会觉得是难为情，都会立刻站在原地，开始大声地背诵……而我有幸亲眼见到了那一幕。之前多少年来采访过的企业，都不曾有过那样的细致入微。

2011 年的母亲节，他们请母亲们到厂里参观。孩子们在学校里的学习情况到底怎样，家长们也许并不知道。但在"长客"，他们一定要让家

长看到自己的孩子生产的是最好的产品！当时，孩子在楼下没进厂房背"一口清"，母亲还在楼上问：咦！这是谁家的孩子？背得这么好。听着听着，竟然觉得声音很耳熟，就说，哦！好像是咱家的孩子。

　　……

　　孙书慧的女儿孙嘉一，在西安交通大学上大二，已经入党。在女儿入党的那一天，孙书慧还发短信祝贺，并予以勉励。孙书慧的哥哥孙书雍、嫂子王丽和侄女也都是"长客"的员工，哥哥是设备管理方面的工程师，嫂子则是车间的一名天车工。

　　孙书慧经常教育女儿说，国企是个大舞台，而"长客"和国家的经济命运、荣辱兴衰紧紧地联系在一起。受过大学教育的女儿将是"长客"的新一代工人。

## 5. 老劳模的幸福观

　　辽宁省的 27 位"大连名师"，大连华锐重工集团股份有限公司占了9 名，港口机械制造部电焊班班长王吉志是其中之一。时年 59 岁的王吉志，是电焊高级技师，享受政府的特殊津贴，每年有 960 元的补助。他的头上还有许多光环：第十一届辽宁省人大代表，辽宁省劳动模范、优秀共产党员，辽宁省人民法院特聘的协调员。连续十二年荣获大连市劳动模范荣誉称号等。在工人领域，可以说已经走到了巅峰。

　　大连重工·起重集团有限公司董事长、总经理宋甲晶在《在王亮精神鼓舞下》一书的序言中写的一句话，发人深省，摘录于此——"这些先进典型是企业先进生产力和企业文化的优秀代表，他们的先进事迹、高尚情操和优秀品质已经成为集团公司宝贵的精神财富和无形资产，成为激励重工·起重人不断前进的强大动力，在企业的持续快速发展中发挥了巨大作用。"

　　王吉志祖籍山东威海，出生于辽宁大连。1953 年出生，在他 8 岁时，父亲就去世了。1971 年 1 月，"文革"还未彻底结束，全国"八三"工程建设急需工人，就从大连市的 50 多所学校的应届毕业生中招人，平均 50 人中招一人。大连起重机器厂招了 320 名工人，建设地下输油管道工程。王吉志就在那时被招进厂，成了自己向往中的一名大国企的产业工人。从 1971 年一直干到 2001 年，整整 30 年时间再未挪过窝，一直是一名电焊工。2001 年后，企业重组改制，大连华锐重工集团股份有限公司成立。

王吉志所在的企业越来越好，他的事业也蒸蒸日上。1996 年，王吉志成为大连市劳模。之后，连续 12 年，年年都被评为市劳模。

王吉志在解释自己连续 12 年都是劳模的原因时说，劳模是有引领作用的，各方面都要求必须过硬。而且劳模不是福利，不可能今年这个是劳模，明年那个是劳模，如果大家都是劳模，就都不是劳模了！

焦裕禄曾在大连起重机厂干过一年多时间。采访中，王吉志突然说了一句。

是吗？焦裕禄在兰考当过县委书记的事儿倒是知道，可是在大连工作过的事儿……我迟疑道。

东北是我国解放比较早的地区，国家也把东北作为重点建设的工业基地，哈尔滨工业大学于是承担了为全国培养工业人才的任务。1954 年 8 月，焦裕禄被派到哈尔滨工业大学学习。半年后，1955 年 3 月，就被分配到大连起重机厂锻炼，担任机械车间主任。当时的大连起重机厂是国内同行业中的领先企业，焦裕禄被分配到这里主要是学习管理经验和生产技术。

哦！还有这样一段经历。

是啊！

重组后的新公司对劳模的待遇也越来越好，连续三次被评为厂级劳模的，额外有 400 元津贴；市级劳模有 500 元津贴。2000 年，王吉志参加了辽宁省总工会组织的全省"百名劳模看辽宁"活动，沈阳有个启动仪式，全省各地参观，市委书记还亲自接见。企业老总沈总说，钱花在劳模身上，值！劳模创造的价值也高。这些政策都有很大的激励作用，工人们干活会觉得有奔头。

山外青山楼外楼，无数英雄争上游。王吉志说，在厂里"比、学、

赶、帮、超"的氛围中，当劳模光荣，新人辈出。"东北老工业基地振兴"之策是好的，和企业的发展方向和战略思路密不可分，让许多"呆、死、坏"账一笔勾销，减免了许多税费，大大减轻了企业的负担。两个知名企业强强联合后，轻装上阵。这种联合，并非只是简单的1+1=2的结果，而是1+1>2，是能量的再放大！

2003年改制以前有7000多人，年销售额只有5亿元左右，大都是自己内部生产的，内部有个产业链。新改制后成立的集团公司的港口机械制造部虽然只有500人，却年创效12亿元。2012年的目标是15亿元。核心技术的支撑非常重要，要干别人干不了的。现代企业的竞争，就是核心竞争力的竞争。

2004年，大连造船厂新船厂的一个订单是生产600吨龙门吊。2003年的元旦就是在造船工地度过的，当时大连电视台还对大家进行了采访。面对电视机，王吉志自豪地讲，和工友们一起共同焊接完成了600吨龙门吊，焊接了一个多月才完成。之前，无论对于企业还是个人，都没有实现过。

后来给大连老船厂也干了一台。之后，又连续干了五六台。从上到下都摩拳擦掌的，表示一定要干好。因为只有干好了，人家才可能会给下一个订单。而且，没有大吨位吊车，就干不出大吨位的船。这项工程的出色完成，从经济到军事，意义非同寻常。

接到任务后，合理安排人员，巧妙排兵布阵。一个周边焊缝有30多米，需要一口气儿干完，电焊铁板要先预热，不预热要出现裂纹的。一圈下来，不算预热和其他辅助工序，光焊接就20个小时。这个焊接工作需要连轴转，根本不敢倒班，刚开始需要磨合，各个工序之间有交替，就会浪费生产时间。第一个口最难干，铁板厚，经验也不足。后来，越干越顺，渐渐地，只需要18个小时、16个小时；2004年春节前夕，前任董事长祁玉民买了三鲜饺子，到生产现场慰问大家。领导动情地说，我代表公司领导来看望大家来啦！大家群情振奋，干劲十足。电焊是前期的工作，如果电焊做不完，会影响整个工程的进展。王吉志后来说，当时觉得那饺子真好吃，刚开始还以为是饿了，才会觉得好吃，后来一问，才知道

48 元一斤！呵呵，那么贵，当然很好吃啦。

以前的福利都是老三样：10 斤鱼、1 桶油、50 斤大米。从 2006 年以后，每到夏天，厂里就组织日疗，在不影响企业生产的情况下，分期分批地组织大家享受日疗。拉到山庄里，两天时间进行温泉疗养，职工们回来后会更加努力地工作。

2008 年，经济危机时，企业靠多种经营和多种产品撑了过来。大连重工·起重集团产品门类齐全，东方不亮西方亮，传统的损失了一半，但新兴的又干了 100 亿。

什么叫幸福？摊上一个好企业，就是幸福！能有稳定的收入，就是幸福！王吉志如是说。

# 第十三章 | 大东北　太阳鸟鸣

## 1. 辽宁转身，面朝大海

冯贵盛是辽宁省政府参事室的参事，省社科院经济所的专家，研究的方向是宏观经济，属于搞经济大战略的那一类。往高说，就是省里的智囊。

那天，是 2011 年"十一"长假的最后一天，整个沈阳城还沉浸在节日里。在宾馆的一个房间里，我们聊起了辽宁的经济战略。

一听我称他是辽宁省里的智囊、智库，他连忙摇头道，不敢当，不敢当。说白了，至多就是古代的一个策士吧，搞点调研，上个报告，领导觉得有真知灼见，就采纳了，对于我们来说，莫大之幸，这是最好的褒扬。

冯贵盛回首自己大半辈子的学术研究，说有三个报告是值得一提的。

第一个报告是 1998 年至 2000 年，冯贵盛与他的课题组，悄然挺进沈阳铁西区，展开调研，他们思考的课题是为什么大中型国企会在一个"开放、发展、成熟、衰退"的怪圈里循环，这是一个命运的符咒，还是一个大时代更替的悖论？他们得出的结论皆与宿命无关。站在铁西一隅，放眼中国乃至世界工业的前沿，窥一斑乃知全豹，看铁西便知辽宁和整个东北，不外乎存在三个足以致命的因素。一曰体制因素，二曰结构因素，三曰区域因素，辽宁进入计划经济最早，却是最后一个退出的。原料、产品全由国家计划调拨，被国家养惯了，进入市场大潮就不会游泳，多数企业没有多少市场生存能力，此则一。人类的脚步已经进入 20 世纪 90 年代初，可是辽宁工业 70% 的产品，仍然停滞在 60 年代的水平，皮实有余，可是五大三粗，市场根本不买账，订货都去了南方，结构严重不合理，而且很多生产设备是 40 年代的，怎么可能生产出 90 年代需要的东西，此则二。辽宁有广阔的海岸线，却将自己的思维与蓝色的海洋文明隔绝了，观念保守，开放意识上远远落后于南方。

见识啊，此乃学者之识。但是冯贵盛他们并不满足，遂将睿智之眸投向铁西。城市的夜晚除了街道闪烁之外，几乎没有一家可供夜生活的服务网点，由此扩大，他们惊讶地发现一个现象，沈辽公路以北，全是工业，现代服务却没有布点。

扼腕而叹，秉笔直书，是中国史家崇尚的史胆。现代的知识分子也应该傲骨铮铮，敢说真话，坚持真理。

因此，冯贵盛他们向辽宁省委和沈阳市上了第一个报告：提出铁西工业撤出，发展第三产业，填补空白。并大胆地提出关停沈阳冶炼厂，历数了沈阳冶炼厂的条条"罪状"，言之凿凿。

老冯，别出言不逊啊。沈阳冶炼厂可是沈阳的利税大户，一年几千万上缴市财政。

那是过去啊，你看现在还行吗，还有市场吗？负利税啊！欠了一屁股债。

可也是功臣啊！不能"高鸟尽，良弓藏；狡兔死，良狗烹"。

现在是污染大户，铁西老百姓怨恨不已。

2000 年 3 月，国务院批示沈阳冶炼厂倒闭破产。

弹指十年，往事如烟，冯贵盛感慨地说，当时在沈阳、在辽宁，甚至在大东北，有很多人，尤其是那些分流下岗的 40～50 岁的工人，当时非常不理解，国家怎么在我们上养老、下养小的时候，将我们抛弃了。

其实也是不得已而为之，当时东北工业一片黯然，我附和道，没有此举东北老工业基地也不会有今天。

作家高见，高见！

浅见，浅识！

嘿嘿！

铁西第一刀就这样切下去了。2000 年 8 月 8 日，沈阳市中级人民法院宣布该厂破产了。

死得好！老百姓额手称庆，因为是第一峰倒下去的"骆驼"，国家很重视，许多政策都很到位，冶炼厂的工人也由愁云满面到渐次平静下来。

后来，冯贵盛继续上了第二个报告。沈阳冶炼厂关停，二氧化硫排放减少 13%，受到了沈阳市政府的认可。

老冯有灼见啊！时任铁西区委书记，专门邀冯贵盛当了顾问，对铁西区的改造出谋献策。

当时一个沈阳市长，一个铁西区委书记、区长，一上一下，配合默契，惺惺相惜，使新铁西才有今天之局面。

呵呵！我笑了，冯老快成政治家了，滴水不漏啊。

一个精明的领导，就在于会用人，得有一班人帮着干事。我突然想起有一天与朋友以及几位企业家吃饭，言及当年铁西区的常务副区长李松林，有位企业家赞不绝口，说共产党的干部廉洁实干，佩服！佩服。

此言差矣，中国的绝大多数精英都在共产党内。我不无乐观道。从企业家的口中知道铁西有一个叫李松林的人。此为这场夜宴的最大收获。

此时，我与冯贵盛煮茶论东北。他几乎是眼见着辽宁的经济由盛及衰、由衰及兴的全过程。因此，对于辽宁省在新世纪实现了漂亮转身，面朝大海的历程，更是记忆犹新。

环海经济带大战略，高啊！冯贵盛说，此棋一下，辽宁经济整个就活了。当然，这个思路也是几届班子逐渐认识并形成的。

2002 年，冯贵盛等又向省政府呈送一个报告，将沈阳经济作为振兴老工业基地的核心战略，获得了当时省委、市委领导的认可。

第二年，辽宁省委对建立沈阳经济区展开调研，省委领导再次点将，让时任社科院经济所副所长的冯贵盛担任课题组副组长，目的只有一个：提出沈阳经济圈画多大，哪些城市包容进去。

当时省委领导有一个意向，沈阳要面朝大海，有出海口。于是，课题组走访了沈阳、鞍山、抚顺、本溪、辽阳、铁岭和营口诸市，最后提出了一个名单，将这 7 个城市群组成一个巨大的经济区，GDP 可以达到 11713 亿，占整个辽宁的 64%。

妙策啊！此策一出，处在辽宁中部的沈阳经济区域一下子向外扩张了 170 公里，沈阳市有了出海口，成了一个面朝大海的城市。这次调研的成果——沈阳经济区，正式被列为省委的战略决策。

2003 年起步，逐渐推进，步入了快车道。省政府成立了沈阳经济区领导小组，各市的常务副市长任领导小组副组长，每个市还成立了沈阳经济区办公室，贷款、利息由省里统一协调，集中保障，基础设施建设的利息则由财政垫支。国家开发银行一次性就贷款给了沈阳经济区 500 个亿，辽阳河东新城开发时，国家给的钱超过了 100 个亿。这为辽宁的经济发展注入了活力，使辽宁的石化在全国的份额，一度占到了一半。

冯贵盛说，还有一个大手笔的发展战略，就是沿海经济带，使锦州、营口、大连、长兴岛、丹东五点连成一线。2009 年 7 月 1 日，经过国务院批准，上升到了国家战略，成了振兴东北老工业基地的一个重要组成部分。在五个点之间，修筑了滨海大道。建成之后，冯贵盛特意驱车走了一趟，沿途考察，他感到特别漂亮、特别振奋，亦特别自豪：海天一色，山水相依，一路相连，一带天下。智者乐其山，仁者乐其水。情在山水间，创造和变化亦在山水间，整个辽宁环海的 42 个重要开发地区，皆面临大海，实现了一次华丽的转身。这是有眼光、有远见的大谋略，可惠泽后人百年，甚至更远。

绩效已经出来了。过去的丹东，领导频换，经济却发展不起来。冯贵盛说，实施沿海经济带战略之后，成了亿吨大港，丹东至通化的东边道，成为东部地区的出海口，仪表、钢铁等行业都以黄海为支撑，丹东发生了历史性的变化。营口市到 2000 年财政还入不敷出，靠所辖的大石桥市养活，而今与铁岭、朝阳一起成了辽宁发展最快的三个城市之一。营口 2010 年的财政收入达到 140.1 亿元，连续四年总量处于辽宁省第四位。中国冶金、中国五矿都来这里投资，营口港成了两亿吨的大港，正在向全国的主要枢纽大港迈进。锦州的光谱新能源产值达到了 100 个亿。葫芦岛的化工机械、有色金属，都成了主要支柱产业。

冯贵盛说，辽宁朝阳、阜新、铁岭的发展也各有优势，不可小觑。这些地方经历了三年大旱，但是朝阳实施500万亩荒山治理，建设100万亩高生态农业，凌源成了东北最大的花卉基地；建成了东北最大的蔬菜生产基地。朝阳的新能源，阜新的煤化工、液压机械，铁岭的专用车，都在蓄势待发。如今的铁岭、朝阳成了辽宁财政收入增长最快的地区。

面朝大海，春暖花开。一位早殇的年轻诗人曾站在山海关上，远眺关内关外，海天烟雨，皆被朝阳驱散。东风温婉，海风徐徐，小草又从漫漫严冬的荒原上钻了出来，一岁一枯的花儿又开了。他吟出了自己的心声，至今仍然在感动着许许多多的人。

而辽宁转身，面朝大海，则使这个已经死过一回的共和国的重工业装备制造部，又迎来了一次勃勃发展的生机。

那天，在国家发改委大楼采访张国宝。当时启动振兴东北老工业基地时，他为辽宁争取了中西部待遇，并列入了国务院36号文件中西部的目录。国家财政部一位司长见到张国宝说，我不理解啊，辽宁怎么能享受中西部待遇了？它是一个沿海省份啊，现在建了那么多的沿海港口，外商投资还享受进口免税，连增值税也免掉。韩国企业都不在山东青岛投资了，而去了辽宁长兴岛。

呵呵！张国宝笑道，振兴之前的辽宁不向海，只有一个大连，那属于计划单列城市，所以才给了特殊的政策。而今实施沿海经济带战略，辽宁面朝大海，是完成了一次漂亮转身。

走向蔚蓝色的海洋文明，辽宁这艘大船将会驶得很远。对于辽宁，这又是一次龙兴之机。

面朝大海，春暖花开！

## 2. "黑脸包公"

张立安给人的感觉，第一眼看上去有点凶。只是在采访中，谈得越深入，才觉得外貌其实害死人。

可以先告诉我您的姓名吗？我问道。

　　张立安。姓张的张，站立的立，安全的安。是"沈变"生产部的一名现场员，负责全厂的安全管理工作。

　　可真巧了啊？名字里带一个"安"字，工作也是安全。呵呵，是部门负责人吗？

　　不是！现场员只是一个岗位。

　　看上去像领导啊！一旁的人调侃道。

　　不像！我现在有头发，以前一直留的是光头。天天都戴安全帽，留着头发不方便啊！张立安说道。上个月我儿子结婚，担心人家说我这当老公公的剃个光头不好，才蓄起的头发。

　　你儿子也在"沈变"吗？

　　不是。他是中建钢构的，在北京。

　　1960 年出生的张立安，刚过知天命之年。他 1983 年从厂办技校的电气制造专业毕业后，即被分配到变压器厂担任质检科的一名质检员。虽然工作岗位多次变化，但第一个岗位和现在的岗位，都要求他时刻扮演"黑脸包公"的角色。张立安在"沈变"工作了近 30 年，干过质检、生产部长等 20 多个岗位，他与"沈变"一同经历了从辉煌走向衰落，又从衰落走向新生的整个过程。是"沈变"一位不折不扣的"老人儿"。

　　除了计划生育我没搞过，咱啥没搞过？张立安说道。我们在老厂时，"沈变"有多少个耗子洞我都是清清楚楚的——大的耗子洞有 72 个，小的耗子洞有 360 个！采访中，张立安突然告诉我说。

　　哈哈哈！真的吗？他的话题立刻引起了我的兴致。

　　2008 年，我在我们单位安全科工作。我就参加了一个注册安全师的考试。现在我们公司只有我一个人有这个资质，全沈阳市也不过 500 人。我当时用了 100 个晚上，一举考下了这个资格。干活儿咱不一定干得有多好，但是学习这玩意儿咱还行！记忆力好。现在的记忆力也很好，感觉不到有多大的变化。每天要在生产现场走四五个小时，要到每个车间去看。全厂只有我一个现场员，不勤倒腾不行啊！不是啥官吧，还是一个得罪人的活儿！张立安说道。

　　我们这里和其他地方不一样，对环境的要求是很高的，一定要洁净。

2000 年左右，国家第一台直流换流变压器生产时，当时还在老厂，人们对环境的认识不清，结果返修了两次都没有合格。后来，试验之后才发现不是咱没做好，是环境不行！环境质量不过关，从而影响了变压器的质量。当时的环境是每平方米见尘 90 毫克，而换流变压器的环境要求是每平方米见尘在 20 毫克以下。

张立安曾管过一段时间的环境卫生，所以对耗子洞和耗子们的状况有颇多的了解。他生性脾气倔、耿直、铁面无私，虽不是包公但胜似包公。许多人都亲身领教过他的严格。当时的中国第一台直流换流变压器，就是在老厂区建设了一个现代化的新厂房后才生产的，当时就是他负责环境卫生。

2000 年后，企业效益开始下滑。后来，和东北送变电捆绑后一起上市，可是上市后还是亏损 1000 多万元，再后来就越来越不行。市政府对"沈变"还是很青睐的，哪个企业没了，也不能让"沈变"没了啊！市政府的领导还是挺有远见的。就把"沈变"从上市公司里又买回来了。赎身！

呵呵。

赎回来以后也是每年要亏损 1000 多万元。这个沉重的负担，市政府也承受不起啊！怎么办？还是得想办法。

在规模、技术、生产能力上一直居国内同行领军地位的"沈变"，拥有雄厚的技术实力和人才资源，进入 20 世纪 90 年代，"沈变"步入竞争性行业后，便表现出观念、运行机制上的种种不适应，企业开始走下坡路，1997 年，"沈变"做出了有史以来第一份亏损的财务报表，到 2002 年，企业年亏损额已高达 1.1 亿元。企业债台高筑，经营陷入困境，"沈变"不得不寻找新的出路。

后来，先是和浙江正泰集团谈，没结果；又和西门子谈，谈到 2.1 亿元了；同时又和新疆特变电工谈，三家抢购。最后，新疆特变电工买下了"沈变"。

2003 年 12 月，由新疆特变电工股份有限公司联合战略投资者出资 4.4 亿元，购买沈阳变压器有限责任公司的核心资产及核心业务，控股 52.2%，成立新公司——特变电工沈阳变压器集团有限公司。重组后的特变电工沈变，在产权上形成了三家股东共同投资的结构模式，改变了过去股权结构单一模式，形成了股东压力与经营者动力并存的公司治理结构。

而几年前的张立安却是另外一种感受。有着浓厚国企情结的张立安，常常琢磨着："有着'中国变压器制造业之父'美誉的沈阳变压器有限责任公司，怎么就被一个街办出身的民营企业给收购了呢？"尤其是看到在"沈阳变压器集团有限公司"前面加上"特变电工"四个字时，张立安的心里就感到有些发堵。

但当他面对被特变电工收购后的"沈变"三年来产值连年翻番、利润持续上升，2005年产销达到了10亿元，到2006年年底产量占到全国总产量的30％以上，尤其是自己收入翻一番的事实时，无论是从心理上，还是从情感上，他都渐渐接受："人家之所以能收购我们，凭的就是适应市场经济的体制和机制，确实有一套比我们好得多的管理办法，不服不行啊！"

有什么样的机制就有什么样的用人原则，转制后的企业实行了量化、动态的用人机制，通过"赛马"使人才脱颖而出。公司明确提出是不是人才由市场定，不论身份、性别、职称、年龄，只要适应岗位需要，能为企业创造价值，企业就认定其为人才。

在"沈变"工作了几十年的张立安第一次听到这样的人才观，他开始重新审视自己的价值。"我就是通过竞聘，走上了能源动力公司后勤管理部的岗位！"张立安坦言。原来一个车间的工人不到300人，但领导就有30个。而现在一个车间就一个主任，而且主任的职责比以前多很多。说白了，领导也是干活的！

呵呵。

张立安现在终于想明白了这样一件事："沈变"的"身份"已经不是最重要的，最重要的是"沈变"要真正成为中国变压器行业的"龙头老大"。

传说中有一种神鸟，当它的生命走向沉重，将走到一个阶段尽头之际，便选择重生，经历烈火后开始更绚烂的生命。老牌国企也需要这样的浴火重生——经历阵痛与磨难的兼并重组之路。

"我这人比较直,有啥事我憋不住。对新政策有意见,我就有话直说。"是呀!再没有人比他更了解企业了。2004年年初,企业决定投资4.5亿元,用半年时间完成技改。当时几乎所有"沈变"人都不相信。

快人快语的张立安提醒进厂不久的领导说:"以前企业投资1.5亿元搞技改,用了好几年时间,现在这么大的投入,最快也得三年啊!"可是,六个月后,当张立安再次站在"沈变"大门口,抬头仰望新建的厂房,想着厂里现代化的工作环境,久违的骄傲感又悄然在这位老职工的胸中升腾起来。他自语,人的改变,只需要机制一件事儿!

2005年,是沈阳的"工业年"。人们惊喜地发现,沉寂多年的"沈变"集团,仅经历一年兼并重组,就焕发出勃勃生机与活力。"沈变"的巨变引起了国务院振兴东北地区老工业基地领导小组办公室及市领导的重视与关注,市政府领导专门批示,要求对"沈变"的经验进行宣传。

以前"沈变"还徘徊在生死的边缘,变化就源自企业重组。

体制机制的转变是关键。过去,在生产线上走一圈,不到300人在干活;现在人少了,走一圈却等于600多人在同时工作。过去实现一项技改,没个三年五载是不成的;但现在,半年时间就完成了!张立安感慨道。

涅槃重生,成功改制的"沈变",被看做是一个成功的样本。以前走的人,又都抢着回来了!张立安说。

"沈变"的老师傅张立安说,车间里又有了火红年代的味道。而这股涌动的激情,为"沈变"带来的不仅是生产特大变压器在性能、噪音、稳定性等方面均超过国外同类产品,以及更多的订单,更为重要的是,"沈变"人用自己的双手再次创造了骄傲!

诚然,特变电工的"种子"好!"种子"好,也得有块好地!它赶上了东北这块好土地!还得有一场春雨,张立安说道。刚好赶上了"振兴东北老工业基地"的好政策,就像是一场春雨。特变电工的好"种子",也适合东北的黑土地,很快就落地、生根、发芽,如今已经长成参天大树啦!可以说是天时、地利、人和具备。"沈变"发展到今天绝不是偶然的,如果没有"振兴东北老工业基地"之策、减负和种种优惠,特变电工的

"种子"再怎样好，"沈变"也未必能发展得如此迅猛；如果只有"振兴东北老工业基地"之策，而无特变电工这粒好"种子"，也很难会有"沈变"的今天。别人背一百斤跑，你背两百斤跑，人家肯定跑得比你快嘛！就是这个道理。"沈变"的成功，除了特变电工自身的优势，还有东北这块土地的特质，还有政策的及时。东北的主业就是工业。一业兴，百业才能旺啊！

"振兴东北老工业基地"政策像是抓住了蛇的七寸，或者牵住了牛的鼻子一样。东北不把工业抓上去，啥都不行的！

这几年企业的发展，都沾了政策的光。老"沈变"再坚持几年，赶上这个好政策，或许也能活过来吧！显然，张立安对企业的被收购还是有些悻悻然。当时没有能扛住！又让人家给赶上了。不管怎么说，重组要比不重组好，改得迟不如改得早好。现在，大家都把企业的工作当自家的活儿干！初级阶段决定管理粗放，就是决定了管理的粗野，不粗野谁听啊？国企里面，亲戚套亲戚的，以前有一个最大的家族，套了66人，各种关系错综复杂，办一件事情要思前想后的，根本啥事也办不了。而现在，"沈变"采取的是亲戚回避制度。

我们国人和欧洲人物质方面的差距已经不是太大了，但是活动半径太小。这也是因为受观念的制约，我儿子结婚当天晚上，就去马尔代夫旅游了。

儿子结婚你给钱了吗？

没有！他还给我了。给我一万五，让我买好衣服穿。

呵呵。儿子很孝顺啊！

因为他们单位比较好！谈起儿子，张立安无比自豪。

当年"沈变"选新厂址时，拟定的厂址在道南，开门费劲点儿，后来就全厂征求意见：怎么开大门？张立安极力建议叶总选在道北。后来给老总发短信：厂区放在道南，大门怎么开都不对劲儿！咱也不说讲风水，咱讲经济地理。叶总当时还在机场，就给有关人员打电话，让把门换到了道北。后来有人说，叶总请风水先生看的厂址。张立安说，其实不然！是咱给叶总建议的。

现在特变电工所有的单位每月升两次旗，先升国旗，再升公司旗和安全旗。之前，只升国旗，是因为特变电工的董事长张新采纳了张立安的建议，才增加了升公司的旗和安全旗，唤起员工的安全意识。若单位出现了安全问题，安全责任人就站在安全旗下面对全厂员工讲述整个过程。说到这里，张立安说，这样的建议，我父亲是不会去建议的！因为他没有我活跃。

呵呵。

人哪！特变电工的人，得干特变电工的事儿！干事得动脑子、用心，管安全，许多事情得分析，哪个地方不安全？在不安全的地方谁在活动，你得知道。有一次在现场拆一个十几米长的套管，重量有好几吨，要横着放置。当时有位姓马的员工就趴在下面拆，他积极呀！旁边有个"U"形枕，有个槽，他就把套管放在"U"形枕上，自己趴在下面拆。我脾气不好，看到后一下子就急了：这多危险哪！要出人命的啊！一边拉他一边着急地骂：他妈的你给我赶快出来！一把就把他拉出来了。当时周围的人都看到了。一秒钟都没到，眨眼间，套管就脱了，把地面当场砸得就跟个搓衣板似的。

多悬哪！我惊叹道。

是啊！他是干销售的。后来每次出差回来都请我吃饭。呵呵。

你是他的救命恩人哪！我笑道。

救人一命，胜造七级浮屠。张立安也笑了说，做工作是得动脑筋的。

当时车间有个推拉门，门的外面有个1米多深的沟。我觉得那是个安全隐患，就花几十块钱做了一个"珍惜生命 注意安全"的条幅提醒大家，把那个地方拦上，大家到那里就会小心多了。我在那里干了两年都没有啥事儿。后来我离开了，他们就觉得大家都知道这里有道沟，还挂着条幅干啥啊？没用！就给扯掉了。这一扯不打紧，没多久，一个职工到那里去，一个猛子栽下去，差点儿没有摔死！你说这。唉！

张立安曾管理过食堂，2008年奥运会时，全市的企业中评选一个A级，经过层层评定，最终选了"沈变"。厂子最初有1.2万人，后来只剩1600人。

经过这些年来的努力，张立安拥有多个资质——国家一级建造师、国家注册安全师、国家注册安全工程师。

下一年还想再考国家注册环评师。看书，不能白看。退休后，再考一个大学，语文一定会拿高分。

受他的影响，儿子如今也已经拥有国家二级建造师资质。

特变电工是一个学习型企业，参与了国家第一台直流换流变压器的生产。

他自己热爱学习。少走几步路行，不学习不行！

国家电力体制改革前，现场见尘量影响到变压器的指标。局部放电，后来达到零局放，因为厂房环境大有改善。

前期投资加大，完全按照图纸生产，但仍不合格，后来终于发现是厂房的环境太差。就用土办法和洋办法相结合的方式来改善环境，才使得指标提升，零指标！本来应该进厂房就吹灰，但有的人偷懒，他就写一张字条："张立安到此一游"，然后去找负责人质问。擒贼要先擒王，要抓车间的头头们。抓工人？那么多人，还不累死你！

"没吹灰吧？"他假装询问。

"吹啦！"对方镇定自若。

"吹了这个字条咋在这儿呢？"张立安板着脸问道。

"……"

"罚！"

车间清洁工也有偷懒的时候，该拖的地方不去拖。还以为神不知鬼不觉呢！张立安会悄悄走去，在地板上用粉笔画下几道，然后去找负责人来质问。

"这里都拖过了吗？"

"拖啦！"

"拖啦？那这个是什么？"张立安指着自己在地上画下的粉笔道说。

呵呵。你可真有一套啊！我由衷地赞道。

## 3．大学生炉长的房与车

赵德胜是他们那个钢铁世家第一个大学生。

从爷爷那辈在日本人南满铁道株式会社当炼钢工人开始，传到他这一代，已经是三代鞍钢炼钢工人家庭了。爸爸以下的三个叔叔，还有一个姑姑，都在鞍钢当工人，但是大多大字不识几个，卖的是一身苦力和劳力。

因此，1992年赵德胜高中毕业时，准备填报东北工学院钢铁冶金系的志愿，曾有同学劝他，现在钢铁行业已经不景气，大学生又怎样，如果企业一倒闭，也得跟着大船一起沉，下岗失业，善意地劝他别再当一脸黑煤灰的钢铁工人了。

赵德胜将信将疑，多少有点儿犹豫。

晚上回到家中，他将自己的忧虑告诉爸爸。

放他娘的屁！爸爸不允许亵渎他的鞍钢和沉入他们生命之中的钢铁年代。那年爸爸赵恩成问赵德胜：小子，你跟我说句实话，你对考大学钢铁冶金专业有几成把握。

赵德胜很肯定，八成！

八成就得了。想报考哪个大学？

东北工学院。

好啊！张少帅当年办的大学，顶棒啊。爸爸伸出大拇指，你就大胆地填吧，赵家这几个兄弟，数你能读出书来啊。我们这辈人都吃了没有文化的亏，只会干粗活儿，希望你顶爷爷那个号，当一个有文化的炉长。

爷爷和爸爸一辈子连个工长都没有当上，干吗让我当炉长？

男儿要有大志啊。不能老鼠下仔——一窝不如一窝。中国有句话叫什么着，长江前浪……

长江后浪推前浪啊！

对，就是这个理儿嘛！一代要比一代强。

也许为了父亲那个夙愿，也许为了顶爷爷那一个号，年轻学子考上了东北工学院钢铁冶金系，四载寒窗，毕业时恰好是 1996 年，东北的大国企正滑向低谷，钢铁厂尤甚。有的连工资都开不出，分流、下岗、放假，在赵德胜的亲戚中大有人在。因此，不少同学都选择了"北漂"，或到长三角去寻找发展的机会。

你去不去？有同学约赵德胜。

哪儿也不去，我就回鞍钢，老一辈埋在了那里，父辈将来也会在那里，那就是我的家乡了。而且我学的就是钢铁冶炼，唯有鞍钢是最能发挥自己专业的地方。

赵德胜，没大志啊，就知道鞍钢那么大的天。

错！鞍钢当年比沈阳还有名。

那是老皇历了。钢铁年代，激情年代，早就过去了！

顶号也好！答应父亲当一位有文化的炼钢工人也好！赵德胜回到鞍钢。

其实，这时的鞍钢正需要受过系统教育和工业学术训练的大学生工人。

报到当天，赵德胜就被分到鞍钢 11 号高炉，做了一名地地道道的钢铁工人，父亲之愿遂了。他一看，情况没有想象的那么糟。当时的鞍钢，经营状况已经从寒冬中回暖了，渐现春意；而且就在 1990 年，鞍钢引进了第一座现代化的高炉，装备技术是卢森堡的，安装在 11 号高炉上，在全国数一数二，有"高炉王"之称。

能在高炉王下当一名炼铁工人，幸运啊！

找到了用武之地，赵德胜多少有些激动，现实远比想象的好。他在炉前实习了半年，发现工长是前些年毕业的校友。工长说小学弟，好好干吧，气沉丹田，炉前炼丹，在鞍钢要想当上一个合格的炉长，至少要十年时间。

十年？赵德胜问道。

我只说合格，还没有敢说优秀。

那么优秀要多少年？

看造化，再加五年吧！

那么培养一个合格工长呢？

也得五年。

赵德胜点了点头。他暗自下决心，我要当一名合格的工长、炉长。

那天他对我们说，我在高炉一干就是 16 年。

你已经是一个优秀的炉长了，有没有想过有一天要当炼铁厂厂长？

呵呵！现在没有想那么远，炼好自己的铁，当个好炉长。

2002 年，赵德胜正好遇上新 1 号高炉改造，那是引进吸收、消化外国炼铁设备和技术的一次改造创新，完全拥有自主知识产权。他跟在炉前安装调试，边熟悉设备的性能，边学炼铁流程和技术，掌握每个环节的火候，整个流程走下来时，他把炼铁的流程和技术烂熟于心。

然而，一个真正的好炉长，是一种经验的积累。现代化的高炉，早已经不同于过去那种炉前铁水红，一个炼铁工人一顶鸭舌帽，戴着墨镜，脖子上围绕一条白毛巾，几个人抬着一根铁勺舀铁水、捅炉子的场面。如今的现代化高炉，只开几个电脑窗口，能在电视屏幕上看到火焰，炉长据此进行判断，铁水是几成火候，有什么问题，会不会炼出次品。因此，十年出一个合格炉长并非姑妄言之。

赵德胜到底是大学生，年轻、脑子活、学得快，又善于总结积累，一号炉开始排班，一个班二十几个人。开始他是普通工人，到了 2002 年，他便当上了工长，而且是当一号炉前的工长。

两年多的工长经历增加了历练。

2004 年，赵德胜当了副炉长，一干便是三年。

他在朝一个合格的炉长跨越性地迈进。

2006 年，他成了炉长，恰好是他当了十年炼铁工人的时候。十年不鸣，一鸣惊人。

十年钢铁工人经历当上了炉长，不正印证了你师傅当年的话吗？

赵德胜摇了摇头说，我师傅说是当十年工长，才是一位好炉长。

哦，那是炉火纯青的标准吧，你现在是多少年了？

从副炉长算起，八年。

一个八年抗战，不短了。应该是一个很优秀的炉长了吧？

合格吧！大家都很优秀啊。赵德胜谦虚地说，现在有 4 个大学生炉长了。我们一个月要生产 20 多万吨铁水。

4 个大学生炉长，你算炉长中最老的吗？

中间吧。

赵德胜说，与过去那些炉长比，与他的父辈们比，他是幸运的，也是幸福的。赶上了一个好时代，现在的条件改善了，不像过去除了眼睛之外，浑身都是黑的。工作远没有过去那么艰苦，但是收入却比过去的炉长高多了。

我好奇地问道，你一个炉前工年薪能到 10 万元吗？

他点点头，差不多就这个数吧。

相当不错了。我感慨道，在这大东北，这属于高薪阶层了。

他说，是啊。现在他买了私家车，是辆别克轿车，还买了 150 多平方米的房子。这种生活，是他爸爸叔叔那个年代的人，连做梦都不敢想的事情啊。

每天早晨，他驾车上班，有时捎一下在鞍山市上班的妻子吴微，将她送到单位门口，再去上班。

单位的女同事见状，问吴微，你找了一个大款丈夫啊，在哪里当老总的，做什么生意？

吴微掩口一笑，什么老总，一个炉前炼铁工。

炼铁工人也开车上班了。

炉长吧！

炉长也了不得啊，真是今非昔比了。

出有车，住有房。作为一名钢铁工人，那可是当年我们看过的日本和德国的钢铁白领阶级才有的啊。

是啊！经过振兴老工业基地，钢铁激情年代的大国企又活过来了。

你们赵家还有几位在鞍钢？

就剩我一个在当钢铁工人了，现在进入的门槛很高，一般的，没有大学本科文凭，不是学钢铁的，鞍钢根本就不会收！

一个钢铁世家，赵家除了哥哥外，如今仅剩下赵德胜一个钢铁工人

了。因此，他格外珍惜这份炼钢炉长的号头和荣誉。

他说，自他当副炉长到炉长这三年间，痛失了三位亲人。

2003年，先是奶奶走了。那时他是工长，要带着一班人倒夜班。作为孙子，却没有能够送老人家一程。

2005年7月20日，恰好遇上了年修停炉。他母亲患肾病已经卧床八年了，后来发展到了双肾衰竭。母亲病重住院期间，他没有为此请过一天假，去陪过一天床，或者拉老人到沈阳大医院做一次检查，连在病榻前侍候一天的时间也没有。

仰天无愧，他是一个好炉长、好工人。俯地情疚，他不是一个中国传统意义上的好孝子。母亲逝去的头一天，也许是一种冥冥之中的感应，赵德胜对上夜班的哥哥说，今晚我守母亲一夜。

哥哥说，你明天还要上班，行吗？

我挺得住，于是那一个漫漫的夏夜，赵德胜守在母亲病榻前，喂水端尿，守了一夜。天快亮了，母亲才迷瞪瞪睡着了。站在母亲床前，他发现母亲的一缕白发，如风中之烛，当年那美丽的身影不在了。母亲原在鞍山的医药公司，父亲在灵山铸造厂。搞抢修的时候，母亲值班，就照顾不上赵德胜，因此他6岁时就学会了做饭，自己照顾自己。

大学毕业回鞍钢后，母亲看到儿子这几年进步很快，短短十年间，就当上高炉的副炉长了，而且钱拿得不少。弥留之际，还攥着儿子的手说，要珍惜啊！

赵德胜含泪点了点头。

我知道你干得很好。不要为我的病牵挂，如果我真的不在了，照顾好你老爸，大哥不如你好，如果他有困难，该帮的要帮……

我会的。

这时母亲的身体已经打不进去药了，输不了血了。

第二天早晨，赵德胜骑车去厂区，到了一号高炉前，安排当天检修的工作。刚到了一会儿，下夜班的哥哥打电话，声音颤抖地说，妈妈不行了！

赵德胜安排完工作后扭头骑车赶回家，母亲已经静静地睡着了，无牵无挂，溘然而去。

养育了自己一生，却只守了她一夜。赵德胜心中好愧好愧，那泪水簌簌地流淌。

爸爸说，小子，别哭！你妈妈走得很平静，我们不能哭着送她上路。不然她在那边会很难受的。

可是，赵德胜却难抑悲痛。

不到一年，2006 年 4 月，爷爷又走了。弥留之际，他对自己众多孙子中最有出息的赵德胜说，帮我看好这个号啊！

爷爷放心！赵德胜点了点头，爷爷紧紧地攥住他的手不放，这是中国老一代鞍钢工人对后代的重托啊。

三年之间，先后三位老人去世，赵德胜感到心理压力很大。

然而，他挺了过来，成长为一位优秀的高炉炉长。

那天采访他的时候，正好是 2012 年三八妇女节。赵德胜说他 38 岁得子，今天儿子过百日。

我说，喜事啊，你为何不回去安排安排。

都交给吴微了，让她到饭店里摆酒，将赵家的老少爷们儿都请来。不难看出中年得子，赵德胜心情高兴着呢。

儿子将来长大了让他干什么？

还到鞍钢当炉前工人。

那时你们的门槛还不得要博士了？

那就让我儿子考一个钢铁博士！

## 4. 背水一战，磁悬浮让"中捷"绝地逢生

1976 年，高庆江初中毕业后，响应"上山下乡"的号召，一门儿心思要到最艰苦的地方去锻炼。那时的他想到内蒙古大草原上去锻炼，父母坚决不同意。但他年轻气盛，父母最终没能阻止他。虽然后来没能去成向往中的内蒙古，还是去了辽中。当时的他满怀赤诚之心，即便有了留城的机会，也不愿意留城。直到 1978 年，接父亲的班后才回城。

后来，一直在中捷厂装配车间工作。

高庆江清楚地记得，自己刚参加工作时，月工资是 38.6 元。因为下乡两年也算工龄。同时接受采访的中捷厂设计人员邓孜利大姐听到这里后，忍不住说了一句："是 24 块钱！"

"我是 38 块 6。"高庆江重复了一遍。

"那我咋挣 24 块钱呢？"邓孜利问了一句。

"那我就不知道了啊！ 24 块钱我没挣着。"高庆江憨厚地笑着说。

"我记得刚开始只有十几块钱，后来才是 24 块钱。"邓孜利又道。

"我也纳闷儿啊！也听人家说过 24 块钱的事儿，可是我咋就没赶上呢？"

我好奇地问他："那你现在每月的工资是多少？"

"现在是打卡，我不知道！钱都在卡上。以前领现金时，给我多少钱，我也从来没数过，回家就都交给爱人了……"

呵呵呵。

1990 年，中捷厂成立 21 号车间。从各个车间抽调一些骨干，高庆江担任 21 号车间总装一班的班长。现在的集团老总当时担任车间主任，老总当学徒时也在装配。从 1991 年开始试造数控机床，那是中捷厂走向数控机床的萌芽。之后，就开始小批量生产。上数控以后，就看到了希望。

高庆江对那段岁月的印象是："热血沸腾，有强烈的自豪感。工作两班倒，总是觉得人手不够，大家干得非常辛苦。数控机床的造价挺高，但给大家的奖金也高。"

1997 年以后，受社会大环境的影响，中捷厂的效益开始下滑，人员士气低迷。最艰难时甚至一个月都没有一点儿活干，开不了工，连每月 200 元钱的工资都发不出来。机床生产量很少，一年也只有几台。

"有时甚至买材料都拿不出钱来！"高庆江似乎有些不太愿意提及。

那是一段企业和个人都最难挨的日子。

磁悬浮项目是中捷厂做大、做强的一个重要转折点，就因为磁悬浮的一炮打响，中捷厂在国内同行业中顿时声名鹊起，数控设备的产量也随之越来越高。一个举步维艰的机床企业，就这样走向了辉煌。

高庆江有幸参加了这个项目，并从头一直干到尾。

2001年，高庆江正在上海出差，厂里说有个重要任务要交给他。回厂后才知道是磁悬浮。高庆江和机床厂调派的各个专业口的精兵强将一起，前往上海。之前，武汉重型机械厂也在和他们竞争这个项目，由于中捷厂的方案更优才胜出的。所有人都十分珍惜这个来之不易的机会，大家每天早晨7点多就赶到现场，晚上一直干到八九点钟以后才离开现场。

磁悬浮是德国研发的，但却是中国制造的，造价很高，仅一个小件就得2万元左右。高庆江他们干磁悬浮那段时间，被厂里当宝贝一样，一天24小时吃住都在厂里。对小家全然不管不顾，每一个参加的人都在心里对自己说："我一定要把这个项目拿下来！"

磁悬浮的设备比厂房还大。生产了8台磁悬浮产品，从总装到部装都是中捷厂在做。他们当初也是从部装干到总装的，大家都在想办法，滑座可以在轨道上移动，立柱也可以在轨道上移动……十分复杂。下面全靠几百吨的液压千斤顶支撑着，机床放上去后就不能动了……后来，在上海发现了一家生产机床的企业，他们的机床就坐在梁上，两边加工。一边加工，一边走。

"一道梁干下来得多长时间呢？知道不？"高庆江自问。

"一个星期还不够。"高庆江又自答。

而且合格率没法保证，差多少？不知道！怎么办呢？人工用砂轮去磨。人工活，没有十天八天的根本干不下来。当时上海方面在盖厂房时，高庆江他们的设备装配工作也在同步进行中，还有一定的危险性。但是没有办法，大家就戴着安全帽一直在干。假如上面真的掉下来一个什么东西，安全帽的作用其实十分有限。但如果等厂房盖好以后再生产，时间是根本来不及的。就那样，一边在盖厂房，一边在生产。

工期很紧，而且只有一套人马。第一根横梁干下来的那天晚上，所有人都没有睡觉，最终一次性验收合格。这个成功使大家信心大增，所有人的能力都发挥到了极致。再往后，就更加顺利了。

人的潜能，真是无穷尽啊！

后来，有时甚至可以一晚上干两道梁。这在以前根本是无法想象的，如今他们却已经做到了。

当时，上海磁悬浮指挥部买来酒水祝贺，他们一再对高庆江和他的工友们说："你们辛苦了！你们辛苦了！"

高庆江激动地说："对我们那可是按上宾对待的。我们一去，他们可高兴了！后来的事实证明，我们是成功的。"

在讲述那段难忘的往事时，高庆江顺便讲到了两个故事。一个是大家午饭后扔石头子儿的故事，另一个是龚永兴总工夜里不慎掉进防水沟里的故事。

在现场干活儿，中午吃饭时间屋里一直在施工，人待不住，大家吃完饭后有时就到外面去走动走动。附近有个桥，桥下有水。不知道哪个单位施工时把两堆石头子儿丢在桥上了，有时大家休息，就捡起石头子儿向河里扔着玩儿。河里有一根杆子，大家就捡石头子儿扔着打那根杆子。等到中捷厂在上海的活儿干完时，那两堆石头子儿也消失了。

一天，有人问："咦，这里不是有两堆石头子儿吗？咋不见了呢？"

对方有人说了一句："不是都被你们的人给扔到河里去了嘛！"

"嘿嘿嘿！我们在上海干了这样一件事，你说。多年过去了，仍然记忆犹新。忘不掉的！"高庆江略觉尴尬地说。

他有时候爱在桥上走，在桥上走时往河里看。一次，当地老乡说："过去我们要用绳子往上拎水，现在倒好了，不用绳子，一伸手就能够得着了。"

……

"为什么呢？"我问道。

"因为那么多的石头子儿扔到河里后，水位上升了，才'方便'了当地老乡啊！"

哈哈哈！……

高庆江笑着说："包括崔常福总工和龚永兴总工，都去和大家一样扔过石头子儿。而且，他们并不比大家扔得少呢！有时几个人还比赛着扔，哈哈哈。"

因为磁悬浮的工作任务实在太艰巨了，时间又紧，工作压力也大，大家去河边扔石头子儿并不是闲来之举，而是一种减压的方式，一种万般无奈之下缓解情绪的做法。

还有一件事儿。

现场附近的路面上有防水沟，防止下大雨时回水，避免水进到厂房里。防水沟大约有一米多宽、一米多深。一天，下小雨，夜里干完活儿后大家回住处时，一边走，一边唠嗑儿。龚总的个儿还挺高的，当时刚好走在边上。路上很黑，大家走着走着，突然，一个人没影儿了。一个个儿挺高的人一下子不见了，而且没有任何声响，大家都觉得很奇怪，甚至有点蒙。

高庆江说："当时我一寻思，坏了——人肯定是掉进沟里了……"

"龚总掉进防水沟后，因为个子高，腰刚好卡在了防水沟旁边的梁上。等我们赶到他跟前时，他已经在防水沟里的水中站起来了。"高庆江接着讲道。

"这咋整？你说？"

"大家说赶紧给他送回去。他说，不行！干吗要送我呢？我还没完事呢！大家这么忙，我怎么能走呢？"一旁的邓孜利接过高庆江的话茬儿说道。

"当时大家是真辛苦啊！"高庆江叹了一声，说道。

大家七手八脚把龚总从防水沟里拉上来后，他又和大家一起接着往回走。过后大家才知道，那一跤的后果还是挺严重的，龚总的两根肋骨骨折。纵使堂堂七尺男儿，铮铮铁骨、顶天立地的东北汉子，当天晚上，也是疼得一夜无眠。后来，一直到疼得实在扛不住了，才不得不去医院医治。其实治得都有点晚了！

高庆江说："磁悬浮施工期间，小磕小绊简直太多了，每天都有。但是因为人手紧、工期紧，大家从不轻易休息，轻伤不下火线，不到万不得已，任何人都不会离开现场……拼了命地干。"

"那样的日子有多长时间？"我问。

"2001年过完春节。从 2 月 16 日开始，我记得。"邓孜利说道。

"那个项目是当年设计、施工，当年投产的。不到一年时间。"高庆江补充道。

"对呀！"身为设计人员的邓孜利对此更有发言权。

那时全厂上下一条心，所有工序的工作同步进行，一点儿时间也不敢浪费。

"那 8 个床子挣了 6000 万元！"高庆江说。

"对，对，对！"邓孜利再次补充道，"因为中捷厂能干磁悬浮，所以咱的实力就摆在了人们的面前。从那以后呢，活儿就越来越多，越来越多……"

尤其上海，很多厂家专程跑到东北来购买中捷厂的设备。

磁悬浮是德国设计的，全是钢架，造价很高。据高庆江回忆说，后来，好像哪个国家的领导人，第一次坐上海的磁悬浮，感到很吃惊，说："这是属于发达国家的嘛！"

高庆江给我们解释说："磁悬浮、磁悬浮，就是悬浮的，没有轮。它比高铁跑得还快。"

"在上海时，我始终没有数出来它到底有几节，因为它的速度太快了！还没有等我数它就已经开过去了；我还想拍一张磁悬浮的照片，一直也没有能拍下来，没等拍照它就已经又开过去了，也是因为太快了！这个愿望到现在还没有实现呢！呵呵呵。"

作为建设者的高庆江当时心里偷偷想：啥时候自己也能坐一回磁悬浮呢？！

"坐一次磁悬浮这个愿望现在还没有实现！呵呵呵。"高庆江不无遗憾地说。

虽然一直没有能坐一次自己参与建设的、向往中的磁悬浮，但是高庆江仍然觉得十分自豪：它跑得再快，也是我们沈阳中捷厂的人干的！

这话不假。

一种强烈的自豪感和荣誉感，从高庆江和工友们的胸中升腾而起，激发他和他们更加努力地投入到企业生产建设中。

而作为企业来说，对他们这些技术骨干和精英们也十分重视，厂里派团委有关人员专门到上海去慰问大家，送去了水果等慰问品。回到沈阳时，在沈阳北站，厂里派人列队去迎接凯旋的英雄们。手捧鲜花的英雄们觉得能在中捷厂工作，实在太自豪了！

高庆江因兴奋而涨红了脸说："比当年结婚还要让人激动呢！"

……

因为高庆江对企业的未来充满信心，所以，虽然工作很累，但他却从不觉得累，总觉得浑身有使不完的劲儿。

2010年，女儿高瑞阳从沈阳建筑大学电气工程专业毕业后，也进了中捷厂。

高瑞阳小时候对于父亲的印象只有两个字：出差。

有时半年都见不到父亲的面，有一年过年回老家时，其他小孩的父母都在，可是自己的身边却只有母亲陪伴而没有父亲，年幼的她当天晚上就哭闹着要父亲。母亲给父亲打通了电话，听到父亲的声音后，高瑞阳既高兴，又伤心，趴在被窝儿里竟呜呜呜地哭……母亲也在一旁悄悄抹眼泪。

根据高瑞阳讲述的大概时间推算，那一段，正是中捷厂背水一战之时。

这些年来，因为工作成绩突出，高庆江获得过许多荣誉。现在也经常被评为劳模和先进。他总和女儿说，那些荣誉其实更应该给年轻人！女儿听后还有些不理解，高庆江说，单位和领导对自己的工作认可是最大的安慰，心里知道就行了，不一定要有这些形式上的东西。如今，已经54岁的高庆江在工作中仍然总是冲在前头，还像当年那样拼命。

连他的徒弟都说："师傅，你歇会儿吧！让我多干点儿。"

女儿甚至动员他说："爸，要不你退二线吧？咱家现在也没有什么经济负担了，该歇还是歇会儿吧！"

而高庆江却说："这么些年都干过来了，已经都习惯了，闲着也是闹心。就想找点儿活干！"

每次母亲过生日时，远在外地的父亲虽然不能赶回家，但是会打电

话给高瑞阳，让她给母亲买个生日蛋糕带回家。母亲还觉得：女儿怎么这么懂事儿呢！

"其实都是父亲教我的。"高瑞阳说。

高瑞阳还讲道："别人家爱给小孩买一些儿童看的书，我们家在我的印象中，几乎全是机械类、理工科方面的书，其实父亲的文科知识也很丰富。很小的时候不认识字，但是随手翻看的都是那些书。再有，就是党员教育方面的书……受爷爷和父亲潜移默化的影响，对共产党的感情要比一般人深很多。上学时，我父亲就说，要入团，入了团才能入党。上初二时，我就第一批加入了团组织，是我们班上两名团员中的一个。"

"那你后来上理工科大学，包括所学的专业，还有后来也到中捷厂工作，也是因为受到父亲的影响吗？"我问道。

"我大学选择专业时，父亲还在上海，我就和父亲通电话。告诉父亲说，我想学电气专业，以后去机床厂。父亲非常高兴！"

父女俩刚好想到一块儿去了。

我已经看到，新一代装配人正在迅速成长。

采访结束离开时，一片晚霞飘浮在天际，一片工业区融入夕阳之中，像一只浴血的太阳鸟在展翅高飞。

太阳鸟掠过天空，扶摇九天，给这片龙兴之地带来新生和希望。

风掠过，我仿佛听到了太阳鸟的鸣啼。

# 山河入梦：太阳鸟啼

中国最古老的鸟叫始祖鸟，究竟是不是当今在东北极富盛名的太阳鸟，我不得而知。

也许作家擅长想象，将一些无厘头的事情纵横连在一起。遐思、联想，事物的本来面目便会清晰起来了。

太阳鸟如今是沈阳城的一个城市标志，它的出土发掘时间是1973年，堪称稀世之鸟。

抑或是冥冥之中的神谕吧。这片东北大地上，一只只神鸟，从厚土之中冲天而出，一鸣惊人。就在新乐太阳鸟出土20年之后，在离东北大地一江之隔的朝鲜，发现了2块鸟类化石，经研究考证，于1993年宣布它为生长在1.5亿年前的始祖鸟化石，并命名为"朝鲜始祖鸟"。

丹凤朝阳。这个四字成语，蕴涵着一种无法破译的密码。1992年以来，我国先后在辽宁西部的朝阳县和北票市发现了几十块（具）始祖鸟化石，大多结构完整，有羽毛。而北票发现的始祖鸟，被命名为孔子鸟，与德国始祖鸟同属异鸟次亚纲，时代也相同，是目前世界上已知最早的两种鸟类。

然而这种始祖鸟，是不是艺术的图腾太阳鸟呢？也许没有人会这样联想。但是太阳鸟突然惊现人间，却蒙着一层神秘的面纱。

1973年的春天，一位叫孟方平的农业技术员，在沈阳北郊叫新乐的工厂宿舍区建筑工地上，一脚踢出几片陶片。俯首一看，上边有刻画痕迹啊。他有点激动，不知此时，他已经站在新乐文化的历史遗址上了。

　　孟方平毕竟是有文化之人，他把这些画有图画的陶片送到文物部门。专家的鉴定，一片骇然，大声惊呼，这是一个历史性的发现啊！这些陶片来自遥远的史前年代。随后，文物部门立即组织对这个名字叫新乐工厂的地区进行考古发掘，最终发现，这是一处新石器时期的古人类文化遗址。考古界把它命名为新乐遗址，亦称新乐文明。

　　新乐文明的一种艺术性的标志是太阳鸟。它的出土确有惊鸿一瞥的意味。考古工作者在发掘一处房屋遗址内部时，无意中发现了一个木雕制品，木雕造型奇特，似雕似兽，似鸟似人，与四川三星堆有异曲同工之妙，却又隔着遥远的时空。因此，沈阳人赋予了它一个非常辽远却又让人浮想联翩的名字——太阳鸟。更让人惊奇的是这个木雕经过科学检测，证明它已经有7200年的历史了。对于这个木雕的用途，有多种猜测，有说是当时部族的图腾，亦有人认为是女性部落首领权力的标志。

　　新乐遗址的太阳鸟木雕，出土时已经完全炭化。当时这个木雕不知是什么原因被火烧过，也许烧过的木雕不能再当做部落的图腾了，部落长老将它弃之一隅，被土埋上逐渐炭化，才能保存了长达7000年之久。

　　东北的太阳鸟是一只什么样的神鸟，与中华民族的另一个图腾火凤凰，又有什么关联呢？这些神性之鸟，只活在了一个民族的记忆之中。有时，我们只有靠想象和遗留下来的一些文字来复活它。将其称为一种民族的精神符号。

　　歌赋兴之："天命玄鸟，降而生商，宅殷土芒芒。"

　　《广雅》具象地描述了凤凰之形象："凤凰……雄鸣曰即即，雌鸣曰足足。"

　　凤凰鸣啼！浴火凤凰！

　　20世纪初，四川乐山年轻才子郭沫若，当他作为现代自由诗人登上中国诗坛时，写的第一部成名之作就是《凤凰涅槃》，以中国最古老的神鸟凤凰和佛国的涅槃故事为题，登坛高歌，激情如滚烫的烈焰一样喷射，他称东方古国有神鸟名"菲尼克司"（Phoenix），满五百岁后，集香木自焚，复从死灰中更生，鲜美异常，不再死。此鸟殆即中国所谓凤凰；

雄为凤，雌为凰。《孔演图》云："凤凰火精，生丹穴。"

我不知道郭沫若的《凤凰涅槃》究竟最早是受《诗经》的影响，还是因了流传于四川的司马相如与卓文君的故事。他铺陈的笔墨极具浪漫主义地描写了——

"除夕将近的空中，飞来飞去的一对凤凰，唱着哀哀的歌声飞去，衔着枝枝的香木飞来，飞来在丹穴山上。

"天色昏黄了，香木集高了，凤已飞倦了，凰已飞倦了，他们的死期将近了。

"凤啄香木，一星星的火点逆飞。 凰扇火星，一缕缕的香烟上腾。

凤又啄，凰又扇，山上的香烟弥散，山上的火光弥满。

"哀哀的凤凰！凤起舞，低昂！凰唱歌，悲壮！凤又舞，凰又唱，

一群的凡鸟，自天外飞来观葬。

"足足！足足！足足！五百年来的眼泪倾泻如瀑。五百年来的眼泪淋漓如烛。 流不尽的眼泪，洗不净的污浊，浇不熄的情炎，荡不去的羞辱，我们这缥缈的浮生，到底要向哪儿安宿？

"昕潮涨了，昕潮涨了，死了的光明更生了。

"春潮涨了，春潮涨了，死了的宇宙更生了。

"生潮涨了，死了的凤凰更生了。我们更生了。我们更生了。

"一切的一，更生了。一的一切，更生了。

"我们便是他，他们便是我，

"我中也有你，你中也有我。

"我便是你，你便是我。火便是凰。凤便是火。翱翔！翱翔！"

不妨说，郭沫若年青时代的浪漫主义杰作，就是对当今中国东北工业这个铁凤凰的涅槃的一个预言。

历史的时空之间，当《诗经》描写凤凰之涅槃时，就在与它同时代的辽河流域，一只太阳鸟早就涅槃了，埋在了 7000 年时空的辽河新乐的黑土地之下。

太阳鸟，火凤凰。铁太阳，浴火涅槃。

郭沫若引证的《广雅》不过是几千年的文明，可是东北这片莽荡之

地的新乐太阳鸟，将其做成艺术木雕、王者之杖时，却已经有了7000年的历史。

地下的，天上的，似乎都预见到了21世纪的第一个十年，沉寂了十年的东北重工业，一如冥冥之中的符咒一样，要经历一场浴火涅槃。而它更远古的涅槃呢，却是我们未能预知和看到的。

对于东北黑土地上深埋的孔子鸟，中国科学院古脊椎动物与古人类研究所古鸟类学者在英国《自然》杂志发表论文称，在我国辽宁朝阳发现了一种新的原始鸟类化石，这件化石据称是我国境内迄今所发现的最原始的一种鸟类，学者们已将这种鸟类命名为"原始热河鸟"。更令人感兴趣的是，科学家们还在原始热河鸟的胃里发现了鸟儿"最后的晚餐"。

古鸟类学者、论文撰写者周忠和介绍说，原始热河鸟化石是中科院古动物所辽西考察队进行野外发掘时，在当地农民家征集的。这个长约70多厘米的大型原始鸟类化石的发现，不仅首次从鸟类化石的角度，为鸟类起源于恐龙的假说提供了新的证据，而且根据它体内保存了许多植物的种子化石表明，这是一类以吃种子为生的鸟类。

美国的古生物学家马丁认为，"此化石很重要，因为它提供了鸟进食习惯的化石证据，是十分稀有的，同时也表明了该时期的其他鸟类也有相同的习性"。

据辽西中生代热河生物群研究组组长、中国地质科学院地质所研究员季强介绍，在辽宁义县境内早白垩世地层中出土了一块保存完整的小型兽脚类恐龙化石，该化石全身长53厘米，尾约占全身三分之二。嘴里无牙，前肢明显长于后肢，尾巴大约由25节骨质尾椎组成，叉骨呈"U"字形，飞行羽毛超过了身体的长度。季强等人根据新化石的肩带、腰带、四肢、羽毛发育等特征，认为新发现的"恐龙"真正具有了一定的飞行能力，应归于初鸟类，正式命名为中华神州鸟。

只有几块化石，叫初始鸟、孔子鸟、中华神州鸟，与我们想象中的凤凰和太阳鸟一样，因其罕见，因其不见活物了，便与龙图腾一样，形成了真正意义上的中国元素，成了中国的图腾。

因此，信步故宫时，便会看到龙凤呈祥的图案。一般是龙在上，凤在下，有时也乾坤颠倒，凤在上龙在下，但都是云水烟雨、阳光普照，才有巨龙升天，凤凰浴火涅槃，丹凤朝阳，奔日而去。

于是在远古时代，东北大地上的子民们便看到了这样灿然的一幕，那是春天的早晨，从东方的地平线上，一轮朝阳从海平面上冉冉升起，喷薄而出，烈日炎炎。一只太阳鸟，丹凤朝阳，展开了美丽的双翼，朝着一片红灿灿的火的世界，鸣叫着飞去，扶摇九霄，浮浮冉冉地飘啊飘，祥云在下，那种飘逸，却只为了一死，在火山般燃烧的太阳宫殿里涅槃，将自己烧成灰烬，幻化成一只黑色的太阳鸟，铜色的火神鸟，金色的始祖鸟。

化作了灰烬，便是为了往生、更生，然后再从天庭上飘飘洒洒的风中，御风而下，飞到中华古原之上，再寻一地筑巢。

于是，在中国最古老的大地上，就在当时的东北大地上，那涅槃了的太阳鸟、始祖鸟，一只跟随一只，一群连着一群，朝着一个后来叫奉天城的辽河两岸的大荒飘飘而下。

那时就在辽河边上的一个叫沈阳新乐的地方，在这片松辽平原，一片茫茫大荒，也许就是拓跋鲜卑的远祖，看到了这些长颈袅袅、羽毛漂亮的太阳鸟，于是便用他们那能工巧匠的手，用辽河大地上的神木一根，雕出了最美丽的一只神鸟——太阳鸟。

这是东北大地上一个最古老的图腾，它的精美绝伦，堪与凤凰台的火凤凰媲美，那太阳鸟朝阳的鸣啼，也可以在凤凰台上听凤凰曲一样美妙，颤人灵魂，醉人心脾，像大汉年代《胡笳十八拍》，更似盛唐时代的敦煌琵琶曲。

凤兮凤兮归故乡，游遨四海求其凰……

何其大胆，何其热烈。一曲《凤求凰》的传奇流传至今。

在东北老工业基地涅槃和振兴中，冥冥之中，我们感受到了7000年的历史时空中，太阳鸟涅槃的神奇力量。沈阳人民将一只古老的木雕当做带来光明的太阳鸟，作为这座城的标志，作为东北人民的标志，其实是在昭示着这块皇天后土的过去、现在和未来。

## 浴火重生

太阳鸟啼，在一个新千年的十年间，回响在东北大地上，回响在神州大地上。

你听到了春天太阳鸟的啼鸣吗？你看到了它飞向太阳的燃烧的英姿了吧！

# 圜丘·后记│纵笔海天望东北

　　敲下《雪域飞虹》最后一个句号时，已经是 2011 年 12 月 20 日，屈指算来，整整一百天，我一直跋涉在青藏高原之上，转山转湖，魂儿已经扔在了那里。我知道，一旦走下雪山、神山，返回内地，便会醉氧，醉在人间炊烟袅袅处，迷失在了金樽美酒的眩晕中，昏睡不醒。

　　不想回去。可是当今之世，又有几人禁得住人间烟火的诱惑呢！

　　前方有铜炊煮茶吗？我走下雪山，走下青藏高原，因为另一片积雪的大地，另一个血性的群族，还等着我去策马纵游和挥剑书写。

　　其实，在那片极地雪国，我已经断断续续地行走了半年之久。

　　接下东北老工业基地振兴这个题材前，我曾经一度犹豫。我知道对于一个作家来说，这是一个百年难遇的好题材，可是对于我自身的写作而言，近两年，我一直是在一种高度的旋转之中，刚从一片军事禁区耕耘出来，写下《镇国重器》，又远行青藏高原，继续向一座座文学的神山走近、靠近，体力已经高度透支，却又在规定的时限内，完成了《雪域飞虹》，这是《东方哈达》的姊妹篇。这时我很想静静地坐下来，择一居茶室，观景品茗，摆一张八仙桌，喝酒忘忧，过几天优哉游哉的日子。

　　出版社社长的电话又来了，那种温情的催促，是商量，是尊敬，让你无法拒绝。几乎没有给自己一点儿松弛的时间，2012 年元旦的钟声敲过之后，我从一片精神的高原上，由西向东，穿行而过，走进了另一片龙兴之地，开始了又一场踏冰立雪的远征。

　　我站在了这片血性大地的入口处。仰首之间，罡风猎猎，狂雪飞舞，马背上射出的响箭，还在雪原上飞掠。从拓跋鲜卑，至契丹人，至女真人，

至蒙古人，这支喋血的响箭，穿过岁月的云层，精神的响箭，一直在飞翔。它越过长城，射入京畿，射向汴京和江南，让醉生梦死的汉人悚然惊悸之时，又不能不惊叹！箭头上涂抹的药液，却是一种昂扬兴奋剂，雄起了尚武精神，让一代代江南士子在惊叹这片大地喋血杀戮时，莫不惊诧，它的箭镞嵌入中原躯壳时，带来的尽是豪迈与壮丽。

我信步于这片丰饶大地的钢都煤城。环顾之间，60 年向大中国输血，一列列黑色的金子、黑色的原油、黑色的钢铁，仿佛仍在眼前，车轮滚滚输向神州大地，驱动了中国的发展之轮、制造之轮。然而，再有宝藏的矿山，总有挖空的时候；再丰饶之海，总有枯竭的一天。终于有一天，饮誉中国乃至世界的煤都资源枯萎了，渐次被人们冷落，甚至被遗忘了。

也就在这不经意之间，我走进铁西，走进工人村，走进鞍钢，走进煤城，走进当年的棚户区，走进大连港，走到远在极边的齐齐哈尔中国"一重"，也走进当下处于最底层的中国工人家庭，那些曾经被称为无产者的家庭，那些曾经在几十年间作为革命的中坚和依靠、荣耀和骄傲过的产业工人家庭，虽然现在他们开始有产了，但是家产无多、存款无多，依旧清贫。可是与他们交谈之中，我却从东北工人的身上，从东北这片曾经的莽荡之地上，触摸到了那种叫中国的体温，感受到了她仍然强烈的心跳。也就在走进底层之中，我如此反复地称量一个文学无法避让的术语：命运与宿命。大时代的命运，一个城郭的命运，一座工厂的命运，一个家庭的命运，一个人的命运，皆与家国江山和一个伟大民族联系在了一起。国家盛、民族兴，则企业兴、家庭兴；家庭沉、个人沉，则国家沉，民族亦沉。经历了那么多的沉浮之后，我们企望家庭兴、个人兴、工厂兴、城郭兴。

东北那片血性的大地和血性的家族，总在上演一幕幕血性的壮歌。在民间、在底层、在苍生百姓中间，所经历的一个个轮回和宿命的故事。

他们在 20 世纪五六十年代的中国，将无产阶级工人能得到的幸福、荣耀、辉煌都消费光了，然后却要让他们和他们的后代在 40 年后加倍偿还。于是，他们便经历了入地狱般的 80 年代末至 90 年代末的一个十年。十年天堂，竟然是要用十年炼狱来偿还，因为他们的妈妈和妻子、姐妹大多流淌着齐鲁大地的血脉，因为有了山东之地女人的贤慧和娴熟，当她们的丈夫、兄弟和父辈，处于下岗和放假的日子里，这些我的姐妹们，宁愿去站街，去卖水果、冰棍、蔬菜和元宵，亦要让她们的父辈、儿子和丈夫过上幸福的日子。

听了这些故事，作家悲天悯人的情怀被无限放大了，敬畏天地，敬畏苍生，我的眼泪簌簌而下，流淌于我的很云南的脸庞上。于是那一刻，我决定为她们，以及她们的丈夫、儿子、兄弟写一部血性的、人性的悲歌、壮歌、颂歌。

写作的结构是在北京城的一个冬雪之夜形成的。我当时在仰望星空，在离月坛不远的礼士路寓所，眺望东北，浮想盛京的故宫崇政殿。突然一缕冉冉的灵感升腾了，我忽然觉得，东北的百姓苍生，经历了由天堂到地狱，再从地上至月宫的人生。

于是，一个结构跃然而出，我决定以北京城里的四坛，当年大清皇帝祭天祭地祭日祭月的"天地日月"四坛和社稷、人间等六章来构思我的这部《浴火重生》。老百姓是天，老百姓是地，老百姓是天下，是江山社稷。他们的命运随大时代而舞，或飘升天上宫阙，或坠落地狱人间。这并非是形式大于内容的写作，而是一种奢望内容与形式达到高度融合的统一。这种大一统，奔突在拓跋鲜卑与洛阳汉地贵族和平民的融合中，奔突在大辽契丹与中原百姓的交融之中，还有金国与燕京百姓的汉化中，特别是清朝皇室和贵胄融入大汉民族的淹没之中。

写作的日子从那个多雪的冬天开始，我从一个最小的切口，从自己居家过日子的锅和柴米油盐味精等家庭视角切入，因为我家红红火火的红双喜高压锅和红梅味精，皆出自沈阳城。当它们都在市场经济的大潮中消失之后，我仍然记住它的皮实和纯正，没有一点儿掺假的意味。

这就是东北，中国的东北，松花江和辽河横穿而过的东北。

北京的写作，艰难地进入，到了1月18日我回老家昆明时，才有万余字。我知道这个春节，当我被乡间乡音和乡情包围之时，仍然要仰望东北，那片积雪大地。当云南的彩云之南的蔚蓝色和云彩飞扬诡异的造型辉映时，我的如剑之笔，却在写一部雪花飞舞的书。

云之南已经三载不见雪花了，却冷得让人颤抖。

我从云南归来，从一个古镇 15 天的写作中归来时，算了算数字，才有四万字，虽然写作已经渐入佳境，可是距离出版社要求的数字还相差甚远。

选一个地方去吧。蜗居或蛰伏起来去写，我开始选了二炮的一个温婉之地的军营，一切皆安排好，可是因为中国作协全委会，还有对国家能源局前局长张国宝的采访未完，未能成行。正好这时一个后勤的朋友给我找来了鼓浪屿南京军区疗养院的疗养证。我决定退而求其次，到厦门鼓浪屿清修去了。

那可是一座风情岛、风月岛，本来应该写风花雪月的故事，可是我却在这样的岛上，在海天水沫相浸的岛上，写刚性的土地、血性的土地，积雪大地，丰饶之地，龙兴之地。

其实刚性之地，需要温婉的南方来浸泡，来烟雨，来作温柔之乡，才会有诗意的余韵，才会在对比中凸显出尚武的血魂。

在斜阳西下之时，我登上了飞往厦门的飞机，在一片烟雨海天的迷蒙中，降落在高崎机场。那时已经是灯火齐放。你等我，我等你，等了1 个多小时，才登上了鼓浪屿南京军区疗养院来接的车，到了岛上，已经是夜里 9 点钟了。那天在听涛观海的套房里，我展开了自己的阵地和设备，开始了半个月炼狱般的写作。

每天，日出海平面，我跟着太阳而起，听着鸟鸣虫叫，在晨曦中开始伏案写作，到 7 点 30 分时，我已经完成了近千字。然后，一路小跑地拾阶而下，到食堂匆匆喝碗粥，吃个水果，又开始伏案写作。手机静音，其他的事皆不管了。到中午开饭时，最好的时候我已经写到了 2800字至 3000 字了。

一天天将自己的生命写作渐次放大。

吃过午饭，中午睡上一个小时，再继续伏案，写至傍晚 5 点 30 分，换上户外衣服，然后去吃饭。

饭饱汤足，便下至海边，环 1.7 平方公里的鼓浪屿岛暴走。一个小时，我从南京军区疗养院至厦门工艺美术学院，再至一个从金门上岸的码头前，再环行而疾走，到鼓浪屿的新建码头三丘田和已经有一艘轮渡船上岸的码头，再朝郑成功雕像走去，然后回到海上花园酒店，再入南京军区疗养院后门，一个小时走完环岛全程。回到屋里，冲一个澡后，又继续到凌晨一两点甚至是三点钟的写作，一天从5000字至7000字，最后居然达到了一天9000字。这时我才最终发现了自己，原来一个进入知天命之年的男人，还有许多潜力可以挖啊！那一刻，我意外地发现了自己。

最后一章"大东北　太阳鸟鸣"终于落下了最后一个句号，这部书最终杀青了。我终于觉得，自己还是一个敢于拼命的作家，一位敢于担当的军人，一个默默耕耘自己一亩三分田的农夫。虽然我负了鼓浪屿的这片海天、山河，却对得起那些让我感动的东北的父老乡亲、工人兄弟。

那天，我将后记写完时，给出版社社长打了一个电话，说你给的任务我完成了。

好啊！社长在那边笑了，说我没有看错徐剑，你给我争了面子。

哈哈哈！我们皆在电话中一阵仰天长笑。

完成这部拙作，我要感谢我的妻子吴玉明，是她快马加鞭地让我写了一个题材、再一个题材，仍然不让罢休。在我一次次想退出时，她说，老徐，你除了会写书，还能干什么。一言中的，我唯有像老农一样，去经营呵护自己的这块土地。

我要感谢陪我一路采访的出版社的编辑们，是他们不厌其烦地协调和安排，才使我一次次得以顺利完成采访。

全景式描绘山河的大型作品，往往并非作家一个人能够完成。在这个意义上，它是集体团队的结晶。

我还要感谢我们二炮宣传部的领导，是他们的大气和宽容，减少了我写地方题材的恐慌感。当全书在一个春色满园的日子落下句号时，我要说洪兵部长、郭振建副部长，谢谢你们！

我站在东南烟雨朦胧的看台上，远眺那海天之间的桃花岛，我可以自豪地说，我对得起东北这片土地，对得起在中国百年星空中东北大地

的一个个英雄，还有那些不知名的平民百姓。

壮哉东北，我站在北京城郭的圜丘上，为世世代代生活在那块皇天后土闯关东的子民和流人的后裔而骄傲、而自豪，敬畏之情顿生。

剑舞海天烟雨，此时东南的大阳台上，烟雨迷蒙，我则依然遥望东北，它在悲怆、沧桑过后，仍是一片后土的隆兴和崛起。

龙兴之地，斯为句号。并为跋。

2011 年 11 月 6 日深夜至 2012 年 3 月 30 日下午 5 点，写于北京南礼士路寓所——昆明大板桥镇老街故里——鼓浪屿南京军区疗养院 25405 ～ 25406 房间。